Bettina Bremer

Von Maiköniginnen, Sirenen, drei Jungfrauen und anderen heiligen Frauen

Bettina Bremer

Von Maiköniginnen, Sirenen, drei Jungfrauen und anderen heiligen Frauen

Auf den Spuren der alten Göttin
in Symbolen, Sagen, Volksglaube und Brauchtum
– auch in Hessen

1. Auflage 2021

Satz und Layout: Kerstin Weber, Nauheim

Druck: Printfinder, Riga 

www.christel-goettert-verlag.de

ISBN: 978-3-939623-80-9

Inhaltsverzeichnis

Einleitung

Wenn wir von Göttinnen hören, denken wir in Deutschland meist an andere Kulturen, wie z. B. an die vielen Göttinnen Indiens oder an die Göttinnen Altägyptens oder des antiken griechischen und römischen Pantheons. Doch die Verehrung von Göttinnen war auch in Deutschland einst Normalität. So finden wir sie in den keltischen und germanischen Mythen. Und was die Urbevölkerung in noch früheren Epochen in unseren Breiten glaubte, lässt sich mancherorts an urgeschichtlichen archäologischen Funden zeigen. Sie weisen auf eine Jahrtausende währende Verehrung einer alles umfassenden Großen Göttin hin, die für Leben und Tod verantwortlich war.[1]

Diese Göttin war keine abgehobene Idee, sondern wurde von den Menschen in der Natur wahrgenommen: in den Abläufen der Jahreszeiten, den Lebenszyklen und in der weiblichen Fähigkeit, Leben hervorzubringen. Und dies hatte Auswirkungen auf die Form des Zusammenlebens der Menschen, auf ihr Verhältnis zur Natur, die Deutung der Welt – und auf die Stellung der Frau. Die interdisziplinär arbeitende Urgeschichtsforscherin und Archäologin Marija Gimbutas weist darauf hin, dass die älteste Schicht in nahezu jedem Pantheon europäischer Völker weibliche Gottheiten bildeten, die sich »von der uralten matrifokalen Ackerbaugesellschaft mit matrilinearer Sozialordnung ableiten.«[2] Also von bäuerlichen Sippenverbänden, die im Mutterclan, am Wohnort der Mutter lebten und die in der Verwandtschaftslinie der Mutter alles miteinander teilten und über die Frauen des Clans an die nächste Generation weitergaben. Auch in Deutschland können mütterzentrierte egalitäre und herrschaftsfreie Gesellschaften angenommen werden, wie neuere archäologische Funde eindrücklich zeigen.[3]

---

1 Für Hessen hat dies Barbara Obermüller in ihrem Buch *Die weibliche Seite der Ur- und Frühgeschichte* aufgearbeitet.

2 Marija Gimbutas, 1983, S. 217 – *Matrifokalität* meint das ur-natürliche, herrschaftsfreie Zusammenleben der Spezies Mensch in matrilokalen und matrilinearen Sippengemeinschaften, ohne von (organisierten) Gesellschaften zu sprechen; siehe Stephanie Ursula Gogolin, 2017. Siehe auch Heide Göttner-Abendroth, 2019, S. 11f.: »Eine Begriffsklärung«

3 Wie die im Bodensee entdeckte »Mütterwand«, ein 7 m langer Wandfries aus einem Kulthaus der Jungsteinzeit, der 7 große Ur-Mütter zeigt, die keine Rangunterschiede aufweisen. Dazwischen symbolisieren übereinandergestapelte Motive in Gebärhaltung Ahninnenreihen – Matrilinearität. Auch bei keltischen FürstInnengräbern weisen paläogenetische Untersuchungsergebnisse auf Matrilokalität und matrilineare Erbstrukturen hin (siehe Obermüller, 2014, S. 113f.).

Die schöpferische Potenz des Göttlich-Weiblichen wurde allumfassend gedacht. In vielen Schöpfungsmythologien der Völker ist es eine weibliche Kraft, die alles erschaffen hat, alles geboren hat: die Erde, den Himmel, die Gottheiten und die ersten Menschen. Erst vor wenigen Jahrtausenden kam die Idee eines männlichen Schöpfergottes auf. Doch die alten Vorstellungen verschwanden nicht einfach – auch nicht, als im Laufe der Patriarchalisierung das Christentum die angeblichen Barbaren bekehrte. Die amerikanische feministische Forscherin und moderne Enzyklopädistin Barbara G. Walker analysiert: »Nicht nur die heidnischen Bräuche, sondern auch einige alte heidnische Verhaltensweisen überdauerten im Volk. So zum Beispiel die Ehrerbietung vor weiblichen Stammesältesten ... Trotz der Feindseligkeit der christlichen Missionare gegenüber Stammesmatriarchinnen, vergöttlichten Ahninnen, Tempelfrauen und der sie alle verkörperten Muttergöttin ließen die christianisierten Barbaren nie ganz von ihrer Überzeugung, dass die wahren Kräfte, die ihre Umwelt und ihre Seelen beherrschten, weibliche Kräfte seien. Schließlich konnte der neue Glaube nichts an der Tatsache ändern, dass die Menschen von ihren Müttern geboren und zur Eigenständigkeit angeleitet wurden.«[4]

In Deutschland ist diese mütterlich wirkende Göttin als *Holle* oder *Percht* bekannt, die nicht nur im Märchen von der Frau Holle überlebt hat, sondern auch in vielen Sagen und in manchen Bräuchen (wie z.B. in den Perchtenläufen in Bayern). Besonders im Tourismus wird sich ihrer heute wieder erinnert, was zahlreiche regionale Darstellungen in Broschüren zeigen, wie z.B. im »Geo-Naturpark Frau-Holle-Land«. Auch in vielen aktuellen Zeitungsartikeln zum jahreszeitlichen Brauchgeschehen[5] wird auf vorchristliche Zusammenhänge verwiesen. Zeigen möchte ich, welche Themen und Motive hier angesprochen werden und wo jeweils die Grenzen der Interpretationen liegen.

Spirituelle Vorstellungen spiegeln gesellschaftliche Strukturen. Und neue Glaubenssätze sind besonders gut geeignet, Veränderungen der gesellschaftlichen Organisation zu verankern. Bei der Durchsetzung monotheistischer Religionen mit einem *männlichen* Schöpfergott, einem Vatergott statt einer Göttin, die auf *weibliche* Schöpfungskraft verwies, hatte das

4 Barbara G. Walker, 3/2001, S. 138
5 Sie sind online vorhanden (o. v.).

(und hat bis heute) besonders negative Folgen für das Ansehen und die Stellung der Frauen – und ging einher mit der Durchsetzung des Patriarchats und hierarchischer Strukturen. Das veränderte die Art des Zusammenlebens, betraf Fragen der Besitzverhältnisse und der Verteilung von Macht, die an die Stelle von Autorität trat – und die nun zunehmend kriegerisch verteidigt wurde.

In Gesellschaften mit matriarchalen Strukturen – es gibt sie weltweit[6] – geht es nicht um Macht, sie sind grundsätzlich bedürfnisorientiert (und zwar an den Bedürfnissen aller), nicht machtorientiert. Im Zentrum stehen mütterliche Werte, die das Leben in jeglicher Form achten, pflegen und beschützen. Sie werden nicht nur von Müttern verkörpert, sondern von allen gelebt, von Frauen (auch wenn sie keine Kinder geboren haben) wie Männern (die im Clan als Brüder und Onkel fürsorglich handeln), und beziehen sich auch auf den Umgang mit der Natur. Es sind egalitäre Gesellschaften, in denen individuelle Besonderheiten gefördert werden. Und es sind Ausgleichsgesellschaften, die keinen Reichtum anhäufen, sondern verbrauchen, was sie benötigen, und verschenken, was darüber hinaus erwirtschaftet wird. Soziale Absicherung ergibt sich nicht durch die persönliche Anhäufung von Reichtum, sondern besteht im Leben im Sippenverband über die mütterliche Linie, wo die Sippen- oder Clanmutter (oder eine darauf vorbereitete Tochter) kraft ihrer Erfahrung und Autorität die Verwaltung und Verteilung aller Mittel organisiert.

Matriarchale Spiritualität betrachtet die gesamte Natur als heilig. Die Göttin zeigt sich in ihr und in der Landschaft – als Berggöttin, Meeresgöttin oder vielleicht als Göttin des Sees oder einer Quelle. Auch die frühen Menschen waren eingebunden ins zyklische Jahresgeschehen und den Lebenskreislauf (einschließlich der Vorstellung von der Wiedergeburt). In einer ganzen Reihe von Kulturen, zum Teil große Gesellschaften, ist das auch heute so. Auch in Europa ist ein jahreszeitlich geregeltes Leben noch nicht allzu lange her – als Landwirtschaft noch nicht durch Technik und Chemie bestimmt war. Das »Bauernjahr« war durch jahreszeitliche Termine eingeteilt. Oft ist zur Erklärung des damit verbundenen Brauchtums vermerkt, es habe vorchristliche Wurzeln und könne auf keltische oder germanische Riten zurückgeführt

6 http://www.matriarchat.eu/Aufzaehlung.htm

werden – doch unsere Geschichte reicht viel weiter zurück. Und nicht nur weltliche Feste, sondern auch viele Elemente kirchlich-christlicher Feiern (wie etwa an *Ostern* oder *Weihnachten*) haben einen sog. »heidnischen« Hintergrund. Der Mediävist Karl Weinhold schrieb: »Es wäre für die Geistlichkeit unmöglich gewesen, die ganze Geisteswelt des Volkes zu entvölkern, und sie versuchte es auch nicht. Die Gebräuche ließ sie fortbestehen als unschädlich dem Glauben, als nützlich für Sitte und Recht; in der Schar heiliger Personen brachte sie dem Volke anscheinend ähnliche Bilder, und die Legenden klangen der Menge wie Geschichten, die den alten verwandt seien. So lenkte die Geistlichkeit unvermerkt den volksmäßigen Strom in ihr Gebiet«.[7]
Daher ist es interessant, auch die christlichen Heiligen, Frauen wie Männer, im Licht vorchristlicher Kontexte zu betrachten, um zu sehen, in welcher Tradition sie stehen. Für welche Inhalte und Werte. Um zu erkennen, welche Bedürfnisse ihre Anbetung erfüllt.

Von den weiblichen Heiligen wurden und werden meist besonders Frauen angesprochen. Sie sehen sich bei ihnen besser aufgehoben, erhoffen sich von ihnen eher Verständnis und Einsicht in ihren weiblichen Alltag. Von ihnen fühlen sie sich im männlich dominierten Christentum – von 36 Kirchenlehrern und Kirchenlehrerinnen sind nur vier Frauen –[8] spirituell vertreten. Und häufig sind die weiblichen Heiligen, diese »späten Nachfolgerinnen« der Göttin, auch für Frauen-Belange zuständig, besonders bei der Geburt. Sie gelten aber häufig auch als Sterbebegleiterinnen, denen im christlichen Verständnis durch ihr eigenes Martyrium von Gott die Gnade gewährt wurde, für das Seelenheil der Sterbenden und einen leichten Tod zu bitten. In vorchristlicher Zeit gehörte es zum Wirken der Göttin, die Verstorbenen wieder in ihren Schoß aufzunehmen, aus dem sie wiedergeboren wurden – in einen neuen Kreislauf des Lebens.

Vielleicht zeigt sich die alte Sehnsucht nach einer mütterlichen Gottheit auch darin, dass bei einigen der in diesem Buch behandelten weiblichen Heiligen gar keine real existierenden

7 Karl Weinhold, 1853, S. 31
8 Und die vier Kirchenlehrerinnen (Teresa von Ávila, Katharina von Siena, Thérèse von Lisieux und Hildegard von Bingen) wurden erst in den letzten 50 Jahren ernannt. Maria Magdalena, Jahrhunderte als Sünderin und Prostituierte dargestellt, wurde erst 2016 den Aposteln gleichgestellt. Keine Frauenordination in der katholischen Kirche und Weiteres wäre zu nennen.

Personen auszumachen sind. Ihre Gedenktage wurden mal aus dem römischen Heiligenkalender gestrichen (wie bei der *Hl. Kümmernis*), mal wieder aufgenommen (wie bei den beiden heiligen Nothelferinnen *Barbara* und *Katharina*), weil ihre große Verehrung bis heute ungebrochen ist.

Symbole und Attribute, die die Göttinnen und Götter sowie die christlichen Heiligen begleiten, sind Bedeutungsträgerinnen, die ihr Wesen erklären und zeigen sollen, wofür sie stehen. Symbole spiegeln immer auch das Bewusstsein einer Epoche und werden von den jeweiligen Glaubensgruppen mit Inhalt gefüllt. Häufig sind sie also älter als das Christentum oder antike Mythen. Manchmal gibt es lange Traditionslinien, häufig Brüche und Neuinterpretationen. In Zeiten von Umbrüchen, beim Aufkommen neuer religiöser Ideen stimmen Gewissheiten der Volksfrömmigkeit (ein vielfach hintergründig wirkendes Wissen) daher mit den Vorgaben der neuen Lehre nicht immer überein – wie im Fall der doppelschwänzigen *Sirene.*
Besonders wenn ein Symbol in den alten Kultzusammenhängen eine wichtige Funktion besaß, wurde es von den neu aufkommenden Ideen übernommen, vereinnahmt, überformt – mal mehr, mal weniger – und neu definiert. Ähnlich ist es bei den Kulttieren, die einst die Göttin symbolisierten oder begleiteten, wie bei der *Bärin,* bei *Hase und Häsin* und beim *Hirsch.* Oder beim Ziegenbock, der in Hessen mancherorts zum *Esel* mutierte.

Scheinbar längst »überwunden« geglaubte spirituelle Vorstellungen von der alten Göttin schimmern auf in Bräuchen wie z. B. bei der Wahl der *Maikönigin.* Oder sie zeigen sich in Sagen, Legenden und Märchen als *drei Jungfrauen, drei Schwestern, drei Schicksalsfrauen* und ähnliche weibliche Dreiergruppen, die daran erinnern, dass die Göttin als Dreifache (weiße Jungfrau, rote Liebesgöttin, schwarze Todesgöttin) gedacht wurde. Vielfach begegnen wir auch ihrem Partner (dem *Grünen Mann* und dessen Varianten), mit dem sie sich in der Heiligen Hochzeit vereinte, um der Erde im Jahreskreislauf wieder Fruchtbarkeit zu schenken. Daher habe ich die Möglichkeit genutzt, mit kleineren Exkursen und Verweisen auf die dazu vorhandene Forschungsliteratur der einen oder anderen Motiv-Spur zu folgen. Manch »Abstecher« führt zu den Wurzeln von einst als allmächtig verstandenen Göttinnen, die heute – als Folge ihrer Degradierung – nur noch als Liebes-, Fruchtbarkeits- oder Kriegsgöttinnen bekannt sind, oder als die Gattin oder Tochter eines mächtigen Gottes.

Außerdem möchte ich zeigen, dass wir auf Symbole der alten Göttin, auf ihre einstigen Kulttiere, auf ihren Partner und auf letzte Spuren ihrer Nachfolgerinnen, die zunehmend verchristlicht wurden, nicht nur im alpenländischen Raum stoßen, wo viele Elemente der Volksfrömmigkeit noch im Alltag verankert sind. Als Hessin habe ich mich in meinem Bundesland umgeschaut – wo immer blaue Schriftfarbe erscheint, bezieht sich der Text auf hessische Beispiele. Zusätzlich sollen die fett markierten Namen der einzelnen Ortschaften in Hessen eine schnelle Orientierung erleichtern. Und vielleicht können sie Lesende anregen, in der eigenen Umgebung Interessantes zu entdecken.

Mittwinter, Lichtfest, Lichtmess, Fastnacht – überall tanzen die Strohbären

Alle drei bis fünf Jahre laufen im Januar gleich mehrere in Stroh gekleidete Gestalten in **Herbstein** im Vogelsberg herum – die Rede ist von den *Strohbären* beim Strohbärenlauf als einem Höhepunkt des nächtlichen Maskensprungs. Denn hier hat die Fastnachtsvereinigung Kontakt zu bekannten Orten mit einer Strohbären-Tradition aufgenommen und sie zum Nachtumzug eingeladen. 2019 fand er zum dritten Mal statt, die nächste Veranstaltung soll 2022 sein.

Aber auch einzeln ist der Strohbär um die Jahreswende in Hessen unterwegs. In **Ützhausen** (Stadtteil von Schlitz, Vogelsbergkreis) läuft der Strohbär immer einen Tag nach Weihnachten durch den Ort. Das hat eine lange Tradition, die 1962 wieder ins Leben gerufen wurde. Er heißt hier auch Erbesbär, weil er früher in Erbsenstroh eingewickelt war.[1]

(l.: Umzug des Strohbären in Schlitz-Ützhausen im Vogelsberg – re.: Strohbär in Herborn-Uckersdorf, Lahn-Dill-Kreis)

1 Siehe »Dorfjugend vertreibt böse Geister in Ützhausen«, in: osthessen.de, 28.12.2013 (o. v. – mit vielen Bildern und einem Video)

Auch in **Ober-Moos** (Ortsteil der Gemeinde Freiensteinau, Vogelsbergkreis) ist der »3. Christtag« der Umzugstermin für den Strohbären.[2] Am Silvesterabend tobt der Erbsenstroh-Bär lärmend und heischend mit seiner Gruppe durch **Eichelhain** (Ortsteil der Gemeinde Lautertal) im Vogelsberg.[3] Am Neujahrstag zieht der Strohbär samt Gefolge in den frühen Morgenstunden lautstark durch **Uckersdorf** (Stadtteil von Herborn) im mittelhessischen Lahn-Dill-Kreis. »›Besänftigt‹ wird er traditionell mit Eiern, Wurst, Speck und Kuchen oder auch flüssigen Naturalien, die seine Begleiter an den Haustüren des Herborner Stadtteils einsammeln.«[4]

Viele meinen, die Strohbären-Umzüge symbolisieren die Vertreibung des Winters. Werner Baiker, der seit 40 Jahren zu den »Strohgestalten« sammelt – im Internet hat er dazu die Seite »Die Welt der Strohvermummung« gestaltet –, lehnt diese Deutung als Brauch-Herkunft ab: »Da die ersten schriftlichen Erwähnungen der heute uns bekannten Strohvermummungsbrauchabläufe erst im ersten Viertel des 19. Jahrhunderts erfolgten, also im Zuge der Romantik, ländliche Bräuche aufzuschreiben, sind ideengeschichtlich verfasste Verbindungsversuche zu Wintervertreibung, Heidentum und Wildem Mann rein spekulativ.«[5] Ein Beweis, dass es keine Verbindungen zu vorchristlichen Riten gibt, dass der Strohmann nicht ins bäuerliche Vegetationsjahr gehört wie der Grüne Mann[6], ist das Nicht-Aufschreiben allerdings auch nicht. Denn nicht alles wurde schriftlich tradiert.
In Thüringen z.B. ist das größte Frühlingsfest, der »Sommergewinn« in Eisenach, das einen »Jahrhunderte alten Brauch« lebendig werden lässt – anerkannt als immaterielles Kulturerbe Deutschlands –, nicht ohne das Verbrennen der Strohpuppe nach dem Streitgespräch zwischen Frau Sunna und Herrn Winter denkbar.[7] »Früher rollten Eisenacher Mädchen und Jungen ein Rad, an das ein brennender Strohmann gebunden war, vom Mittelstein ins Tal …

2 Siehe Ditte von Dietze: »Kehraus der ›bösen Geister‹: Der Strohbär wandelt in Ober-Moos«, in: Gießner Anzeiger, 31.12.2019 (o.v.)
3 Siehe »Brauch«, in: Oberhessische Zeitung, 3.1.2020 (o.v.)
4 Christoph Oester: »Der ›Strohbär‹ geht in Uckersdorf um«, in: mittelhessen.de, 1.1.2020 (o.v.)
5 Werner Baiker, http://www.strohbären.de/#dt
6 Siehe Kap.: »Maikönigin und Grüner Mann«, Abschnitt: »Der Grüne Mann«
7 Siehe https://www.sommergewinn-eisenach.de/ und https://www.sommergewinn-eisenach.de/festumzug.html

Nachdem sie so den Winter, den ›Tod ausgetrieben‹ hatten, holten sie eine Tanne aus dem Wartburgwald und stellten sie, geschmückt mit bunten Bändern, auf den Festplatz.«[8]
Feste, bei denen der Winter symbolisch verbrannt wird, finden im ganzen deutschsprachigen Raum und auch in anderen Ländern unter verschiedenen Namen bis heute statt. Und zwar an unterschiedlichen Terminen. Für Helga König symbolisiert der Vogteier Strohbär (Thüringen), der zu Pfingsten herumzieht, »sicher auch den Winter, der an eine Kette gelegt wurde.«[9]
In Orlamünde in Ostthüringen, wo der Strohbär am Fastnachtstag durch die Straßen zieht, wird der bis heute ausgeübte Brauch »auf eine über 500 Jahre alte Tradition, einen Bärenkult, zurückgeführt. Wie alt genau dieser Brauch ist, wusste bisher noch keiner zu sagen«, ist auf den Internetseiten des Orlamünder Carnevals Verein zu lesen.[10] Mit im Zug gehen auch ein Brautpaar und die ganze Hochzeitsgesellschaft.
Der schwedische Volkskundler Waldemar Liungman ist der Meinung, dass der Brauch, den Winter auszutreiben, »schon vor dem Jahr 800 nördlich der Alpen vorhanden war.«[11]

Im hessischen Odenwald wurde früher nicht nur der scheidende Winter dargestellt – an Fastnacht oder am »Sommertag« kämpften Strohmann und Grüner Mann.[12] Mit seinem Kleid (manchmal war es auch nur ein übergestülpter, großer, spitzer Strohhut) aus vertrockneten Halmen bildete der Strohmann den Gegenpol zum Grünen Mann, der in dieser Jahreszeit meist mit grünen Efeuranken umwickelt war und den kommenden Frühling darstellte. In **Neckarsteinach,** Kreis Bergstraße, wird der »Sommertagszug« mit großen Gestellen für Winter und Sommer bis heute zwei Wochen vor Ostern mit einem Umzug gefeiert – nur wegen Corona musste er 2020 und 2021 ausfallen.
In manchen Gegenden wird die Feier zum Ende des Winters »Stabausfest« genannt, wie z. B. im Kreis Bergstraße in **Biblis-Nordheim** und **Lampertheim**. Wobei die geschmückten und

---

8 Anne und Jochen Wiesigel, 1994, Kap.: »Sommergewinn in Eisenach«, S. 33. Den Brauch soll es schon um 1650 gegeben haben, siehe https://www.sommergewinn-eisenach.de/brauchtum/feuerradrollen.html – Zu »Feuerrädern« siehe auch den Schluss von Kap.: »Osterbrunnen – Heiliges Wasser, das mythische Ei und die Göttin«

9 Helga König, 1999, S. 240 (o. v.)

10 http://www.helau-ocv.de/strohbar

11 Waldemar Liungman, 1941, S. 414f., zit. nach Helmut Seebach, 2002, S. 79

12 Siehe Friedrich Mößinger, 1937b – Das Sommertagslied, das die Kinder bei ihren Sommertagszügen bis heute singen, erinnert daran, dass die Gestalten, die Winter und Sommer symbolisieren, sich nicht nur als Feinde gegenüberstehen, sondern auch als Geschwister verstanden werden können.

mit Brezeln versehenen »Sommertagsstecken« der kleinen Kinder an den Maibaum erinnern können, aber der Winter nicht mehr auftritt oder auch schon mal ein Schneemann sein kann.[13]

(Kreis Bergstraße, l.: »Efeumann« und »Strohnickel« 1938 im Widerstreit beim Fastnachtsumzug in ***Glattbach,*** *heute Stadtteil von Lindenfels – M.: »Sommer« und »Winter« in den 1930er-Jahren in* ***Brombach*** *im hessischen Odenwald, heute Ortsteil von Fürth – re.: »Sommertagszug« 2019 in* ***Neckarsteinach,*** *verbrannt wird hier aber der Schneemann)*

Auch bei den Hutzelfeuern am Sonntag nach der Fastnacht, besonders in der Rhön in der Gegend um Fulda, wird an vielen Orten, um den Winter auszutreiben, bis heute eine Strohpuppe verbrannt.[14]

Verchristlichung und das mittwinterliche Paar

Wann die Strohbären im rituellen Brauchgeschehen zuerst auftauchten, lässt sich wohl nicht mehr ermitteln. Werner Baiker meint zur Frage der Herkunft, am naheliegendsten sei aus heutiger Sicht eine Nachahmung von einst umherziehenden Gruppen mit Tanzbären.[15] Andere sagen, der Strohbär habe seine Wurzeln in der im Mittelalter sehr populären Figur des »Wilden Mannes«, der im Weltbild des christlichen Mittelalters »das Wilde, Niedere,

13 Die Brauchverbreitung in der Mitte des letzten Jh.s in Südhessen zeigt eine Karte in: Friedrich Mößinger, 1937b, S. 69
14 Siehe »Über 300 Hutzelfeuer am Abend – 250-jährige Tradition mit viel Zuspruch«, in: osthessen-news.de, 1.3.2009 (o. v.)
15 Siehe Werner Baiker: »Deutungen«, in: http://www.strohbären.de/#dt

Lasterhafte und Gottesferne außerhalb der menschlichen Gesellschaft« symbolisiert habe.[16] Abgesehen davon, dass auch der Wilde Mann als eine Spielart des Grünen Mannes gesehen werden kann,[17] spricht aber viel dafür, dass die Wurzeln des Strohbären, der den Winter symbolisiert, in vorchristlicher Zeit liegen.

Christliche Einbettungsstrategien zeigen sich an verschiedenen Stellen. So wurde das »Winteraustreiben« im Februar oder März zum »Todaustragen«, eingebettet ins christliche Ostergeschehen. Die Verbrennung der Strohgestalt am Sonntag Lätare stelle eine Verbildlichung der im Lukasevangelium geschilderten Auferweckung des Jüngling von Naïn durch Jesus Christus dar, beziehe sich also auf die christliche Überwindung des Todes.[18] Heute wird vorsichtiger formuliert: »Die Ursprünge dieses Brauchtums liegen im Dunkeln. Möglich ist, dass es sich hierbei um einen alten heidnischen Brauch handelte, der in Zusammenhang mit dem Frühlingsbeginn stand und den Winter personifizierte … Vielleicht wurde die Tradition auch christlich umgedeutet: Die Evangelien der Fastenzeit weisen auf die Auferstehung Jesu und auf das Ende des Todes hin … Eindeutig lassen sich die Spuren der Geschichte nicht mehr zurückverfolgen. Das liegt wohl auch daran, dass hier zwei Traditionen verschmolzen sind und das Todaustragen mit der Austreibung des Winters verknüpft wurde. Welches Brauchtum älter ist, lässt sich dabei nicht mehr mit Gewissheit ausmachen.«[19] Georg von Gynz-Rekowski hingegen betont: »Im alten Brauch liegt das Todaustragen in den Händen von Mädchen und Frauen.«[20]
Und das mittwinterliche Strohbär-Kultgeschehen zur Zeit der Rauhnächte – eine Zeit des Übergangs zwischen dem 25. Dezember und dem 6. Januar – wurde mit dem hl. Nikolaus verbunden. So zählt das Bonifatiuswerk der deutschen Katholiken den Erbsbär zu den Begleitern des hl. Nikolaus, die die Präsenz des Bösen übernehmen.[21] Es zeigt sich auch im Berchtes-

---

16 Carsten Eigner: »Bundesweit an der Spitze. Schon gewusst? Im Vogelsberg gibt es die meisten Strohbären«, in: Lauterbacher Anzeiger, 15.2.2018 (o. v.)

17 Siehe Kap.: »Maikönigin und Grüner Mann«, Abschnitt »Wilder Mann und andere Varianten des Grünen Mannes«

18 Luther instrumentalisierte das »Todaustragen« auf seine eigene Weise: Er verfasste ein Lied für Lätare, in dem statt der Vertreibung des Winters, des Bösen oder der Überwindung des Todes der Papst aus der Kirche gejagt wird.

19 Fabian Brand: »Vergessenes Brauchtum in der Fastenzeit. Todaustragen«, in: katholisch.de, 29.2.2020 (o. v.)

20 Georg von Gynz-Rekowski, 2/1985, S. 95

21 Siehe https://nikolaus-von-myra.de/de/brauchtum/nikolausbegleiter.html

gadener Land[22] beim Buttnmandllauf, wo in langes, gedroschenes Stroh eingewickelte Gestalten den hl. Nikolaus am 5. und 6. Dezember oder an den Adventssonntagen begleiten. Nur noch in der Gemarkung Maria Gern ist es der 24. Dezember, denn früher wurde dieser Brauch in den Rauhnächten ausgeübt – hatte also mit Advent und dem Nikolaus nichts zu tun, sondern mit der Percht bzw. der Berchta (der alpenländischen Ausformung der Göttin Holle), die in dieser Zeit übers Land zog.[23]
In drei Orten ist auch heute noch ein weibliches Wesen vorhanden: in Loipl und Schönau das »Nikoloweibl« (allerdings dargestellt von einem Jungen in Frauentracht) und in Winkl die Engerln (Mädchen in weißen Gewändern mit lockigem Haar) – ein letzter Glanz der alten Göttin. Kurt Derungs schreibt: »Der männliche Nikolaus konnte aber nicht auf die göttliche Ahnfrau verzichten, die nun in der Gestalt der Nikolausfrau fortlebt.«[24]
Mit ihren (Lebens-)Ruten verteilen die Buttnmandln Schläge auf die Beine der am Rand des Zuges stehenden Mädchen – ein altes Fruchtbarkeitsritual, was nicht mehr immer verstanden wird: »Das Gute ist durch das Nikolausweibi oder das Engerl verkörpert. Sie verteilen Süßigkeiten an die Kinder. Die bösen Begleiter sind die Fell- und Strohbuttnmandl, Krampein und Ganggerl, die statt der Leckereien gerne Schläge mit der Rute austeilen.«[25]

Beim Nikolausspiel in Bad Mittendorf im Salzkammergut in Österreich und in Tauplitz, ebenfalls Steiermark, tragen die *Strohschab* Peitschen, mit denen sie laut schnalzen. Laut Derungs seien auch hier Nikolaus oder Engel später hinzugekommen. Und er stellt klar: »Das ursprüngliche Mittwinterpaar waren die Percht und der Strohmann ... Sie sind in der Ahnenverehrung ›die Alte‹ und ›der Alte‹ ... Der Strohmann versinnbildlicht dabei den dürren Herbst- und

22 Genauer gesagt: in den fünf Gemeinden der südlichen Region des Landkreises Berchtesgadener Land.

23 Siehe Kurt Derungs, 2015, S. 100f. Zur Umwandlung der Zwölftenumzüge in Adventumzüge schrieb Karl Weinhold, Professor für deutsche Sprache und Literatur: »Die Göttin ward durch die h. Maria, auch wol durch das Kristkind und den Engel verdrängt. Es gilt dieß vor allem von den Adventsumzügen ... Ganz wie die Berchta als mütterliche Göttin um das Hauswesen der Menschen Sorge trägt; wie Holle namentlich das spinnen beaufsichtigt und nach schlesischer Sage die fleißigen Kinder belohnt, die faulen mit sich nimmt; wie Perchtel die schlimmen Kinder überhaupt heimsucht; so treten in den Adventen das Kristkind, der Engel, Petrus, Josef und Nikolaus auf. Der Ruprecht wird unter sie gemischt, der an anderen Orten noch mit Berchta den gleichen Umzug allein hält.« (1853, S. 31f.)

24 Kurt Derungs, 2015, S. 98. In Kärnten begleitete die Percht bzw. »die Hexe Pechtra« den Nikolaus in Umzügen; siehe Georg Graber, 1931, S. 6f.

25 »Buttnmandllauf in Berchtesgaden«, in: https://www.brauchwiki.de/buttnmandllauf/

Winteralten, der jedoch die Lebensrute in den Händen hält. Durch dieses Zeichen der lebensspendenden Percht erlebt er seine Erneuerung und erscheint im Frühjahr als grüner Mann.«[26]

(l.: Buttnmandllauf in Loipl, Gemeinde Bischofswiesen im bayerischen Landkreis Berchtesgadener Land, mit hl. Nikolaus und Nikoloweibl – re.: Strohberta mit Gefolge in Trebgast, Landkreis Kulmbach, Bayern)

In Bayern steht der Strohmann bzw. der Strohbär in Verbindung mit der Göttin Berta (auch eine Variante der Göttin Holle). Am Heiligabend zieht die *Strohberta* jedes Jahr mit ihrem Gefolge in Trebgast, Landkreis Kulmbach, von Tür zu Tür – nur 2020 musste der alte Brauch wegen Corona ausfallen.[27] Auch das weiß gekleidete »Christkindla« begleitet hier die Strohberta – die Historikerin Renate Reuther, die über die Ur-Weihnacht forschte und regionale Namens-Varianten der Göttin Holle zusammenstellte, schreibt, dass einst Berta in der Gegend um Kulmbach weiß verschleiert erschienen sei. An anderen Orten erschien sie in einem weißen Mantel, im Thüringer Wald in der Nähe von Saalfeld war sie manchmal in Stroh gekleidet.[28]

Im thüringischen Schnett (Ortsteil der Gemeinde Masserberg im Landkreis Hildburghausen) taucht die Göttin Holle in Stroh gekleidet auf. Hier gibt es ein in Deutschland einmaliges Spektakel: die *Hullefraansnacht*, ein mehrere hundert Jahre alter (Heische-)Brauch in der Zeit der Rauhnächte, bei dem am 2. Januar als alte Frauen mit grässlichen Masken verkleidete

26 Kurt Derungs, 2015, S. 103
27 »Auch die ›Strohberta‹ muss pausieren«, in: www.infranken.de, 20.12.2020 (o. v.)
28 Siehe Renate Reuther, 2017, S. 60

Gestalten von Haus zu Haus und durch die Gaststuben ziehen. Eine von ihnen ist die »Ströherne«, die, wie die Hullefraan und die »Wilde«, drei Schläge mit der Lebensrute austeilt.[29] »Am wertvollsten sind an diesem Tag übrigens die Hiebe der ›Ströhernen‹. Ein Strohhalm aus Ihrem Gewand im Geldbeutel sorgt außerdem für nie ausgehendes Kleingeld«, ist auf den Internetseiten der Gemeinde zu lesen.[30]

(Die Ströherne verteilt in der Hullefraansnacht im thüringischen Schnett Streiche mit der Rute, die Glück, Gesundheit und Fruchtbarkeit bringen sollen.)

Auch im gesamten Spessart kam früher an Weihnachten die »Hullefraa«, an die sich ältere Leute noch erinnern.[31] Im Landkreis Main-Spessart war sie für die Schläge zuständig, wenn sie gemeinsam mit dem Nikolaus kam.[32]

Völlig vergessen sei hingegen das Wissen um einen anderen Brauch, der einst in der thüringischen Stadt Eisfeld im Landkreis Hildburghausen üblich gewesen sei: »Am 6. Januar wurde mit den Rufen ›Frau Holle wird verbrennt!‹ eine Strohpuppe auf dem Markt verbrannt.«[33]

---

29 Siehe das Kap.: »Die drei heiligen Frauen – und die Eine«, Abschnitt: »Die drei Schicksalsfrauen – von Muhmen, Perchten, Hullefraan und Christkindern«. Die Hullefraansnacht in Schnett wurde auch kulturanthropologisch untersucht, siehe Christian Jacob, Göttingen 2010.

30 https://masserberg.de/hullefraansnacht.html

31 Siehe »Gute Fee und strafende Alte«, in: https://www.tourismus-triefenstein.de/natur-kultur/sagen-maerchen/frau-holle/; siehe auch Diana Seufert: »Gutes Mädchen und böse Schreckgestalt. Brauchtum am Heiligen Abend: Als das Christkind und die ›Hullefraa‹ an Weihnachten kamen«, in: Fränkische Nachrichten, 22.12.2016 (o. v.)

32 Siehe »Hullefraa«, in: Main Post, 6.12.2012 (o. v.)

33 Andrea Jakob, 1999b, S. 50

Interessant ist auch, dass die Göttin Holle bzw. die Percht in Oberfranken am 6. Dezember unter dem Namen »Bärmutter« (oder auch abgekürzt: »Bäret«) auftrat, denn die Bärin ist ein Symboltier der Göttin. Sie trug eine Rute oder einen Besen, klirrte mit Ketten und war mit Strohseilen gegürtet.[34]

Das mittwinterliche Paar in Hessen

Für den hessischen Odenwald hat der Volkskundler und Heimatforscher Heinrich Winter in den 1930er-Jahren das mittwinterliche Paar dokumentiert. In verschiedenen Orten wurde das weiß gekleidete und verschleierte Christkind, das manchmal ein »Brautkrönchen« trug, von einer Strohgestalt, hier *Strohnickel* genannt, begleitet. So z. B. in **Höchst** und in **Ernsbach** (Stadtteil von Erbach).[35] In der Gemeinde Mossautal trug der Strohnickel im Ortsteil **Hüttenthal** den Rest eines Bienenkorbes als Kappe. Im Ortsteil **Hilterklingen** zog auch noch ein Bär mit Bärentreiber mit dem Paar Christkind-Strohnickel mit – was der These widerspricht, die Herkunft des Strohbären könne auf den Tanzbären zurückgeführt werden.

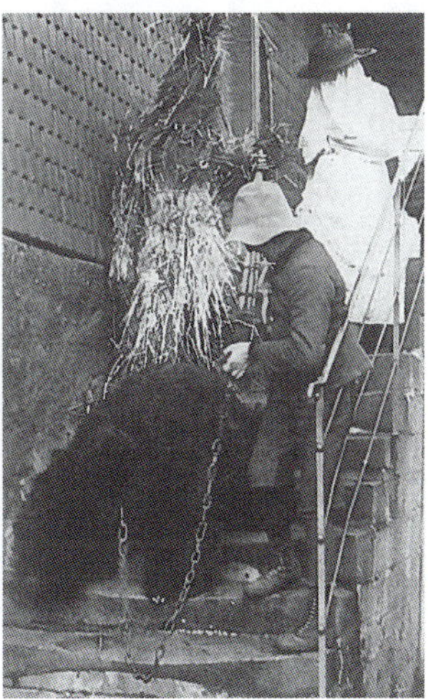

(Mittwinterumzüge in Ortsteilen der heutigen Gemeinde Mossautal im Odenwald, 1934/35, l.: Christkind mit Strohnickel in Hüttenthal – re.: Christkind, Strohnickel, Bär und Bärentreiber in Hiltersklingen)

34 Siehe Renate Reuther, 2017, S. 59 und Karlheinz Goldmann, 1970, S. 20

35 Siehe Helmut Seebach, 2002, S. 41f. (Foto vom Ernsbacher Paar auf S. 42)

Hans-Edgar Bickelhaupt vom Arbeitskreis für Heimatgeschichte Mühltal berichtet unter der Überschrift »Im Winter gingen oft vorchristliche Gestalten um, bis man sich auf den Heiligen Nikolaus berief«, dass sich auch noch in den ersten Jahrzehnten nach dem Zweiten Weltkrieg im Odenwald viel altes Brauchtum mit christlicher Tradition und christlichem Glauben begegneten, vor allem am 6. Dezember, dem Tag des Pelznickels. »Im südlichen Odenwald wurde der Pelznickel auch Benznickel, Strohnickel und Storrnnickel genannt ... er war in Stroh gehüllt.«[36] Der Belznickel oder Benznickel ist auf manchen Weihnachtsmärkten der kleinen Odenwaldorte bis heute ein gern gesehener Gast – aber heute ohne das Christkind, ohne die weibliche Hälfte des einstigen mittwinterlichen Paares. In Neustadt trägt der Ende November/Anfang Dezember eröffnete Markt, den es erst seit 1975 gibt, sogar seinen Namen: Benznickelmarkt.[37]

(Christkind und Nickel in Wißmar, heute Ortsteil der Gemeinde Wettenberg, Kreis Gießen, 1930er-Jahre)

In **Wißmar** (Gemeinde Wettenberg, Kreis Gießen) war der Nickel oder »Chrestneckel«, der genauso weiß gekleidet war wie das Christkind, das er begleitete, in den 1930er-Jahren zumindest noch mit einem Strohseil gegürtet.

Interessant ist auch, was eine Gesetzes-Sammlung von 1802 zeigt: Im **Dillkreis** (im ehemals nassauischen Teil Hessens) war damals das Herumlaufen und Verkleiden am Nikolaustag verboten.[38]

---

36 Hans-Edgar Bickelhaupt, 2015/2016, S. 1 (o. v.)

37 Siehe z. B. auch »Benznickel mit dem ›Crumbacher Weihnachtsmobil‹ unterwegs«, in: www.fraenkisch-crumbach.de, 7.12.2020 (o. v.)

38 Siehe Karl Löber, 1965, S. 267

In Südthüringen gibt es Orte, in denen das Christkind bis heute von Figuren begleitet wird, die früher zum Gefolge der Göttin Holle gehörten: »Herrschekloase«[39] – ganz in Stroh eingewickelte Männer, die lärmend durchs Dorf von Haus zu Haus ziehen. Sie sind auch am 6. Dezember unterwegs. Und in Gethles im thüringischen Landkreis Hildburghausen ist die Holl (in Form von verkleideten jungen Männern) bei Umzügen am 23. Dezember sogar persönlich anwesend. Ein Verein pflegt dort dieses lebendige Brauchgeschehen. Auf seinen Internetseiten ist zu lesen, dass der Ursprung bis ins 13. Jahrhundert zurückverfolgt werden könne, dass Ursachen und Wesen dieses Volksbrauchs jedoch bis tief in die Urzeit zurückgehen.[40]
»Hescheklas« ist einer der Namen, die bereits Jacob Grimm, der Philologe und Märchensammler, für den zur Zeit der Winterwende in Holles Geleit umziehenden vermummten Knecht nennt.[41] Während die Herrschekloese in Gethles die »unartigen« Kinder bestrafen, verteilt die Holl Süßes.
Monika Fritz-Scheuplein, die mit anderen für den Sprachatlas von Unterfranken die Bezeichnungen für den Nikolaus und seinen Begleiter erfragte, schreibt, »dass das Herrscheklaus-Gebiet früher wesentlich größer gewesen ist. In den dreißiger Jahren des 20. Jahrhunderts reichte es von Eisenach bis nach Coburg und in den Raum südlich von Würzburg«. In den mainfränkischen Dörfern seien die *Hätscheklas* in früheren Jahren zusammen mit der Hullefrau als bestrafender Gestalt ins Haus gekommen.[42]

Gemäß dem Wandel der Jahreszeiten verwandeln sich, mythologisch betrachtet, auch die Göttin und ihr Partner. Mit dem beginnenden Frühjahr muss der Winteralte weichen und die Göttin sich verjüngen. Das macht sie, indem sie badet. Er hingegen wird meist verbrannt, um, ebenfalls verjüngt, im Grünen Mann wieder zu erscheinen. Nach ihrer Reinigung im heiligen Bad kann die Göttin der Erde eine neue Vegetation schenken, die durch den Grünen Mann symbolisiert wird. Im Kultspiel wurde der Wechsel von Winteraltem zum Grünen Mann früher auch als symbolischer Kampf oder als Wettbewerb um eine »Braut« oder »Königin« (an

---

39 Von Ort zu Ort kann die Schreibung abweichen: Herrscherklouse, Harrschekloasche, Herrscheklas u. Ä., siehe Andrea Jakob, 1999a, S. 15-32

40 Siehe https://herrschekloese-gethles.jimdo.com/verein/ und https://herrschekloese-gethles.jimdo.com/brauch/

41 Siehe Jacob Grimm, 2/1844, S. 1212 (Nachträge)

42 Monika Fritz-Scheuplein, 2010, S. 11f. (o. v.)

unterschiedlichen Terminen) gezeigt.[43] Davon sind heute oft nur noch Reste erhalten, meist fehlt die weibliche Seite. In Wunderthausen im Wittgensteiner Land, Ortsteil von Bad Berleburg im Kreis Siegen-Wittgenstein in Nordrhein-Westfalen, wird der Winter erst an Pfingsten vertrieben, die Strohgestalt, die dann durch den Ort geführt und anschließend verbrannt wird, heißt bis heute der »Alte Mann«.[44] Die beiden anderen Elemente finden sich in einem Brauch, den es Mitte des 19. Jahrhundert noch gab: Am zweiten Pfingsttag wurde in Wunderthausen von der Jugend ein Wettrennen veranstaltet. »Die Mädchen des Orts machen einen Kranz, an welchen ein schönes Tuch für den besten Reiter gebunden wird. Dies geschieht auf einem Berge; der Kranz wird als Ziel aufgesteckt und nach einem dreimaligen Rennen der Preis ausgetheilt. Die Pferde werden dann abgeführt, und Musik und Tanz beginnen.«[45]

Der Strohmann wurde mancherorts zum Judas

In die antisemitische Richtung geht die Verchristlichung des Strohmann-Brauches, wenn bei Osterfeuern Strohpuppen verbrannt werden, die nicht mehr den Winter oder den Tod symbolisieren, die vertrieben werden sollen. Beim »Judasverbrennen« oder auch »Ostermobrenna« (Ostermannbrennen) wird Judas Iskariot in effigie verbrannt – besonders fatal, wenn die Figur als Jude bezeichnet oder mit stereotypen Merkmalen wie Hakennasen und Schläfenlocken gestaltet ist. Eine Studie der Recherche- und Informationsstelle Antisemitismus Bayern zum Thema kommt zu folgendem Fazit: »Beim Judasfeuer, wie es heute insbesondere in Oberbayern und Schwaben, aber auch noch in Unterfranken stattfindet, handelt es sich um einen christlich-laikalen Brauch mit antisemitischer Tradition. Diese hängt mit dem Bezug des Feuers zu Ostern und Judas zusammen, der seit der Spätantike in christlich-antijudaistischer Tradition als Exponent der Juden gilt und als solcher auch durch den Nationalsozialismus instrumentalisiert wurde. Hierbei ist insbesondere das Topos des Verrats des Judas an Jesus Christus in Kombination mit dem Vorwurf des Gottesmordes durch die Juden zu berücksichtigen. Noch im 19. und frühen 20. Jahrhundert wurde der antisemitische Charakter dieser

43 Siehe Kap.: »Maikönigin und Grüner Mann«, Abschnitt »Der Grüne Mann im Pfingstbrauchtum«

44 Siehe Lars-Peter Dickel: »Wunderthausen ist auf der Spur des ›Alten Mannes‹«, in: Westfalenpost, 1.6.2020 (o. v.) und Julia Peter: »Alter Mann auf Reisen«, in: Westfalenpost, 16.5.2008 (o. v.)

45 Adalbert Kuhn, 1859/1979, S. 166

Brände im deutschsprachigen Raum offen artikuliert, in Polen oder Chile ist das auch heute noch der Fall. Veranstalter von Judasfeuern in Bayern sowie die Berichterstattung verweisen bis heute darauf, dass das Verbrennen des Judas die Strafe für den Verrat ist. Wünschenswert wäre daher eine Reflexion dieser antisemitischen Traditionen und ihrer Hintergründe durch diejenigen, die sie alljährlich veranstalten, und durch die Öffentlichkeit.«[46]

Lichtmess, Imbolc und der Bär

In der Thüringischen Rhön kommt der Strohbär an Lichtmess – seit 1945 ist der Brauch zwar seltener geworden, doch in Fischbach im Wartburgkreis wird er als Heischegang noch ausgeübt.[47] So wie in den Dörfern Oberkatz, Diedorf, Empfertshausen, Neidhartshausen und Kaltenlengsfeld.[48]

Auch in Sachsen-Anhalt taucht die Strohgestalt an Lichtmess auf. In Spergau (Ortsteil von Leuna) im Saalekreis sind sie stolz auf ihre alte Lichtmess-Tradition,[49] bei der den gesamten Tag über verschiedene, zum Teil maskierte Figuren unterwegs sind, um Eier, Milch und Bratwürste einzusammeln. Und abends wird getanzt. 2018 wurde die Spergauer Lichtmess-Tradition ins bundesweite Verzeichnis des Immateriellen Kulturgutes aufgenommen. Leider findet sich in der Erklärung der deutschen UNESCO-Kommission nichts zur Deutung der einzelnen Figuren, schon gar nichts über den Bären. Anders ist das auf den Internetseiten des Spergauer Lichtmess-Vereins.[50] Auch hier wollen sie den Winter austreiben – der Erbsbär (mit dem »Läufer«, der ihn an der Kette führt) ist Teil einer Heischegruppe und beim Umzug dabei. Wichtig ist auch der »Bändermann«, »die wohl prächtigste und den nahenden Frühling verkörpernde Figur«, wie auf den Internetseiten der Gemeinde zu erfahren ist.[51] Jürgen Jankofsky betont, »dass sich mit dem Bären seit alters her Wintervorstellungen verbanden. Ja, der Erbsbär könnte eine der urspünglichen Lichtmessfiguren sein. Möglicherweise waren

46 Bayerischer Jugendring K.d.ö.R (BJR) und Recherche- und Informationsstelle Antisemitismus Bayern (RIAS Bayern) (Hg.), 2020, S. 191

47 »VON SPANMÄNNERN UND STROHBÄREN«, in: https://www.rhoen.de (o. v.)

48 Siehe https://rhoenkanal.de/2019/02/die-baeren-sind-los-rhoener-lichtmess-2019/

49 Ein erster Hinweis auf diesen Spergauer Brauch findet sich in der handschriftlichen Ortschronik des Jahres 1688.

50 https://www.spergauer-lichtmess.de/

51 »Die Spergauer Lichtmeß – eine uralte Tradition«, in: http://www.spergau.de/tradition.html

der Bär und der Läufer einst sogar direkte Gegenspieler im Festverlauf, kämpften vielleicht sogar miteinander – Winter gegen Frühling?« Und er meint: »Ja, dieser mutmaßlich einst stolze Gegenspieler des Frühlings, diese möglicherweise einstige Hauptfigur – durch Überlagerungen und Umdeutungen ursprünglichen Geschehens mehr und mehr funktionslos geworden, trottet nun brav mit den Heischegängern, hilft mit seinen Auftritten, die Lichtmeßkasse zu füllen.«[52]

Im 80 Kilometer entfernten Glinde, einem kleinen Dorf im Salzlandkreis, das nur 304 Einwohner zählt, sind die Lichtmess-Feierlichkeiten aufwändig.[53] Im Umzug am 2. Februar mit vielen Motivwagen (wie in anderen Orten an Fasching) ist ebenfalls der ganz in Stroh eingewickelte Erbsenbär zu finden, der auch in diesem Ort helfen soll, den Winter auszutreiben. Hier wird bei der Lichtmess-Feier nicht nur vom christlichen Fest gesprochen, sondern auch vom keltischen Jahreskreisfest Imbolc und dem Lichtfest der Großen Göttin Brigid, der Hellen, der Leuchtenden, die an diesem Tag mit Feuer gefeiert wurde, das das neue Licht begrüßte.[54]

In der nun immer heller und wärmer werdenden Zeit regen sich die ersten Zeichen neuer Fruchtbarkeit. Der Bär steckt seine Nase aus der Höhle, um zu sehen, wie weit der Frühling schon gediehen ist, ob der neue Jahreskreislauf beginnen will.
Eine alte Bauernregel weiß: »Wenn der Bär auf Lichtmess seinen Schatten sieht, kriecht er wieder auf vierzig Tage in die Höhle.«[55]

---

52 Jürgen Jankofsky, 2013, S. X. und »Bärenführer mit Bär und Milchkanne«, in: https://www.spergauer-lichtmess.de/

53 Siehe Lichtmess-Museum in Glinde, Dorfstraße 38, 39249 Barby (Elbe)

54 https://www.youtube.com/watch?v=9hxj5vYMkGs (Zur Glinder Lichtmess) – Das Erscheinen des Lichts ist auch verbunden mit dem Gedanken der spirituellen Reinigung, bevor der Kreislauf wieder begonnen werden kann. Auch diesen Gedanken übernahmen die monotheistischen Religionen – und belegten ihn mit einem anderen Inhalt: Lichtmess ist der Tag der Reinigung der Jungfrau Maria, 40 Tage nach Jesu Geburt. Solang gelten Frauen im Judentum nach der Geburt eines Knaben als unrein (bei Mädchen sind es sogar 80 Tage). In dieser Zeit seien sie besonders gefährdet für die Einflüsterungen böser Geister und des Teufels. Das dritte Buch Mose (Levitikus) fordert sie auf, nach dieser Zeit ein Sündopfer vor dem Priester darzubringen, um ihre Reinheit wieder herstellen zu lassen (3.Mose 12,6-8). Im Islam darf sich eine Frau innerhalb dieser Frist einem Sterbenden nicht nähern.

55 Deutsche Einwanderer brachten diese Bauernregeln mit nach Amerika und wendeten sie auf die dortige Tierwelt an, so entstand der Murmeltiertag.

Eine andere Bauernregel besagt: »An Lichtmess fängt der Bauersmann neu mit des Jahres Arbeit an.« An Lichtmess begann das Bauernjahr, die Arbeit auf den Feldern, die seit Michaelis ruhte, wurde nun wieder aufgenommen. Deswegen wurde auch vom »Bauern-Neujahr« gesprochen. Mägde und Knechte konnten an diesem Tag ihre Stellung wechseln und erhielten ihren Lohn fürs gesamte Jahr. Bis 1912 war Maria Lichtmess in Bayern ein Feiertag. Und auch im Christentum geht es an diesem Tag ums Licht, traditionell werden dann die Kerzen geweiht.

Brigit oder Brigid, die dreifache Große Göttin der keltischen Mythologie, ist eine alte Göttin, die auf den Britischen Inseln und dem europäischen Festland unter verschiedenen Namen bekannt war. In Irland war ihr Name gleichbedeutend mit »Göttin«, viele Orte sind nach ihr benannt.[56] Wahrscheinlich wanderte sie im Gepäck gälischer KeltInnen aus Galizien nach Irland. Verehrt wurde sie in dreifacher Gestalt, manche sagen: in Gestalt dreier Schwestern, den »drei Brigids«. Ihr Hauptattribut ist das Feuer und sie ist die Schutzherrin der Poesie, der Heilkunst und der Schmiedekunst. Als die jungfräuliche, weiße Göttin tritt sie zusammen mit Dana[57] und Anu[58] in der Göttinnen-Trinität auf. Gemeinsam mit Modron, deren Name »Große Mutter« bedeutet, und Cailleach (sie verkörpert den winterlichen, den dunklen Aspekt der dreifaltigen Göttin) bestimmt sie als dreifache Göttin über die Jahreszeiten und den Kreislauf des Jahres. Modron leitet die Geschicke vom Beginn des Sommers bis in den Herbst, Cailleach übernimmt an Samhain (1. November). Und Brigit löst sie an Imbolc (1. Februar) ab. Es gibt eine schottische Sage, nach der am Abend des St.-Brigits-Tages die alte Frau des Winters, die Göttin Cailleach, zu der magischen Insel reist, in deren Wäldern die Quelle der Jugend verborgen liegt. Bei Sonnenaufgang trinkt sie von dem Wasser und verwandelt sich in Bride, die junge, weiße Göttin, deren weißer Zauberstab die noch winterkahle Erde mit sprossendem Grün überzieht. Wie Holle und andere Große Göttinnen ist Brigid also im beginnenden Frühjahr für die erneute Fruchtbarkeit des Landes zuständig.

---

56 Siehe Sylvia und Paul F. Botheroyd, 1992, S. 50

57 Die Göttin Dana ist eine archaische Wassermutter, nach der viele Flüsse wie die Donau benannt sind, und die auch als Erdmutter verehrt wurde und das Land verkörperte.

58 Die Göttin Anu ist nach dem etymologischen Glossar *Sanas Cormaic* (entstanden in altirischer Sprache um 900) die »Mutter der irischen Gottheiten« (mater deorum Hibernensium) – Irland wurde das »Land der Anann« genannt.

(Bronzedarstellung der keltischen Göttin Artio, 1832 in Muri bei Bern, Schweiz gefunden)

Und der Bär, der den Winter in einer dunklen Höhle in Winterstarre verbringt und im Frühling wieder zu neuem Leben erwacht, galt Keltinnen und Kelten als mächtiges Wesen, das eine Zeit in der Anderswelt verbringen konnte und vermochte, sie auch wieder, wie wiedergeboren, zu verlassen.[59] Er konnte als ein Sinnbild für das Absterben und das Wiedererwachen der Natur gesehen werden, für Tod und Wiedergeburt – für den ewigen Kreislauf des Lebens. Die Bärin, die ihre Jungtiere lange umsorgt und mutig beschützt, war ein Kulttier der Göttin und symbolisierte sie. Artio, die keltische Bärengöttin,[60] die in der römischen Mythologie der Göttin Diana gleichgesetzt wird, wurde mit ihrem Kulttier, nach dem sie auch benannt wurde, dargestellt.[61] Artio wurde »als große Göttin der Natur verehrt. Sie erschien ihrem Volk in Gestalt eines Bären.«[62]

Wie schon für Oberfranken berichtet, ist auch in der Steiermark in Österreich die Bezeichnung »Bärmutter« für die Göttin Holle/Percht nachgewiesen.[63] Die finnische Literaturwissenschaftlerin und Mythenforscherin Kaarina Kailo, die über das matriarchale Erbe der Sami (wie z. B. deren Schenkökonomie) arbeitet, hat in einer Anthologie Kunstwerke und Texte um Menschen und Bären aus vielen verschiedenen Traditionen gesammelt.[64] Sie sagt: »Bären-

59 Sylvia und Paul F. Botheroyd, 1992, S. 29

60 Artio wurde besonders im Gebiet der heutigen Schweiz und in Gallien verehrt vom Stamm der HelvetierInnen und den Frauen und Männern vom Stamm der Treverer.

61 Peter Krön (Hg.), 2/1980, S. 296

62 Patricia Monaghan, 1999, S. 33

63 Siehe Renate Reuther, 2017, S. 59

64 Siehe Kaarina Kailo (Hg.in), 2008; siehe auch Kaarina Kailo, 2010

kulte sind weit verbreitet, in fast jedem Land gibt es eine Bärengöttin ... Überlieferungen der Sami, anderer finno-ugrischer Völker sowie vieler weiterer Kulturen – etwa armenische, slawische und irokesische – erzählen sogar von der Vermählung zwischen Menschenfrauen und Bären.«[65]

Die Göttin und die Bärin

Die Verehrung von Bären hat eine lange Geschichte. Felszeichnungen von diesen Tieren sind schon aus der Altsteinzeit bekannt, z. B. aus der Chauvet-Höhle in Frankreich, ca. 34 000 Jahre alt. In zahlreichen Höhlen[66] wurden auch Knochen und Schädel von Bären so deponiert gefunden, dass zumindest bei einigen eine einstmals sakrale Bedeutung offensichtlich ist.[67] Unter den Felsritzungen in der Nähe von Alta, Norwegen, gibt es Bärendarstellungen aus dem 5. Jahrtausend v. u. Z., die in norwegischen Forschungen als zyklische Regenerationsvorstellungen thematisiert werden.[68] Die Archäologin Marija Gimbutas, der wir die Ausgrabung der Kultur des Alten Europa verdanken, verweist auf die »Bärenmadonnen« in Gestalt einer Frau, die eine Bärenmaske trägt und ein Junges in den Armen hält – bekannt aus der Vinča-Kultur, die vor 7500 Jahren die prägende Kultur im Alten Europa war. Die kultische Bedeutung der Bärin wird hier auch durch Vasen in Bärenform belegt, oft verziert mit Parallell-Linien, Drei-

65 »Auf der Fährte der großen Bärin. Ein Gespräch mit der finnischen Mythenforscherin Kaarina Kailo über das matriarchale Erbe der Sami, Schenkökonomie und Bären«, in: Oya, Nr. 62: »Matriarchale Fährten«, März bis April 2021, S. 44f., S. 45 (https://lesen.oya-online.de/texte/3571-auf-der-faehrte-der-grossen-baerin.html)

66 Bärenschädel- und Bärenknochen-Depots oder besonders positionierte Bärenschädel wurden entdeckt im Drachenloch im Kanton St. Gallen (Schweiz), in der Petershöhle bei Velden in der Fränkischen Schweiz (Deutschland), in der Salzofenhöhle im Toten Gebirge in der Steiermark (Österreich), in der Grotte des Furtins im Departement Saone-et-Lôire und in der Grotte Chauvet im Flusstal der Ardèche sowie in den Höhlen von Arcy-sur-Cure und in Montespan im Département Haute-Garonne (Frankreich), in den Fundorten Goyet, Trou de Chaleux und Princesse Pauline (Belgien), in der Grotte Caviglione in Ligurien (Italien), in der Veternica-Höhle nahe Zagreb (Kroatien) und in der Höhle Pestera Rece (Rumänien).

67 Manche Forschenden meinen jedoch, die These eines verbreiteten Bärenkultes in der Altsteinzeit müsse als widerlegt gelten, denn die Lage der Knochen- und Schädelfunde könne sehr viel besser durch Wassereinwirkung in den Höhlen erklärt werden und sei eher zufällig. Von einem festen Zeremoniell und einer weitverbreiteten Tradition im Paläolithikum zu sprechen, gehe zu weit. Aber an einer besonderen Beziehung zwischen Menschen und Höhlenbär in der letzten Eiszeit könne festgehalten werden, was besonders durch die Funde in den Höhlen Pestera Rece, Montespan (wo die lebensgroße, kopflose Tonfigur eines Bären gefunden wurde, zwischen dessen Vordertatzen ein echter Bärenschädel lag), Chauvet und die belgischen Höhlen gestützt werde; siehe Rosendahl u. Döppes, 2015, S. 27

68 Siehe Egon Wamers, 2015c, S. 63f.

ecken, Netzmustern oder Zickzackbändern, die offenbar zu zeremoniellen Zwecken zu Ehren der Göttin der Geburt dienten.[69]

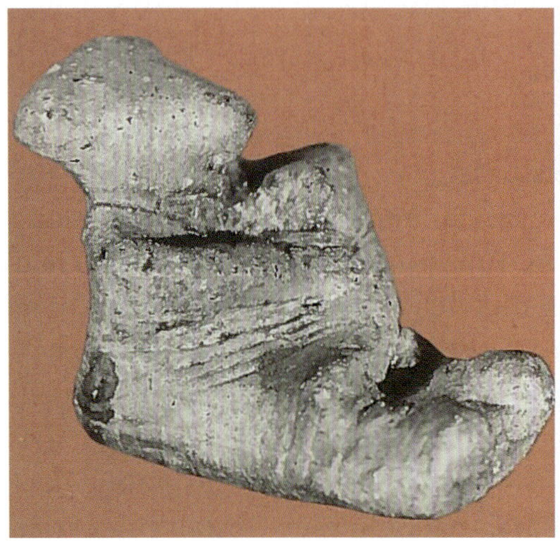

(l.: Bärenmutter, die ihr Junges in den Armen hält, Vinča-Kultur, aus der archäologischen Stätte Fafos II. bei Mitrovica, Kosovo, ca. 4500-4000 v. u. Z – re.: hohler Terrakottabär mit Schüssel aus Chalandriani auf der griechischen Insel Syros, 3. Jt. v. u. Z.)

Der amerikanische Linguist Toby D. Griffen hat 2005 den ersten Satz der Vinca-Schrift, dem Zeichensystem der Vinča-Kultur aus der Jungsteinzeit (entdeckt von Marija Gimbutas, die diese Schrift »die Sprache der Göttin« nennt), entziffert[70] – und damit den ältesten geschriebenen Satz der Welt, rund 7000 Jahren alt.[71] Und dieser Satz, der interessanterweise auf zwei tönernen Spinnwirteln steht,[72] erzählt von der Bärengöttin: »Bärgöttin und Vogelgöttin sind wirklich die Bärgöttin.« Die *Neue Zürcher Zeitung* schreibt dazu: »Man könnte wohl auch so formulieren: ›... sind die Bärgöttin – eine Göttin‹«.[73] Die Bärengöttin, die spirituell für die

69 Marija Gimbutas, 1995, S. 119

70 Toby D. Griffen, 2007 (o. v.)

71 Zumeist gelten die Aufzeichnungen der Sumerer in Keilschrift (aus Wirtschaft und Verwaltung), 3. Jt. v. u. Z., als Beginn der Schrift. Doch auch Harald Haarmann, Sprach- und Kulturwissenschaftler sowie Vizepräsident des Institutes für Archäomythologie, widerspricht dieser Ansicht und schließt sich Marija Gimbutas an; siehe Harald Haarmann, 1990

72 In vielen Mythologien sind es drei Schicksalsgöttinnen, die den Lebensfaden spinnen, ihn abmessen und schließlich kappen. Gefunden wurden die Spinnwirtel (Schwunggewichte einer Handspindel) bei Grabungen in Jela, westlich von Belgrad am Südufer des Flusses Save im heutigen Serbien.

73 »Der älteste Satz in menschlicher Sprache«, in: NZZ, 15.7.2005 (o. v.)

Geburt stand, und die Vogelgöttin, die in vielen alten Kulturen mit dem Sterben in Verbindung gebracht wurde, sind also eins – *eine* Göttin, die für Leben *und* Tod steht, die Leben gibt, es nimmt und wieder gibt.[74]

Die Verehrung von Bär und Bärin reicht bis in die Neuzeit, bei den nordischen indigenen Völkern hat der Bärenkult bis ins 20. Jahrhundert überlebt.[75] So gab es bei den Frauen und Männern der Samen und Niwchen große Bärenfeste.[76] Auf den Plätzen dieser rituellen Feste wurden in Skandinavien Bärenbestattungen gefunden, die denen von Menschen ähneln.[77] In schamanischen Ritualen spielte auch der Bärentanz mit Bärenfellen und Bärenfellgesichtsmasken eine Rolle. Auch bei der japanischen Urbevölkerung, den Ainu, gab es diese Bärenfeste. Gimbutas erläutert: »Einmal im Jahr opferten die Menschen einen männlichen Bären ..., um die Erneuerung des Lebens im Frühjahr zu sichern ... Das weibliche Tier dagegen wurde unter dem Aspekt der Mutterschaft als heilig betrachtet.« Sie berichtet, dass bei den SlawInnen die Bärenfeste bis zum Ende des 19. Jahrhunderts überliefert sind und dass in Ostlitauen eine Frau, wenn sie vier bis fünf Wochen nach der Geburt in der Sauna ein rituelles Bad nimmt, »Bärin« (Meška) genannt werde.[78] In Bulgarien sei der Brauch verbreitet gewesen, einen Bären ins Haus und an den Ehrenplatz unter den Ikonen zu führen.

Auch in unserer Zeit gibt es noch Verbindungslinien zur Bärin, die den Kreislauf der Natur und des Lebens symbolisiert. So führen die nordamerikanischen Indianerstämme der Ute und Paiute im Winter einen Bärentanz auf und ahmen dabei das Erwachen des Bären aus dem Winterschlaf nach. Buffie Johnson schreibt dazu: »Das Fest zieht eine Parallele zwischen dem Winterschlaf des Bären und seinem Erwachen im Frühling und dem Tänzer, der stirbt, um wiedergeboren zu werden.«[79]

---

74 Siehe auch Andrea Dechant, 2016
75 Siehe Egon Wamers, 2009, S. 14; siehe auch die fotografische Dokumentation »Das Bärenfest der Niwchen (Giljaken) um 1934«, in: Egon Wamers (Hg.), 2015a, S. 73-79
76 Siehe Egon Wamers, 2015b, S. 45-52
77 Siehe ebd., S. 53-57
78 Marija Gimbutas, 1995, S. 116
79 Buffie Johnson, 1990, S. 358

Im mitteleuropäischen Kontext schimmert im Grimm'schen Märchen von *Schneeweißchen und Rosenrot* – wo der Bär um einen Platz in der Stube zum Überwintern bittet und im Frühjahr zum Schluss, nun in Gestalt eines Prinzen, eine der Schwestern heiratet – noch etwas von diesem zyklischen Denken durch.

(Stalagmit in Bärenform in der Bärenhöhle, der Höhle Arkoudospilios, Akrotiri, Kreta, wo einst Artemis verehrt wurde und heute Maria Lichtmess gefeiert wird)

Und auf Kreta feiern viele Einheimische Maria Lichtmess in der Höhle Arkoudospilios, der Bärenhöhle,[80] die schon seit der Jungsteinzeit für kultische Zwecke genutzt wurde. In der klassischen Zeit war es die Göttin Artemis (die griechische Form der Diana), die hier verehrt wurde – eines ihrer Kulttiere ist die Bärin; junge Mädchen, die im Dienst der Göttin standen, wurden Arktoi (Bärinnen) genannt und waren bei Prozessionen in Bärenfelle gehüllt.[81] Die christliche Kirche hat am Eingang dieser Höhle eine kleine Kapelle der Panaghia Arkoudiotissa, der Muttergottes der Bärenhöhle, der »Jungfrau Maria von den Bären« geweiht. Elemente des antiken Kultes sind erhalten geblieben.

Und es gibt weitere Beispiele für die Christianisierung des ursprünglichen Kulttieres der Göttin. In dem kleinen französischen Weinort Andlau im Elsass (in der Nähe des Sankt-Odilienberges) erinnern mehrere Bären-Statuen an die Legende von der Gründung der Abtei durch Kaiserin Richardis[82] im 9. Jh., der eine wilde Bärin den richtigen Platz gezeigt haben

80 Im Norden der kretischen Halbinsel Akrotiri, so benannt nach einem Stalagmiten, der einem Bären ähnelt.

81 Im Heiligtum der Artemis in Bauron an der Ostküste Attikas.

82 Richardis war die verstoßene Ehefrau von Kaiser Karl III. dem Dicken, sie galt als jungfräulich und wurde 1049 heiliggesprochen. Ihre Gebeine ruhen in der Kirche in einem Hochgrab, das bis heute Ziel von Wallfahrten ist und unter dem Gläubige hindurchgehen. Dies erinnert an alte Durchschlupf-Riten zur spirituellen Reinigung und Wiedergeburt aus vorchristlicher Zeit; gekrochen wurde durch Felsspalten, gespaltene Baumstämme, durch Löcher in Steinen u.Ä. – Symbole für die alles gebärende und wiedergebärende Vulva der Göttin.

soll – so wie auch viele Hirsche Maria und anderen heiligen Frauen den richtigen Ort für ihre Kirchengründungen wiesen.[83]

(l.: Romanische Bärenskulptur aus dem 10. Jh. in der Krypta der ehemaligen Abteikirche im elsässischen Andlau, heute Pfarrkirche St. Peter und Paul; die Luke rechts neben ihr, das »Bärenloch«, gilt als Kraftort und ist beliebt bei Frauen mit Kinderwunsch[84] – M.l.: Statue der Kirchengründerin, der heiligen Richardis, mit ihrer Bärin im Inneren der Kirche – M.re.: Auch vor der Kirche ist die Bärin präsent. – re.: Als Brunnenfigur ist die Bärin zusammen mit Kaiserin Richardis auf dem Marktplatz in Andlau zu sehen.)

Als Korbiniansbär wurde der Bär in der christlichen Ikonografie gar zu einem »Lasttier Gottes«,[85] häufig abgebildet – auch im Wappen von Papst Benedikt XVI.

»Doch alte Geschichten verschwinden nicht einfach, sie verstecken sich in Märchen und Legenden. So wie der Bär aus Schneeweißchen und Rosenrot, unter dessen Pelz ein verzauberter Prinz steckt, kommen auch sie oft wieder ans Licht, wenn die Zeit passt. Der Fruchtbar-

83 Siehe Kap.: »Die Göttin und ihr heiliger Hirsch – Zur Symbolgeschichte«, Abschnitt. »Einstige Hirsch-Heiligtümer«

84 Siehe Ulrike Pittner & Ursa Krattiger, 2015, Kap.: »Artemis«, S. 226

85 Die christliche Legende erzählt, dass der heilige Korbinian, der Gründer des Bistums Freising, auf einer Pilgerfahrt nach Rom einen Bären zähmte, der zuvor eines seiner Lasttiere gerissen hatte, und ihm zur Strafe dessen Last auf den Rücken band. Der Bär habe das Gepäck als Buße nach Rom getragen. »Die ursprüngliche Deutung des Bären ist einleuchtend. Das Christentum ›zähmte‹ die Wildheit des Heidentums und schuf so gerade in Altbayern Grundlagen zu einer großen Kultur«, meint der Diözesanrat der Katholiken der Erzdiözese München und Freising; siehe https://www.erzbistum-muenchen.de/cms-media/media-2059120.pdf

keits- und Vegetationsbär lebt weiter als Kornbär, der in der letzten Kornähre auf den Feldern wohnt. Er zieht als Erbsenbär durch die allemanische Fastnacht und wird als Maibär in den Fluß Tamina bei Bad Ragaz geworfen.«[86]

In Hessen gibt es einen Ort, der einen direkten Bezug von Göttin, Bär, Winteraustreiben und heutigem Volksbrauch thematisiert. In der Nähe des Meißners, des Berges, in dem die Göttin Holle zu Hause ist, steht östlich von **Meißner-Abterode** auf einem kleinen Hügel ein auffälliger Felsen. Wegen seiner Form wird er »Bärenstein« genannt. Der Sage nach wurde er dort von Frau Holle aus dem Schuh geschüttelt oder auf ihrem Daumen vom Meißner dorthin getragen – ganz nach der Art der alten Göttinnen, die das Land gestalteten. Im Geo-Naturpark Frau-Holle-Land wird der Abteröder Bär zu den Sagenorten der Frau Holle gezählt.[87]

(Bärenstein bei Meißner-Abterode, Werra-Meißner-Kreis, im Geo-Naturpark Frau-Holle-Land)

Ein anderer Name des Felsens ist »Todstein«. Schon 1847 schrieb Julius Schmincke: »Vielleicht wurde im Heidenthume und auch wohl später dort ein Maien- oder Frühlingsfest gefeiert, wobei man den Winter oder den Tod begrub; und vielleicht wäre dieß in Verbindung zu setzen mit dem Cultus der Frau Holle, der Göttin der im Frühling wiederkehrenden Fruchtbarkeit der Erde«.[88] Helene Brehm sah in ihm eine altheidnische

86 Marion, 2015, S. 32 – »Kornbär« ist eine der vielen Bezeichnungen für die Korngeister, die im Erntebrauchtum eine Rolle spielten. »Ebenso heisst es zu Gross-Berndten Kr. Nordhausen Pr. Sachsen, der Kornwolf oder der Kornbär sei der Sohn der Kornmutter.« (Wilhelm Mannhardt, 1884, S. 302) Wobei die Kornmutter als eine nicht mehr verstandene Erinnerung an die Göttin Holle gesehen werden kann; siehe Joseph Kehrein, 1862, S. 241

87 Siehe »Abteröder Bär – Todstein«, in: https://www.naturparkfrauholle.land/frau-holle/sagen-mythen/sagenorte-der-frau-holle/abteroeder-baer/

88 Julius Schmincke, 1847, S. 108

Opferstätte. Sie berichtet, dass in früheren Zeiten am Todstein die Kirmes in Form einer Strohpuppe oder einer Flasche Schnaps begraben wurde.[89] Karl Kollmann kommentiert: »Zwar nicht der Winter, aber immerhin die Kirmes wurde demnach in jüngerer Zeit noch am Todstein begraben. Eine Erinnerung an das alte ›Todaustragen‹ in vorchristlicher Zeit? Es scheint tatsächlich so zu sein, vor allem wegen des Strohmannes, der ja nun kaum mit der Kirmes etwas zu tun haben dürfte.«[90] Adolf Häger teilte 1940 mit, dass der Stein noch in jüngster Zeit alljährlich von Kindern bekränzt worden sei.[91] Bis heute geblieben ist das Osterfeuer, das jedes Jahr an der vorchristlichen Kultstätte brennt.[92]

Der Fasnachts-Strohbär

In Bern in der Schweiz – hier wurde der Bär wie in Berlin als Wappentier erkoren –[93] gibt es einen Brauch, der die Verbindung zwischen dem Erwachen des Bären aus seinem Winterschlaf im Frühjahr und dem Fasnachtsgeschehen gestaltet. Am 11.11. um 11.11 Uhr wird der Fasnachts-Bär für seine Winterruhe in den Käfigturm[94] gesperrt. Und zum offiziellen Fasnachtsbeginn am Donnerstag nach dem Aschermittwoch (in Bern beginnt die Fasnacht, die drittgrößte in der Schweiz, etwas später als gewohnt) wird er mit einem großen Spektakel wieder befreit. Mit der traditionellen Ychüblete (Eintrommeln) wecken GuggenmusikerInnen den Bären aus seinem tiefen Schlaf – und dann läuft er mit im Umzug durch die Stadt.

In der schwäbisch-alemanischen und der fränkischen Fastnacht ist der Bär in Stroh eingewickelt. Auch im Fastnachtsbrauch in Thüringen und Hessen, wo die Strohbären in Deutschland[95] laut Werner Baiker am häufigsten nachweisbar sind. Noch im letzten Jahrhundert

89 Siehe Helene Brehm, 1925, S. 38

90 Karl Krollmann, 2/2012, S. 145 – Nach Werner Baiker gibt es Umgänge mit Strohgestalten an allen wichtigen Terminen des Jahresablaufes, siehe »Tag der Brauchführung«, in: http://www.strohbären.de/#tb

91 Siehe Adolf Häger, 1940/41, S. 34

92 Siehe Constanze Wüstefeld: »Abterode: Ein Bär und eine Ruine voll mit Rätseln«, in: Werra-Rundschau, 18.11.2015 (o. v.)

93 Viele Ortsnamen und Städtewappen zeigen ihre Verbindung zu ursprünglichen Kultorten der Bärin.

94 Ein Berner Stadttor in Form eines Turmes am oberen Ende der Marktgasse in der Altstadt.

95 Nach Werner Baiker sind Strohvermummungen auch in Italien, Frankreich, England, Irland, Österreich, Polen, Kroatien, Rumänien, Tschechien und in der Ukraine zu finden.

gab es sie fast überall in landwirtschaftlich geprägten Orten, heute werden bundesweit rund 220 Strohbären gezählt, 63 davon in Hessen. Und davon sind wiederum 32 im Vogelsberg zu Hause.[96]

In Hessen sind die meisten Strohbären an Fasching[97] im Vogelsberg unterwegs.[98] Im Fastnachtsmuseum in **Herbstein**[99] (Vogelsbergkreis) wurde im Januar 2019 eine »Strohbären-Landkarte« vorgestellt, die hessenweit das Auftreten von Strohbären verzeichnet. Im Museum ist auch die Figur des Strohbärs ausgestellt. Die Herbsteiner Foaselt, die vor allem für ihren Springerzug bekannt ist,[100] in dem auch der Strohbär vertreten ist, hat sogar Chancen, als immaterielles Kulturerbe anerkannt zu werden.[101]
Aber der Strohbär ist im Fasching in Hessen auch an anderen Orten zu finden, z. B. im mittelhessischen Kreis Gießen.

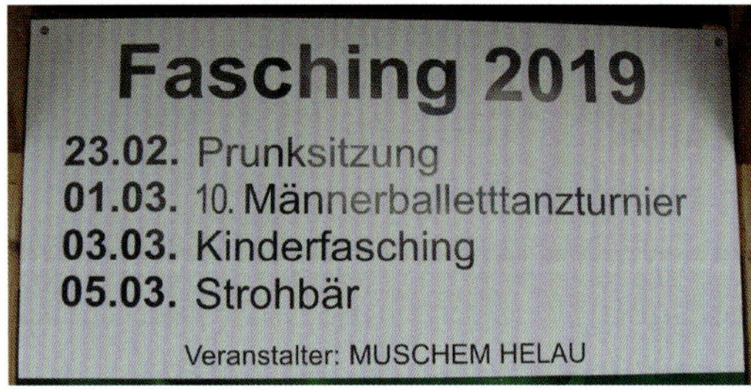

In **Lich-Muschenheim** ist der Strohbär fest im Fasching verankert.

(Ankündigung der Faschingsveranstaltungen in Lich-Muschenheim, Kreis Gießen)

---

96 Siehe Thomas Haag: »Willkommen im Vogelsberger Strohbären-Revier«, in: Lauterbacher Anzeiger, 23.1.2019 (o. v.)

97 Es gibt auch andere Termine, an denen der Strohbär in Hessen erscheint, so z. B. in **Cölbe** (Landkreis Marburg-Biedenkopf), wo ihn die Burschenschaft im August auftreten lässt. Im nordhessischen Landkreis Kassel wird in **Elbenberg** (Stadtteil von Naunburg) nach der Kirmes das Strohkostüm verbrannt. Auch in **Harle** (Ortsteil der Gemeinde Wabern), in **Körle** und in **Gilserberg** im nordhessischen Schwalm-Eder-Kreis ist der Strohbär bei der Kirmes dabei. Friedrich Mößinger berichtet, dass ein Erbsenstrohbär in **Momberg** (Stadtteil von Neustadt im Landkreis Marburg-Biedenkopf) bis ca. 1900 an Pfingsten durch den Ort geführt wurde, siehe Friedrich Mößinger, 1939/1998b, S. 153.

98 Siehe Dieter Graulich: »Faschings-Rekord im Vogelsberg: Nirgendwo in Hessen gibt es mehr ›Strohbären‹«, in: Gießener Allgemeine, 28.2.2019 (o. v.)

99 Fastnachts- und Statt-Museum, Obergasse 5, 36358 Herbstein

100 Der Heimatforscher Heinrich Winter sieht in dem Sprungtanz des Bajazz und verschiedener Pärchen, abwechselnd nach innen und nach außen gedreht, einen alten kultischen Sprung, durch den Böses abgewendet und Gutes für Mensch und Vieh und die ganze Gemeinde herbeigelockt werden sollte – siehe Heinrich Staubach, 1937, S. 55

101 Siehe »Vier hessische Traditionen haben Chance, immaterielles Kulturerbe zu werden. Bewerbungen von Tabakanbau am Oberrhein, Herbsteiner Foaselt, Apfelweinkultur und Uhrmacherhandwerk«, Pressemitteilung des Hessischen Ministeriums für Wissenschaft und Kunst, 5.8.2020 (o. v.) sowie »Wird ›Herbsteiner Foaselt‹ zum immateriellen Kulturerbe?«, in: osthessen-news.de, 7.8.2020 (o. v.)

In **Biebertal-Königsberg** organisiert der Traditionsverein den Umzug des Strohbären.[102] In Grünberger Stadtteilen ist der Umzug des Strohbären eine alte Tradition, die gepflegt wird, wie in **Lumda.**[103]

In **Laubach-Ruppertsburg** lebt der alte Brauch durch den Jugendclub wieder auf.[104] Im Laubacher Ortsbezirk **Münster** zieht der Strohbär zusammen mit seinem »Struhbärtreiwer« am Faschingsdienstag durch den Ort.

(Der Strohbär in Münster, Ortsbezirk von Laubach, Kreis Gießen, ist über 2 Meter groß, Fasching 2019)

In den Stadtteilen von Hungen zieht der Strohbär z. B. durch **Trais-Horloff** – hier hält ihn der Tod an der Kette.[105] In diesem Ort ließ sich auch schon eine Frau in Stroh wickeln und durchs Dorf führen, 2019 war es aber ein Mann.

In **Nonnenroth** und **Villingen** sind es die KonfirmandInnen, die mit dem Strohbär unterwegs sind.[106]

(Strohbär in Hungen-Trais-Horloff, Kreis Gießen, Fastnachtsdienstag 2019)

---

102 Siehe »Heidnische Tradition: Strohbär durch Königsberg treiben«, in: Gießener Anzeiger, 10.2.2016 (o. v.)

103 Siehe »Alle Jahre wieder«, in: Gießener Allgemeine, 21.02.2020 (o. v.)

104 Siehe »Ruppertsburger Jugendclub treibt Strohbär durch den Ort«, in: Gießener Anzeiger, 6.3.2019 (o. v.)

105 Siehe Patrick Dehnhardt: »Der ›gefährliche Strohbär‹ treibt in Trais-Horloff sein Unwesen«, in: Gießener Allgemeine, 5.3.2019 (o. v.)

106 Siehe https://www.villingen-online.de/startseite-kirche

(l.: Strohbär(in)-Einwickeln 2019 in Rabenau-Kesselbach – re.: Strohbär mit Bärenführer in Rabenau-Geilshausen, Faschingsdienstag 2019)

Die Rolle des Strohbären zu spielen, ist eine schwere Aufgabe – das Stroh-Kostüm wiegt sicherlich 40-50 Kilogramm, manchmal mehr. In **Rabenau-Kesselbach** übernahm das beim Fasching 2019 eine Frau. Eine »moderne Form« des Heischegangs ist in **Rabenau-Geilshausen** zu sehen. Hier hält am Faschingsdienstag der an die Kette gelegte Strohbär durchfahrende Autos an und die ihn Begleitenden bitten um eine Spende. Im Rabenauer Ortsteil **Allertshausen** ist der Strohbärenumzug der Burschenschaft schon am Sonntag vor Fasching unterwegs.[107] Im Ortsteil **Rüddingshausen** ist ebenfalls die Burschenschaft beim Strohbär aktiv.[108]

(Strohbär mit Bärenführer in Ulfa, Stadtteil von Nidda, Wetteraukreis, Fasching 2019)

Auch im Wetteraukreis ist der Strohbär an Fasching in vielen Ortschaften unterwegs. In **Nidda-Ulfa** ziehen junge Männer, begleitet von einem Musikwagen und großem Strohbären-Gefolge, das Speck, Eier und Wurst einsammelt, durch den Ort. Hier wurde »das Event nach dem Zweiten Weltkrieg eingeführt«.[109]

---

107 Siehe Volker Heller: »Fast fernsehtauglich«, in: Wetterauer Zeitung, 25. Februar 2019 (o. v.)
108 Siehe »Tradition in der Rabenau: Strohbär-Binden in Rüddingshausen«, in: Gießener Anzeiger, 13.2.2018 (o. v.)
109 »Mit 60 Kilo Stroh durch den Ort«, in: Kreis-Anzeige, 1.3.2017 (o. v.)

Ebenso im Lahn-Dill-Kreis ist der Strohbär zu finden – so z. B. in **Bissenberg,** einem dörflichen Stadtteil von Leun, dort ist beim Strohbär zu Fasching der Heimat- und Kulturverein aktiv.[110] In **Steindorf** (Stadtteil von Wetzlar) ist es der TSV Steindorf, der sich um die Strohbär-Tradition am Faschingsdienstag (mit anschließendem Eier-und-Mettwurst-Braten im Sportheim) kümmert, die seit Ende der 1960er-Jahren gepflegt wird.[111] In **Kraftsolms,** Ortsteil von Waldsolms, ist es die Burschenschaft.[112]

Im osthessischen Main-Kinzig-Kreis ist der Strohbär auch vertreten. Seit über 100 Jahren wird diese Tradition in **Mottgers** (Ortsteil der Gemeinde Sinntal) gepflegt. Seit rund einem Jahrzehnt ist der Bär mit einem Bollerwagen unterwegs, weil er sich mit dem schweren Strohkostüm kaum bewegen kann. Hier wird er von »Hexen« begleitet, gemeinsam holen sie die Kinder an der Grundschule ab und ziehen mit ihnen durchs Dorf.[113] In **Untersotzbach** (Ortsteil der Gemeinde Birstein) sammelt der Strohbär mit der Burschenschaft Eier, Wurst und Speck.[114]

Im Kreis Marburg-Biedenkopf gehört der Strohbär zum Kinderfasching, so in **Beltershausen** (Ebsdorfergrund) und in **Moischt** (Stadtteil von Marburg)[115] oder wird von der Burschenschaft organisiert wie in **Engelbach** (Stadtteil von Biedenkopf)[116] bzw. von der Feuerwehr wie in **Hartenrod** (Ortsteil der Gemeinde Bad-Endbach)[117].

---

110 Siehe Leuner Nachrichten, 15.2.2019, S. 11

111 Siehe Tanja Freudenmann: »Der Strohbär ist Tradition mit Spaß«, 29.10.2017, in: mittelhessen.de (o. v.) und https://www.tsv-steindorf.de/strohbaer-2019.htm

112 Siehe »Veranstaltungen in der Gemeinde Waldsolms 2016«, in: https://docplayer.org/42366507-Veranstaltungen-in-der-gemeinde-waldsolms-2016.html

113 Siehe Dietmar Kelkel: »Strohbär vertreibt böse Geister: Seit über 100 Jahren leben die Mottgerser die Tradition«, in: KINZIG NEWS, 26.02.2020 (o. v.)

114 Siehe http://www.strohbären.de/erfass/erfass.htm#14

115 Siehe »Kinderfastnacht 2019 in Moischt«, 3.3.2019, in: myheimat.de (o. v.)

116 Siehe »Strohbär geht zu Fasching in Engelbach um«, in: Hinterländer Anzeiger, 28.01.2020 (o. v.)

117 Siehe Sascha Valentin: »Der Strohbär ist in Hartenrod los!«, 25.2.2020, in: mittelhessen.de (o. v.)

(Fasching mit Strohbären am »Strohbärtag« in Heldra, Werra-Meißner-Kreis)

In **Heldra**, einem Stadtteil von Wanfried im nordhessischen Werra-Meißner-Kreis, einst an drei Seiten von der DDR begrenzt, ziehen die Strohbären erst am Aschermittwoch durchs Dorf, um den Winter zu vertreiben. Dann ist in Heldra »Strohbärentag«, der von der Strohbärengesellschaft organisiert wird. Diese Karnevalsveranstaltung mit dem »Verbrennen der Strohbären« am Abend ist bundesweit einzigartig und inzwischen ein Publikumsmagnet. 5 Meter hohe Gestalten, eingewickelt in fast 50 Kilo Roggenstroh, laufen durch die Straßen und schwärzen den Zuschauenden das Gesicht mit Ruß. Früher seien die schwarz angemalten Mädchen von den Bären »gefangen und gerubbelt und geschubbert« worden. Das habe ihnen die Flausen aus dem Kopf treiben sollen.[118] Aber vielleicht ist das ja auch eine letzte verkümmerte Erinnerung an den weiblichen Part im früheren Kultgeschehen? Hier heißt es, dass die Figur des Strohbären auf die fränkische oder schwäbisch-alemannische Fastnacht zurückgehe und möglicherweise mit den Hugenotten nach Heldra gekommen sei. Und: »In dieser Tradition steht der Bär für den wilden Mann und damit das Urtümliche, die Sphäre der Geister und Dämonen oder gar den Teufel selbst.«[119]

Doch, wie bereits zu Beginn dieses Kapitels erwähnt, auch der *Wilde Mann* kann zu den Partnern der Göttin gezählt werden – so wie die Strohbären insgesamt als ein altes, oft nicht mehr verstandenes Überbleibsel der Verehrung der alten Göttin gesehen werden können. Der Göttin, die für Leben, Tod und neues Leben stand. Die nach dem Winter das Land wieder befruchtete – symbolisiert durch ihren Partner, der jährlich sterben musste, um verjüngt wieder zu erscheinen. Und die spätestens seit dem Neolithikum eng mit dem Bären bzw. der Bärin verbunden war. Was nicht meint, dass es eine durchgehende, bewusst gestaltete Verbindungslinie gibt. Aber doch Relikte, die, vielfach umgestaltet und verändert, weiterwirkten. Sie gehören ins einstige zyklische Kultgeschehen des Vegetationsjahres.

---

118 »Strohbären treiben den Winter aus: Fünf Männer laufen eingewickelt in Stroh durch Heldra«, in: Werra-Rundschau, 27.2.2020 (o. v.)

119 »Für die Heldraer Strohbären gibt's kein schlechtes Wetter«, in: HNA, 1.3.2017 (o. v.)

Osterbrunnen – Heiliges Wasser, das mythische Ei und die Göttin

Noch bis in die 1990er-Jahre waren geschmückte Osterbrunnen vor allem in Franken zu entdecken. Doch inzwischen sind sie in vielen Bundesländern zu sehen – auch in Hessen. Manche Brunnen haben noch Wasser, andere sind stillgelegt, prägen aber noch das Ortsbild.

*(l.: Osterbrunnen in der Gemeinde Wettenberg, Ortsteil **Krofdorf,** Kreis Gießen, Hessen, 2015 – M. u. re.: Osterbrunnen der Landfrauen in **Nauheim,** Kreis Groß-Gerau, Hessen, mit handbemalten, ausgeblasenen Eiern, 2017)*

Es gibt große Brunnengebilde (mit 10 000 oder über 25 000 Eiern) und kleinere (mit einigen Hundert). Manche mit Eiern aus Plastik – wegen immer wieder vorkommendem Vandalismus –, aber häufig mit richtigen, ausgeblasenen und handbemalten Eiern. Immer gibt es grüne Zweige und manchmal Schleifen und Bänder als Verzierung. Eine wahrhaft farbenprächtige Volkskunst.

An manchen Orten werden die Osterbrunnen in einen christlichen Kontext eingebettet, sei es durch Kreuze oder durch bestimmte Farben und Motive sowie Sinnsprüche auf den Eiern. Bei anderen wird der kommende Frühling und das frische Grün gefeiert, die Fruchtbarkeit und Erneuerung der Natur.

*(l.: Osterbrunnen 2013 in **Kirchhain,** Kreis Marburg-Biedenkopf, Hessen: Hier stehen die weißen Eier für Licht, das Ideale, das Gute, das Neue; die violetten für den Glauben und die Spiritualität und die gelben für das Sonnenlicht und die Erkenntnis, wie eine Tafel informiert – M.: Osterbrunnen mit Kreuz, 2018 in **Nüsttal-Mittelaschenbach,** Landkreis Fulda, in der hessischen Rhön – re.: Schwälmer Brunnen mit der Gänseliesel[1] in Schwälmer Tracht, geschmückt als Osterbrunnen in **Alsfeld,** Hessen, 2014)*

Woher der Brauch stammt, an Ostern die Brunnen zu schmücken, ist umstritten – genauso wie die Frage, wer den größten Osterbrunnen mit den meisten Eiern sein Eigen nennt.[2] Johann Theodor Künnert berichtete 1767 über eine Quelle im bayerischen Landkreis Bayreuth, die »Oster- oder Wallbrunnen« genannt werde. Er meinte, dass der Osterbrunn aus dem »Heidentum« der Wendischen Völker dieser Gegend stamme und dass daraus später in katholischen Zeiten eine Wallfahrt geworden sei.[3] Nach dieser These könnte der Osterbrauch bis ins frühe Mittelalter zurückreichen.[4] Die Forschungsarbeit von Claudia Schillinger, die in

1 Zur Gänse hütenden Magd siehe Kapitel: »Die drei heiligen Frauen – und die Eine«, Absatz: »Die drei Jungfrauen in den hessischen Sagen«, S. 165

2 Ein Eintrag im Guinness-Buch der Rekorde kurbelt den Tourismus noch mehr an, als es die schön geschmückten Brunnen sowieso schon tun. Der Osterbrunnen in Bieberbach (Landkreis Forchheim) in der Fränkischen Schweiz hat es schon zweimal ins Guinness-Buch der Rekorde geschafft. Prämiert wurden auch das oberpfälzische Sulzbach-Rosenberg und die oberschwäbische Gemeinde Oberstadion.

3 Siehe Johann Theodor Künneth, 5. August 1767, S. 315

4 In der sog. Fredegar-Chronik aus dem 7. Jh. wurden Sorben zum ersten Mal als Nachbarn der Franken erwähnt. Ihre Christianisierung begann im 10. Jh. und dauerte mehrere Jahrhunderte.

den 1980er-Jahren Osterbrunnen in Franken untersuchte, merkt an, dass der Hinweis auf das Schmücken der Brunnen fehle.[5] Sie geht aber auch davon aus, dass der Brauch frühmittelalterliche Wurzeln habe, nennt einen mittelalterlichen Beleg, dessen Spur nach Thüringen führt,[6] und spricht von einem vorchristlichen Ursprung. Schillinger sieht einen Zusammenhang mit Kulthandlungen an Wasserstellen zur Zeit des Erwachens der Natur, die die Jahrhunderte überdauert haben, als Bitte um das reichhaltige Fließen des Leben spendenden Elements.[7]

Doch andere sind der Meinung, dass der Brauch des österlichen Brunnenschmückens nicht so alt sei und aus der Fränkischen Schweiz stamme.[8] »Mündliche Überlieferungen berichten erstmals von einem Osterbrunnen in Aufseß um das Jahr 1909«, erklärt der Heimatverein Kutzenhausen e. V. (Landkreis Augsburg) auf seinen Internetseiten und erläutert, dass neben christlichen Interpretationen als Erklärung häufig die Wasserarmut der Fränkischen Schweiz genannt werde. Auch die Reinigung der für die Trinkwasserversorgung wichtigen Brunnen und Quellen vom Schmutz des Herbsts und Winters könne eine Rolle gespielt haben. Und der Verein meint zudem: »Bereits in den 1920er Jahren kam es zu ersten (Fehl-)Deutungen der Osterbrunnen als Überreste slawischen bzw. wendischen ›heidnischen Brauchtums‹.«[9] Interessanterweise wird heute auch die zum Schloss Unteraufseß führende Brücke über die Aufseß als Osterbrücke geschmückt. Und auch die Quelle der Aufseß wird mit grünen Zweigen und bunten Ostereiern verziert.

---

5 Claudia Schillinger, 4/2005, S. 8. Es gibt viele sorbische Osterbräuche: besonders verzierte Ostereier, Ostereierrollen (Waleien), Osterwasserholen, Ostersingen, Osterfeuer und Osterreiten – heute mit christlichen Inhalten gefüllt, früher aber Fruchtbarkeitsriten, siehe Stiftung für das sorbische Volk Hg.in), 4/2012 (o. v.) In Bautzen in der Oberlausitz (das kulturelle Zentrum der SorbInnen gilt als Osterhauptstadt) ist das Schmücken des Osterbrunnens eine »alte Tradition«; siehe http://www.ostern-bautzen.de/

6 Der Militärhistoriker Alfred Zitzmann fand in der »Chronik der oberfränkischen Familie Mahkorn« einen Erlass des Gutsherrn Mahkorn aus dem Jahr 1322, dass Quellen und Brunnen an Ostern wie bei den Vorfahren grün geschmückt sein sollen, weil da das neue Frühjahr komme, und dass ein Flurumgang unternommen werden solle – Zitzmann ermittelte, dass die Familie Mahkorn ursprünglich aus Thüringen stammte, und vermutet, dass sie von dort das »heidnische Brauchtum« mitbrachte; siehe Claudia Schillinger, 4/2005, S. 9

7 Claudia Schillinger, 4/2005, S. 10

8 Einen Überblick bietet Reinhard Läwisch: »100 Jahre Osterbrunnen in der Fränkischen Schweiz. Berichte in der Lokalpresse zwischen dem 21. Februar und Ostern 2013« (o. v.)

9 http://www.heimatverein-kutzenhausen.de/aktivitaeten/osterbrunnen/

Heiliges Wasser

Nicht nur Brunnen, sondern auch andere Orte, wie Quellen und Bachläufe, werden an Ostern vielerorts geschmückt. Osterwasser, schweigend aus Brunnen, Quellen, Bächen oder Flüssen geschöpft, gilt als heilkräftig und verspricht ewige Schönheit.

In Hessen ist es vor allem der Höhlensee im »Hohlstein«, auch als »Kammerbacher Höhle« bekannt, in der Nähe von **Hilgershausen** am Meißner, der die vorchristliche Bedeutung dieses Ritus veranschaulicht. Zahlreiche Volksüberlieferungen kennzeichnen die Höhle als Ort der Göttin Holle, er wird auch Hollstein oder Hollestein genannt. Schon in der Eisenzeit wurde die Höhle kultisch genutzt. Bis in die Mitte des 20. Jahrhunderts gingen junge Frauen in der Osternacht in die Höhle und wuschen sich im Höhlenwasser – nicht ohne der Göttin Blumen mitzubringen.

Heide Göttner-Abendroth erklärt: »Es ist das aus dem matriarchalen Wiedergeburtsglauben stammende Motiv, dass junge Frauen beim Bad in den Gewässern der Göttin schwanger werden können. Ostern ist dazu die richtige Zeit, denn die um Ostern empfangenen Kinder werden in den Weihenächten geboren. Daher gibt es eine Reihe Bräuche um Ostern, die mit Empfängnis zu tun haben, wie das Bad im Holle-Teich oder das Holen von Osterwasser, das angeblich nur ›schön‹ machen soll. Auch der Brauch des Eierschenkens hatte diesen Sinn.«[10]

Auch in Hessen wurden an Ostern nicht nur Kinder mit Ostereiern beschenkt. Zumindest bis kurz nach dem Zweiten Weltkrieg war das Überreichen von Ostereiern in den katholischen Dörfern rund um die Amöneburg (Landkreis Marburg-Biedenkopf) noch als Liebesgeschenk der jungen Frauen an die jungen Männer üblich. »12 gemalte Eier waren der Obulus, wenn der Auserwählte am Abend des 2. Ostertages ans Fenster kam ... Nach kurzem Gespräch überreichte sie ihm ein Sacktuch mit den Ostereiern, was er als feste Zusage auf seine Werbung auffassen durfte.«[11]

---

10 Heide Göttner-Abendroth, 2005b, S. 139

11 Ingeborg Weber-Kellermann u. Walter Stolle, 1971, S. 95

(Der Zwölf-Röhrenbrunnen an der Mümling-Quelle – Wahrzeichen der Stadt ***Beerfelden*** *und eine der prächtigsten Brunnenanlagen Südhessens –, 2017 als Osterbrunnen mit ausgeblasenen, handbemalten Eiern geschmückt. Bis zum Bau der Wasserleitung 1897/98 war er die Hauptstelle für die Wasserversorgung des Odenwälder Ortes.)*

Brunnen werden nicht nur zu Ostern, sondern auch an anderen Terminen geschmückt, z. B. am Johannistag[12] und besonders an Pfingsten. Heute meist mit Blumen und frischem Grün, früher auch mit bunten Eiern, wie in Thüringen,[13] wo das in manchen Orten noch immer geschieht. »Mit frischem Birkengrün, bunten Blumen oder auch mit Eierketten zu Pfingsten geschmückte Brunnen sind noch heute Zeichen der Wertschätzung für das Wasser in den Orten. Auch in diesem Jahr waren verschieden Brunnen traditionell geschmückt.«[14]

12 In Hessen z. B. in **Heidenrod-Dickschied** im Rheingau-Taunus-Kreis (siehe *Thorsten Stötzer*: »Alle Dickschieder Vereine beteiligen sich am Brunnenfest«, in: Wiesbadener Kurier, 26.6.2017, o. v.), in **Weilrod-Hasselbach** in Hochtaunuskreis (siehe Usinger Anzeiger, 01.06.2017, o. v.), in **Ottrau-Immichenhain** im Schwalm-Eder-Kreis (siehe Schwälmer Bote, 21.6.2017, o. v.) oder in **Nüsttal-Gotthards** im Landkreis Fulda (siehe http://www.gotthards.de/news.php; aufgerufen: August 2017).

13 Ingeborg Weber-Kellermann berichtet, dass ihr dieser Brauch 1957 zu Pfingsten in Thüringen in den Walddörfern Weingarten, Schmerbach und Langenhain (alle Landkreis Gotha) begegnet ist; siehe 1958, S. 366: »eine festliche Zier, die diese Ortschaften auf das vorteilhafteste von ihren Nachbarsiedlungen unterschied: sämtliche Brunnen des Dorfes, auch die Hydranten, waren bunt bemalt und mit Blumenkränzen und -girlanden umwunden … Über die Gassen von Hausgiebel gespannt sah man Ketten von ausgeblasenen Eiern; junge Birkenbäumchen, ebenfalls mit bunten Eiern und Schleifchen aus Krepppapier behängt, schmückten die Brunnenränder.«

14 »Brunnenschmuck zu Pfingsten – Tradition in Gräfenhain und Nauendorf«, in: Thüringer Waldbote, 12/2020 (o. v.)

Auch im Odenwald gab es zu Pfingsten das Brunnenschmücken, mancherorts auch mit ausgeblasenen Eiern.[15] Bei der Trachtengruppe Erbach heißt es: »Seit alters her werden die Brunnen im Odenwald zu Pfingsten geschmückt. Das Schmücken der Brunnen, so wird berichtet, ist noch ein Ritual aus heidnischer Zeit, das in die christliche Glaubenslehre mit übernommen wurde. Der Brunnen (das Wasser) ist der Ursprung allen Lebens. Mit der Verehrung des Brunnens und des daraus fließenden Wassers versucht der Mensch, sich den Brunnen wohlgesonnen zu erhalten. Das Brunnenschmücken stellt somit einen Rest einer sinnvollen Handlung dar, die weit über das Schmücken und Verzieren eine sinnvolle Bedeutung hatte. Sie war Dank und Opfer zugleich; sie gab dem Brunnen die Ehre, die er als Spender des Wassers verdiente.«[16]

Lange Tradition des Brunnen-Schmückens

Brunnenfeste haben oftmals eine lange Tradition. So ist z. B. das Sachsenhäuser Brunnenfest, das 1490 erstmals urkundlich erwähnt wurde, eines der ältesten Feste der Stadt **Frankfurt am Main.** Doch das Schmücken von Brunnen ist älter. »Der Kultus der Brunnen und Quellen geht als uralter Gottesdienst durch die Geschichte der Völker, mit Änderung der Empfänger der Verehrung, aber mit den gleichen Grundzügen von unberechenbaren Anfängen bis in die Gegenwart«, schrieb Karl Weinhold.[17] Schon in der Steinzeit wurden Darstellungen der Leben spendenden Göttin mit Wasser-Symbolen verziert. Die interdisziplinär arbeitende Archäologin Marija Gimbutas ist daher der Ansicht, dass der Glaube an die Heiligkeit des Leben spendenden Wassers in Quellen und Brunnen seit urgeschichtlicher Zeit existiert.[18] Weltweit wurden viele Wassergöttinnen einst an Quellen, Flüssen und auch an Brunnen verehrt.[19] In christlicher Zeit wurden zahlreiche Quellheiligtümer überbaut, etliche christliche Kirchen und Kapellen stehen über oder an einst verehrten Quellen,[20] viele davon sind Maria

15 Siehe https://trachtenland-hessen.de/hessen/pfingstbrauch-im-odenwald

16 http://www.hans-von-der-au.de/cms2/index.php?option=com_content&view=article&id=83

17 Karl Weinhold, 1898

18 Marija Gimbutas, 1995, S. 43

19 Siehe Annine van der Meer, 2020, Teil II, Kap. 2.1.3: »Quellen und Flüsse«; siehe auch Barbara Hutzl-Ronge, 2002 und Uno Holmberg, 1997

20 Für den Odenwald siehe Barbara Obermüller, 2014, Kap.: »Die Quellen werden christlich vereinnahmt«

geweiht. Und auf den Brunnen stehen heute christliche Heilige.[21] In der nordischen Mythologie sitzen die drei Nornen Urd, Werdandi und Skuld am Urdbrunnen, der sich an den Wurzeln von Yggdrasil (der Weltenesche, dem Lebensbaum) befindet, und bestimmen das Schicksal der Menschen. Und Jacob Grimm schrieb in seiner Untersuchung der deutschen Mythologie: »Holda wohnt in Brunnen.«[22] Die Verbindung der Göttin mit dem Wasser zeigt sich auch in den keltischen Quellgöttinnen. KeltInnen waren überzeugt, »Quellen stellten den Übergang und somit die wichtigste Kontaktstelle zur Anderswelt dar«, schreibt Barbara Hutzl-Ronge.[23] Die keltische Göttin Sirona, in der FestlandkeltInnen eine dreifaltige Göttin sahen, »die über Fruchtbarkeit, Tod und Wiedergeburt gebietet und für Ernte, Regeneration und Gesundheit zuständig ist«[24] mit der Kontrolle über den Himmel und das Leben, wurde an Quellen verehrt. Wir kennen sie auch in Hessen – so erinnert in **Wiesbaden** ein Brunnen an sie. Die Statue in ihrem Heiligtum in Hochscheid im Hunsrück hält in einer Hand eine Schale mit drei Eiern.

(l.: Statue der Göttin Sirona in ihrem Heiligtum in Hochscheid, Landkreis Bernkastel-Wittlich, Rheinland-Pfalz, mit Schlange und drei Eiern – re.: 51 cm hohe, eiförmige Fischgöttin mit deutlich zu erkennender Vulva aus Lepenski Vir, archäologische Fundstätte in Serbien am Eisernen Tor an der Donau, die »Erste Mutter« genannt wird, frühes 6. Jt. v. u. Z.)

21 Die hl. Verena ist eine von ihnen. Kurt Derungs stellt sie in eine lange Göttinnenreihe und zeigt, dass auch aus ihrem Krug das Wasser des Lebens fließt, siehe 2007, S. 57

22 Jacob Grimm, 1835, S. 336

23 Barbara Hutzl-Ronge, 2002, S. 32

24 »Sirona – Keltische Göttin der Quellen, des Nachthimmels, der Fruchtbarkeit und der Heilung, Sternengöttin«, in: https://artedea.net/sirona-sprudelnde-lebenskraft/

Das mythische Ei

Das Ei ist nicht nur ein altes Symbol der Fruchtbarkeit. Das kosmische Ei, das bereits alles in sich enthält (auch die Göttinnen und Götter), steht im Zentrum vieler Schöpfungsgeschichten.[25] Im pelasgischen Schöpfungsmythos ist es Eurynome, die Göttin aller Dinge, die in Gestalt einer Taube das Weltenei legt, aus dem alles fließt: Erde, Sonne, Mond und alle Planeten. Das Weltenei birgt in sich die weibliche Schöpfungskraft (so wie auch bei der weiblichen Eizelle). Die ägyptische Hathor brütete das goldene Ei der Sonne aus. Und die syrische Göttin Atargatis kam vom Himmel in Form eines Eies, dem sie entstieg, und wurde später zu einer Fischgöttin. Manche Göttin wurde sogar in Ei-Form gestaltet, wie die neolithische Fischgöttin aus Lepinski Vir (Serbien), oder trägt das Ei als Attribut bei sich, wie die keltische Sirona.

Das Ei steht auch für die Wiedergeburt. Es findet sich in der Form von Gefäßen, in der Ornamentik und in Wandmalereien seit der Jungsteinzeit in Europa und Anatolien. Marija Gimbutas, die auf neolithischen Gefäßen Ei-Muster in Form von Bändern oder Wirbeln fand, schreibt, dass das Ei im alteuropäischen Glaubenssystem Werden, Wiedergeburt und Erneuerung symbolisierte.[26] Häufig steht es in Verbindung mit den Symbolen des Leben spendenden Wassers, wie Zickzacklinien, und mit Symbolen des Werdens, wie Spirale, Mondsichel, X-Zeichen, Schlange und sprießende Pflanze. Aus der Jungsteinzeit sind in der Slowakei und in Sardinien Felsgräber mit eiförmigen Leichenkammern bekannt. Auch die ältesten in Fels gehauenen Gräber auf Malta haben Eiform. »Ihre Bedeutung liegt auf der Hand: Das Ei ist die Keimzelle neuen Lebens.«[27] Die Menschen wurden in Embryo-Haltung begraben, in den Schoß der Erde, den Schoß der Göttin gebettet – mit der Hoffnung, bald wiedergeboren zu werden. »Die ägyptische Hieroglyphe für das kosmische Ei war identisch mit der für den im Schoß einer Frau liegenden Embryo«, erklärt Barbara G. Walker in ihrem Lexikon.[28] Eier waren auch Grabbeigaben. Übrigens: In Russland ist es am Ostersonntag Brauch, geweihte Ostereier auf die Gräber zu legen.

---

25 Siehe Johannes Maringer, 1981, S. 357-361; siehe auch Marija Gimbutas, 2010, Kap.: »Das Ur-Ei«
26 Marija Gimbutas, 1995, Kap.: »Das Ei«, S. 213 u. 218.
27 Heide Göttner-Abendroth, 2019, S. 199
28 Barbara G. Walker, 5/1999, Artikel: »Ei«, S. 202

Kinderbrunnen und die Göttin

(Auch Kinderbrunnen werden österlich geschmückt, l.: Mitteilung des Geschichtsvereins Birstein e. V. beim Milchborn in ***Birstein*** *im Main-Kinzig-Kreis – re.: Birsteiner Milchborn, Ostern 2018)*

Auch der Brunnen am Ortseingang von **Birstein** gegenüber dem Schlossberg wird an Ostern mit Eiern geschmückt. Er wird Milchborn genannt, denn aus ihm kamen in dieser Gemeinde des Main-Kinzig-Kreises die Kinder – so hat es schon Theodor Bindewald in seinem *Oberhessischen Sagenbuch* 1873 verzeichnet. Kinderbrunnen gibt es in Hessen viele – die Vorstellung, dass die Kinder aus dem Brunnen (auch aus einer Quelle oder einem Teich) geholt werden, war hier weit verbreitet.[29]

Karl Weinhold schrieb 1898: »Tiefen mythischen Grund haben die Kinderbrunnen, jene Quellen also, aus denen nach dem über ganz Deutschland verbreiteten Glauben die kleinen neugeborenen Kinder gefischt oder vom Storch oder der Hebamme geholt werden. Hier und

29 Siehe Barbara Obermüller, 2014, Kap.: Kinderbrunnen; Karl Lyncker, 1854, S. 75; Theodor Bindewald, 1873 – Eine 1913 zusammengestellte Liste aller »als ›Kinderbrunnen‹ namhaft gemachten Quellen« bietet: Hessenland. Hessisches Heimatsblatt. Zeitschrift für hessische Geschichte, Volks- und Heimatkunde, Literatur und Kunst, 27.1913, Heft 1, S. 400-402 (o. v.).

da hat sich die Überlieferung erhalten, dass sie von Frau Holle kommen, zu der (oder zu der nur anders benannten Frau Perchte) auch die Seelen der sterbenden Kinder zurückkehren und ihr Gefolge bilden.« Zum Thema Storch und der Herkunft der kleinen Kinder formulierte Moritz Busch: »Die Seelen der kleinen Kinder befinden sich – so faßte das Heidenthum die Sache auf – bei Frau Holle in einer Berghöhle, in einem hohlen Baume oder in einem Brunnen, und da holt sie der heilige Vogel, der Donar angehört, aber auch zu jener mütterlichen Göttin Beziehungen hat, wenn eine Geburt stattfinden soll, ab.«[30] Die Geschwister Grimm erzählten in ihrer Sagensammlung, dass das Volk über die Holle erzähle: »Weiber, die zu ihr in den Brunnen steigen, macht sie gesund und fruchtbar; die neugebornen Kinder stammen aus ihrem Brunnen und sie trägt sie daraus hervor.«[31] Und sie kehren auch zu ihr zurück. Sonja Rüttner-Cova erläutert: »Zu Holla, der Wasserfrau, kehren die Toten heim. Im Volksglauben heisst es, dass alle ungetauften Kinder zu Holla zurückkehren.«[32] Und dort erwartet sie keine Hölle, Jacob Grimm beschrieb den Ort als eine Art Elysium: »Von dieser aue der seeligen weiß auch unsre einheimische dichtung und sage. kinder, die in brunnen fallen, gelangen durch grüne wiesen in das haus der freundlichen frau Holla.«[33] Und er schrieb: »sterbliche gelangen durch den brunnen in ihre wohnung.«[34] Die Göttin Holle hütet die AhnInnenseelen und schenkt sie als Kinder.[35]
Auch im Märchen »Frau Holle« ist die Verbindung zwischen der diesseitigen Welt und der Welt der Frau Holle ein Brunnen, in den die Mädchen springen, um bei ihr zu lernen – die »älteste matriarchale Initiation«[36], die Göttin vermittelt ihr Wissen der nächsten weiblichen Generation. In Frau Holle und der Goldmarie zeigt sich »die älteste und grundlegende matriarchale Beziehung, die Mutter-Tochter-Beziehung«.[37]

Aber nicht alle Kinderbrunnen sind auch noch in den Volkserzählungen so nah mit der Göttin verbunden wie in Birstein am Rande des Vogelsberges. Denn der Milchborn galt als

30 Moritz Busch, 1877, S. 199
31 Brüder Grimm, 1816, Bd. 1, S. 6-8: »Frau Hollen Teich«, S. 7
32 Sonja Rüttner-Cova, 3/1993, S. 73
33 Jacob Grimm, 1835, S. 476
34 Ebd., S. 166
35 Siehe Heide Göttner-Abendroth, 2005b, S. 19 u. 139
36 Heide Göttner-Abendroth in: Kurt Derungs (Hg.), 1999, S. 350
37 Ebd., S. 351

Eingang zu ihrem unterirdischen Reich. Die hiesige Sage beruhe auf einer uralten Überlieferung von einem Quellheiligtum aus vorchristlicher Zeit, informiert der Geschichtsverein Birstein auf einem Schild beim Brunnen. Und dieses Heiligtum habe in Verbindung gestanden mit der sagenumwobenen Felsgruppe des »Wilden Weibsbildes«, einem Kultbezirk der Göttin Holle.

In der Nähe, in einem Waldstück zwischen Birstein und Neuenschmitten, gibt es einen Ort, an dem einst eine wilde Frau gelebt haben soll. Dort liegen große Felsblöcke übereinander – das seien die Reste ihres Felsenschlosses, das sie selbst gebaut habe. Der Heimatforscher Max Söllner meint, dass die Verteilung der unterhalb einer Felswand liegenden Steine und manche ihrer Formen (Halbmond, Dreieck) auf künstliche Gestaltung schließen lasse und dass in einem dort mit groben Schottersteinen gefüllten Loch ein hölzernes »Götzenbild« gestanden haben könnte.[38] In der Adventszeit sei das wilde Weib umhergegangen – ganz in Weiß gehüllt, vom Kopf bis zu den Füßen.

*(Das »wilde Weibsbild« bei **Birstein,** Main-Kinzig-Kreis)*

Kurt Weinhold schrieb: »Holle wird als mütterliche Beschließerin der Kinderseelen im Wasser noch genannt in Hessen, am Harz und in Schlesien. Die Weiße Frau ist zuweilen an ihre Stelle getreten.«[39] Die Felsen gibt es als Naturdenkmal heute noch, und die Erinnerung ist lebendig. 2008 wurde bei den ersten Birsteiner Festspielen sogar ein Musical mit dem Titel »Wildes Weib« unter der Leitung von Thalia Schuster (Text/Regie) uraufgeführt.[40] Viele

38 Max Söllner, 1980, S. 83

39 Kurt Weinhold, 1898, S. 21. Er fügt an: »Wie nicht selten, ist auch in dieser Vorstellung die Heilige Jungfrau für die heidnische Göttin eingetreten. So werden die Kölnischen Kinder aus dem Brunnen der S. Kunibertskirche geholt: da unten sitzen sie bei der Jungfrau Maria, die sie mit Brei füttert.«

40 Musikalische Umsetzung des Themas: Jochen Flach, musikalische Leitung: Harald Dittmeier. Thematisiert wurde die alte Birsteiner Sage von einer Wilden Frau, die mit vielen Kindern im Wald lebte. Als Hexe verschrien wird sie für alle Unglücksfälle, den zurückgehenden Wildbestand oder ungewollte Kinderlosigkeit verantwortlich gemacht. Sie wird gefangen genommen und soll sich vor dem Fürsten verantworten. Doch anstatt wie so viele Kräuter- und heilkundige Frauen zum Tod verurteilt zu werden, gelingt es ihr nicht nur, mit dem Leben davon zu kommen, sondern auch noch, durch eine List ihren Landbesitz zu vergrößern, um mit ihrer Kinderschar gut leben zu können.

Menschen aus dem Ort hatten sich beteiligt, sei es als LaiendarstellerInnen oder in der Organisation. Zum Rahmenprogramm der Aufführungen gehörte auch eine Wanderung zum »Wilde Weib Felsen«.[41]

Zwischen Stornfels und **Einhardshausen,** einem Stadtteil von Schotten, lebte die Wilde Frau sogar im Brunnen – im »Wildfrauborn«. Und auch hier wurden Kinderwünsche erfüllt: »Wenn eine Frau gern ein Kindlein hätte, so braucht sie nur unbekust[42] vor Sonnenaufgang dreimal aus dem Born zu trinken, so battel's[43] ihr gewiss. Neben dem Born braucht man nur das Tuch zum Bleichen aufzuspannen und etwas in einer neuen Schüssel zu essen dabei zu stellen. Dann kann man unbesorgt fortgehen an seine Geschäfte. Es kommt darauf die wilde Frau in der Mittagszeit, begießt das Tuch und bleicht es so weiß, wie es die Menschen nicht können, die Speisen aber nimmt sie fort mit in ihre Wohnung.«[44] Die Motive der Volkserzählung stellen deutlich den Bezug zur Göttin Holle her. Im ihrem Sagenkreis erscheint sie immer wieder als eine den Frauen helfende Göttin. Auch das Motiv des Wäschewaschens und -bleichens taucht bei der Göttin auf. Wenn sie sich in Gestalt der alten Frau zeigt, freut sie sich und belohnt die Menschen, die sie bewirten. Dass dreimal getrunken werden muss, zeigt eine kultische Handlung. Dass es vor Sonnenaufgang geschehen muss, ebenfalls. Über die zweifellos der Göttin Holle geheiligten Orte des Vogelsberges schrieb Pfarrer Zinn, dass diese Göttin bald »Frau Holl«, bald »Wilde Holl« und gleichbedeutend damit »Wilde Frau« genannt werde.[45]

---

41 Jörg Andersson: »Fünfmal lockt das Wilde Weib«, in: Frankfurter Rundschau, 28.8.2009 (o. v.)
42 unbekust = stillschweigend
43 battel's = hilft's
44 Theodor Bindewald, 1873, S. 22
45 H. Zinn, 1926, S. 7

Alte Spuren

Auch beim österlichen Brunnenschmücken mit Eiern (die im christlichen Sinn ein Zeichen für die Auferstehung Jesu Christi, im zyklischen Denken generell für die Wiedergeburt sind) ist die Göttin nicht weit entfernt. Und zahlreiche andere Oster-Bräuche verweisen auf Vorchristliches.

Wie das *Bemalen der Eier* – einstmals nur rot[46] und bis heute in einigen Gegenden traditionell mit Symbolen wie drei Punkten,[47] Wellen- und Zickzacklinien[48] und dem Lebensbaum[49] versehen, die sich auch schon in den Höhlenmalereien und auf urgeschichtlichen Figurinen finden lassen, im österlichen Kontext aber (wie besonders Kornähren[50] und Weintrauben[51]) christlich interpretiert werden.[52]

---

46 Siehe Kap.: »Was der Osterhase mit Aphrodite, der Jungfrau Maria und dem Teufel zu tun hat«, Anm. 9 – In Griechenland werden heute noch Osterbrote mit roten Eiern gebacken. »So erscheint das rote Ei in manchen Regionen Europas auf einem Gebäck, das ein junges Mädchen darstellt. Dies ist wiederum ein konkretes Abbild der Frühlingsgöttin.« (Kurt Derungs, 2004, Kap.: »Mythologie der Volksbräuche«, S. 127)

47 Die Zahl Drei ist eine heilige Zahl, die eng mit der Göttin verbunden ist, siehe Kap.: »Die drei heiligen Frauen – und die Eine« – Drei Punkte haben die Menschen schon auf paläolithische Kieselsteine gezeichnet, siehe Marie E.P. König, 1989, Bildtafel, Abb. 3

48 Wassersymbole, die schon die Figurinen der Leben spendenden Göttin und der Gefäßgöttinnen der Steinzeit zieren und ihre Brüste als Quelle der Nahrung betonen, siehe Marija Gimbutas, 1995, Kap.: »Zickzacklinien und M-Zeichen«, Beispiel auf S. 23 u. S. 38

49 Der Lebensbaum, den viele Kulturen der Welt kennen, »wird mit der Mutter allen Lebens in Verbindung gebracht«, siehe Annine van der Meer, 2020, Teil II, Kap. 4.2: »Der Lebensbaum«, S. 464

50 Große Göttinnen wie Demeter oder Kybele und weitere wurden in der Antike häufig mit Kornähren abgebildet. Korn und Brot galten als heilig, sie gehörten zu den Attributen der nährenden Göttin. Kornähren waren das zentrale Symbol der eleusinischen Mysterien. Von der alten Korn-Göttin über Kornpüppchen bis zur Ährenkleidmadonna und zur maltesischen Ostertradition, Brotpüppchen zu backen, gibt es eine Verbindungslinie; siehe Annine van der Meer, 2020, Teil II, Kap. 4.10: »Ihr Brot des Lebens, das Getreide«.

51 Wein war ein Symbol für das Blut des Lebens und wurde in Indien mit dem Menstruationsblut der Frauen verglichen (siehe Barbara G. Walker, 1997, S. 662). In der Mythologie ist die Weinrebe mit Fruchtbarkeit verbunden, was uns als Symbol des Kindersegens und der Mütterlichkeit als ein Aspekt noch in den christlichen Traubenmadonnen begegnet. Die Traubenmadonna ist die Schutzheilige des Rheingaus, ihre Statuen stehen in zahlreichen Kirchen, wie z. B. die »Schrötermadonna« in **Hallgarten**.

52 Siehe Sonja Bieker, 2009 und Irmgard Bott (Hg.in), 1979, S. 16, 20. In der christlichen Eucharistie stehen Brot und Wein für den Leib und das Blut Christi, sie sind auch ein Hinweis auf das Osterfest selbst, auf das Fest der süßen Brote und das letzte Mahl des Herrn. – Im griechischen Dionysos-Kult (römisch: Bacchus) war der Wein das heilige Blut ihres Gottes; denen, die ihn tranken, versprach er Reinigung, spirituelle Erneuerung und Unsterblichkeit. Der Rausch brachte Erkenntnis, denn Wein steht auch für Wahrheit und Weisheit. Nach dem gnostischen Evangelium war die verbotene Frucht am Baum der Erkenntnis kein Apfel, sondern eine Weintraube (siehe Barbara G. Walker, 1997, S. 662).

(Die hessischen Ostereier aus den 1930er-Jahren, hergestellt nach alten Vorbildern, zeigen deutlich das 3-Punkte-Motiv, den Lebensbaum, Zickzackbänder, Kornähren und Weintrauben. Motive, die heute noch ähnlich verwendet werden.[53])

Osterfeuer sind heute Bestandteil der christlichen Liturgie, haben aber keinen christlichen Ursprung.[54]
Das *Rollen von Feuerrädern*[55] soll den Winter vertreiben und für die Fruchtbarkeit der Felder sorgen,[56] die Feuerräder stehen für das heller werdende Licht und die Sonnenscheibe.
Den *Osterbaum* sehen ChristInnen als Symbol der Auferstehung. Als Teil eines Frühlingsfestes gesehen, versinnbildlicht er das erneute Erwachen der Natur und erinnert an das ältere

53 Wie bei den oberhessischen Wachsbatikeiern vom Erfurtshäuser Ostereiermarkt **(Amöneburg),** Kreis Marburg-Biedenkopf; siehe https://www.erfurtshaeuser-ostereiermarkt.de/wachsbatikeier/bilder/

54 Ein Briefwechsel zwischen dem Missionar Bonifatius und Papst Zacharias aus dem Jahre 751 belegt, dass dieser Brauch Bonifatius unbekannt war, als er auf ihn traf, und er daher nicht wusste, wie damit umzugehen sei.

55 Die Stadt Lügde im nordrhein-westfälischen Kreis Lippe, die seit 2012 den amtlichen Namenszusatz »Stadt der Osterräder« trägt, ist berühmt für ihre österliche Feuerradtradition, die ihr von Karl dem Großen 784 gestattet worden sein soll, aber als wesentlich älter angesehen wird (siehe Nina Trentmann: »Seit 2000 Jahren rollende Osterfeuer«, in: Die Welt, 7.4.2007, o. v.). Doch er setzte »eine kleine, aber weitreichende Änderung durch. Die Speichen der Räder sollten ein Kreuzsymbol aufweisen. Das tun sie bis heute. Aus einem heidnischen war ein christlicher Brauch geworden.« (Ulrich Traub: »Triumph über die Dunkelheit«, in: Rhein-Neckar-Zeitung, 13.4.2019, o. v.) Kirchliche Verbote im 18. Jh. scheiterten.

56 Nur wenn sie ganz den Hügel herunterrollen, gilt die Ernte als gesichert. In **Melsungen-Günsterode** im nordhessischen Schwalm-Eder-Kreis rollen Feuerräder am Ostersonntag seit 120 Jahren und sollen die Wintergeister vertreiben. Im **Odenwald** rollen die Feuerräder in manchen Orten zu diesem Zweck an Fasching.

Symbol des Lebensbaumes. Montanus schrieb 1854: »ähnlich den Christbäumen, neben dem Osterfeuer im Freien gepflanzt, bei Nacht durch Lichter erhellt und umtanzt ... Man nahm eine Linde dazu. Die Linde war der weiblichen Gottheit geweiht, wie die Eiche der männlichen.«[57]
Eierweitwerfen und Eierrollen über hügelige Wiesen – »mythologisch gesehen befruchtet und begrünt die Frühlingsgöttin durch ihr Eisymbol dabei die Felder.«[58]
Wettbewerbe im Eierlaufen weisen als Kultrelikte noch auf den spielerischen Wettkampf zwischen Winter und Frühling, zwischen dem alten Strohmann und dem jungen Grünen Mann um die Frühlingsgöttin hin.[59] In einigen Regionen der Schweiz wird das »Eierleset« zumindest noch als Wettkampf zwischen Frühling und Winter benannt. In Deutschland zeigt sich das noch schwach beim traditionellen »Remlinger Eierlauf« im Landkreis Würzburg (Bayern), der am Ostermontag stattfindet, aber erst 1738 eingeführt wurde.[60] Auch hier ein Wettkampf, bei dem ein Sammler 75 Eier aufsammeln muss, während ein Läufer 4,26 km (zu einem Stein und zurück) laufen muss. Es gibt auch Eierlaufsruten aus Birkenzweigen, doch Verbindungen des Volksfestes zu einem ehemaligen Kultgeschehen werden im Ort keine gesehen. Einen »Ehrentanz mit ihrer Angebetenen« bei der abendlichen Tanzveranstaltung dürfen beide Wettkämpfer absolvieren.[61]

Spuren des großen Frühlingsfestes der jungfräulichen, weißen Göttin, die sich im Lauf des Jahres verändern wird: Im Sommer in ihrer roten Phase als nährende Korngöttin gedacht, die im Herbst und Winter wieder zur schwarzen Winteralten wird,[62] bevor sie sich im Frühling erneut verjüngt.

---

57 Montanus, 1854, S. 27

58 Kurt Derungs, 2004, Kap.: »Mythologie der Volksbräuche«, S. 128 – In manchen Gegenden in Deutschland wird das Eierrollen »Eierschibbeln« genannt und ist ein Wettkampf, wer gewinnt wird Schibbelkönigin oder -könig.

59 Siehe Kurt Derungs, 2015, Kap.: »Eierlesen als Wettkampf«.

60 Eine Partnergemeinde ist Effingen im Schweizer Kanton Aargau, wo der »Eierleset« bis heute als Frühlingsbrauch stattfindet.

61 https://www.remlinger-eierlauf.de/der-eierlauf/ – Heinrich Winter, der Frühjahrsbrauchtum der Osterzeit in Rheinfranken, Nassau und Hessen untersuchte, schrieb schon 1937 zum Eierlaufen oder Eierlesen: »Dieses österliche Spiel ist in seiner alten Form in unserer Landschaft wohl ausgestorben.« (1937c/1998, S. 89f.)

62 Siehe Kap.: »Mittwinter, Lichtfest, Lichtmess, Fasnacht – überall tanzen die Strohbären«, Abschnitt »Das mittwinterliche Paar«

Und an Ostern treffen wir auf ein weiteres Tier, das eng mit der Göttin verbunden ist: die Häsin.

*(Osterbrunnen mit Osterhasen in **Bensheim,** Kreis Bergstraße, 2017)*

Was der Osterhase mit Aphrodite, der Jungfrau Maria und dem Teufel zu tun hat

Jedes Jahr zu Ostern kommt er wieder – der Osterhase. Und bringt die Ostereier. Dass der Hase (oder die Häsin) eigentlich nichts mit dem christlichen Fest zu tun hat, ist allgemein bekannt – und trotzdem ist dieses »heidnische« Ritual im 21. Jahrhundert im überwiegend christlich geprägten Deutschland fast überall präsent – und in vielen anderen Ländern.

(l. u. M.: Alte Osterpostkarten – re.: Ostergruß von US-Präsident Joe Biden und der First Lady, 2021)

Doch der Brauch war nicht schon immer Tradition, zum ersten Mal erwähnt wurde er 1682 für das Elsass und die angrenzenden Gebiete.[1] In anderen Gegenden wurden die Ostereier früher von verschiedenen Tieren gebracht: z. B. vom Kuckuck in der Schweiz, vom Fuchs[2] in Teilen von Westfalen,[3] im Schaumburger Land,[4] in einigen Orten in Sachsen-Anhalt[5] und in Hessen und vom Storch in Thüringen.[6] »Manche Gegenden kennen den Osterhasen überhaupt nicht oder erst aus neuester Zeit«, verzeichnet das *Handwörterbuch des Deutschen Aberglaubens*

---

1 Siehe Georg Franck von Frankenau, S. 6, § 9
2 Siehe Klaus Mailahn, 2007
3 Siehe Karl Wehrhan, 1910, S. 232
4 Siehe Carl Heßler (Hg.), 1904, S. 581
5 Siehe Alfred Wirth, 1932, S. 225
6 Siehe Hanns Bächthold-Stäubli, Bd. 6, Sp. 1329. Der *Atlas der deutschen Volkskunde* verzeichnete auch noch Hahn (Oberbayern und Österreich) und Henne sowie den Kranich als österliche EierbringerInnen, siehe Oswald A. Erich u. Richard Beitl (Hg.), 3/1974, S. 624f.

Anfang des 20. Jahrhunderts.[7] Und bei den Zeugen Jehovas hoppelt auch heute kein Eier bringender Hase zur Osterzeit vorbei – aber diese Glaubensrichtung lehnt es auch gänzlich ab, Ostern zu feiern, da das Fest keine biblische Grundlage habe und »heidnischen« Ursprungs sei.[8]

Hase/Häsin und Eier stehen für Fruchtbarkeit – auch das ist vielen bekannt. Schon weniger vielleicht, dass die Eier einst nur rot gefärbt waren, was nach christlicher Deutung auf das heilige Blut Christi hinweisen soll – doch es gibt auch andere Kontexte.[9] Und noch weniger ist wahrscheinlich bekannt, dass der Hase in der Vorstellungswelt der vorchristlichen Zeit häufig die Göttin begleitete – und dass aus dem Ei in frühen Schöpfungsmythen die Welt entstand.

Alexander Hislop (1807-1865), Pastor einer reformierten Freikirche in Schottland, der vieles in der römisch-katholischen Kirche als »heidnisch« anprangerte, sah den Ursprung von Ostern in der babylonisch-assyrischen Kultur und die Verbindung zur Großen Göttin. In seinem Buch *The Two Babylons* (Edinburgh 1853/1858) formulierte er: »Was bedeutet der Begriff Ostern an sich? Er ist keine christliche Bezeichnung. Er trägt seinen chaldäischen Ursprung auf der Stirn geschrieben. Der englische Begriff für Ostern, Easter, ist nichts anderes als Astarte, einer der Titel der Beltis, der Königin des Himmels, deren Name damals offensichtlich vom

---

7 Hanns Bächthold-Stäubli, Bd. 6, Sp. 1330

8 Siehe https://www.jw.org/de/jehovas-zeugen/haeufig-gestellte-fragen/warum-kein-ostern-feiern/

9 In Russland ist es bis heute üblich, am Ostersonntag auf die Friedhöfe zu gehen und den verstorbenen Angehörigen rotgefärbte Eier zu bringen; siehe http://www.russlandjournal.de/russland/feiertage/ostern/ – Zumeist wird erläutert, dass die roten Ostereier im orthodoxen Christentum an den auferstandenen Christus erinnern sollen, der sein Blut für die Menschen vergossen habe. Angelika Aliti verweist auf eine frühere Kulturschicht, in der die Farbe Rot bei Ritualen, Zeremonien und Feiern immer im Zusammenhang mit dem Menstruationsblut, dem heiligen Blut, stand – so auch bei den roten Eiern: »Das Weibliche wurde geehrt für die Fähigkeit, monatlich eine große Menge Blut zu verlieren, ohne daran sterben zu müssen ... Das Blut hatte magische Kraft. Es konnte Kräfte wecken oder bannen ... Nicht das Blut des Todes, sondern das Blut des Lebens musste es sein, mit dem das Leben gefeiert wurde.« (1994, S. 204) Auch Jutta Voss spricht nicht von Auferstehung, sondern vom zyklischen Denken der Wiedergeburt: »Die roten Eier sind ein Wiedergeburtssymbol. Sie wurden auf die Gräber gelegt, um die Toten auf ihrer Wiedergeburtsreise zu stärken. Dieser Brauch kann bis in die paläolithische Zeit zurückverfolgt werden. Um 100 000 vor unserer Zeitrechnung wurden die Toten in Höhlen bestattet, die oft rot ausgemalt waren ... Für ihre Reise durch das Jenseitsland erhielten sie Grabbeigaben und Nahrungsmittel, unter anderem rotbemalte Eier.« (1988, S. 45f.) Siehe auch Barbara G. Walkers, 5/1999, Artikel »Menstruationsblut«. Zur Farbe Rot als elementares Symbol matriarchaler Energie siehe Gerda Weiler, 1991, Kap. »MA-GIE – MA-triarchale Ener-GIE«, S. 72-85.

Volk Ninives genauso ausgesprochen wurde, wie es heute in England üblich ist.«[10] Und auch die das Osterfest begleitenden Bräuche verortete er dort: »... die gefärbten Eier am Ostersonntag kamen ebenso in den chaldäischen Riten vor wie heute bei uns.«[11]
Rund 150 Jahre später schreibt die Symbolforscherin und moderne Enzyklopädistin Barbara G. Walker: »Der Osterhase ist älter als das Christentum. Er galt vormals sowohl im Osten wie im Westen als der heilige Mondhase der Großen Göttin. In Deutschland wurden die alten Mythen um Hathor-Astarte, die das Goldene Ei der Sonne legte, in einem Volksbrauch wiederbelebt: Es hieß, der Hase bringe den braven Kindern am Ostersonnabend Eier.«[12]

Das Osterfest hat kein festes Datum, sondern hängt vom alten Mondkalender ab: immer am Sonntag nach dem ersten Frühlingsvollmond.[13] Auch weil die dunklen Flecken auf dem Vollmond an einen springenden Hasen erinnern, wird dieses Tier in vielen Mythologien mit dem Mond assoziiert, so etwa im ägyptischen, buddhistischen, afrikanischen und indianischen Kulturkreis.
In Asien sehen die Menschen in den Flecken des Mondes einen Hasen mit einem großen Mörser. Dieser Mondhase erscheint in China häufig als Begleiter der Mondgöttin Chang'e, für die er das Lebenselixier stampft.

(l.: Chinesischer Bronzespiegel aus der Tang-Dynastie mit Mondgöttin und Mondhase – re.: Der weiße Mondhase bereitet das Elixier der Unsterblichkeit, kaiserliche Gewandstickerei, 18. Jh.)

---

10 Alexander Hislop, 1997, S. 93 – Astarte ist eine der ältesten Großen Göttinnen im Nahen Osten; siehe Barbara G. Walker, 5/1999, S. 72. Ihre Darstellung mit der liegenden Mondsichel auf dem Kopf kennzeichnet sie als Mondgöttin und alles umfassende Himmelskönigin. Sie entspricht Ischtar, Hathor, Demeter und Aphrodite. In der Bibel wird Astarte zusammen mit Baal genannt, die das Volk Israel sündigerweise anbetete; siehe 1.Samuel 12, Vers 10.

11 Alexander Hislop, 1997, S. 96

12 Barbara G. Walker, 5/1999, S. 825

13 Im chinesischen Mondkalender beginnt mit dem Monatstier Hase der Frühling.

Die Ethnopsychologin Kornelia Matzanke erklärt: »Als lunares Tier, dem Attribut vieler Mondgottheiten, verkörpert der Hase seit jeher die Auferstehung, Verjüngung, Periodizität und Wiedergeburt.«[14] Denn Wiedergeburt und Auferstehung wurden in Verbindung gesetzt mit dem Abnehmen und Zunehmen, also mit der »Wiedergeburt« des Mondes und dem ewigen Kreislauf der Natur.
Dieses Tier mit Ostern, dem christlichen Fest der Auferstehung, in Verbindung zu bringen, scheint da doch gar nicht so abwegig.

Der Hase bzw. die Häsin stehen also nicht nur für Fruchtbarkeit, vielmehr waren sie (wie Schlange, Hirsch, Drachin, Bärin und viele andere Geschöpfe) Kulttiere der kosmischen Göttin und wurden auch als Schutzzeichen verwendet – z. T. bis in unsere Zeit.[15] Auch Hasen/Häsinnen waren Schutzzeichen: »So schützt in Tirol ein in Holz geschnitzter Hasenkopf am Hausgiebel das Haus gegen Schadenzauber.«[16] Das *Wörterbuch der Deutschen Volkskunde* verzeichnet, dass im Siegerland auf den Giebeln zwei sitzende Hasen zu sehen sind.[17]
Die heiligen Tiere symbolisierten die Große Göttin, die in der Vorstellungswelt der ur- und frühzeitlichen Menschen alles erschaffen hatte, die alles Werden, Reifen, Vergehen und Wiedererwachen gestaltete, die um die Geheimnisse von Leben und Tod wusste und der die Menschen viele Namen gaben. Die Archäologin Marija Gimbutas nennt den Hasen eine »Epiphanie der Göttin in ihrer lebenerneuernden Funktion.«[18]

---

14 Kornelia Matzanke, 2013

15 Zwei gekreuzte Schlangen, die für den Schutz des Hauses, der Familie und der dazugehörenden Tiere standen, sind im Spreewald auch heute noch an Hausgiebeln zu sehen. In Schleswig-Holstein und Niedersachsen sind es Pferdeköpfe, wie auch in Dänemark, Russland, Österreich oder der Schweiz. Im Alten Land zierten die Giebel Schwanenköpfe, Pfauenköpfe waren es im Münsterland, Drachenköpfe in England, und den Wiener Stephansdom sollten Hirschgeweihe am Turm fast dreihundert Jahre lang bis ins 19. Jahrhundert vor Blitzeinschlag schützen.

16 Johannes Maringer, 1978, S. 220 (o. v.)

17 Siehe Oswald A. Erich u. Richard Beitl (Hg.), 3/1974, Artikel »Giebelbretter, Giebelzier«, S. 284

18 Marija Gimbutas, 1995, S. 323

Die Häsin als Kulttier der Großen Göttin

Bereits die Menschen der letzten Eiszeit haben Hasendarstellungen auf Knochen oder Felswänden hinterlassen, die eine mythologische Bedeutung hatten.[19] In einem neolithischen Hockergrab wurde ein Hasenskelett gefunden, in dem der Archäologe Johannes Maringer »ein Symbol des Fortlebens, vielleicht als Führer ins Jenseits« vermutet.[20]

Südafrikanische Felsbilder haben dem Tier bereits einen selbstständigen, göttlich-kultischen Rang gegeben, meint der Theologe Georg von Gynz-Rekowski. Und zwar einen weiblich-göttlichen. Über eine Felsenmalerei aus Simbabwe schreibt er: »Ein anthropomorpher Leib trägt einen Hasenkopf, Brüste kennzeichnen das weibliche Geschlecht. Diese Frau mit Hasenkopf sitzt mit gespreizten Beinen, aus ihrem Schoß fließt ein dreistrahliger Strom des Wassers, und anbetend stehen menschliche Frauen an diesem Strom der Fruchtbarkeit. Gleich den Frauen der Buschmänner, die diese Bilder zeichneten, hält auch die kultische Häsin Grabstöcke in den Händen, mit denen die pflanzliche Nahrung gesucht und gegraben wird.«[21]

(Felsbild aus Sindjandja, Charter Distrikt, Simbabwe, l.: Foto und re.: Aquarell von Elisabeth Mannsfeld, die den dt. Ethnologen Leo Frobenius zusammen mit weiteren Zeichnerinnen Anfang des 20. Jh.s auf Expeditionen nach Südafrika begleitete)

19 Siehe Johannes Maringer, 1978, S. 221 (o. v.)

20 Ebd., S. 222; Birgit Gehrisch widerspricht dieser Auslegung der Grabfunde im mährischen Brünn-Královo (Brno-Královo, Tschechien) und hält das Tier für eine Speisebeigabe; siehe Birgit Gehrisch, 2005, S. 4.

21 Georg von Gynz-Rekowski, 1968, S. 6f.

Vor viereinhalb Tausend Jahren gab es dann eine Hasengöttin, die mit ihrem Namen dokumentiert ist: die oberägyptische Göttin Unut (auch Wenut genannt, Wnw.t), die die Schutzgöttin des Hasengaus war. Sie ist schon seit der frühdynastischen Zeit belegt. Dargestellt wurde sie entweder als Häsin oder in Menschengestalt mit einer Häsin quer über dem Kopf. Auch ihre Hieroglyphe zeigt eine Häsin.

(l. u. M.: Ägyptische Statuengruppe des Königs Menkaure mit der Göttin Hathor in der Mitte und der Hasengöttin Unut,[22] Altes Reich, 4. Dynastie, 2490-2472 v. u. Z. – re.: Die obere Tafel zeigt den Namen des 15. Oberägyptischen Gaus, auf der unteren ist die Hieroglyphe der Hasengöttin Unut zu sehen; aus der Gauliste Sesostris' I. an der Nordseite der Weißen Kapelle in der Tempelanlage von Karnak in der Nähe von Luxor, Ägypten)

Obwohl die Häsin hier das Begleittier einer Göttin ist, wird die Frage, ob dieses Kulttier eine Bedeutung in der ägyptischen Mythologie hat, von vielen Forschenden verneint. Doch Georg von Gynz-Rekowski sieht das anders, weil dieses Tier in Ägypten auch ein »Symbol für

---

22 Das Museum of Fine Arts in Boston, wo sich das Werk befindet, bietet auf seinen beschreibenden Internetseiten eine Perspektive der Gruppe, die zeigt, dass die Hasengöttin in ihrer linken Hand ein Anch-Kreuz hält; siehe http://www.mfa.org/collections/object/king-menkaura-the-goddess-hathor-and-the-deified-hare-nome-138424

die Wende vom Tod zum Leben«[23] gewesen sei und die Hasengöttin mit dem Totenkult in Verbindung gestanden habe.[24] Das Totenbuch *Amduat* zeigt sie an der Passage vom Tod zur Wiedergeburt und Gynz-Rekowski erläutert den Stellenwert der Unterweltfahrt: »Im archaischen Verständnis ist es der Weg vom oberen zum unteren Schoß, der Weg durch den Mutterleib der Großen Göttin, der dann die neue Geburt schenkt.«[25]

Außerdem ist es ihm wichtig, darauf hinzuweisen, dass die Hasengottheit (grammatisch) eindeutig als weiblich benannt wird, was beispielhaft zeige, dass auch in Ägypten bei der Tierverehrung nicht das männliche, sondern das weibliche Tier am Anfang steht – wie der weiblich gedachte Skarabäus, die weibliche Uräus-Schlange, die Kuh und nicht der Stier, die Sau und eben auch nicht der Hase, sondern die Häsin.[26]

Und die Häsin zeigt sich auch mit anderen alten Göttinnen. Nicht nur im mesopotamischen Kernland, sondern im gesamten geografischen Raum des Alten Orients wurden Figuren und Abbildungen der sogenannten Nackten Göttin gefunden. Sie war »besonders im syrischen Raum ab 1850 [v. u. Z.] verbreitet. Diese syrischen Darstellungen zeigen die Nackte Göttin mit Capriden (Ziegenwesen), Löwen, Tauben und Hasen als Begleittieren.«[27] Ob Inanna, Ischtar, Anat, Astarte oder Hathor gemeint waren, hält die Forschung meist offen. Aber die altsyrischen Darstellungen auf Rollsiegeln, auf denen auch Hasen übergroß dargestellt sind, erinnern an diese Großen Göttinnen.[28]

---

23 Georg von Gynz-Rekowski, 1968, S. 5

24 »Sie bleibt der Feier von Tod und Auferstehung, der zeremonialen Wiedergeburt, verbunden. Bis in die Spätzeit schmücken sich Särge und Grabanlagen mit ihrem Bild.« (Ebd., S. 10) Siehe auch die Abb. 1-7 auf S. 23-28.

25 Ebd., S. 9

26 Ebd., S. 8f.

27 Jacqueline Kersten, 2009, S. 39

28 »Auf vielen Siegeln erscheint eine *nackte Göttin,* die oft Schmuck trägt, manchmal die Hörnerkrone. An ihren Füßen hat sie zuweilen Schnabelschuhe ... Oft steht sie auf einem Stier oder auf einem Löwen, das versinnbildlicht ihre Macht, oder sie ist das Zentrum einer symmetrischen Gruppe ... Diese nackte Göttin tritt besonders deutlich im syrischen Raum auf ... Ihre Ausstrahlung bedeutet Machtfülle. Sie wird mit den Symbolen des Himmels, mit Mond, Sternen und der Flügelsonne dargestellt. Offensichtlich ist sie den Idolen der Frühzeit nahe verwandt und wie sie verbreitet und beliebt. Ihre Mittlerrolle verbindet die Menschen und ihre Bedürfnisse mit den unnahbaren fernen Göttergestalten.« (Julitta Franke, 1996, S. 13)

(Altsyrische Rollsiegel)

Die Künstlerin und Kunsthistorikerin Julitta Franke schreibt im Ausstellungskatalog des Bonner FrauenMuseums zur Dea Syria: »Die Namen ändern sich, viele Göttinnen lokaler Bestimmung fließen in die Gestalt der Urgöttin ein, neue Völker bringen neue Namen, neue Ausprägungen. Doch ihr urtümliches Wesen bleibt. Über Jahrtausende ist sie die Mächtige, Eigenständige und Erhabene, die Königin des Himmels und des Lebens, die Göttin der Liebe mit der Kraft der Anziehung, Erotik und Sexualität. Sie ist aber auch die Göttin des Kampfes und der Auseinandersetzung der Völker, die Heerführerin der Könige, die sich in ihren Schutz gestellt haben. Später in hellenistischer und römischer Zeit, als die Religionen aus dem Orient großen Einfluss erlangten ..., wird die große Göttin des altsyrischen Raums mit dem umfassenden Namen ›DEA SYRIA‹, die syrische Göttin, benannt ... Noch zu dieser Zeit, nach gewaltigen kulturellen Umwälzungen im Hellenismus, hatte sie die große Bedeutung einer allumfassenden Welt- und Muttergottheit.«[29]

29 Ebd., S. 8f.

Drei Große Göttinnen nennt der syrische Archäologe Jalal Bakdach im Katalog als Ausprägungen der Dea Syria: Ischtar oder Astarte, Heba oder Hawa (biblisch Eva) und Kybele.[30] Und bei den Attributen von Kybele ist der Hase verzeichnet: »Die dritte populäre Dea Syria ist die Muttergöttin Kubaba (Kybele). Ihr Hauptkultort ist nach heutigem Stand der Forschung die syrische Stadt Karkemisch am Oberen Euphrat … Die Attribute der Kubaba – Spiegel, Granatapfel, Vogel, Hase, Löwe und Stier – zeigen das Wesen der Göttin: Sie ist Herrin des Lebens, der Fruchtbarkeit und die Mutter der Tiere.«[31] Ursprünglich stammt die Göttin Kybele aus Phrygien, heute Anatolien/Türkei. Der Kult der Magna Mater war auch in Rom weit verbreitet und hielt sich noch Jahrhunderte in die christliche Zeit hinein. In der Kaiserzeit galt sie zeitweilig sogar als die höchste Gottheit des Reiches.[32]

(Hydria von Grächwil, griechisches Prunkgefäß aus Tarent, 6. Jh. v. u. Z., gefunden in einem keltischen Fürstengrab der Hallstattzeit in Grächwil im Schweizer Kanton Bern)

Auch ein antikes Stück aus Sparta, das in einem Grab aus der Hallstattzeit in der Schweiz gefunden wurde, bringt das Hasengeschlecht in Verbindung mit der Großen Göttin, und zwar als geflügelte Potnia theron: die Hydria von Grächwil, die zwei Hasen bzw. Häsinnen in

30 Siehe Jalal Bakdach, 1996, S. 66

31 Ebd., S. 66

32 Siehe Barbara G. Walker, 5/1999, S. 593f. Beim einwöchigen ihr zu Ehren jährlich im April gefeierten Fest, den *ludi megalenses,* und den anschließenden Gastmälern dürfte ihr Geliebter und Kultpartner Attis zunächst »noch ganz im Hintergrund gewesen sein« (Erika Simon, 1990, S. 148). Die christlichen Kirchenväter sahen in ihr eine Gefahr. Im 4. Jh. wurde ihr Heiligtum, das Phrygianum, auf dem Vatikan-Hügel vermutlich mit dem Petersdom überbaut.

ihren Händen hält. Das eine Tier hält sie an den Vorderläufen, so dass es nach oben zeigt, das andere Tier, gehalten an den Hinterläufen, zeigt nach unten – ein Zeichen für die Große Göttin, die über Leben *und* Tod verfügt.[33] Vermutlich ist hier die Göttin Artemis dargestellt, die als Herrin der Tiere galt und der auch Hasen als Tierorakel dienten.[34]

In der griechisch-römischen Antike wurden Hasen gern als Liebessymbole verschenkt. Helga Schmid schreibt, dass Hasendarstellungen besonders häufig auf griechischen Vasenbildern vorkommen.[35] Der Trauben naschende Hase auf römischen Wandgemälden und Sarkophagen habe auf ein glückliches Leben im Jenseits und auf die Überwindung des Todes hingewiesen.[36] Als luneares, nachtaktives Tier galt der Hase als Begleittier von Mondgöttinnen wie Hekate.[37] Wohl wegen ihrer großen Fruchtbarkeit zählten Hase und Häsin auch zu den Begleittieren der Göttin Aphrodite und später in römischer Zeit der Göttin Venus.

(»Das Urteil des Paris«, Vasenzeichnung, Unteritalien, 5. Jh. v. u. Z., rechts oben sitzend: Aphrodite mit einem Hasen auf dem Schoß)

33 Siehe Carola Meier-Seethaler, 1993, S. 215

34 So erzählt der griechische Reiseschriftsteller Pausanias, dass die Gründer der lakonischen Stadt Boiai, denen geweissagt worden war, Artemis werde ihnen einen geeigneten Ort zum Wohnen zeigen, einen Hasen als Wegführer wählten; siehe Erika Simon, 1985, S. 155

35 Siehe Helga Schmid, 2008, S. 6 unter Hinweis auf die Dissertation von Jazintha Leichtfried, 1979.

36 Siehe Helga Schmid, 2008, S. 8

37 »Da sie die Königin der Nacht war, hieß es manchmal, Hekate sei die Göttin des Mondes in seiner dunklen Form, so wie Artemis die Göttin des zunehmenden Mondes war und Selene die des Vollmondes.« (Patricia Monaghan, 1999, S. 121)

Auch bei Aphrodite begleitete die Häsin nicht nur eine Liebesgöttin, wie sie heute oft bezeichnet wird. An Aphrodite lässt sich beispielhaft die Demontage der einst verehrten alles umfassenden Großen Göttin, die unter verschiedenen Namen verehrt wurde, nachvollziehen. Denn Aphrodite ist eine sehr alte Göttin, die nicht nur für Schönheit, Erotik, Liebe und Fruchtbarkeit stand, sondern, wie Heide Göttner-Abendroth formuliert, noch deutlich kosmische Funktionen hat, weit ins einfache Matriarchat zurückweist. »Als Große Göttin des Mittelmeeres beherrschte sie Land und Meer.«[38] Sie tauchte aus dem schäumenden Meer, aus dem Chaos, auf, verwandelte sich in eine Taube und legte in einem parthenogenen Schöpfungsakt das Welten-Ei, aus dem alle Dinge fielen, erläutert die Matriarchatsforscherin. »In ihr vermischen sich die sumerisch-babylonische Inanna-Ischtar, die bei den Phönikern *Astarte* hieß, die philistäische *Atargatis*, deren hebräischer Name *Aschtoreth* (bzw. *Aschera* oder Astarte) lautete, und die syrische *Anat* und verschmelzen zu einer neuen Einheit.«[39] Wie alle Großen Göttinnen hatte auch Aphrodite einen zerstörerischen Aspekt – Aphrodite Skotia (Dunkle Aphrodite) und Aphrodite Melainis (Schwarze Aphrodite) wurde sie genannt – und symbolisierte auch die Wiedergeburt.[40] In der griechischen Mythologie wurde Aphrodite dann entmachtet: Hesiods »Schaumgeborene« entstand aus dem, was nach dem Sturz ihres Vaters Uranos aus dessen abgeschnittenem und ins Meer geworfenen Penis austrat. Homers Auslegung stand ihr wenigstens noch eine Mutter zu, die Titanin Dione, nahm ihr als Tochter von Zeus aber ihre einstige Machtfülle, wie die klassische Archäologin Erika Simon zeigt.[41] Gerda Weiler formuliert: »Hesiod stuft die

38 Siehe Heide Göttner-Abendroth, 6/1984, S. 28. Patricia Monaghan nennt Aphrodite die »uralte Muttergöttin des östlichen Mittelmeerraums« (1999, S. 27). Siehe auch Ulrike Pittner u. Ursa Krattiger, 2015, Kap.: »Aphrodite und der Apfel des Paris«: zeigen Aphrodite als dreifaltige Große Göttin.

39 Vera Zingsem, 2010, S. 123. Hyginus formulierte über die Geburt der Venus: »Es wird erzählt, ein Ei von gewaltiger Größe sei vom Himmel in den Fluss Euphrat gefallen. Fische rollten es an Land, Tauben setzten sich darauf, wärmten es und brüteten Venus aus, die später als die Syrische Göttin bekannt wurde«; zit. n. Geoffrey Grigson, 1978, S. 21. (Die Forschung ist nicht sicher, wer Hyginus war – entweder der »Hyginus Mythographus« genannte unbekannte Autor aus dem 2. Jh. oder Gaius Iulius Hyginus, der um 60 v. u. Z. lebende römische Gelehrte und Schriftsteller.) Über Atargatis, die häufig als Dea Syria gesehen wird, schreibt Patricia Monaghan: Sie kam »vom Himmel in Gestalt eines Eies, dem die Göttin entstieg.« (1999, S. 38)

40 Vera Zingsem, 2010, S. 135: »Ihre umstürzlerische Seite aber führt direkt zu jener Aphrodite ›von den Gräbern‹ *(Epitymbia)*, als die sie u. a. in Delphi verehrt wurde. In Argos und Lakonike hieß sie Grabräuberin *(Aphrodite Tymborochos)*, weil man ihr die Macht zuschrieb, Gräber öffnen und Tote zurückholen zu können.«

41 Siehe Erika Simon, 1985, S. 231

orientalische kosmische Himmelsgöttin zur Tochter des Gottes herab. Homer reduziert ... ihren umfassenden Charakter auf einen einzelnen Aspekt.«[42] Fortan ist sie die Göttin der Liebe.

(Gleich eine ganze Schar weißer Hasen ist zu sehen im »Triumphzug der Venus«, Detail aus dem Monatsbild April des Freskenzyklus mit Monatsdarstellungen im Palazzo Schifanoia in Ferrara, Italien, von Francesco del Cossa, 1469-1470)

(Piero di Cosimo zeigt Venus mit einem weißen Hasen in seinem Gemälde »Venus, Mars und Amor«, ca. 1486-1510)

Ob Häsin und Hase in unseren Breiten die Göttin Ostara (deren mythologische Existenz nicht alle Forschenden akzeptieren)[43] oder die Göttin Holle begleiteten, ist nicht so wichtig.

---

42 Gerda Weiler, 1997, S. 72

43 Eine Göttin Ostara ist aus historischen Quellen nicht direkt belegbar. Doch Jacob Grimm vermutete, dass es sie in der germanischen Mythologie gegeben habe. Dabei stützte er sich auf den angelsächsischen Mönch und Kirchenhistoriker Beda (672/673-735), der in seiner Schrift »De temporum ratione« angab, dass die Angelsachsen den April Eostur-monath nannten und dies auf die »heidnische« Göttin Eostre zurückführten, der zu Ehren in diesem Monat Festlichkeiten veranstaltet wurden. Da Grimm auch im Althochdeutschen Bezeichnungen wie *ôstarun* und *ôstar-mânôth* fand, leitete er in Analogie zu Bedas Aussage davon eine Göttin Ostara ab. Auch Meyers *Großes Konversations-Lexikon* ging noch zu Beginn des 20. Jh. davon aus, dass Ostern seine deutsche Benennung wahrscheinlich vom Fest der altsächsischen Frühlingsgöttin Ostara habe (siehe Ausgabe von 1905, Bd. 15, S. 173). Andere sprachen sich dagegen aus, verneinten auch eine Göttin Eostre. 1959 schrieb Horst Sauer: »Die Meinung, dass man zwar Eostre anerkennen sollte, nicht aber ihre festländische Kollegin Ostara, hat sich heute weitgehend durchgesetzt.«

Beide Göttinnen zogen in der Vorstellungswelt der Menschen zum Beginn des Frühlings übers Land und sorgten mit ihrem Segen für neues Wachstum. Bis heute gibt es an vielen Orten Frühlingsfeste zur Frühjahrs-Tagundnachtgleiche (um den 21. März) und um Ostern herum[44] – denn die Christenheit begeht Ostern ja am ersten Sonntag, der dem ersten Vollmond nach der Frühjahrs-Tagundnachtgleiche folgt. Gefeiert wird das Erwachen der Natur.

(l.: »Ostara« steht unter der Illustration von Johannes Gehrts im Buch von Felix und Therese Dahn: Walhall. Germanische Götter- und Heldensagen, 1880; mit dem Titel »Frau Holle segnet die Fluren« ist die Lithographie von Johannes Gehrts, 1884, im Deutschen Märchen- und Wesersagenmuseum in Bad Oeynhausen archiviert – re.: Titelbild von Karl Paetows Buch »Frau Holle. Märchen und Sagen«, Kassel 1952)

Mit Holle, der Großen Göttin Mitteleuropas, standen Hasen und Häsinnen auf alle Fälle in Verbindung. Karl Paetow, der als Erster die Sagen und Märchen um Frau Holle sammelte, zeigte dies bereits auf dem Titelbild seiner ersten Ausgabe.

Im *Handwörterbuch des deutschen Aberglaubens* ist zu lesen: »Holda lässt sich bei ihren nächtlichen Wanderungen von Hasen Lichter vorantragen.«[45] Und Holda ist ein anderer Name für die Göttin Holle.[46]

---

44 Auch in Hessen gibt es zahlreiche Frühlingsfeste. Manche Städte wie **Bad Vilbel, Groß-Gerau, Limburg a. d. Lahn** oder **Wetzlar** nennen ihr Fest »Frühlingserwachen«. Und manche Bezeichnungen zeigen noch die Verbindung von Frühlings- und Osterfest.

45 Hanns Bächthold-Stäubli, Bd. 3, Sp. 1510

46 Auch die Waldfrau im Märchen »Waldminchen und die Altweibermühle« wird wie die Göttin Holda von Lichter tragenden Hasen begleitet. Siehe Gertrud Ennulatin, 1995 (o. v.). Das Märchen hat Karl Paetow in den Sagenschatz um die Göttin Holle eingeordnet – die Waldfrau, das Waldminchen ist demnach niemand anderes als die Göttin Holle.

Bei den FestlandkeltInnen im Südwesten Deutschlands (besonders im Schwarzwald) wurde die Göttin Abnoba, die mit der Göttin Diana – eine der römischen Hauptgottheiten – als Diana Abnoba gleichgesetzt wurde, vom Hasen begleitet.[47] Ein Steinrelief zeigt sie mit heiligen Tieren der Göttin.

(l.: Bei der Quelle der Brigach, einer der beiden Donau-Quellflüsse, gefundenes Steinrelief. Das etwa 2000 Jahre alte Relief ehrt wohl die keltische Göttin Abnoba und die römische Göttin Diana. Neben drei Köpfen zeigt es drei Tiere: Hirsch, Vogel und Hase[48] – re.: Kalksteinstatuette der Göttin Diana Arduinna, ca. 1. Jh., 34 cm hoch, 1912 in Trier gefunden)

---

47 Emil Krüger schreibt zur Diana Abnoba: »Die Göttin mit dem Hasen ist in jener Gegend noch in zahlreichen Exemplaren vertreten … Die Göttin trägt den Hasen regelmäßig auf dem Arm, der also der stete Begleiter der Schwarzwaldgöttin ist.« (1917, S. 8)

48 Die Brigach-Quelle entspringt beim Hirzbauernhof im Schwarzwald-Baar-Kreis in Baden-Württemberg. Dort ist eine Nachbildung des Reliefs zu sehen, das Original befindet sich im St. Georgener Heimatmuseum. Willi Meder meint: »Obwohl verschiedene Deutungen der Figuren vorhanden sind, wird der Stein überwiegend als Rest eines Quellheiligtums mit Göttersymbolen angesehen.« Anderer Meinung ist Helmut Horn: »Da der Stein aber keine Inschrift trägt und auch die Darstellung der mittleren Figur keine Ähnlichkeit mit anderen Diana-Abnoba-Darstellungen aufweist, kann der Stein Abnoba nicht sicher zugeordnet werden.« Dr. Konrad Spindler jedoch meint in seinem Beitrag zur Vor- und Frühgeschichte des Schwarzwald-Baar-Kreises: »Ohne Mühe kann also das Dreigötterrelief als echtes Zeugnis eines kleinen keltisch-römischen Heiligtums an der Brigachquelle gewertet werden.« (Zit. n. Meder, o. v.) Mal abgesehen davon, dass in diesen Zitaten Göttinnen zu Göttern werden – scheint in diesem Relief nicht auch die Vorstellung der ursprünglichen großen dreifaltigen Göttin mit drei ihrer heiligen Tiere auf?

Auch die gallo-römische Göttin Arduinna, die Göttin des Ardennenwaldes, die auch noch an den Eifelrändern verehrt wurde,[49] wird in der Interpretatio Romana der Göttin Diana zugeordnet. Eine Kalksteinstatuette, die in Trier gefunden wurde und die den Darstellungen der römischen Diana mit Pfeil und Bogen sehr ähnelt, zeigt sie mit Hase oder Häsin als Begleittier.

Bei den InselkeltInnen (für die der Hase laut Julius Caesar eine verbotene Speise war)[50] war es die Göttin Cailleach, die mit dem Hasengeschlecht in Verbindung stand.[51] Sie wird als die große kosmische Göttin der vorkeltischen SiedlerInnen auf den Britischen Inseln gesehen[52] und wurde in die keltische Mythologie integriert – erinnert wird sie vor allem in ihrem dritten, zerstörerischen Aspekt. Die »Verhüllte«, die die Erde erschuf, indem sie Gebirgsketten aus ihrer Schürze fallen ließ, galt als Zauberin und konnte sich u. a. in einen Hasen verwandeln – hier stand dieses Begleittier der Göttin demnach ganz eindeutig nicht für Fruchtbarkeit, sondern im Zusammenhang mit der Verwandlungskraft der Großen Göttin. Sie bezeichnet eine ganze Gruppe gälischer Sagengestalten aus Schottland, Irland und der Isle of Man: hexenartige Riesinnen, auch bekannt als Wetter-Hexen, die sich aber blitzschnell in strahlend schöne, junge Mädchen verwandeln konnten.[53] In der keltischen Mythologie hatte Cailleach Macht über das Wetter und die Jahreszeiten, ihre Zeit begann an Samhain (in der Nacht vom 31. Oktober auf den 1. November) und endete im Februar oder März. In dieser Zeit kümmerte sich die Große Göttin um das Alte und Absterbende und machte Platz für Neues. Durch die

49 Wie ein 1859 bei Gey (Gemeinde Hürtgenwald im Kreis Düren) gefundener Weihestein für die Göttin Ardbinna (= Arduinna) beweist, er befindet sich im rheinischen Landesmuseum Bonn.

50 Siehe Caesar: De bello Gallico V, 12. Auch die Keltologin Sabine Heinz vermerkt, dass der Hase nicht gegessen wurde, und schreibt: »Bei den frühen Britanniern war er ein heiliges Tier« (3/2001, S. 79). Sylvia und Paul F. Botheroyd verweisen auf den Volksglauben, »wonach in den Adern von Hasen Feenblut kreist« (1992, S. 153).

51 Siehe Sylvia und Paul F. Botheroyd, 1992, S. 153. Als ihre heiligen Tiere werden auch der Hirsch und die Kuh genannt, siehe Eleanor Hull, 2013, S. 160f. Der Hase war auch das Symboltier der Göttin Andraste – für die die britannische Königin Boudicca vor ihrem Aufstand gegen die römischen Invasoren einen Hasen als Opfer freigelassen haben soll.

52 Patricia Monaghan schreibt: »Da sie nicht in den geschriebenen Mythen Irlands und Schottlands auftaucht, sondern nur in uralten Erzählungen und Ortsnamen, wird vermutet, dass sie die Göttin der vorkeltischen Siedler auf den Inseln war. Doch sie war so mächtig und so populär, dass man sich selbst dann noch an Cailleach erinnerte, als die Neuankömmlinge vom Kontinent Gottheiten wie Brigit mitbrachten« (1999, S. 58). Eleanor Hull vermutet: »Als Mutter der Stämme und Geschlechter steht sie wahrscheinlich für Irland selbst.« (2013, S. 150)

53 Siehe Sylvia und Paul F. Botheroyd, 1992, S. 51f.

Christianisierung wurde Cailleach endgültig zur Hexe (bzw. zur alten Frau, zum hässlichen Weib), »da das Christentum auf dieser Erde keine Metamorphose mehr erlaubt«.[54] Und was wurde aus ihrem heiligen Begleittier? Dazu vermerkt der Keltologe Helmut Birkhan: »Später – möglicherweise unter dem Einfluss der Christianisierung – wird der Hase in Britannien zu einem Hexentier«.[55]

Bei den FriesInnen waren Hase und Häsin ihrer Großen Göttin Nehalennia geweiht.[56]

In der litauischen Mythologie war der Hase das heilige Tier der Göttin Medeinė, eine der Hauptgottheiten in Litauen. Sie war eine Wald- und Schutzgöttin der Tiere und auch sie wurde mit der römischen Göttin Diana verglichen. Marija Gimbutas zählte Medeinė in ihren Forschungen zum baltischen Volk zu den weiblichen Gottheiten, die sich von der »Urgöttin ableiten, in deren Macht es lag, alles zu geben und alles zu nehmen«,[57] und wies darauf hin, dass die älteste Schicht in der baltischen Mythologie, wie in nahezu jedem Pantheon europäischer Völker, weibliche Gottheiten bilden, »die sich – in der Folgezeit degradiert und dämonisiert – von der uralten matrifokalen Ackerbaugesellschaft mit matrilinearer Sozialordnung ableiten.«[58]

Die Jungfrau Maria und das weiße Kaninchen

Und selbst bei der christlichen Mutter Gottes finden wir die Hasen. Im Mittelalter gehörte ein weißes Kaninchen zum Symbolkreis der Jungfrau Maria. Im christlichen Kontext soll es zu ihren Füßen den Sieg über die sinnliche Begierde darstellen – Maria war ja jungfräulich schwanger geworden. Es geht also um mehr als nur Fruchtbarkeit, wenn Darstellungen der »Heimsuchung Marias«[59] häufiger mit einem oder mehreren weißen Kaninchen ausgestattet

54 Siehe. ebd., S. 5
55 Helmut Birkhan, 1997, S. 828
56 Siehe Hanns Bächthold-Stäubli, Bd. 3, Sp. 1506 und Johannes Maringer, 1978, S. 228 (o. v.)
57 Marija Gimbutas, 1983, S. 230
58 Ebd., S. 217
59 Im Lukasevangelium wird erzählt, dass Maria nach der Verkündigung, dass sie auserwählt sei, den Sohn Gottes zu empfangen, zur mit Johannes dem Täufer schwangeren Elisabeth eilt.

wurden.[60] Sowohl Maria als auch Elisabeth (bzw. ihrem Mann Zacharias) war vom Erzengel Gabriel die Geburt eines besonderen Sohnes verkündet worden.

(l.: Detail aus der Tafel »Die Heimsuchung« des Hochaltars im Freiburger Münster, Hans Baldung, 1516 – re.: »Die Heimsuchung«, Detail aus dem Kramerfenster im Ulmer Münster, Peter Hemmel von Andlau, um 1480)

Und Maria ist auch eine besondere Mutter, die – wie einst die Große Göttin – einen heiligen Sohn gebar.[61] Und deren Sohn – wie der Heroskönig der alten matriarchalen Göttin – starb und wieder auferstand, nur nicht mehr jährlich. Christus symbolisiert nicht mehr den Vegetationszyklus mit Vergehen und Wiedergeburt. Am 22. August feiert die katholische Kirche Maria beim Fest »Maria Königin« als *Himmelskönigin*.[62] Doch etwas Entscheidendes hat sich verändert durch das neu entstandene patriarchale Glaubenssystem: Nicht mehr die Mutter ist es, die den Sohn führt und die Geschicke aller lenkt, sondern dieser

60 Wolfgang Kemp meint, hier sei gesegnete Fruchtbarkeit symbolisiert; siehe Kemp, 1970, S. 224

61 Wie etwa die große ägyptische Göttin Isis und ihr Sohn Horus. Heide Göttner-Abendroth erklärt: »Außerdem prägte die Isis-Religion entscheidend die Mythologie des entstehenden Christentums.« (2004, S. 138) Diese Nähe zur Großen Göttin ließ die Väter des Christentums lange streiten, bis auf dem Konzil in Ephesos 431 anerkannt wurde, dass Maria keinen Menschen geboren habe, der erst danach zum Gott werden musste, sondern ein göttliches Wesen, das auch Mensch war – was sie zur »Gottesgebärerin« machte und ihre wichtige Position innerhalb der christlichen Lehre auch offiziell stärkte.

62 Obwohl es reichlich Widerstand gegeben hat und der Prophet Jeremia das israelische Volk schon, als es in Ägypten lebte, davor gewarnt hatte, die dort verehrte Himmelskönigin anzubeten und damit vom »rechten Glauben« abzufallen; siehe Jeremia 7, 17-20 und Jeremia 44, 1-29. Zu Maria als Göttin siehe Christa Mulack, 2006.

holt sie zu sich herauf, wie »Maria Himmelfahrt« (Hochfest Mariä Aufnahme in den Himmel)[63] und »Maria Krönung« verdeutlichen. »Die heilige Jungfrau Maria der katholischen Kirche ist die erste Göttin in der Geschichte, die ihr Haupt beugt, um ihren Sohn anzubeten«, formulierten Monica Sjöö und Barbara Mor,[64] die eine frühe »Frauengeschichte des verborgenen Sinns der frühen Religionen« verfassten. Die Vertreter des Christentums meinten (und meinen) nicht mehr die allumfassende kosmische Göttin, die die Matriarchatsforscherin Gerda Weiler beschrieb: »Die Königin des Himmels übte keine aufgesetzte Macht aus. Ihre Kraft strömte von innen her. Sie war der Inbegriff aller lebendigen Kräfte, die schöpferische Urkraft. Ursprünglich wurde sie ganz allein verehrt. Sie war die Herrin und sonst keine mehr.«[65] Aber die Kirche verstand, dass Maria benötigt wurde im Kampf um die Durchsetzung des neuen Glaubens. Schon Elizabeth Gould Davis, deren Buch »Am Anfang war die Frau« zu den feministischen Klassikern gehört, schrieb: »Und nur nachdem diese [Maria] gegen die strengen Erlasse der Kirche aus der Vergessenheit, in die sie Konstantin verwiesen hatte, gehoben und mit der Großen Göttin gleichgesetzt worden war, wurde das Christentum schließlich vom Volk geduldet.«[66]

---

63 Auch in Hessen finden an diesem Tag Marien-Wallfahrten statt, so z. B. zur Herzenbergkapelle in **Hadamar** (Landkreis Limburg-Weilburg), zur Marienkapelle auf dem Holzberg bei **Usingen-Kransberg** (Hochtaunuskreis), zur Kapelle St. Maria in **Lichtenklingen** (Kreis Bergstraße), am Sonntag nach Maria Himmelfahrt zur Kirche Maria Sternbach im Wald bei **Niddatal-Wickstadt** (Wetteraukreis), zum **Kloster Marienthal** im Rheingau mit Gnadenbildprozession, zu Mariae Aufnahme in den Himmel zur Marienkapelle Liebfrauenheide beim Hainburger Ortsteil **Klein-Krotzenburg** (Kreis Offenbach) mit Kräutersegnung. Der 15. August ist in vielen Ländern ein gesetzlicher Feiertag, in Deutschland nur im Saarland und in Teilen Bayerns. In Tirol wurde er zum Landesfeiertag mit der Bezeichnung »Hoher Frauentag« erklärt. Interessanterweise lagen in der Antike in zeitlicher Nähe zu diesem Termin große Feste Großer Göttinnen: für Isis und Diana. Ganz verdrängt wurden die alten Göttinnen an Maria Himmelfahrt nicht, denn beim auch in Hessen wiederbelebten Ritual des Kräuterbüschel-Segnens als Teil des Marienfestes – die Wurzeln des Brauchs reichen in vorchristliche Zeiten zurück, er wurde von der Kirche zunächst massiv verfolgt, dann als Kräuterweihe christianisiert und mit Maria Himmelfahrt verbunden – wird mit dem Beifuß auch eine heilige Pflanze der Artemis und Isis geehrt; siehe Gerda Buchberger u. Eva-Maria Rapp, 2013, S. 159 u. 257, Anm. 67.

64 Monica Sjöö & Barbara Mor, 1985, S. 233

65 Gerda Weiler, 2/1986, S. 22

66 Elizabeth Gould Davis, 1987, S. 248f. Auch die Wanderausstellung »Gott weiblich«, die von dem Alttestamentler Othmar Keel aus Fribourg (Schweiz) initiiert wurde, zeigt Verbindungslinien von Maria zu den alten großen Göttinnen. Davon nahmen auch große Zeitungen Notiz. *Die Zeit* schrieb – als ob noch nie eine feministische Theologin, Matriarchatsforscherin oder Archäologin zum Thema geforscht hätte: »Jetzt wird aufgeräumt mit dem männlichen Gottesprinzip. Ausgrabungen zeigen, dass im alten Israel lange Zeit auch eine weibliche Form des Allerhöchsten verehrt wurde.« (Kai Michel, 2008) Doch es geht in dieser Ausstellung keineswegs um die Göttlichkeit Marias, sondern um die »weib-

Auf Tizians Darstellung der »Madonna mit dem Kaninchen«, die nach Angelo Walther die glückliche Übereinstimmung von Mensch und Natur symbolisiert,[67] hält die heilige Katharina[68] den Jesusknaben, und Maria scheint ihrem Kind das weiße Kaninchen zu präsentieren.

(»Madonna mit dem Kaninchen«,Tizian, um 1530)

Die drei Hasen

In der christlichen Ikonografie stoßen wir auch immer wieder auf *drei* Hasen. So hat Meister Bertram im 14. Jahrhundert interessanterweise bei seiner Darstellung der Schöpfungsgeschichte auf dem Grabower Altar auf der Tafel, die die »Erschaffung der Tiere« zeigt, nur bei den Hasen drei Exemplare gemalt, die anderen Tiere erscheinen nur einmal.

Albrecht Dürer stellte die heilige Familie mit drei Hasen dar und nannte sie auch im Titel seines Werkes.

---

lichen Anteile« Gottes. So betonte Wolfgang Urban, Diözesankonservator in Rottenburg, wo die Ausstellung 2008 gezeigt wurde, dass das Thema nicht Maria, sondern die Ganzheit Gottes sei. Er meint: »Maria muss ganz Mensch sein, da es sonst keine Menschwerdung Christi gibt. Sie darf mit einer Göttin nicht das Geringste zu tun haben! Doch musste und muss sich die Bildsprache der Mariendarstellung an bekannten Vorgaben orientieren, damit ein Informationstransfer möglich war und Gläubige Grundbotschaften erkennen oder wiedererkennen konnten.« (Zit. n. Helga Kaiser, 2/2008, S. 4.)

67 Siehe Angelo Walter, 1990, S. 41

68 Die heilige Katharina ist eine der drei heiligen Jungfrauen, die im Zuge der Christianisierung die drei Bethen ersetzten, die wiederum in der Nachfolge der Verehrung einer weiblichen Dreifaltigkeit standen. Siehe Kap. »Die drei heiligen Frauen – und die Eine«, Abschnitt: »Katharina, Margaretha, Barbara – Die Verchristlichung«

(l.: »Die Erschaffung der Tiere« von Meister Bertram, 1375-1383, Detail der Innenseite des linken Außenflügels des Grabower Altars – re.: Albrecht Dürer: »Die heilige Familie mit den drei Hasen«, Holzschnitt, 1498)

Zu finden sind die drei Hasen auch auf dem Sippenaltar im Nordschiff der **Marburger** Elisabethkirche. Sie wurden auf dem rechten Innenflügel platziert, der die Begegnung von Anna und Joachim (der Eltern von Maria) vor der Goldenen Pforte thematisiert. Die Interpretationen gehen auseinander: Für die einen stehen die Hasen hier für Fruchtbarkeit,[69] für die anderen symbolisieren sie wie im Kontext der jungfräulichen Maria die Überwindung der Fleischlichkeit.[70]

(l.: rechter Seiteninnenflügel des Sippenaltars in der Marburger Elisabethkirche, 1511, gemalt von Johann van der Leyten – re.: Ausschnitt des linken unteren Randes)

---

69 Siehe Ilina Fach, 1985, S. 53. Das Ehepaar war ja kinderlos und wünschte sich Nachkommen.

70 Siehe Margaret Lemberg, 2011, S. 39. Anna und Joachim wurde ja durch Engel die Geburt einer Tochter verkündet und in der Umarmung der Eheleute an der Goldenen Pforte sah die mittelalterliche Frömmigkeit den Moment der unbefleckten Empfängnis. Daher soll Maria von der Erbsünde bewahrt worden sein.

(Drei-Hasen-Bild)

Bekannter ist das sog. »Drei-Hasen-Bild«: drei Hasen in einem Kreis so angeordnet, dass sie in der Mitte des Kreises gemeinsam drei Ohren haben.

Es findet sich in vielen Kirchen, so etwa als Fenster im Kreuzgang des Paderborner Doms, im ehemaligen Zisterzienserkloster Hardehausen im Bistum Paderborn, im Dom zu Münster in Westfalen, an der Kirche St. Cyriakus in Salzbergen im Emsland, in der alten Klosterkirche der Franziskanerinnen im Muotathal (Schweiz), im Chorbogen der Kirche in Lauperswil (Emmental, Schweiz), als Schlussstein in der Peter- und Paulskirche in Wissembourg im Elsass (Frankreich), in der Kirche von Anjeux (Haute-Saône, Frankreich) – viele wären noch zu nennen.[71]

(l.: Dreihasenfenster im Innenhof des Kreuzgangs im Paderborner Dom – M.: Schlussstein in der Kirche von Anjeux, Haute-Saône/Frankreich – re.: Im Paulusdom in Münster, Nordrhein-Westfalen)

71 Auch in kirchlichen Wappen taucht das Drei-Hasen-Motiv auf, so in dem des französischen Erzbischofs Philippe Ballot oder beim Würzburger Bischof Paul Werner Scheele. Aber auch in weltlichen Zusammenhängen taucht das Motiv auf, so z. B. im Wappen der unterfränkischen Gemeinde Hasloch im Landkreis Main-Spessart. Es war so bekannt, dass es auch immer wieder auf Gebäckmodeln dargestellt wurde; siehe http://www.springerle.com/sortiment_DE/1142.html (dort wird auch ein Model gezeigt, das nach einer alten Vorlage geschnitzt wurde). Gustav Friedrichs fand es z. B. als Ornament in einem Eisengitter in Riehen bei Basel; siehe Friedrichs, 1929, S. 339, Abb. 2.

Im Christentum wird diese Darstellungsform meist mit der Dreieinigkeit Gottes in Verbindung gebracht.[72] Doch ist das die einzige Interpretationsmöglichkeit?

(So stellte Basilius Valentinus, Autor alchemistischer Schriften aus dem 15. oder 16. Jh., Venus dar.)

In den 80er-Jahren begannen in England die Kunsthistorikerin Sue Andrew und der Archäologe und Historiker Tom Greeves sich für die drei Hasen zu interessieren. Sie fanden heraus, dass sich dieses alte Symbol in mehreren mittelalterlichen Kirchen in Dartmoor findet. Gemeinsam mit dem Fotografen Chris Chapman entdeckten sie dann das Symbol auch in anderen Gegenden Englands,[73] später in anderen europäischen Ländern und schließlich sogar in einem buddhistischen Kloster in Dunhuang (China). Sie fanden es in allen großen Weltreligionen, wo es seit dem Mittelalter bekannt sei.[74]

72 Siehe dieser Deutung zustimmende oder ablehnende (weil der Hase im Mittelalter durchweg als Symbol der Sünde gesehen worden sei) theologische und volkskundliche Forschungsmeinungen in Birgit Gehrisch, 2005, Kap.: »Symbolik der ›Drei-Hasen-Bilder‹«

73 Andrew vom Drei-Hasen-Projekt (The Three Hares Project) erläutert: »Wir wissen von siebzehn Gemeindekirchen in Devon, die zumindest einen solchen Dachstuhlschmuck mit dem Dreihasenmotiv aufweisen. Das Dreihasenmotiv wurde als Schmuckaufsatz hergestellt, der den Kreuzungspunkt der Balken verdeckt. In ganz Devon haben wir insgesamt 29 gefunden, davon sind 19 mittelalterlich und aus Holz hergestellt. Die Schnitzereien sind derart unterschiedlich, dass man daraus schließen kann, dass sie in unterschiedlichen Werkstätten in der ganzen Gegend hergestellt wurden. Sie erscheinen immer an zentraler Stelle«. (Zit. n. Naomi Felice Wonnenberg, 2008a, o. v.)

74 Siehe das Drei-Hasen-Projekt (The Three Hares Project) von Sue Andrew (Kunsthistorikerin), Chris Chapman (Dokumentar-Fotograf) und Tom Greeves (Archäologe und Historiker) mit zahlreichen Abbildungen des Symbols in englischen Kirchen und weltweit unter http://www.chrischapmanphotography.co.uk/hares/index.html

»Man sieht diese Darstellung etwa in der ehemaligen Synagoge von Horb am Neckar, die heute im Jerusalemer Israel-Museum steht. Das tierische Trio findet sich auch auf den Holzpaneelen des Gebetsraums von Unterlimpurg bei Schwäbisch Hall … auch eines der Hauptexponate des Diasporamuseums Beth Hatefutsoth in Tel Aviv wurde 1714 … mit den drei Langohren ausgemalt: Die Synagoge von Chodorow bei Lemberg«, berichtet die Kunsthistorikerin und Künstlerin Felice Naomi Wonnenberg.[75]

(Drei-Hasen-Kreis an der Decke der Synagoge von Chodorow, Replik, Beth Hatefutsoth, Diaspora-Museum des jüdischen Volkes in Tel Aviv/Israel)

Und in vielen Holzsynagogen im aschkenasischen Kulturraum tauchen die drei Hasen auf. »Diese drei repräsentieren die drei kabbalistischen Elemente der Welt: Erde, Wasser und Feuer/Himmel« und die Zahl Drei sei »im kabbalistischen Kontext sehr bedeutungsvoll«, schreibt die israelische Kunsthistorikerin Ida Uberman.[76]

Doch Wonnenberg ist nicht der Meinung, dass das Symbol der drei Hasen genuin zum jüdischen Glauben gehört: »Die christliche Kunstgeschichte versuchte eine Zeit lang, das Hasentrio als Sinnbild der Heiligen Dreifaltigkeit zu interpretieren. Das scheint ähnlich bemüht wie der Versuch, das Symbol dem Judentum zuzuordnen.«[77]

Wonnenberg schließt sich eher der These vom *Three Hares Project* an, dass die drei Hasen im 12. Jh. von China aus der Seidenstraße folgten und so schließlich nach Europa kamen. Die frühesten bekannten Darstellungen der drei Hasen befinden sich in China, in den buddhistischen Höhlen in Touenhouang. Sie werden auf das 6. und 7. Jh. datiert. Von Asien aus kam das Symbol auch in den islamischen Kulturraum. »Insgesamt lässt sich feststellen, dass Hasen – und der Dreihasenkreis insbesondere – in viele Kulturen migriert sind. Oft wurde dabei das alte Symbol mit einer neuen Bedeutungsebene aufgeladen.«[78]

---

75 Felice Naomi Wonnenberg, 2008b (o. v.)
76 Zit. n. ebd.
77 Ebd.
78 Felice Naomi Wonnenberg, 2008a (o. v.)

Wie wahrscheinlich ist es, dass der über 300 Jahre alte Gasthof »Drei Hasen« in **Michelstadt** im Odenwald mit einem christlichen Symbol der Heiligen Dreifaltigkeit geschmückt wurde? Auch wenn der erste Wirt aus dem Braunschweiger Land kam und daher das Hasenfenster des Paderborner Domes vielleicht kannte.

(l. u. M.: Hotel und Restaurant »Drei Hasen« in Michelstadt gegenüber vom Rathaus im hessischen Odenwald – re.: Alte Schützenscheibe, Deutsches Jagdmuseum München)

Oder wäre das Drei-Hasen-Symbol als Verkörperung der Dreieinigkeit des christlichen Gottes ein Motiv für eine Schützenscheibe geworden?

Das Motiv der drei Hasen findet sich in Hessen aber auch in Kirchen, so auf der sog. Hasenglocke in der Klosterkirche **Haina** im nordhessischen Kellerwald. Die Glocke der ehemaligen Zisterzienser-Abtei stammt aus dem 13. Jahrhundert.

(l.: Drei-Hasen-Motiv auf der Hasenglocke im Kloster Haina, Kreis Waldeck-Frankenberg – re.: Michaelskapelle, Schloss Reichenberg, oberhalb von Reichelsheim, Odenwaldkreis, mit Drei-Hasen-Motiv als Schlussstein über dem Altar)

Auch einer der beiden Schlusssteine in der Michaelskapelle bei der Burgruine Schloss Reichenberg, auf dem Schlossberg oberhalb von **Reichelsheim** im südhessischen Odenwaldkreis zeigt das Motiv der drei Hasen, die im Kreis laufen. Zwei Fundamentreste, die wahrscheinlich zu einer alten Toreinfahrt gehörten, »könnten aber auch die Fundamentreste einer heidnischen Kultstätte gewesen sein, denn oft wurden Kapellen zur Zeit der Christianisierung über alten – auf Höhen gelegenen – heidnisch-germanischen Kultstätten errichtet«, erläutert die Internetseite der Offensive Junger Christen, die als ökumenische Lebensgemeinschaft auf Schloss Reichenberg lebt, zur Kapelle.[79] Im 14. Jahrhundert dem Erzengel Michael geweiht, zerfiel die Kapelle im 18. und 19. Jahrhundert, wurde samt Gewölbe mit Schlusssteinen im 20. Jahrhundert renoviert und 1988 neu eingeweiht und wieder in Dienst genommen. Die drei Hasen sollen die Gegenwart der Dreieinigkeit Gottes versinnbildlichen: »Vater, Sohn und Heiliger Geist; jeder in sich vollkommen – drei Personen und doch eins.«[80]

Interessanterweise wurde auch ein anderes 3er-Motiv, das drei Figuren in Menschengestalt im Kreis zeigt, als Darstellung der Dreifaltigkeit des christlichen Gottes gedeutet – obwohl keine männlichen Geschlechtsmerkmale zu sehen sind und bei einigen Brüste und auch die Vulva zu erkennen sind: in Schlusssteinen in der St. Margareten-Kirche in Plüderhausen und in der Stadtkirche Murrhardt, beide im Rems-Murr-Kreis in Baden-Württemberg.

(Schlusssteine in Baden-Württemberg, l.: Im Erdgeschoss des Turmes der St. Margareten-Kirche in Plüderhausen – re.: Im Hauptschiff des Langhauses in der Stadtkirche Murrhardt, ca. 1435)

79 Offensive Junger Christen – OJC e.V.: »Die Michaelskapelle«, in: https://www.schloss-reichenberg.de/schloss/michaelskapelle/

80 Offensive Junger Christen – OJC e.V.: »Die Michaelskapelle« (Faltblatt)

In beiden Kirchen werden die drei nackten Figuren »Männlein« bzw. »Männchen« genannt und als Sinnbild für die Dreieinigkeit Gottes bzw. als Symbol der heiligen Dreieinigkeit bezeichnet.[81] Interessant ist auch, dass die Schlusssteine in den Publikationen zu den Kirchen nicht gezeigt werden.

Im Landesmuseum Württemberg wird der mögliche vorchristliche Ursprung des Schlusssteins aus der ehemaligen Marienkirche in Nagold (Landkreis Calw) klar benannt. Zu dem Motiv »dreier nackter (wilder) Männer«, die ihren jeweiligen Vordermann mit der linken Hand an der Fußsohle kitzeln und mit der rechten ihren Hintermann an den Haaren ziehen, heißt es dort: »Zunächst als Zeichen der Dreifaltigkeit gedeutet, wird heute darüber spekuliert, ob für die Interpretation auch heidnische und vorchristliche Unendlichkeitssymbole herangezogen werden müssen.«[82]

(re.: »Dreimännleinstein« aus der ehemaligen Marienkirche in Nagold, Baden-Württemberg, nach 1360)

81 Siehe »Aus der Geschichte der Kirchengemeinde Plüderhausen«, in: https://www.pluederhausen-evangelisch.de/unsere-kirchengemeinde/historisches/ und Richard Eisenhut, 1978, S. 7

82 Landesmuseum Württemberg, https://bawue.museum-digital.de/index.php?t=objekt&oges=337

Der Kreis hat keinen Anfang und kein Ende, er ist ewig – wie die Schlange, die sich selbst in den Schwanz beißt (Uroboros), die Schlange der Ewigkeit. Wie die alles umfassende Göttin Isis mit ihrem Schen-Ring. Wie das ewige Werden und Vergehen. »Die runde Form steht für das mütterliche Prinzip des Umfangens, Nährens, Großziehens, des Gestaltens und Wandelns.«[83] Der Kreis ist ein Sinnbild für die Unendlichkeit, für Ganzheit, für Vollkommenheit, für die All-Eine. Später für das Göttliche. Und er umgrenzt einen geschützten Raum – wie früher die Megalith-Steinkreise einen heiligen Ort. Auch sakrale Tänze waren kreisförmig, so wie heute noch viele Volkstänze. Und im Drei-Hasen-Bild trifft dieses Symbol auf eine heilige Zahl.

Die heilige Zahl Drei

In matriarchalen Kulturen war die Drei eine heilige Zahl – »die heiligste aller Zahlen«.[84] Sie stand für die dreifaltige Göttin und das Dreieck war ihr ursprüngliches Symbol.[85] »In Gestalt der jungen Weißen Göttin des Mondes und aller Sterne ist sie die Himmelsherrin; in Gestalt der Roten Frau, die Liebe und Fruchtbarkeit schenkt, ist sie Herrin über Land und Meer; in Gestalt der Schwarzen Göttin als der weisen Greisin regiert sie die Unterwelt und alle magischen Künste.«[86]

Stand auch das Drei-Hasen-Motiv ursprünglich in Verbindung mit dieser matriarchalen Vorstellungswelt? Die zugrundeliegende Form dieses Symbols ist viel älter als die monotheistischen Religionen und findet sich in vielen Kulturen der Welt. So ist die Triskele aus der

---

83 Annine van der Meer, 2020, S. 313; siehe auch Gerda Weiler, 1991, Kap.: »Ich bin die Weisheit, die von Anfang war«

84 Heide Göttner-Abendroth, 1998, S. 97

85 Barbara G. Walker schreibt: »Wahrscheinlich wurde das Dreieck vor allem deswegen zu einem verbreiteten Symbol für ›Frau‹, weil es ursprünglich ein Symbol für die Göttin und viele der Gegenstände war, die man mit ihr assoziierte.« (1997, S. 64) Auf der Spitze stehend, ist das Dreieck das Zeichen für die Vulva, das weibliche Geschlecht, den Mutterschoß, die Gebärkraft.

86 Heide Göttner-Abendroth, 1998, S. 96. Siehe auch den Artikel zur »Trinität« in Barbara G. Walker, 5/1999, S. 1104-1107. Auch heute ist die heilige Zahl Drei vielen wichtig, so leitete u. a. der Gedanke an die dreifaltige Göttin Marko Pogačnik 1991 bei seinem Entwurf des neuen slowenischen Staatswappens, der sich bei der öffentlichen Ausschreibung unter 86 Vorschlägen durchsetzte; siehe Marko Pogačnik, 1997, Kap.: »Slowenien: Die unendliche Dreigliederung der Landschaft«. Siehe auch Kap.: »Die drei heiligen Frauen – und die Eine«

keltischen Symbolwelt bekannt[87] – es gab sie aber schon in der Steinzeit. So findet sich die neolithische Dreifach-Spirale z. B. auf dem Eingangsstein in New Grange.

(l.: Neolithische Dreifach-Spirale – re.: Eingangsstein in New Grange, Irland)

Zu diesem Symbol der irischen Megalithanlage schreibt Marija Gimbutas, die neolithische Zeichen als Abstraktionen der Göttin in ihren drei Aspekten von Leben, Tod und Wiedergeburt deutete: »*Sie* ist eins, *Sie* ist zwei, *Sie* ist drei – die Gesamtheit. Wenn die Schlangenspirale die Quelle der Lebensenergie symbolisiert, so beinhaltet die Dreifachspirale die größte Kraft.«[88] Erni Kutter schreibt zu New Grange und anderen jungsteinzeitlichen, auf die Wintersonnenwende und bestimmte Mondzeiten ausgerichteten Megalithanlagen, die den Schoß der Mutter Erde nachbildeten: »Sie waren der Tod-im-Leben-Göttin und ihrer Wandlungskraft geweiht. Dass diese Göttin als Ternität gedacht worden ist, zeigt die Dreifachspirale in New Grange. Sie ›schmückt‹ sowohl den Schwellenstein vor dem Eingang des Heiligtums, ist aber auch in der Zentralkammer der Megalithanlage genau dort in den Felsen geritzt, wo jedes Jahr am 21. Dezember die Strahlen der aufgehenden Sonne in den sonst das ganze Jahr hindurch stockdunklen ›Geburtsgang‹ hineinleuchten.«[89] Heide Göttner-Abendroth erklärt die tiefsinnige Symbolik, die hinter dieser Bauweise steckt, die den ersten Strahl der Sonne auf das Triskel, die dreifache Spirale, lenkt: »Denn zur Wintersonnenwende wird das Licht der Wiedergeburt gefeiert, und das erste Licht der wiedergeborenen Sonne verkündet nun auch den Toten ihre Wiederkehr in die Welt der Lebenden.«[90]

87 »Für die Kelten« ist die Triskele »spätestens zur Latènezeit (3./2. Jh.) belegt«, schreibt Sabine Heinz, 3/2001, S. 235.
88 Marija Gimbutas, 1996, S. 301
89 Erni Kutter, 1997, S. 194
90 Heide Göttner-Abendroth, 1998, S. 114

Noch ein weiteres Symbol ist interessant bei der Frage nach der ursprünglichen matriarchalen Verankerung des Drei-Hasen-Bildes. Sue Andrew vom *Three Hares Project* weist darauf hin, dass die drei Hasen in den Kirchen in Devon »oft in Kombination mit dem ›*Grünen Mann*‹, einem anderen vorchristlichen Symbol«, zu finden sind[91] – wie z. B. in der Kirche St. Pancras in Widecombe-in-the-Moor, aber auch in anderen Teilen Englands. Auch in Frankreich sind sie als benachbarte Schlusssteine in der Sakristei der elsässischen Kirche St. Peter und Paul in Wissembourg zu sehen.

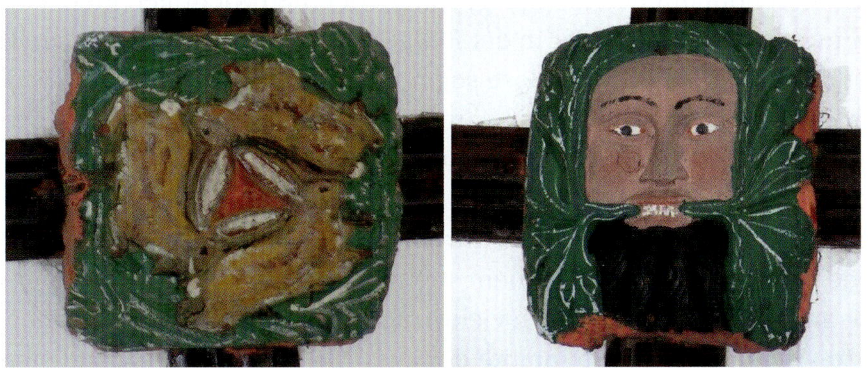

(Schlusssteine in der Kirche St. Pancras in Widecombe-in-the-Moor, Devon/England, l.: Drei-Hasen-Bild – re.: Blattmaske des Grünen Mannes)

Und der Grüne Mann gehört zum Kultgeschehen der dreifachen Göttin – obwohl die meisten Abbildungen des Grünen Mannes, dessen Haare und Bart aus Blättern bestehen und dem Blätter auch aus Nase, Mund oder Augen wachsen, in christlichen Kirchen zu finden sind, auch in Deutschland. Einst war er ihr Vegetationsheros, mit dem sich die Göttin in der Heiligen Hochzeit verband, damit alles wachsen konnte.[92] Jährlich musste ihr Heros sterben, um wiedergeboren zu werden.

91 Zit. n. Naomi Felice Wonnenberg, 2008a (o. v.)

92 Siehe Kap.: »Maikönigin und Grüner Mann« – Gustavs Friedrichs erinnert 1929 daran, dass der Mond mit seinen von den Menschen zu beobachtenden Phasen mit dem Zyklus der Vegetation in Verbindung gebracht wurde und dass der Hase von unseren AhnInnen als lunares Tier gedeutet wurde, ja, dass Mond und Hase gleichgesetzt wurden. Für ihn sind beim Drei-Hasen-Symbol, dessen wahrscheinliche Entstehung er ins 7. bis 6. Jahrhundert v. u. Z. datiert, weder die Drei noch das Dreieck wesentlich, sondern der »eilige Lauf« der Hasen, der für ihn die Bewegung und Phasen des Mondes darstellt.

Woran werden wohl die einfachen Menschen, die noch lange der dreifachen Göttin huldigten und sie in Volksbräuche integrierten, gedacht haben, wenn sie diese beiden Bilder zusammen in den Kirchen sahen?[93]

Die Verunglimpfung des »heidnischen« Hasen

Kornelia Matzanke schreibt: »Fast kein Kulturkreis der Welt hat diesem doch eigentlich recht unscheinbaren Geschöpf mit den langen Ohren nicht einen wichtigen Platz entweder in seinem Brauchtum, seinen Mythen oder in der Religion zugewiesen.«[94] Nach dem Glauben einiger Indianerstämme ist der göttliche Hase sogar der Weltschöpfer.[95] Wie stark der Glaube an ein Kulttier in der Bevölkerung war (und damit die Verehrung der Großen Göttin), lässt sich auch immer daran erkennen, wie die monotheistischen Religionen damit umgingen.

Im jüdischen Kulturkreis gilt der Hase als unrein; die Speiseregeln des Talmud verbieten den Verzehr. So wie es auch im Alten Testament steht.[96] Der Zweck dieser Reinheits- und Speisegesetze wird kontrovers diskutiert. Doch viele Autoren bringen sie in Zusammenhang mit der Abgrenzung zu »Heidnischem«. So meinte der aufs Alte Testament spezialisierte Schweizer Theologe Max Haller Anfang des 20. Jahrhunderts, die als unrein verbotenen Tiere gehörten »der Sphäre eines anderen Gottes an«.[97] Auch in einem Bibelwörterbuch von 1903 steht: »Die verbotenen Tiere waren anderen Göttern heilig und darum für Jahweanbeter zu essen verboten. Wer sie aß, trieb fremden Kult und wurde dadurch unfähig, am Jahwekult teilzu-

---

93 Lady Raglan, eine volkskundlich interessierte englische Baronin, untersuchte 1939 als Erste das Bildmotiv des laubgesichtigen Männerkopfes. Dabei schlug sie einen Bogen zu den europäischen Volksbräuchen – in England besonders beim keltischen Fest Beltane, dem Frühlingsfest Anfang Mai, wo die Maikönigin und Jack-in-the-Green um den Maibaum tanzen (siehe Clive Hicks, 2012, o. v.). In Deutschland gibt es bei Maifeiern und als weltlicher Brauch zu Pfingsten noch immer Umzüge, bei denen ein Junge aus dem Ort, in frisches Laub gewickelt, in einem Heischezug durch die Straßen läuft – so auch in einigen Orten im Taunus; siehe Kap.: »Maikönigin und Grüner Mann«, Abschnitt »Laubmännchenumzüge gibt es bis heute auch in Hessen«

94 Kornelia Matzanke, 2013

95 Birgit Gehrisch schreibt: »Die überragende Rolle in der nordamerikanischen Mythologie spielt jedoch Michabo oder Manibozho, der Große Hase. Diese Hauptgottheit der Algonkins, zu der sie nach ihrem Tod gehen, wird von vielen Indianerstämmen einmütig als gemeinsamer Vorfahre angesehen … Alten Berichten zufolge gilt Michabo Ovisaketchak, der Große Hase, als Schöpfer der Welt, von Sonne und Mond und als Herrscher über die vier Winde.« (2005, S. 30)

96 Drittes Buch Mose (Leviticus), 11,6

97 Max Haller, 1914, S. 196

nehmen.«[98] Und auch in den 1980er-Jahren heißt es im *Reallexikon für Antike und Christentum,* dass als unrein alles betrachtet wurde, was mit einem heidnischen Kult zusammenhing, also auch jene Tiere, die in den Nachbarreligionen Israels Teil eines Kultes waren.[99]

Die verschiedenen Richtungen des islamischen Glaubens vertreten unterschiedliche Ansichten; bei den AlawitInnen gilt das Hasenfleisch-Tabu, für sie sind Hasen und Kaninchen unheilvolle Tiere.[100]

Im christlichen Glauben wurden die einst heiligen Tiere der entmachteten Göttin entweder vereinnahmt und zum Symbol für den auferstandenen Christus (wie z. B. der Hirsch) oder verdammt und negativ belegt (wie z. B. die Schlange und das Schwein). Dem Hasen widerfuhr beides: Übernahme im Namen des christlichen Gottes *und* Verdammnis.

In der byzantinischen Kirche symbolisierte der Hase Christus[101] und die Auferstehung. Auch für den Mailänder Bischof und Kirchenvater Ambrosius war der weiße Hase im 4. Jahrhundert ein Symbol für die Auferstehung und Verwandlung.[102] Im christlichen Mittelalter jedoch galt der Hase als Begleittier der Hexen. In der Tier-Ornamentik mittelalterlicher Kirchen zeigt sich beides, die positive und die negative Deutung.

In der christlichen Hasenjagd als Sinnbild für den Kampf Böse gegen Gut symbolisiert der gejagte Hase die verfolgte christliche Seele oder die Kirche selbst – wie auf einem Pfeilerrelief im Kreuzgang des Grossmünsters in Zürich oder an der Apsis des Kaiserdoms in Königslutter

---

98 H. Guthe, 1903, S. 543 (zit. n. Birgit Gehrisch, 2005, S. 93)

99 Johannes B. Bauer, 1986, Sp. 664

100 Siehe Buruk Gümüs, 2001, S. 54

101 »In Byzanz, einer Wiege der christlichen Kirche, war der Hase das Tiersymbol für Jesus Christus. Er hat keine Augenlider und schläft mit offenen Augen. Damit ist er mit Jesus vergleichbar, der auch nicht durch den Tod entschlafen ist.« (http://www.kirche-bremen.de/feiern/kirchenjahr/ostern_braeuche.php)

102 Siehe Johannes B. Bauer, 1959, S. 463f. Dass der Hase wohl auch in späteren Jahrhunderten als Symbol für die Auferstehung Jesu gedacht wurde, zeigt Birgit Gehrisch an Kunstwerken von Giovanni Pisano (1250-1314/20) und Giovanni Bellini (1430-1516) (siehe 2005, S. 123-125). Zum Motiv des Trauben naschenden Hasen siehe neben Birgit Gehrisch, 2005, auch D. Bielefeld, 1998, S. 7-19 und Helga Schmid, 2008.

am Elm, Niedersachsen, zu sehen ist. Auch im romanischen Kirchenportal von St. Peter im hessischen **Großen-Linden,** Kreis Gießen, ist solch eine Hasenjagd abgebildet.

(Romanischer Figurenfries am Hauptportal der Ev. Kirche St. Peter im mittelhessischen Linden-Großen-Linden, Kreis Gießen, um 1230, der Ausschnitt r. zeigt einen Hasen, der von Hunden gejagt wird)

(l.: Hasenjagd auf einem Pfeilerrelief im Kreuzgang des Grossmünsters in Zürich[103] *–*
re.: Tympanon mit der Darstellung des Jüngsten Gerichts in der ehemaligen Klosterkirche in Enkenbach, Rheinland-Pfalz, der Hase erscheint bei den »unreinen Tieren«)

---

103 Wera von Blankenburg, die betont, welche »hervorragende Rolle der Hase seit Jahrhunderten in der Vorstellungswelt der Menschheit einnimmt«, schreibt: »Hier in Zürich wird der Hase nicht kosmisch als mythische Wirklichkeit des Mondes, der Fruchtbarkeit, als Träger des Lebenstrankes erlebt worden sein, dessen wertvoller Besitz allen Schwierigkeiten zum Trotz erreicht werden sollte und dessen Erjagung eben die Jagd im Sinnbild wiedergeben sollte, sondern der Hase wird wohl als Ausdrucksträger der christlichen Seele, die vom Bösen verfolgt wird, oder im Sinne Tertullians als Symbol der Kirche selbst aufzufassen sein.« (1975, S. 195) Barbara Hutzl-Ronge macht auf ein Relief in der Krypta des Grossmünsters, die sie als Kraftort beschreibt, aufmerksam. Auf der östlichen Seite des Viertelkapitells in der rechten Ecke im vorderen Teil der Krypta ist ein einzelner, zu lächeln scheinender Hase zu sehen: »Der fröhliche Hase – die frohlockende Seele.« (2/2006, S. 40, Abb.)

Der verdammte Hase hingegen ist der Vertreter des Lasterhaften – im Tympanon der ehemaligen Klosterkirche in Enkenbach, Rheinland-Pfalz, erscheint er beim »Jüngsten Gericht«, in dessen Zentrum das Lamm Gottes steht, auf der Seite der »unreinen Tiere«, zusammen mit dem Schwein und weiteren Tieren.

»Der Hase ist der Liebling der Hexe, daher nimmt sie, wenn sie sich verwandelt, am häufigsten Hasengestalt an«, weiß das *Handwörterbuch des deutschen Aberglaubens* zu berichten. Und: »Der Hasenfrauenmythus ist wohl im gesamten deutschen Sprachgebiete anzutreffen.«[104] So berichtet z. B. die Sage »Die Hexe als Hase«, die Wilhelm Busch in seine Sammlung von Volksmärchen, Sagen, Volksliedern und Reimen aufnahm, von dieser Verwandlung.[105] Oder auch die Sage, die auf dem Freiburger Schlossberg spielt, wo ein Jäger auf einen Hasen geschossen haben soll, der nicht davongelaufen sei und den Jäger sogar spöttisch angeschaut habe. Sterbend habe sich der Hase dann in ein Portiunkulaweiblein verwandelt.[106] Gar manche Frau wurde wohl mit der Beschuldigung, sie habe sich in einen Hasen verwandelt, als Hexe angeklagt.[107]

Im Volksglauben hielt sich zudem die Ansicht, dass die Hexen in Hasengestalt schlechtes Wetter erzeugen.[108] Eine letzte, bereits negativ gewendete Erinnerung an die Göttin Holle, die als die Wettermacherin galt?

---

104 Hanns Bächthold-Stäubli, Bd. 3, Sp. 1509

105 »Hexen können sich in Gänse, Hasen und andere Thiere verwandeln. Eine Mutter und ihre Tochter arbeiteten eines Tages draußen auf dem Felde. Da trat ein Jäger mit seinen Hunden aus dem Walde, und die Tochter sagte zur Mutter: ›Mutter, hebbe ji jäon räimen nich bi jück? snallt 'n äis ümme, dat ji 'n hase weret.‹ Die Mutter thats; da kamen die Hunde hinter sie, und die Tochter rief ihr zu: ›Mutter, lôpet, lôpet! dat jück de swarte nich kriegt!‹ und meinte den schwarzen Hund. Der Hase lief aber so rasch, dass die Hunde zuletzt ganz müde wurden und zurückblieben. Da sah die Tochter, dass ihre Mutter doch wirklich Künste verstand.« (Wilhelm Busch, 1910, S. 122)

106 Siehe Bernhard Baader, 1851, Nr. 62 (Die Sage findet sich auch in: http://www.sagen.at/texte/sagen/deutschland/baden_wuerttemberg/baader/hexe_hase.html)

107 Siehe z. B. Wilhelm Gottlieb Soldan, 1843, Bd. 2, Kap. 22, Absatz über Hexen-Prozesse in Luzern

108 So wurde im Elsass von zwei Hexen berichtet, die in Hasengestalt Nebel machten. Daher komme die Redensart: Der Hase braut, wenn sich an Sommerabenden ein dicker Nebel in Gestalt eines wallenden Wassers erhebt. Auch die Redensart, die Hasen backen Brot, die Hasen backen Eier, gehe auf die Vorstellung zurück, dass die Hexen in ihrer Küche das Regenwetter erzeugen, und bedeute: Wir bekommen noch mehr Regen; siehe Hanns Bächthold-Stäubli, Bd. 3, Sp. 1513

Das *Handwörterbuch des deutschen Aberglaubens* erinnert daran, dass der Hase ein Attribut der römischen Göttin Diana war[109] – und diese galt dem Christentum als Urmutter aller Hexen. Abt Regino von Prüm warnte noch 906 im *Canon episcopi*[110] vor Frauen, die bekannten, nachts mit der heidnischen *Göttin Diana auf Tieren* zu reiten.
Dreibeinige Hasen waren auch Teil der »Wilden Jagd« – doch hier ist nicht mehr die Göttin gemeint, die mit ihrem Gefährt durch die Lüfte brauste, sondern bereits das »Wilde Heer« Wotans.[111] Das *Wörterbuch der deutschen Volkskunde* verzeichnet, dass der Hase oft im Zug der wilden Jagd gesehen werde, weil er als Dreibeiniger eine Hexenerscheinung sei.[112]
Angeblich fürchtete sich der »Hexen-Hase« vor Glockengeläut.[113] So wurde die Erscheinung immer mehr zu einer dämonischen Kreatur, zum Abgesandten des Teufels, auch Teufels-Hase genannt. Dieser war angeblich mit Hufeisen beschlagen, hatte Hörner statt Ohren und schwarzes Fell und belästigte am Sonntag die Kirchgänger. »Er erscheint unter Blitz und Donner, mit fürchterlichem Getöse, droht mit der Hölle und hinterlässt einen Gestank von Pech und Schwefel.«[114] So verkörperte das einstige heilige Tier der Göttin nun das Böse schlechthin.

Auch in hessischen Sagen erscheinen Hasen als Unholde jeglicher Art, wie z. B. im **Westerwald** in der Sage »Der dreibeinige Hase bei Rehe«: Ein verwunschener Ritter, der für eine

---

109 Birgit Gehrisch hält fest, dass der Hase in der Antike nirgendwo ausdrücklich als Tier der Göttin Artemis genannt werde, aber er sei zu den Weseyn gezählt worden, über die die Herrin der Tiere gebot – wie bei der *Hydria von Grächwil* dargestellt; siehe Gehrisch, 2005, S. 42f. Die in den von Römern eroberten Gebieten gefundenen Bildnisse der Diana, die einen Hasen wirklich als ihr Begleittier zeigen, stellte Emil Krüger als vereinnahmte einheimische, keltische Göttinnen dar. Sie seien nur regional so gearbeitet worden, weil der Hase in der keltischen Kultur als heilig gegolten habe; siehe Krüger, 1917, S. 8-11

110 Eine kirchenrechtliche Vorschrift, die Zauberei und Hexenglauben bekämpfte, Ketzer verfolgte und sich besonders gegen »frevelhafte Frauen« wandte, die der Göttin Diana angeblich wie einer Herrin gehorchten. Sie erschien zuerst im Sendhandbuch von Regino von Prüm *(De synodalibus causis et disciplinis ecclesiasticis)*, wurde jahrhundertelang breit rezipiert (über Burchard von Worms, Ivo von Chartres und Magister Gratianus) und fand so Aufnahme ins römisch-katholische Kirchenrecht.

111 Heide Göttner-Abendroth macht deutlich, dass dieser Zug der Göttin erst durch die germanische Eroberung der einstigen Urbevölkerung, also durch die Zerstörung der matriarchalen Kulturepoche in Mitteleuropa, zum wütenden Heer des Kriegsgottes Wotan wurde. In der zweiten, der christlichen Phase ihrer Verdrängung wurde die »Wilde Jagd« dämonisiert; siehe Göttner-Abendroth, 2005b, S. 158f.

112 Siehe Oswald A. Erich u. Richard Beitl (Hg.), 3/1974, S. 331

113 Siehe Hanns Bächthold-Stäubli, Bd. 3, Sp. 1505

114 Ebd., Sp. 1519

schlimme Tat büßen musste, erscheine nächtlichen Wanderern als dreibeiniger Hase, springe ihnen auf den Rücken und zertrommele ihnen den Schädel.[115]

Vom »Beselicher Hase« berichtet die Sage, dass er um Mitternacht auf einem Stein hocke, sich die blutige Pfote lecke und dann dreimal wild um die Kapelle rase. Einst habe er das Kloster **Beselich** im Westerwald überfallen, eine fliehende Nonne verfolgt und ihr einen Fuß abgeschlagen. Daraufhin sei er von einem Blitz erschlagen worden und seitdem verflucht.[116]
Bei **Hersfeld** verwandelte sich ein kopfloser Hase in einen Mann, der einen Schäfer und seinen Hund erschreckte.[117]

Im Westerwald begegnen wir zudem den Sagen vom »Lohweibchen«, das oben ein Mädchen mit langem Haar ist und unten einem Hasen gleicht. Es überfiel nachts Menschen, sprang einsamen Wanderern auf den Rücken, verprügelte sie und manchmal entführte es sie auch.[118]
Manchmal brauchte es nur eine alte Frau zu sein (nicht explizit eine Hexe), die einsam im Wald lebte und angeblich als Lohweibchen ihr Unwesen trieb.[119]

Im 15. Jahrhundert zeigte Martin Schongauer in seinem Werk »Jesus nach der Versuchung« (gemeint sind die Versuchungen des Teufels, der Jesus in der Wüste erschien[120]) Jesus mit Engeln und einem Hirsch an seiner Seite – und drei mal drei Hasen zu seinen Füßen.

---

115 Siehe Joachim Nierhoff, 2016, S. 37f.

116 Interessanterweise verzeichnet die Geschichte des Klosters in der Mitte des 15. Jahrhunderts einen Überfall, bei dem das Gebäude in Schutt und Asche gelegt wurde. »Als einzige Schwester soll nach einem Protokoll, welches am 28. August 1487 im Pfarrhause zu Lahr im Westerwald niedergelegt wurde, Agnes Hube von Hattenstein den grausamen Überfall überlebt haben.« (http://www.klosterruine-beselich.de/3.html) Siehe auch Karl Wehrhan, 1922, Nr. 64: »Der Hasenunhold von Beselich«

117 Karl Wehrhan, 1922, Nr. 65: »Der kopflose Hase bei Hersfeld«

118 Siehe https://www.sagenhafter-westerwald.de/sagen/; »Lohe« ist eine alte Bezeichnung für ein Waldstück, eine Lichtung.

119 Siehe Kur- und Verkehrsverein Herschbach, S. 8-11

120 Siehe NT, Matthäus- oder Lukas-Evangelium, Kap. 4

(»Jesus nach der Versuchung«, Kupferstich von Martin Schongauer, 1470 – re.: Ausschnitt)

Diese Hasen werden allgemein als Zeichen überschäumender Lebensfreude gedeutet. Aber vielleicht stehen sie hier doch für den (überwundenen) Teufel? Oder kann es wirklich ein Zufall gewesen sein, dass der berühmte Kupferstecher *dreimal drei* Hasen wählte. Die Neun ist ebenfalls eine heilige Zahl in vielen Glaubensvorstellungen – und dreimal die heilige Zahl Drei könnte auf die Große Göttin hinweisen, die die Kirche ja noch lange nach der Christianisierung bekämpfte.

Aber dauerhaft negativ in Beschlag nehmen konnte das Christentum Hase und Häsin nicht. Jedes Frühjahr schimmert in den Osterbräuchen die alte Religion hervor – so auch wenn sie als Osterhasen mit ihren Eiern helfen, den Winter zu beenden und neues Leben zu wecken, den Kreislauf erneut zu beginnen.

Maikönigin und Grüner Mann

Mädchenversteigerungen im Vorfeld der Kirmes, dem sommerlichen Dorffest, sind noch in vielen Orten Deutschlands eine lebendige Tradition – organisiert von der Burschenschaft. Kein studentischer Bund, wie in den Universitätsstädten, sondern ein Verein, in dem junge, unverheiratete Männer des Ortes organisiert sind. Der Ritus findet im Geheimen statt: Im Vorfeld der Kirmes treffen sich die Burschen, um für die unverheirateten Mädchen bzw. jungen Frauen des Dorfes Geldbeträge zu bieten. Die so Ersteigerte sollte dann einen Tanz auf dem Fest nicht verweigern.
Auch in Hessen gibt es den volkstümlichen Brauch der Mädchenversteigerung noch – nicht nur zur Kirmes. Im nordhessischen **Wolfhagen** im Landkreis Kassel findet sie z. B. zusammen mit dem Osterfeuer statt. In **Lollar-Ruttershausen** und **Staufenberg** im Landkreis Gießen werden die Mädchen Anfang Mai versteigert. Die Mädchenverteilungen können unterschiedliche Festtagstermine haben: Fastnacht, erster Fastensonntag, Ostern, 1. Mai oder der Kirmessonntag, erklärt Sophie Lange.[1]

In ihrem Artikel zum Thema kommentiert die Zeit-Journalistin Rebecca Erken: »Als hätte die Emanzipation nie stattgefunden«. Sie zitiert Dagmar Hänel, Leiterin der Abteilung Volkskunde im LVR-Institut für Landeskunde und Regionalgeschichte in Bonn, die schätzt, dass heute noch 70 bis 120 Vereine im Rheinland an der Tradition festhalten. Der Traditionserhalt spiele die entscheidende Rolle. Dies finde sich auch bei anderen Bräuchen und lasse sich als Reaktion auf Erfahrungen des postmodernen Alltags – der Anonymisierung, Globalisierung und Pluralisierung – verstehen.«[2]
In manchen Orten dürfen die jungen Frauen heute entscheiden, ob sie bei der Versteigerung mitmachen wollen – so wie in **Laisa,** einem Stadtteil von Battenberg (Kreis Waldeck-Frankenberg), im Nordwesten Hessens, wo die Mädchen beim alle sieben Jahre stattfindenden

---

1 Siehe Sophie Lange, 1993 (o. v.)

2 Siehe Rebecca Erken: »Frauenversteigerung: Eine Frau für 103 Euro. Junggesellenvereine und Maigesellschaften im Rheinland pflegen noch immer alte Rituale der Partnervermittlung: Sie versteigern Frauen«, in: www.zeit.de, 15.5.2014 (o. v.)

Rückersfest vorher gefragt werden[3] und wo *alle* Mädchen versteigert werden, so dass keine Angst haben muss, beim Tanz nicht aufgefordert zu werden. Denn bei den Mädchenversteigerungen war es früher durchaus üblich, dass die Mädchen, für die sich niemand interessierte, gewissermaßen gebrandmarkt und zuletzt en gros zu einem Spottpreis »verschachert« wurden.[4] Die teuerste Ersteigerung steht in manchen Orten auch heute noch in der Zeitung.[5] Und manchmal wird sogar der Preis öffentlich bekannt.[6]

Eindeutige schriftliche Nachweise über den Brauch der Mädchenversteigerung, der auch »Mailehen« genannt wird,[7] sind erst seit der Neuzeit zu finden.[8] Sophie Lange, die sich seit Jahrzehnten mit der frühgeschichtlichen und zeitgenössischen Frauengeschichte der Eifel beschäftigt hat, berichtet, dass dieser Brauch als »Heiratsbüro der Alten« angesehen wurde, der eine erste Kontaktaufnahme ermöglichte, und nennt ihn eine »dörflich-kollektive, lokalgebundene Partnervermittlung«.[9] Neueste Entwicklungen zeigen, dass sich die jungen Frauen nicht länger passiv verhalten. Nun veranstalten auch die Mädchenschaften, die sich vielerorts gebildet haben, Versteigerungen und bieten für die unverheirateten Burschen.[10]

---

3 Siehe »›Nicht um jeden Preis‹. Mädchen-Versteigerung beim Rückersfest: Ein Paar erzählt, warum es mitmacht«, in: HNA, 28.März 2013 (o. v.)

4 »Wenn ein Mädchen keinen Ersteigerer fand, konnte es in den sogenannten Rummel gelangen, der alle Übriggebliebenen vereinigte und einen Ausschluss aus der Gruppe der aktiven BrauchträgerInnen bedeutete.« (Hans-Willi Wey, 2002, S. 5, o. v.) Andere Bezeichnungen für den Rest der Nichtbegehrten waren z. B. »Knubbel«, »Sack«, »Rötzchen« (siehe Friedrich Dierker, 1939, S. 76ff.). Aus einer Umfrage unter Studenten in den 50er-Jahren stammt der Begriff »Dorframmel« (siehe Klaus Rockenbach, 1954, S. 26).

5 Siehe Klaus Waldschmidt: »Tina und Leonhard sind am teuersten«, in: Gießener Allgemeine Zeitung, 29.5.2017 über die Mädchen- und Burschenversteigerung in **Bieber** im Kreis Gießen (o. v.)

6 Siehe Jutta Schuett-Frank: »Antonia Raßner Maikönigin«, in: Gießener Allgemeine, 3.5.2017 (o. v.) oder Jutta Schuett-Frank: »Lea-Marie ist Maikönigin«, in: Alsfelder Allgemeine, 2.5.2018 (o. v.) über die Mädchenversteigerung in **Mücke-Ruppertenrod** im Vogelsbergkreis.

7 Mailehen: »Mai«, weil das der Monat war, in dem der Brauch oft stattfand – »lehen« (mittelhochdeutsch) ist verwandt mit »leihen«. Ein Lehen war etwas, das gegen Verpflichtungen verliehen wurde.

8 »Zwei rheinische Belege, die in die städtische Lebenswelt des 15. und 16. Jahrhunderts hineinführen, müssen beleuchtet werden.« (Hans-Willi Wey, 2002, S. 24, o. v.) Die Dissertation, die eine Feldstudie beinhaltet, bespricht auch die bisherige Forschungsliteratur zum Thema Mailehen kritisch.

9 Sophie Lange, 1993 (o. v.) – Im *Meyers Großem Konversations-Lexikon,* Bd. 13, S. 125 von 1908 steht beim Stichwort »Mailehen« noch: »Das erwählte Mädchen (Maibraut) kann den Meistbietenden ablehnen, nimmt sie ihn aber an und befestigt dafür als Zeichen den Lehnstrauß auf seinem Hute, so erwächst für beide Teile die Verpflichtung, das ganze Jahr zusammenzugehen und mit keinem oder keiner Dritten zu tanzen … Gewöhnlich führt das M. in der Tat nach einem Jahre zur Heirat.«

10 Siehe »Rodheimer Burschen- und Mädchenschaft versteigert unverheiratete Männer und Frauen«, in: Gießener Anzeiger, 17.07.2019 (o. v.)

Die Maikönigin

Was mit den Mädchenversteigerungen als reichlich patriarchal geprägte Veranstaltung mit anmaßendem männlichem Verhalten daherkommt, hat Wurzeln, die in unsere matriarchale Vergangenheit reichen. Sie führen zur frühlingshaften Göttin – zur Maikönigin und dem Grünen Mann. Nur dass die Verhältnisse umgekehrt waren – denn die Göttin wählte ihren Partner, mit dem sie die Heilige Hochzeit feierte, damit das Land wieder grün wurde und alles Früchte trug. In manchen Orten blieb diese Reihenfolge auch lange erhalten.

So gab es in Schleswig-Holstein früher Mädchenfeste, die von ihnen selbst organisiert wurden – ein »Maigelag, bei dem die Maibraut den Maimann sucht«.[11] In Ratzeburg (Kreis Herzogtum Lauenburg) wurde die »Dirnsmusik« gefeiert – mit einer Maikönigin, die am Himmelfahrtstag bestimmt wurde, und einem Festzug: »ein paar Spielleute voran, dann die hohe Krone aus Blumen, Laub und Eierketten, dahinter die Maibraut als Königin im großen Kranze schreitend, der von ihren ›Bedienten‹ in der Waage gehalten wurde, gefolgt von den Mädchenpaaren mit Rosen im Haar. Feierlich war der Augenblick, wenn die Maibraut im Zuge die Freitreppe zur Laube des alten Rathauses ihrer Heimatstadt hinaufschritt, und noch feierlicher war ihr gewiss zu Sinn, wenn sie auf dem Rathaussaal den ersten Tanz alleine mit dem von ihr gewählten Burschen unter der aufgehängten Krone tanzte. Solange die Krone hing, hatten die Mädchen die Tänzer zu wählen ... Bis 1582 hatte man den Mädchen das Rathaus geöffnet, was ohne weiteres besagt, dass es sich um ein von allen gern gesehenes Gelag handelte ... Irgendwie muss in den Bräuchen des Festes noch Heidnisches sich dargestellt haben, sonst hätte man den ›gewohnten‹ Tanz nicht plötzlich für einen ›unziemlichen‹ erklären können, und zwar vonseiten des Herzogs.«[12]
Doch die Feiern der Maikönigin starben nicht aus. Das *Handwörterbuch des deutschen Aberglaubens* berichtet im ersten Drittel des 20. Jahrhunderts von Rundtänzen, die die Maikönigin bei ihrem Umzug im Elsass, der Pfalz, Deutschböhmen, Flandern und Nordfrankreich unter Absingen eines Verses ausführen muss – und fragt, ob in diesem Brauch das Rudiment eines vergessenen Aberglaubens erhalten ist.[13]

---

11 Heinrich Scheele, 1938/1, S. 28 (o. v.)
12 Ebd., S. 27f. (o. v.)
13 Siehe Hanns Bächtold-Stäubli, Bd. 2, 1929/1930, S. 218

Berühmt ist der Festumzug der Maikönigin mit ihrem Gefolge im Londoner Vorort Brentham Garden – der nur in den Corona-Jahren nicht stattfand.

(»May Day« im Londoner Vorort Brentham Garden, 2019, l.: Maikönigin mit Gefolge – re.: Umzug der Maikönigin)

2019 wurde im mittelfränkischen Uffenheim, wo der Höhepunkt des Walpurgisfestes jedes Jahr der Festumzug der Maikönigin ist, bereits die 60. Maikönigin gekrönt.

Und häufig entscheiden nicht Versteigerungen darüber, welche junge Frau Maikönigin wird. »Dass der Junggeselle, der den höchsten Preis des Abends zahlte, Maikönig und sein Mailehen Maikönigin wurde, ist erst in den letzten Jahrzehnten Brauch geworden.«[14] Häufig werden sie gewählt, ernannt oder gewinnen in Wettbewerben. In **Ostheim** (Butzbach) im hessischen Wetteraukreis wird seit 2002 eine Maikönigin proklamiert. In ihrem Gefolge hat sie Prinzessinnen.[15]

Manche der Bräuche um die Maikönigin gingen ins Brauchtum zu Pfingsten über, was noch berichtet werden wird. Das christliche Fest zur Aussendung des Heiligen Geistes in Form der Taube (übrigens auch ein uraltes Symbol für die Göttin)[16] wird ja auch im Mai gefeiert.

---

14 Sophie Lange, 1993 (o. v.)

15 Siehe »Ostheim krönt die Maikönigin«, in: Hanauer Anzeiger, 14.12.2019 (o. v.); »Katharina besteigt den Thron«, in: https://presse.fotowelt-griepentrog.de/?p=2916

16 Zur Taube als Symbol der Göttin siehe Kap.: »Die drei heiligen Frauen – und die Eine«, S. 175f. u. Anm. 107-110

Heilige Hochzeit

Vieles am Maibrauchtum – Maifeuer, Maitanz, Maibaum – erinnert an vorchristliche Frühlingsfeste. Sophie Lange schreibt: »Nach altem Naturverständnis steigen zu Maibeginn die Gottheiten auf die Erde. Es ist die Zeit der ›Heiligen Hochzeit‹, der körperlichen Vereinigung von Gottheit und Menschheit. Bei den Germanen galt der 1. Mai als Hochzeitstag Wodans mit der Göttin Freya.«[17] Auch das Kultgeschehen um die Große Göttin Kybele – die, aus Kleinasien kommend, im gesamten Römischen Reich bis in die ersten Jahrhunderte nach der Christianisierung verehrt wurde – mit ihrem Partner Attis wird mit dem Maibrauchtum und dem Maibaum verbunden. Denn der verstorbene Geliebte der Göttin wurde jedes Jahr zum Frühlingsbeginn, dem erneuten Erwachen der Natur, in Form eines geschmückten Baumes in ihrem Heiligtum begraben und betrauert, worauf ein »Fest der Freude« und die rituelle Waschung der Göttin im Fluss folgte.[18] Auf die Ähnlichkeit zwischen unseren Maifeiern und dem Maibaum der thrakischen Göttin Kotyto, deren Kult sich nach Korinth, Athen und Sizilien verbreitete, verwies schon im 19. Jahrhundert der Volkskundler und Mythologe Wilhelm Mannhardt. Auf ihrem Fest seien mit Kuchen und Baumfrüchten behangene Äste dem Volk zur Plünderung freigegeben worden, was dem Herabreißen und Herabholen vom Maibaum entspreche und ursprünglich die sakrale Aneignung des Fruchtsegens gewesen sei.[19] Auch erinnerte er an das Frühlingsfest mit Baumverbrennungen der syrischen Göttin Atargatis, deren Verwandtschaft mit den Großen Göttinnen Astarte, Aschera, Isthar und Kybele er benannte.[20]

Die »Heilige Hochzeit« schimmert selbst noch durch die Dämonisierung des Maigeschehens hindurch, wenn sich die »Hexen« auf dem Blocksberg mit dem »Teufel« liieren – nur negativ konnotiert.

Bei den WendInnen holten die Burschen des Dorfes am 1. Mai eine große Birke aus dem Wald und schmückten sie mit bunten Bändern, Eiern, Brezeln und Kuchen. »Manchmal, so wie es bei einem russischen Pfingstbrauch üblich war, wurde der Baum mit Frauenkleidern behängt, und so zur leibhaftigen Frühlingsgöttin gemacht. Mit der Birke als Maibaum holten

17 Sophie Lange, 1993 (o. v.)

18 Siehe Martin P. Nilsson, 2/1995, S. 61 – Zum rituellen Bad der Göttin siehe Kap.: »Die drei heiligen Frauen – und die Eine«, Schluss des Abschnitts »Die Hofheimer Ambet«

19 Wilhelm Mannhardt, 1877, S. 258f.

20 Ebd., S. 259ff.

sich die Dorfbewohner einen Teil der neu erwachten Natur in ihr Dorf und stellten ihn als Pfand auf dem Dorfplatz, damit die Frühlingsgöttin ihre Familien segne.«[21]
Sophie Lange erklärt zum Maibaum: »Er berichtet von Baumfesten, die in vielen alten Kulturen gefeiert wurden. Ursprünglich wurden diese Baumfeste im Wald abgehalten, denn dort war der Wald- oder Vegetationsgeist zu Hause. Es ging gegen die Natur von Naturvölkern, einen Baum abzuschlagen, ihn also zu töten, um dann an ihm ein Freudenfest zu feiern. Erst später wurde es Sitte, einen Baum, meist eine Birke, mit Sang und Klang aus dem Wald ins Dorf zu holen und ihn auf den Dorfplatz aufzustellen.«[22] Doch was heute Sache der ledigen Männer, der Burschenschaften, ist, war nach Lange früher eine Aufgabe der Frauen. Sie schreibt: »Bis vor Jahrhunderten sollen Frauen die Hauptpersonen bei der Einholung des Baumes gewesen sein, die immer zur Nacht geschah.«[23]
Heute wird meist zum 1. Mai nur noch ein Baum aufgestellt, doch früher schritt mancherorts hinter dem geschmückten Baum, der mit einer Prozession durchs Dorf getragen wurde, »die blumengeschmückte Maibraut (la mariee), von einem galanten Burschen geführt, endlich das liedersingende Gefolge«, wie es Mannhardt für diesen Maibrauch in der Bresse, einer ehemaligen Provinz in Ostfrankreich, berichtet.[24]

Auf dem **Bilstein** im Vogelbergkreis in Hessen gibt es Deutschlands einzigen schräg aufgestellten Maibaum. Bis heute wird er am Pfingstsamstag von jungen Männern aus **Schotten-Busenborn** gesetzt.
Der Bilstein ist ein Holle-Berg, ein Ort, in dem die Große Göttin der matriarchalen Zeit Mitteleuropas lebte. Die Erzählungen um die alte Göttin Holle als weiße/junge Frau, rote/Frucht und Gaben bringende reife Frau und schwarze/alte Frau sind – in abgewandelter Form – hier noch präsent. »Einer Vogelsberger Sage nach ist der Bilstein die Heimat einer mystischen Weißen Frau, der sogenannten Else vom Bilstein.«[25]

---

21 Dieter Kremp, 2012
22 Sophie Lange, 1993 (o. v.)
23 Ebd.
24 Wilhelm Mannhardt, 1877, S. 254
25 http://www.geopark-vogelsberg.de/vulkanwissen/was-ist-ein-geotop/listenuebersicht/bilstein.html

Publikationen des Naturparks Hoher Vogelsberg schildern sie als alte, gruselige Frau, die nachts umherschleicht und Menschen mit in den Berg nimmt, wo sie in einer riesigen Höhle ein Bett aus Laub und Moos habe.[26] In Michelbach und den tieferliegenden Dörfern wird sie »die Hollefrau« genannt.[27] Und ganz in der Nähe gibt es einen Ort, der »Wildfrauhaus« heißt, wo laut der Sage drei weiße Jungfrauen im Berg gewohnt haben sollen.[28]

(Schräger Maibaum auf dem Bilstein bei Schotten-Busenborn, Vogelsbergkreis, in Hessen, 2013)

Und immer wenn drei heilige Frauen auftauchen – seien es drei Jungfrauen, drei Schwestern oder drei Schicksalsfrauen –, gibt es Verbindungen zur Dreifaltigkeit der Großen Göttin.[29]

Die Erinnerung an die Maikönigin, die die Vegetation im Land wieder belebt, ist auch noch im Christentum präsent. Zumindest in der katholischen Kirche, wo der Monat Mai Maria gewidmet ist und Marienbildnisse und -altäre mit Blumen geschmückt werden: »Marien-Andachten im Mai sind in vielen Gemeinden eine gute Tradition. Maria wird als die Maienkönigin gefeiert und mit Blumen, Pflanzen und der aufblühenden Natur in Verbindung gebracht«, ist auf den Internetseiten des Bistum Dresden-Meißen zu lesen.[30] Sie werde »als Sinnbild für die lebensbejahende Kraft des Frühlings und seine überbordende Fruchtbarkeit verstanden und

26 Alfred Schneider, Teil I, S. 8
27 Siehe Gerd Bauer, 2/1993, S. 253
28 Theodor Bindewald, 1873/1980, S. 69
29 Siehe dazu das Kap.: »Die drei heiligen Frauen – und die Eine«
30 http://www.bistum-dresden-meissen.de/seelsorge/archiv-pastorale-schwerpunkte/versoehnung-2008/impulse-fuer-maiandachten.html. Pfarrer Werner Walczak denkt darüber anders. Ihm sind selbst die Marienlieder, die er in seiner Kindheit im Mai mit seiner Mutter sang, ein Problem, weil in ihnen Maria die Rolle erhalte, die in seinem Leben allein dem dreifaltigen Gott zukommen darf. Siehe das Monatsblatt der Katholischen Pfarrgemeinde St. Katharina von Siena **Frankfurt** für Mai 2017, S. 1 bzw. den Blog vom 27.4.2017 (https://www.sankt-katharina-frankfurt.de/2017/04/27/wonne-marien-monat-mai/)

etwa als ›Maienkönigin‹ verehrt.«[31] Verstanden werden soll die Himmelskönigin Maria aber nur als »Straße, die zu Christus führt«, wie es die Enzyklika »Mense maio« von Papst Paul VI. vom 30. April 1965 benennt. Der Harzer Pfarrer und Heimatforscher Georg von Gynz-Rekowski erinnert an das »Rheinische Marienlob« aus dem 13. Jahrhundert, das Maria folgendermaßen besingt: »Du bist die gesegnete Erde, auserwählt, das Weizenkorn zu tragen, das geboren wurde von dir.«[32]

In der regionalen Berichterstattung über die Maifeiern im Odenwald ist in einem Artikel, der an die Kultpraxis vergangener Jahrtausende – wie die römischen Floralien und die keltischen Beltanefeiern – erinnert, zu lesen: »Die Wahl der Maikönigin ist eventuell eine letzte Erinnerung an die Verehrung einer Göttin, die dem Land Fruchtbarkeit schenkte.«[33]

(Die Maikönigin führt den Umzug an, der Grüne Mann trägt ein Hirschgeweih,[35] Beltane Fire Festival, Edinburgh/Schottland 2012)

Die Feier der Maikönigin an Beltane – in Schottland wurde 1988 dieser alte Brauch wiedererweckt: Auf dem *Beltane Fire Festival* gibt es auf dem Calton Hill am 30. April ein riesiges Feuer. Tausende von Zuschauenden verfolgen vor dem Hintergrund der Skyline von Edinburgh eine spektakuläre Prozession, die die Geburt des Sommers und die neue Fruchtbarkeit des Landes thematisiert.[34] An der Spitze ihres großen Gefolges schreitet die Maikönigin – gefolgt von ihrem Partner: dem Grünen Mann.

31 Katholische Kirche Österreichs, https://www.katholisch.at/sr/marienmonat-mai

32 Zit. nach Georg von Gynz-Rekowski, 2/1985, S. 145

33 **Doris Strohmenger: »Zahlreiche Maifeiern im Odenwald«, in: Echo online, 27.04.2017 (o. v.)**

34 Siehe https://beltane.org/about/about-beltane/. Im Herbst am 31. Oktober wird seit 1995 das »Samhuinn Fire Festival« gefeiert, wo die Göttin Cailleach die kälteren Monate einleitet; siehe https://beltane.org/about-samhuinn/

35 Siehe Kapitel: »Die Göttin und ihr heiliger Hirsch – Zur Symbolgeschichte«, bes. zum »Horne Dance« auf S. 355-357

Der Grüne Mann

Im zyklischen Denken steht der Grüne Mann für den Partner der Göttin, den sie im Frühjahr erweckt, um sich mit ihm in der Heiligen Hochzeit zu vereinen[36] – und so der Erde im Jahreskreislauf wieder Fruchtbarkeit zu schenken. Durch ihn verbindet sich die Göttin symbolisch mit den Menschen. Seine Wurzeln reichen in die matriarchale Zeit und er hat in vielen Varianten bis heute überlebt.
William Anderson, der über den Grünen Mann forschte, meint: »Die fernen Ursprünge des Grünen Mannes liegen wahrscheinlich in der Religion Alteuropas – der matriarchalen Religion der ersten Bauern im Neolithikum, deren Zentrum das Donaubecken und seine Umgebung war«.[37] Er zieht Verbindungen zu antiken Liebhabern der Göttin: zu Tammuz (dem Geliebten der Inanna-Ischtar) in Mesopotamien, zu Baal und seiner Schwester-Gattin Anat sowie der Göttin Asthoreth oder Aschera in Palästina, zu Eschmun (einem Vegetationsgott aus der Region von Byblos und Geliebten der Göttin Astarte) im Libanon, zu Adonis (dem Partner der Göttin Aphrodite bzw. Venus) in der griechisch-römischen Welt.[38] Er denkt an Osiris und Attis und fragt: »Oder verkörpert der Grüne Mann alle gleichzeitig, weil er mit der Macht des Frühlings wiederkehren muss, wann immer seine Göttin zurückkehrt?«[39]

Abbildungen des Grünen Mannes sind in ganz Deutschland und in vielen europäischen Ländern zu finden – in Form von sog. Blattmasken. Die ornamentalen Darstellungen zeigen Gesichter, aus deren Mündern, Nasen oder Ohren Blätter ranken, die manchmal an der Stelle von Haaren das ganze Gesicht umgeben. Han Marie Stiekema, der eine umfangreiche Internetseite zum Grünen Mann unterhält, zeigt viele Abbildungen von Blattmasken.[40]

---

36 Wilhelm Mannhardt berichtet von einem Brauch aus der Gegend um Briançon aus dem Département Hautes-Alpes, Frankreich, wo sich am 1. Mai ein junger Mann, der von seiner Liebsten verlassen wurde, in grünes Laub eingehüllt auf die Erde legte, scheinbar schlief und dann von einem Mädchen, das bereit war, ihn zu heiraten, geweckt und zum Tanz geführt wurde – übers Jahr sollte geheiratet werden, siehe Mannhardt, 1875, S. 434

37 William Anderson, 1993, S. 222

38 Siehe ebd., S. 47

39 Ebd., S. 91

40 Siehe »Der frohe Einzug vom Grünen Mann in Deutschland«, in: https://www.the-great-learning.com/pilgerwege-deutschland.htm. Zu sehen sind auf diesen Internetseiten auch Abbildungen von Blattmasken in anderen europäischen Ländern. Die Internetseite von Bernhard Reicher zeigt den Grünen Mann in Österreich, besonders in Graz, siehe http://www.bernhardreicher.at/inhalt/medialitaet/gruener_mann.html.

Häufig sind die Blattmasken in oder an Kirchen zu sehen, von der Romanik bis zum Barock waren sie ein Bestandteil christlicher Ikonografie. In der Kathedrale von Chartres gibt es über 70 Köpfe von Grünen Männern. Darin sieht William Anderson eine veränderte Vorgehensweise der Kirche, die zunächst vehement gegen sog. heidnische Praktiken (wie den Baumkult) vorgegangen war. Dann sei der Grüne Mann zum Instrument der Harmonie zwischen heidnischer Vergangenheit und christlicher Gegenwart geworden.[41] Was sich mit den Reformatoren, die sich gegen Volksbräuche wendeten, wieder änderte.

In Hessen taucht der Grüne Mann als Blattmaske häufig in großen Kirchen auf – wie in **Trendelburg-Gottsbühren** (ehemalige Wallfahrtskirche), **Homberg (Efze)** (St. Marienkirche), **Frankenberg/Eder** (Liebfrauenkirche), **Fritzlar** (Dom und Stadtkirche), **Marburg** (Elisabethkirche), **Alsfeld** (Walpurgiskirche), **Wetzlar** (Dom), **Limburg** (Dom u. Stadtkirche), **Friedberg** (Stadtkirche Unserer Lieben Frau), **Frankfurt am Main** (Dom und Alte Nikolaikirche), **Gelnhausen** (Marienkirche), **Kiedrich** im Rheingau (St. Valentinus und Dionysius), in **Hadamar** (Liebfrauenkirche) im Kreis Limburg-Weilburg oder in der Stadtkirche in **Treysa** im Schwalm-Eder-Kreis.
Zu finden sind diese Darstellungen meist an Säulen, auf Kapitellen oder als Schlusssteine von Deckengewölben – also in tragender Funktion. Häufig hängen sie an besonderen Orten in den Kirchen: an Portalen, am Durchgang zum Chor oder im Chorraum selbst.

(Blattmasken, ca. 1290, am Lettner der Elisabethenkirche in Marburg, wo der Grüne Mann gleich mehrfach vorkommt – auch als Schlussstein im nördlichen Seitenschiff und am Hochaltar)

41 William Anderson, 1993, S. 174

(l.: Am West-Portal des Limburger Doms – M.: Konsole mit Blattmaske am Lettner der Marienkirche in Gelnhausen – re.: Schlussstein des Gewölbes im nördlichen Querhaus des Wetzlarer Doms)

(l.: Am Eingangsportal der Friedberger Stadtkirche Unserer Lieben Frau – M.: An der Sakristeitür in der Friedberger Stadtkirche, um 1285 – re.: Eine von zwei Blattmasken an einem Epitaph in der Limburger Stadtkirche)

(l.: Eine von 14 Blattmasken am Portal der gotischen ev. Stadtkirche St. Marien in Homberg/Efze – M.l.: Blattmaske im Chor der Wallfahrtskirche Gottsbüren, Stadtteil von Trendelburg – M.re. u. re.: Blattmasken in der gotischen ev. Liebfrauenkirche in Frankenberg/Eder als Gewölbeschlussstein u. als eine von mehreren Konsolen)

(l. u. M.l.: Zwei von vier Blattmasken mit verschiedenem Blattwerk – wobei der immergrüne Efeu, Symbol für die Unvergänglichkeit, im Mittelalter für das ewige Leben in Christus stand[42] *und der Weinstock als Symbol für Christus*[43] *– als Schlusssteine in der Ev. Stadtkirche Treysa, Stadtteil von Schwalmstadt, Schwalm-Eder-Kreis, 1. Hälfte 14. Jh.*[44] *– M.re.: Blattmaske mit zwei »Tierköpfen« als Schlussstein in der ev. Stadtkirche Fritzlar, in der es auch eine Blattmasken-Konsole gibt – re.: Am Fenster der Paradies genannten Vorhalle des Fritzlarer Doms, im Dom ebenfalls ein Konsolkopf)*

(Blattmasken, l. u. M.l.: In der Liebfrauenkirche in Hadamar als Nebenschlusssteine im Mittelschiffgewölbe, außerdem gibt es eine an einem Pfeiler bei der Orgel – M.re.: An der Orgelempore der neuromanischen Kirche St. Marien in Kassel-Vorderer Westen hat sich ihr Baumeister Georg Kegel Ende des 19. Jh.s in Anlehnung an eine Blattmaske porträtiert, so wie es in der Kiedricher Kirche St. Valentinus und Dionysius im Rheingau bei mehreren 500 Jahre älteren Blattmasken ebenfalls vermutet wird – re.: Eine von zwei als Konsole im Chor der Alsfelder Walpurgiskirche)

---

42 Lipfert, 1964, S. 56

43 Johannes 15,1: »Ich bin der wahre Weinstock …«

44 Zwei weitere Blattmasken sind dort an der Grabplatte von Hermann von Wildungen, siehe Inge Schneider-Scholz, 2019, S. 16

(Blattmasken an u. in der St. Valentinskirche in Kiedrich, Rheingau-Taunus-Kreis, l. u. M.l.: Zwei von vier Kopf-Konsolen am Westportal,[45] *um 1410/1420 – M.re.: Gewölbekonsole im Seitenschiff Nord, als »Wilde Frau« bezeichnet,*[46] *um 1380 – re.: Im Seitenschiff Süd, vielleicht das Porträt eines Baumeisters,*[47] *um 1380)*

Sogar an einem Taufbecken taucht die Blattmaske auf: im **Limburger** Dom. Auch an einem Sakramentshäuschen: in der Stiftskirche zu **Wetter** im Kreis Marburg-Biedenkopf. Und mehrfach an der Kanzel und dem ehemaligen Pfarrstuhl der St.-Crucis-Kirche in **Allendorf** (Gemeinde Bad Sooden-Allendorf) im Werra-Meißner-Kreis. In der Elisabethkirche in **Marburg** sind Blattmasken am Hochaltar zu sehen.

(l. u. M.: Blattmaske am spätromanischen Taufbecken im Limburger Dom – re.: Am unteren Rand des Sakramentshäuschens in der Stiftskirche zu Wetter, Kreis Marburg-Biedenkopf, um 1350)

---

45 Peter Klöppel sieht aber einen »Kleriker« u. eine »unverheiratete Adelige«, Menschen aus dem Volk, die das Gebälk der Kirche stützen; siehe 2/2017, S. 22

46 Siehe Werner Kremer, 2017, S. 36f.

47 Siehe ebd., S. 42, er vermutet das bei mehreren Gewölbekonsolen in der Kirche.

(Blattmasken in der Kirche St. Crucis in Bad Allendorf, Werra-Meißner-Kreis, l. u. M.l.: an der Kanzel, M.re.: am ehemaligen Pfarrstuhl – re.: Blattmaske am Hochaltar der Elisabethkirche in Marburg, um 1290, Bemalung und Vergoldung Mitte des 19. Jh.s erneuert)

Interessant ist der Schlussstein aus der Allerheiligenkapelle des ehemaligen Kloster Arnsburg, der 1912/13 über dem Nordportal der Evangelischen Kirche in **Grüningen** (Ortsteil der Stadt Pohlheim, Kreis Gießen) angebracht wurde. Er zeigt einen bärtigen Kopf, der von einem Kranz aus sechs Rankenblättern umgeben ist. »Die Interpretation des Kopfes kann alle Möglichkeiten zwischen sog. ›Wilden Mann‹ und einem Christusantlitz ausschöpfen«, meint Peter Metz.[48] Demnach vielleicht eine Darstellung von Jesus Christus im Rahmen einer Blattmaske. Gesellt sich hier Christus etwa in die lange Reihe der Grünen Männer?

(l.: Schlussstein aus dem ehemaligen Kloster Arnsburg über dem Nordportal der Ev. Kirche in Pohlheim-Grüningen, Kreis Gießen – re.: Schlussstein mit Blattmaske im Chorgewölbe der alten Martinskirche in Heuchelheim, Kreis Gießen)

48 Peter Metz, 1982, S. 140

Manchmal ist der Grüne Mann auch in alten Dorfkirchen in kleinen Gemeinden anzutreffen, so z. B. in der alten Martinskirche in **Heuchelheim** im Kreis Gießen.

(Grüne Männer, l.o.: An einer Hauswand in Rüsselsheim am Main, Kreis Groß-Gerau, Ludwig-Dörfler-Allee – l.u.: Am Portal des Nassauer Hofes, Borngasse in Hadamar, Kreis Limburg-Weilburg – M. u. M.re.: An Fachwerkhäusern in der Hauptstraße in Bad Orb, Main-Kinzig-Kreis – re.: Gießen, Seltersweg 25)

(l.: Blattmaske am Sandsteinbrunnen im Kurpark in Schlangenbad, Rheingau-Taunus-Kreis – re.: Grüne Männer als Wasserspeier am Rolandsbrunnen in Fritzlar, Schwalm-Eder-Kreis)

Der Grüne Mann ist auch im Straßenbild auf privaten Hauswänden zu sehen, so z. B. in **Marburg, Gießen, Bad Orb, Büdingen, Hadamar, Frankfurt am Main** oder **Rüsselsheim am Main.** Und auch als Wasserspeier, wie in **Fritzlar** am Rolandsbrunnen auf dem Marktplatz oder am Brunnen im Kurgarten in **Schlangenbad,** Rheingau-Taunus-Kreis.

Der Grüne Mann und die Göttin

Eine direkte Verbindung von Göttin und Grünem Mann zeigt William Anderson mit der Abbildung einer Miserikordie am Chorgestühl in der Kathedrale St. Bernhard in Cominges in den französischen Pyrenäen: »Hier ... gibt es die einzige mir bekannte Darstellung der Großen Mutter, die einen Grünen Mann gebärt ... eine nackte Frau ... in den Führern wird sie als Harpyie bezeichnet, aber sie ist ein wesentlich bedeutenderes Geschöpf als diese. Sie hat keine Arme, sondern Schwingen: ihre Schultern sind dort, wo der Armansatz wäre, mit Blättern bedeckt. Ihre Füße sind die eines Froschs. Ihr Körper ist herrlich modelliert und durch und durch weiblich. Als wäre sie eine Delphische Priesterin, die sich, wenn die heiligen Lorbeerblätter vor ihr verbrannt wurden, verdrehte und verrenkte, rollt sie in Geburtswehen ihren Kopf. Zwischen ihren Schenkeln erscheint das lächelnde Gesicht eines Grünes Mannes. Wenn ihre Flügel für die Luft stehen, ihr Körper für die Erde, ihre Froschfüße für das Wasser und ihr Haar für das Feuer, dann kann man sie als das fünfte Element interpretieren, die Urmaterie, aus der die geordnete Schöpfung in der Gestalt des Grünen Mannes als Naturgesetz geboren wird.«[49]

(l.: Holzplastik einer weiblichen Figur, die einen Grünen Mann gebiert, Chorgestühl in Notre-Dame de Saint-Bertrand-de-Comminges in Cominges im Département Haute-Garonne, Frankreich, 16. Jh. – M.: Bauplastik am Renaissance-Haus, Beaulieu-sur-Dordogne, Frankreich, 16. Jh. – re.: Marienfigur über einer Blattmaske am Tympanon des Seitenportals der Sint-Baafskathedraal in Gent, Belgien)

49 William Anderson, 1993, S. 170. Siehe auch Kapitel »Die Göttin als Sirene«, Abschnitt: »Die Erinnerung an die Magna mater«, wo eine englische doppelschwänzige Sirene abgebildet ist, die einen Grünen Mann gebiert.

Am Renaissance-Haus im französischen Beaulieu-sur-Dordogne in der Region Nouvelle-Aquitaine steht eine »nackte Frau« (die sich abtrocknet, als habe sie gerade gebadet) zwischen Putten mit Schlangen auf einer Blattmaske.
Im englischen Exeter hat ein Grüner Mann die Jungfrau Maria mit ihrem Kind auf seinem Kopf: an einer Konsole im Chor der Kathedrale.[50] Auch im belgischen Gent ist das zu sehen: am Tympanon des Seitenportals der St.-Bavo-Kathedrale (Sint-Baafskathedraal). Und auch ein berühmtes Madonnenbild ist mit dem Grünen Mann verbunden: Der Rahmen der »Stuppacher Madonna« von Matthias Grünewald, entstanden um 1516, der heute die Kopie des Bildes umrahmt, zeigt zwei, ursprünglich sogar drei Blattmasken – zu sehen in der Maria-Schnee-Kapelle in der Stiftskirche St. Peter und Alexander in Aschaffenburg.
In Hessen steht Maria mit ihrem Kind auf dem Kopf eines Grünen Mannes am Westportal der ehemaligen Zisterzienserklosterkirche in **Haina,** Kreis Waldeck-Frankenberg.
Häufig sind die Grünen Männer in Marienkirchen zu finden, so in **Hirzenhain** in der Wetterau, wo sich der Grüne Mann als Blattmaske in der Marienkirche auf einem Schlussstein neben Maria zeigt, die deutlich als Himmelskönigin dargestellt ist – und als solche ist sie besonders offensichtlich eine Nachfolgerin der alten Göttin.

(l.: Marienfigur über einer Blattmaske am Tympanon des Westportals der ehem. Klosterkirche im nordhessischen Haina, um 1330 – M.: Grüner Mann als Schlussstein in der ehem. Augustiner-Kloster- u. Marien-Wallfahrtskirche in Hirzenhain im Wetteraukreis – re.: Daneben der zentrale Schlussstein mit Maria (als Himmelskönigin: mit goldener Krone und himmelblauem, sternenübersätem Kleid, den Mond zu Füßen und von den Strahlen der Sonne umrahmt) und ihrem Kind)

50 Siehe William Anderson, 1993, Abb. 49 auf S. 89

Und auch in der Marienkirche in **Gelnhausen,** Main-Kinzig-Kreis, sind die Grünen Männer in Gesellschaft der Göttin: An der Außenfassade gibt es in der Nähe von zwei Köpfen von Grünen Männern eine Figur, die ihre Beine spreizt und dadurch deutlich ihr weibliches Geschlecht zeigt. Sehr stark erinnert sie an die alte Göttin Sheela-na-gig, die in Irland über Leben und Tod gebot.[51] Auch bei ihren Darstellungen ist häufig nur die Vulva gut zu erkennen – die sie entblößt und so Feinde abwehrt.[52]

(Bauplastiken an der Außenwand des Nordseitenschiffs der Marienkirche in Gelnhausen, Main-Kinzig-Kreis, l.: Grüner Mann – re.: eine Figur, die der keltischen Göttin Sheela-na-gig verwandt zu sein scheint)

In der ehemaligen **Kaiserpfalz in Gelnhausen** im Main-Kinzig-Kreis sind Blattmasken in der Nähe von Vulva zeigenden Figuren zu sehen. Die Brüste dieser Figuren sind verdeckt, weil sie Schlangen, die einstigen Kulttiere der Göttin, nähren. Auch das Vulva-Dreieck wird durch Schlangen gebildet.

---

51 Auch Han Marie Stiekama: »Der frohe Einzug vom Grünen Mann in Deutschland« (https://www.the-great-learning.com/pilgrim-network/germany/greenman-gelnhausen.htm), sieht in ihr die irische Göttin.

52 Siehe auch Kap.: »Die Göttin als Sirene«, »Abschnitt »Erinnerung an die Magna mater«

(Kapitelle in den Arkaden der Kaiserpfalz in Gelnhausen, Main-Kinzig-Kreis, 12. Jh., l.: Pfeiler ganz rechts mit Vulva zeigender Figur und Blattmaske – M. u. re.: Kapitell mit Vulva zeigender Figur, M.: Mit Blattmaske an der darüberliegenden Kämpferplatte)

Die ganze Figur ist so in Blattranken, die sich nach oben verbreitern, integriert, dass sie die Göttin mit dem Lebensbaum[53] darstellen könnte. Über ihr ist eine Blattmaske zu sehen. Gottfried Kiesow nennt die Kapitellplastik der Arkadenbögen »die reichste und schönste Steinmetzarbeit, die man in Deutschland bei romanischen Profanbauten finden kann«.[54] Sie hätten künstlerische Beziehungen zu staufischen Bauten im Elsass und anderen Kirchen in Frankreich sowie nach Oberitalien.

William Anderson, den Sheila-na-gig »auf höchst überzeugende Weise an die Göttin in ihrer alten Gestalt« erinnert,[55] benennt eine ähnliche Konstellation: »In Rath Blaic in Irland gibt es ein romanisches Fenstersims, in das der Grüne Mann neben einer Gestalt eingemeißelt ist, die eine Sheila-na-gig sein könnte.«[56] Und er erklärt, dass diese Göttin in der Zeit nach 1080 in Erscheinung tritt, »einer Periode, in der sich der Grüne Mann zunehmender Popularität erfreut«. Daher ist er der Meinung, »dass sie eine der vielen Indizien dafür ist, dass der Archetyp der Großen Mutter in den Träumen und Gedanken der Menschen fortwirkte«.[57]

---

53 Der Lebensbaum ist ein weltweit verbreitetes mythologisches Symbol, als Weltachse verbindet er Himmel, Erde und Unterwelt. Viele Große Göttinnen zeigten sich in ihm.

54 Gottfried Kiesow, 2/1998, S. 227

55 William Anderson, 1993, S. 87

56 Ebd., S. 86

57 Ebd., S. 85

Der Grüne Mann im Volksbrauchtum

Der Grüne Mann hat nicht nur in Form von Blattmasken bis heute überlebt. Auch im Volksbrauchtum taucht der Grüne Mann noch immer auf. Lady Raglan, von der die Bezeichnung »Green Man« für die Blattmasken stammt, war die erste, die die Verbindung zu Volksbräuchen herstellte. Sie war von einem Pfarrer auf die Bildnisse in seiner walisischen Kirche[58] aufmerksam gemacht worden und suchte in der Folge, begeistert von diesen Darstellungen, ähnliche Abbildungen in ganz England auf. In einem Aufsatz[59] erinnerte sie 1939 an die Mai- und Frühlingsfeste, bei denen in England bis zum Beginn des 20. Jahrhunderts Jack in the Green mit der Maikönigin tanzte. Und dieses Fest hatte Mannhardt 1877 unter der Überschrift »Persönliche Vegetationsgeister in Jahrfestgebräuchen« mit dem neuverjüngten Wachstumsgott und seiner Braut und mit dem Laubmann in Verbindung gebracht.[60] In den 1970er- und 1980er-Jahren wurde das Fest in einigen englischen Städten wiederbelebt. So lockt das *Jack in the Green Festival* in Hastings – zum 1. Mai als mehrtägiges Fest mit einem großen Umzug und vielen grün geschminkten und mit frischem Laub dekorierten TänzerInnen und TrommlerInnen als Straßenfest gefeiert – jedes Jahr Tausende von Menschen an. Am Ende des Umzuges wird Jack in the Green, der vollständig mit Laub umhüllt ist und eine Krone trägt, symbolisch erschlagen – »ein fröhlicher und notwendiger Ritus ..., der jedes Jahr wiederholt werden muss.«[61] Denn der Jahresgott muss entsprechend dem Zyklus der Natur am Ende jedes Jahres sterben, um im Frühling wieder zu erwachen.[62] Carola Meier-Seethaler schreibt zu diesem Fest: »Auch eine weibliche Bezugsperson zum Grünen Mann fehlt nicht. In seiner Begleitung tritt ein besonders schönes Mädchen in schwarzer Kleidung auf«, und die Kulturphilosophin und Psychoanalytikerin erinnert dabei an den Todesaspekt der Göttin.[63]

---

58 Gemeint ist die Kirche St. Jerome in Llangwm, Monmouthshire (Wales/England).

59 Lady Raglan, 1939

60 Diese Verbindung wurde schon früher thematisiert, siehe Wilhelm Mannhardt, 1877, S. 297f.

61 William Anderson, 1993, S. 9

62 Seit 2005 findet in den Niederlanden auf dem Keukenhof in Lisse jedes Jahr am ersten August-Wochende ein heidnisch orientiertes Mittelalter- und Fantasy-Festival statt, das Castlefest. Als einer der Höhepunkte wird der »Wickerman«, eine große Figur aus Weidenruten, in deren Bauch Opfergaben gelegt werden können, verbrannt – alljährlich muss er sterben.

63 Carola Meier-Seethaler, 2004, S. 124. Touristische Ankündigungen sprechen davon, dass Jack in the Green zwei Begleitpersonen habe: Robin Hood, den viele für den Grünen Mann halten, und Maid Marian.

In Deutschland hat sich dieses alte matriarchale symbolische Geschehen mancherorts auf das Pfingstfest verschoben. Carola Meier-Seethaler bringt es auch mit Fronleichnam in Verbindung: »Offiziell dient es der Erinnerung an den Gründonnerstag, an dem Jesus das Altarsakrament einsetzte. Äußerlich jedoch nahm es die Elemente heidnischer Maifeiern auf, wenn die Kinder an der Fronleichnamsprozession Blumensträuße tragen und frisch geschnittene Birken die im Freien errichteten Altäre schmücken. Hier tritt der auferstandene Christus an die Stelle des wiedergeborenen Vegetationsgottes.«[64] Und die Mädchen, die an der Prozession oft in ihren weißen Kommunionskleidern teilnehmen und Blumen streuen, erinnern auch heute noch ein wenig an die Maibraut. In Bayern wurde Fronleichnam auch »Hoffarts- oder Prangertag« genannt. Die Erklärung ist interessant: »Die Mädchen bekamen neue weiße Kleider zum ›Prangen‹ bei der Prozession. Sie schmückten sich mit Kränzen aus segensbringenden Kräutern«, erläutern die Brauchtumsseiten des Bonifatiuswerk der deutschen Katholiken e.V.[65] Aber auch die Altäre sollten mit ihrem Blumenschmuck prangen, die »Prangerstauden« (Sträuße aus Blumen, Blättern und Zweigen an den vier Altären) kamen nach dem Fest in den Herrgottwinkel oder es wurden »Prangerkranzl« daraus geflochten, die Segen und Gesundheit bewirken sollten – ähnlich wie die Kräuterbuschen an Maria Himmelfahrt.

Fronleichnam, die Göttin und Maria

Fronleichnam ist einer der höchsten katholischen Feiertage und wird vielerorts aufwendig begangen. Entstanden ist das Fest erst im 13. Jahrhundert. In manchen Gegenden Deutschlands führt die Fronleichnamsprozession noch immer aus dem Ort hinaus über die Fluren, wie z. B. in Weiden in der Oberpfalz. Auch die Saulgruber Fronleichnamsprozession in Oberbayern führt durch Wiesen und Felder. In Gestalt der geweihten Hostie wird der »Corpus Christi« in der Monstranz gezeigt und über die Felder getragen. Damit »knüpfen die Christen an die lange katholische Tradition der Flurumgänge an, bei denen Gläubige schon im Mittelalter ihre Felder, Wälder und später auch Städte segneten«, wird auf dem Internetportal der

64 Carola Meier-Seethaler, 2004, S. 129. Auch am Mainzer Dom gibt es eine Verbindung von Jesus Christus und dem Grünen Mann: Im Tympanon des Marktportals an der Nordseite des Langhauses sitzt Christus als Weltenrichter in einer Mandorla, die Einfassung des Rundbogenfelds zeigt Blätter, in denen der Grüne Mann sechsmal als Blattmaske erscheint.

65 http://www.brauchtum.de/de/sommer/fronleichnam.html

katholischen Kirche in Deutschland erklärt.[66] Der kirchliche Flurumgang ist ein Bittgang.[67] Doch Umzüge über die Felder gibt es nicht erst seit dem Mittelalter. In England ritt alljährlich im Mai Lady Godiva (die in Zwillingsgestalt auch als Weiße und Schwarze Göttin bekannt war) segnend über die Felder – erst in der später entstandenen Sage wurde der nackte Ritt der einstigen »gotischen Göttin« auf dem weißen Pferd durch Coventry mit anderen Inhalten belegt.[68]

Auch die Umfahrt der germanischen Göttin Nerthus – ihre Statue wurde auf einem Wagen über die Felder gefahren und anschließend rituell gewaschen – müsse als Flurumgang verstanden werden und im kirchlichen Flurumgang seien solche und antike Vorstufen enthalten, erläutert das *Wörterbuch der deutschen Volkskunde.*[69] Der römische Geschichtsschreiber Tacitus beschrieb diesen Frühjahrs-Kult der germanischen Stämme.[70] Von der rituellen Waschung der Göttin Kybele nach der rituellen Beerdigung ihres Partners Attis war bereits im letzten Kapitel die Rede. Heide Göttner-Abendroth erläutert, dass es solche Kulthandlungen an vielen Plätzen gegeben hat, von der Ostsee bis nach Österreich – letztendlich gehen sie zurück auf rituelle Waschungen der Göttin im Mittelmeerraum, wo die Kultstatue der Artemis von Ephesos mit einer feierlichen Prozession zum Meeresufer gebracht und in die Wellen getaucht wurde. »Wie die Erde befreite sich die Göttin im Frühling von den alten Hüllen und verjüngte sich im heiligen Bad. Sozusagen aus den Fluten wiedergeboren schenkte sie dem Land ihren Segen und damit erwachte die junge Vegetation.«[71] In einigen Gegenden gibt es die Verbindung zum Wasser mit Schiffprozessionen zu Fronleichnam bis heute: so auf dem Hallstättersee in Österreich, in Seehausen auf dem Staffelsee, auf dem Großen Alpsee im Allgäu, auf dem Tegernsee und dem Chiemsee, auf dem Rhein bei Köln, auf der Saar bei Saarbrücken.

Auf dem Wörthersee und dem Bodensee finden große Schiffsprozessionen an Maria Himmelfahrt statt, sie gehören wie die Kräutersegnungen zum Brauchtum dieses Feiertages.

---

66 http://www.katholisch.de/glaube/unser-kirchenjahr/der-himmel-unterwegs
67 Siehe Oswald E. Erich u. Richard Beitl, 1974, S. 93, Stichwort: Bittgang
68 Siehe Barbara G. Walker, 3/2001, S. 91 und Barbara G. Walker, 5/1999, Artikel: »Godiva, Lady«
69 Siehe Oswald E. Erich u. Richard Beitl, 1974, S. 227, Stichwort: Flurumgang
70 Tacitus, Germania, Kap. 40
71 Heide Göttner-Abendroth, 2014, S. 49

Auch in Hessen wurde die Schiffprozession an Fronleichnam wieder eingeführt. Auf dem **Edersee** gab es auch in der Vergangenheit immer mal wieder Fronleichnamsfeste auf dem Schiff, seit 2014 fanden sie regelmäßig ab Schiffsanleger **Waldeck**-Strandbad statt[72] – bis zur Corona-Pandemie.

Die Fronleichnamsprozessionen nahmen in Deutschland gleich nach der Einführung des Festes den Charakter von Flurumgang und Wettersegen an.[73] Erbeten wurde also auch hier göttlicher Beistand für die Fruchtbarkeit der Felder und eine reiche Ernte – wie bei den Menschen in vorchristlicher Zeit. Mit diesem Maifest im Grünen kam die katholische Kirche einem Bedürfnis der Volksfrömmigkeit nach »gegenwärtiger Göttlichkeit« in Verbindung mit der Natur nach. So wie früher die alte Göttin mit ihrem Vegetationsgott erfahrbar war. Alte Vegetationsbräuche in der Ukraine erzählen von Paaren, die sich im Frühjahr auf den Äckern wälzten, was der Volkskundler Wilhelm Mannhardt unter der Überschrift »Brautlager auf dem Acker« »die symbolische Verbindung des Maibrautpaares« nennt. Die »irdischen Stellvertreter des mythischen Paares« reiben sich auf der Erde, »der dadurch die Kräfte der göttlichen Vermählung zuströmen.«[74]
Kein Wunder, dass Luther Fronleichnam als »allerschädlichstes Jahresfest« bezeichnete. Dem Fest fehle die biblische Grundlegung. Und außerdem war es von einer Frau, der belgischen Mystikerin Juliana von Lüttich, angeregt worden.

Wie in anderen Gegenden wird in Hessen bei den Prozessionen zu Fronleichnam die Natur mit Blumengebinden und Blumenteppichen in die Ortschaften geholt. Meist ist es hier ein Gang von der Kirche aus durchs Dorf bzw. die Stadt mit einem Halt an vier geschmückten Außenaltären. Besonders die kleinen, überwiegend katholischen Dörfer rund um die Amöneburg im Landkreis Marburg-Biedenkopf sind mit vielen Blumen und frischem Grün geschmückt.[75] In **Mardorf** (Stadtteil von Amöneburg) führt die Prozession nicht nur zu vier

72 Christl Eberlein: »Eine Prozession auf dem See«, in HNA, 19.6.2014 (o. v.); auch 2018 lud die St. Maria Himmelfahrt-Gemeinde in Waldeck am Edersee zu Fronleichnam zur Schiffprozession ein: https://www.kath-kirche-badwildungen-waldeck.de/index.php?ber_id=5380&inh_id=84462

73 Siehe Oswald E. Erich u. Richard Beitl, 1974, S. 240, Stichwort: Fronleichnam

74 Wilhelm Mannhardt, 1875, S. 480f. u. 487f.

75 Die Fronleichnamsprozession in **Fritzlar,** Schwalm-Eder-Kreis, zählt zu den ältesten in Deutschland, 2017 zum 750. Mal begangen.

Stationsaltären, sondern auch noch »durch sieben Ehrenpforten, die am Vorabend auf den Höfen mit Fichtengrün umwickelt und mit Papierrosenkränzen geschmückt werden, und entlang liebevoll geschmückter Fenster und Hausaltäre.«[76]

(Fronleichnam 2018 in Mardorf, Stadtteil von Amöneburg, Kreis Marburg-Biedenkopf – frische Maien schmücken die Häuser entlang der Prozessionsstrecke und Blumenteppiche, über die der Priester mit der Monstranz schreitet, durch sieben Ehrenpforten führt die Prozession)

Wenn in Mardorf Fronleichnam begangen wird, dann ist das ganze Dorf auf den Füßen: Blaskapelle, Kirchen- und Kinderchor, Freiwillige Feuerwehr, Ministranten und Ministrantinnen, Kommunionskinder, und die restliche Gemeinde geht singend im Zug mit – begleitet von Weihrauch, dem Duft von Pfingstrosen und Kanonenböllern. Gefeiert wird zwar Christus, der sich in der in der Monstranz mitgeführten Oblate zeigt – und er zeigt sich hier auch in vielen Statuen –, aber auffallend sind vor allem die zahlreichen Marienstatuen, die zu Fronleichnam in den Fenstern oder auf kleinen Altären vor den Häusern stehen.[77] In diesem überwiegend katholischen Dorf gibt es wohl in jeder Familie eine. Maria, die christliche Nachfolgerin der alten Göttin mit ihrem Sohngeliebten.[78] Wunderschön sind auch die Handarbeiten, die Spitzen und Stickereien auf den Altartüchern, die die Frauen sicherlich an ihre Töchter und Enkelinnen weitergeben.

76 Abschlussbroschüre zur Dorferneurung, Mardorf 2009, S. 8 (o. v.)

77 In Bayern ist Maria vielerorts auch in der Prozession selbst präsent. So wird z. B. in Partenkirchen die Tragmadonna Maria Immaculata von Mädchen in Rosenkranztracht getragen, in Ruhpolding führen die Frauen der Trachtenvereine eine Madonnen-Statue mit.

78 Siehe Christa Mulack, 1987, S. 13

(Marienstatuen in den Fenstern und auf Altären vor dem Haus entlang des Fronleichnams-Prozessionswegs 2018 in Mardorf und im benachbarten Roßdorf)

Wie präsent Maria in dieser Gegend ist, ist auch im Nachbarort **Roßdorf,** der zu Fronleichnam ebenfalls geschmückt ist, zu spüren. In der dortigen Marienkirche erzählen die fünf Deckengemälde aus ihrem heiligen Leben, ein Marienaltar stellt sie als Königin dar, die auf der von einer Schlange umschlungenen Weltkugel steht, und – etwas ganz Besonderes – die

Kirchturmfahne zeigt Maria als Himmelskönigin: gekrönt und mit Zepter, mit Sternen übersätem Gewand und auf der Mondsichel stehend.[79]

(Kirchturmfahne mit Maria als Himmelskönigin auf der Pfarrkirche St. Marien in Amöneburg-Roßdorf, Kreis Marburg-Biedenkopf)

Die Göttin soll besiegt werden – Georg und Margarethe

Ins Fronleichnams-Brauchtum wurden auch Fronleichnamsspiele aufgenommen, das bekannteste war die Legende vom Hl. Georg, der den Drachen tötet.[80] »Der Drachenstich ... steht zu Fronleichnam als Symbol für den Sieg der Kirche über die Dämonenwelt, letztlich über den Antichrist«, meint Georg von Gynz-Rekowski.[81] Doch die Symbolforschung[82] hat

79 Die meisten Wetterfahnen auf Kirchtürmen zeigen ein Kreuz oder einen Hahn, der Schwan steht für Martin Luther und weist die Kirche als evangelisch aus; siehe Christoph Arens, 19.5.2019 (o. v.) und Ute Ströbel-Dettmer, 1987, S. 59ff. sowie Ernst Schütz, 1980

80 In Bayern hat der Drachenstich in Furth im Wald überlebt. Ursprünglich ein Teil der Fronleichnamsprozession gibt es das Spektakel, das mehr und mehr zur Volksbelustigung wurde, seit rund 500 Jahren und ist seit 1879 ein eigenständiges Festspiel, losgelöst von Fronleichnam. Das älteste Volksschauspiel Deutschlands wurde 2018 in das bundesweite Verzeichnis des immateriellen Kulturerbes aufgenommen.

81 Georg von Gynz-Rekowski, 1985, S. 171

82 In anderen Kulturen, wie z. B. in China, ist der Drache nicht negativ besetzt. Und auch hier gilt er als Urahn der Menschen, symbolisiert Fruchtbarkeit, Weisheit und Glück – Drachenkämpfe sind hier so gut wie nicht bekannt; siehe Barbara Stamer u. Vera Zingsem, 2001, Kap.: »Schlangen und Drachen im asiatischen Raum«, S. 41, S. 64. Doch auch in Europa finden sich noch Spuren: Alte Ostertraditionen auf Rhodos kennen den Drachen als Glücksbringer. Ein Stück der Avgoules, ein traditionelles Ostergebäck, zeigt einen Drachen, der ein gefärbtes Ei im Maul hat. Er wird nicht gegessen, sondern bis zum nächsten Osterfest (Ostern ist das wichtigste Fest der griechisch-orthodoxen Kirche) aufgehoben.

gezeigt, wessen Kulttiere Drachen und Drachinnen wirklich waren. Schon in den frühen Schöpfungsmythologien stand dieses Tier für das Ur-Chaos, den Ur-Ozean, aus dem sich alles entwickelte. Es symbolisierte die kosmische Göttin, die alles erschuf. Doch seitdem männliche Gottheiten den Pantheon und die Welt eroberten, wurden Drachen – und mit ihnen die Große Göttin, die Ur-Mutter – getötet.[83] So mordete schon Marduk die akkadische Ur-Mutter und Drachengöttin Tiamat in Babylon, Jahwe bekämpfte den weiblichen Leviathan, der Erzengel Michael tötet Luzifer, der ihm als Drache bzw. als Drachin begegnet, zahllose Sagen zeigen uns Drachen als bösartige Tiere, denen zur Besänftigung Jungfrauen geopfert werden müssen,[84] und der Heilige Georg präsentiert uns dieses Szenario bis heute in unzähligen Kirchenfenstern oder Brunnen-Denkmälern.

(Der Erzengel Michael tötet den Drachen bzw. die Drachin, denn sie ist durch die Brüste deutlich als weiblich zu erkennen, l. u. M.l.: Ausschnitt aus dem Altarbild aus der Pfarrkirche in Corrales de Duero in der spanischen Provinz Valladolid vom Meister von Osma, ca. 1500, Diözesan- u. Kathedralmuseum von Valladolid – M.re.: Detail aus dem Altargemälde der Michaelskapelle in Hallstatt, Österreich – re.: Detail aus dem Altaraufsatz in der Wallfahrtskirche Maria Gern bei Berchtesgaden, das die Drachin mit einem Frauenbein zeigt, Bayern)

83 Siehe Edith Marmon, 2012, S. 102-108 und Aninne van der Meer, 2020, Kap. II.3.3: »Die Seeschlangen und die Meeresdrachen«

84 Luisa Francia hat dieses patriarchal verzerrte Motiv in ihrem Buch *Drachenzeit* wieder auf den Kopf gestellt.

So sollte wohl in den Fronleichnamsspielen mit dem Drachen symbolisch nicht der Teufel, sondern die immer noch präsente Göttin getötet werden. »Ideologiegeschichtlich symbolisiert die Drachentötung die Ablösung eines matrizentrischen Welt- und Menschenbildes durch patriarchale Herrschaft«, schreibt Carola Meier-Seethaler.[85]

Es gibt aber mit der hl. Margarethe, eine der 14 NothelferInnen, eine andere, ältere Tradition im Umgang mit Drachen. In vielen Darstellungen tötet sie das Tier nicht, obwohl die Märtyrin Margareta von Antiochia ihrer Legende nach von einem ungeheuren Drachen verschlungen wurde, den sie aber durch das Schlagen des Kreuzzeichens überwinden konnte. Wie bei der Sirene gehen auch hier Volksfrömmigkeit und Bildtradition einen etwas anderen Weg als die christliche Erzählung.

*(l.: Die hl. Margareta aus der Schedelschen Weltchronik (Nürnberger Chronik, Blatt CXXVIr) wurde 1493 vermutlich von Michael Wolgemut, einem Lehrer von Albrecht Dürer, geschaffen, den Drachen hält sie im Arm, statt ihn zu töten – M.: In der Wallfahrtskirche in **Gottsbüren,** Stadtteil von Trendelburg, Nordhessen, sieht der Drache der hl. Margarethe eher wie ein freundliches Haustier aus – re.: Auch auf dem **Lauterbacher** Marienaltar, um 1480, im Vogelsberg ist kein Furcht erregender Drache dargestellt, den die hl. Margarethe töten müsste)*

85 Carola Meier-Seethaler, 2004, S. 73. Auch andernorts wurde unter der Fahne von St. Georg gegen die »Heiden« geritten, so in den Kreuzzügen gegen Muslime. Er war (ist) der Schutzpatron von Ritterorden, so z. B. des Deutschritterordens (bzw. des Deutschen Ordens), der u. a. die kriegerische Eroberung und Missionierung der »heidnischen« SlawInnen im 13. Jh. im Baltikum betrieb.

Die heilige Martha von Bethanien, deren Legende erzählt, sie habe im französischen Rhônetal den Menschen fressenden Drachen Tarasque gebändigt, soll nach einer Legendenfassung den Drachen sogar in einer Höhle versteckt haben, damit ihn niemand töten konnte.[86]

Die heilige Margarethe gehört zusammen mit der heiligen Barbara und der heiligen Katharina, den einzigen Frauen unter den NothelferInnen, zu den sog. »drei heiligen Madeln«, wie der Volksmund sie nennt. Auch im Bildprogramm von Kirchen sind sie oft gemeinsam abgebildet, obwohl die drei heiligen Frauen keine gemeinsame Legende haben. Dies ist ein deutliches Zeichen dafür, dass sie in der Nachfolge der durch das Christentum verdrängten dreigestaltigen, dreifaltigen Göttin stehen – die Junge, die Fruchtbare und die Alte; die Weiße, die Rote und die Schwarze; die Leben gebende, die Leben schützende und die Leben nehmende Göttin.[87] Auch in anderen Dreiergruppen, die Legenden, Sagen und Mythen bevölkern, blieb die Große Göttin zumindest in der Volksfrömmigkeit erhalten.

Aber auch der Hl. Georg (ebenfalls ein Nothelfer) war nicht immer ein Drachentöter. Früher wurde er als Frühlingsbringer verehrt – darauf verweist auch der Termin seines Gedenktages, der 23. April.[88] »Georgi bringt grüne Schuh«, »Kann der Georg im Korn die Krähe verstecken, wird sich das Mehl häufen zu prallen Säcken« lauten zwei der Bauerregeln zu seinem Gedenktag. Ab dem Georgstag sollten die Felder nicht mehr betreten werden. An Georgi war bei gutem Wetter der Viehaustrieb auf die unteren Weiden.[89] Von Felder-Segnung bis »Brautlager auf dem Acker« findet sich alles im Brauchtum zu diesem Tag. Laut Wilhelm Mannhardt war es in der Ukraine früher üblich, dass an Georgi ein Geistlicher in vollem Ornat nach dem Gottesdienst die eingesäten und bereits grünenden Felder segnete – und anschließend wurde mit den Nachbarn auf den Feldern gegessen und getrunken und die jüngeren Ehepaare wälzten sich auf den Saatackern herum.[90] In Bayern ist der hl. Georg bis heute ein Bauernheiliger. Auch der Georgi-Ritt, eine Pferde-Wallfahrt zu Ehren des Heiligen, die besonders in Bayern

---

86 Siehe ihren Eintrag im Ökumenischen Heiligenlexikon (https://www.heiligenlexikon.de/BiographienM/Martha_von_Bethanien.html).
87 Siehe Kap.: »Die drei heiligen Frauen – und die Eine«, Abschnitt »Katharina, Margaretha, Barbara – Die Verchristlichung«
88 Siehe Lore Kufner, 1992, Kap.: »Der Grüne Georg«
89 Siehe Josef Blau, 1911, S. 50
90 Siehe Wilhelm Mannhardt, 1875, S. 480f.

und im Salzburger Land in Österreich stattfindet, zeigt noch immer Merkmale der früheren Frühjahrsriten. Im Oberbayerischen Traunstein stellt der Schwerttanz, der während des Georgi-Rittes aufgeführt wird, die Austreibung des Winters durch den Frühling dar; seine Ursprünge gehen auf das Jahr 1530 zurück.[91] In der Tiroler Stadt Schwaz und den umgebenden Gemeinden wird bis heute um den Georgstag herum mit Glocken, Schellen und Peitschenknallen, dem sog. »Grasausläuten«, der Winter ausgetrieben. Solche Lärmumzüge sind von alters her ein Weckruf für die Vegetation.[92]

Am Georgstag wurde früher beim Frühlingsfest der SlovenInnen im österreichischen Kärnten und Krain ein in Birkenzweige gehüllter Knabe, der den Grünen Georg (zelene Juri) darstellte, durchs Dorf geführt. Er (bzw. eine ihn darstellende Puppe) landete zum Schluss im Wasser[93] – ein symbolischer Tod. Heute ist das Georgijagen[94] in manchen Orten in Kärnten noch ein Heischebrauch, bei dem junge Männer an den Haustüren läuten, in Kuhhörner blasen und den BewohnerInnen Glück wünschen. Noch in den 1970er-Jahren kannte der Brauch ein interessantes Detail: Er begann damit, dass die jungen Burschen am Nachmittag in einer Waldlichtung eine Mulde mit Zweigen abdeckten und so als »Grab« des Hl. Georgs herrichteten, in das der Georg-Darsteller am Abend hineinkroch und aus dem er, nachdem die anderen Jungen Gebete gesprochen hatten, wieder hervorkam – eine symbolische Auferstehung.[95] Dies entspricht einigen Legendenversionen, nach denen der Hl. Georg mehrfach wiederauferstanden sein soll. Tod und Wiederauferstehung im Brauchtum zum Grünen Georg verweisen auf einen Vegetationsgott, der jährlich sterben muss, wie der Jahreskönig der Göttin. Meier-Seethaler hält es für naheliegend, dass frühchristliche Georgskirchen über älteren heidnischen Stätten erbaut wurden.[96]

---

91 Siehe http://georgi-verein.de/schwerttanz/index.html; der Traunsteiner Georgi-Ritt und der Schwerttanz zählen zum bayerischen und zum UNESCO-Kulturerbe.

92 Siehe Georg Graber, 1911, S. 185

93 Siehe Wilhelm Mannhardt, 1875, S. 313

94 Niko Kuret, 1978, S. 28f.: »Wenn nun der Kärntner Brauch als ›Jagen‹ bezeichnet wird, so ist die Bezeichnung eben als Relikt der ursprünglichen Brauchform aufzufassen, als in ihm tatsächlich ›gejagt‹ wurde. Es wurde jedoch logischerweise der Winter verjagt … Der nunmehrige Name des Brauches ist also irreführend, lässt aber Schlüsse auf die einstige Brauchform zu.«

95 Ebd., S. 30

96 Siehe Carola Meier-Seethaler, 2004, S. 66

Da Georgi, der 23. April, vor der Gregorianischen Kalenderreform dem 4. Mai entsprochen hätte, bringt Lore Kufner den Gedenktag mit dem Pfingst-Festkreis in Verbindung.[97] Und auch im Pfingst-Brauchtum finden wir einen Grünen Mann.

Der Grüne Mann im Pfingstbrauchtum

Die protestantische Kirche versuchte, die alten Vegetationsriten auszulöschen, indem sie gegen die Maibräuche wetterte. Maibäume wurden zeitweilig verboten oder es wurde der Versuch unternommen, den »heidnischen Maibaum« durch einen »christlichen Pfingstbaum« zu ersetzen. Doch viele Bräuche und Rituale aus vorchristlicher Zeit wie z. B. die Brunnenfeste haben sich bis heute erhalten. Manche beziehen sich nur noch auf die Verabschiedung des Winters. Doch in manchen Gegenden gibt es auch noch oder wieder den Brauch, zu Pfingsten einen jungen Mann mit frischem Laub zu schmücken und ihn durch die Ortschaft zu führen – auch wenn er seine ehemalige Kultpartnerin, die frühlingshafte Göttin, oft nicht mehr trifft. Regional sind seine Namen verschieden: In Nußdorf im Chiemgau im oberbayerischen Landkreis Traunstein geht der *Pfingstl* um, im oberbayerischen Sachsenkam der *Pfingsthansl*. Im oberpfälzischen Schmidgaden oder Lintach (Bayern) und in Lonsee-Ettlenschieß oder Schalkstetten (Baden-Württemberg) ist es der *Pfingstlümmel*.[98] In Balingen (Baden-Württemberg) wird der *Pfingstbutz* durchs Dorf getragen.[99] *Pfingstdreck* heißt er in Lahr-Burgheim im Schwarzwald.[100] Im Saarland, in der Pfalz und im Elsass wird der *Pfingstquak* im laubgeschmückten Handwagen durch den Ort gezogen. In Altmark (Sachsen-Anhalt) und Tiddische (Niedersachsen) gibt es den *Fischemeier* und die Maibrut (Dialekt für Maibraut). In Oberdorlar (Thüringen) ist am Pfingstmontag der *Schößmeier*-Umzug Tradition. In Langula (Thüringen) wurde früher beim pfingstlichen »Schößmeier-Umzug« gerufen: »Hallo, der Grüne Mann ist

---

97 Siehe Lore Kufner, 1992, S. 19

98 Siehe https://www.schmidgaden.de/freizeit-kultur/brauchtum und »Alter Brauch: Pfingstlümmeltreiben in Lintach«, in: onetz.de, 11.6.2019 (o. v.) sowie »Pfingstlümmel im Dorf«, in: Südwest Presse, 18.5.2016 (o. v.) – Pfingstlümmel werde, wer am Pfingstsonntag als Letzter das Bett verlässt. Diese negative Zuschreibung deutet Friedrich Mößinger als Brauchverschiebung: Der Laubmann sei hier nicht mehr nur lichte Sommergestalt, sondern berge Elemente des Schlechten, des Winters in sich; siehe 1939/1998b, S. 159, 167, 169, 171, 174

99 Siehe Dennis Breisinger: »Pfingstbutz wird durchs Dorf getragen«, in: Schwarzwälder Bote, 10.06.2019 (o. v.)

100 Siehe »Pfingstdreck in Burgheim«, in: Badische Zeitung, 30.5.2012 (o. v.)

da!«[101] Als um 1200 die Kirchenbehörden den Brauch verbieten wollten, setzten die Leute dem Schößmeier (ein übermannsgroßes pyramidenförmiges Gestell auf einem Wagen, mit grünen Girlanden und Blumenkränzen geschmückt, in dem versteckt ein Junge saß) ein Blumenkreuz auf – »mit diesem christlichen Symbol durfte er weiter durch die Dörfer fahren.«[102] In Großvargula (Thüringen) ist vom *Graskönig* überliefert, dass die ihm entrissenen Büsche in den Leinenacker gesteckt wurden, um besonders langen Flachs zu bekommen.[103] In Walterhausen-Schmerbach (Thüringen) ziehen am Pfingstmontag beim Brunnen- und Pfingstfest *Laubkönig und Pfingstbraut* durchs Dorf. Hier hat der Brauch eine lange ununterbrochene Tradition, 2011 feierte die Gemeinde ihr 150. Brunnenfest.[104]

Der Volks- und Brauchtumsforscher Friedrich Mößinger, der Ende der 1930er-Jahren Feldstudien zum Pfingstbrauchtum betrieb, traf in manchen Orten auf eine Art Wettkampf zwischen Sommer und Winter, zwischen dem für die neue Vegetation stehenden Laubmann und der Wintergestalt des Strohbären. Doch für Mößinger stellt erst die Vereinigung der siegreichen Sommergestalt mit der Pfingstbraut »die Krönung und den Gipfel des ganzen Brauches dar.«[105] Die Volkskundlerin Ingeborg Weber-Kellermann, die zu Pfingsten 1957 in den thüringischen Dörfern Weingarten, Schmerbach und Langenhain (Landkreis Gotha) auf sehr lebendiges Brauchtum gestoßen war, spricht vom »kultischen Paar«, das sie auch in den Walddörfern um Waltershausen gefunden habe.[106] Sie sieht in den beobachteten Bräuchen »letzte Schwundstufen einer früher wahrscheinlich über das ganze Land verteilten, festlichen agrarischen Sitte« und datierte die Entstehung dieses Brauchtums in die Anfänge einer Anbau betreibenden Gesellschaft zurück.[107]

---

101 Ingeborg Weber-Kellermann, 1958, S. 371

102 »Oberdorlaer Brauchtum und Trachten – entnommen der Festschrift 1200 Jahre Oberdorla 2005«, in: http://www.ahnen-breitbart.de/Breitbart/Oberdorlaer%20Brauchtum%20und%20Trachten.htm

103 Siehe Helga König, 1999, S. 238 (o.v.); siehe Hedi Lehmann, 1964, S. 48 u. Wilhelm Mannhardt, 1875, S. 357

104 Siehe Dagmar Reißig, 2011, S. 15-17; siehe auch Ingeborg Weber-Kellermann, 1958, S. 366-385

105 Friedrich Mößinger, 1939/1998b, S. 173

106 Siehe Ingeborg Weber-Kellermann, 1958, S. 382

107 Ebd., S. 366-385, S. 373f. Sie verweist auf Adolf Spamer, 1934, II, S. 85ff.: eine Übersicht über die verschiedenen pfingstlichen Laubgestalten im gesamten deutschen Sprachgebiet.

Viele dieser Umzüge sind inzwischen reine Heischegänge[108] und zum Schluss werden die eingesammelten Gaben gemeinsam verzehrt. Doch wie der Grüne Georg müssen manche Nachkommen des Grünen Mannes mancherorts nach vollbrachter Befruchtung der Natur auch heute noch sterben[109] – so wie der Heros der Göttin jedes Jahr sterben musste und im Folgejahr wieder auferstand. Natürlich geschieht das symbolisch: So wie der Schößmeier in Oberdorla in der Vogtei früher am Ende ins Wasser geworfen wurde[110] oder in Bonndorf und Birkendorf (Baden-Württemberg) der *Pfingstpflütter* mit Wasser begossen und »geköpft« wurde (seine Strohkrone verlor),[111] so wurden in den Schweizer Orten Gansingen (Fricktal), Sulz (im Aargau) und Ettingen (Kanton Basel-Landschaft) *Pfingstsprützlig, Pfingstblitter* oder *Pfingstblüttler* früher zum Abschluss der Veranstaltung in den Dorfbrunnen geworfen. Heute bespritzen sie die Zuschauenden und versuchen andere in den Brunnen zu tauchen.[112] In Patzmannsdorf in Niederösterreich wurde das Laubkleid des *Pfingstkönigs* »am Ende des Rundganges früher in den Bach geworfen – heute kommt es auf den Kompost bzw. die Biodeponie.«[113] Jedes Jahr am ersten Sonntag im Mai wird in Bad Ragaz im Schweizer Kanton St. Gallen der *Maibär* – ein 3-4,5 m hohes, mit Buchenlaub, Blumen und farbigen Bändern geschmücktes, kegelförmiges

---

108 Dass es sich dabei nicht um Betteln handelt, betont Friedrich Mößinger. Vielmehr habe sich als zurückgewiesen empfunden, wer dem Laubmann nichts spenden durfte (siehe 1939/1998b, S. 133)

109 Wilhelm Mannhardt, 1875, S. 357f.: »Ein weit verbreiteter und jedenfalls uralter Gebrauch muss in der Hinrichtung des Pfingstbutz erkannt werden. Die wilden Männer im Erzgebirge wurden scheinbar niedergestoßen und gestochen; man spritzte mit blutgefüllten Schweinsblasen unter die Leute. Ebenso wird in Thüringen der wilde Mann erschossen, so dass er wie tot zu Boden fällt. In Böhmen dagegen geschieht die Köpfung allgemein, indem man schallend mit dem Schwert auf die Laubhülle schlägt oder den falschen Reiserkopf, die Königskrone oder einen von mehreren übereinander gesetzten Hüten herunterhaut. In Niederbayern (wird) der Pfingstl ins Wasser geführt und dort geköpft …
In Thüringen bringt ein als Arzt verkleideter Bursche den getöteten Wilden wieder ins Leben.«

110 Siehe Helga König, 1999, S. 238 (o. v.); siehe auch https://eichsfeld-archiv.de/dokument/Pfingstbrauchtum_im_Eichsfelder_und_Vogteier_Gebiet

111 Siehe Friedrich Mößinger, 1939/1998b, S. 170 (nennt weitere Orte, wo die Pfingstgestalt aber wohl in Stroh eingekleidet war) und »Fragebogenaktion 1894/95 im Großherzogtum Baden-Birkendorf«, S. 55 (https://www.leo-bw.de/media/blm_frageboegen/current/delivered/Bilder/FB-041_Text01.pdf, S. 26)

112 Siehe http://www.lebendige-traditionen.ch/traditionen/00079/index.html – Die Internetseiten des Fricktal Regio Planungsverbandes erläutern, dass der Pfingstsprützlig in Sulz von Dorfbrunnen zu Dorfbrunnen geht und mit seinem Stock das Wasser in den Brunnentrögen aufwühlt, was einen trockenen Sommer verhindern und eine gute Ernte verheißen soll. Siehe http://www.fricktal.ch/freizeitregion/brauchtum/pfingstspruetzlig-in-sulz/ Siehe auch Nadine Böni: »Der ›Pfingstsprützlig‹ fällt dieses Jahr ins Wasser. Der Brauch in Sulz und Gansingen muss wegen Corona pausieren«, in: Aargauer Zeitung, 29.5.2020 (o. v.)

113 »Sitten und Gebräuche im Frühling«, in: http://www.patzmannsdorf.at/

Gestell, das von einem starken Jugendlichen getragen wird – nach dem Umzug von der oberen Taminabrücke in die Fluten der Tamina gestürzt.[114]

Wilder Mann und andere Varianten des Grünen Mannes

Manchmal wurde die grüne Gestalt in Thüringen auch *Wilder Mann* genannt.[115] Wilhelm Mannhardt, der diesem Thema ein eigenes Kapitel widmet und einige Beispiele nennt, meint: »Der Zusammenhang dieser Wildemannspiele im Frühling mit den Bräuchen des Pfingstlümmels, Laubmannes usw. steht außer Frage«.[116]

In der Schweiz ist der Wilde Mann auch heute noch im Brauchtum zu finden. Bei Basel ist er im Januar auf seiner jährlichen Talfahrt auf dem Rhein zu sehen. Statt einer Keule, mit der wilde Männer häufig dargestellt werden, schultert er eine Fichte. »Der ›Wild Maa‹ trägt um Kopf und Hüften je einen Kranz von Efeu, der mit roten Äpfeln geschmückt ist. Sie stehen für Fruchtbarkeit und neues Leben ... Heidnische Bräuche schimmern durch.«[117] Die Legende besagt, dass Frauen, die einen solchen Apfel erhalten, schwanger werden. Carola Meier-Seethaler, die nach Verbindungen zwischen Wildem Mann und weiblichen Gottheiten sucht, schreibt, dass er auf dem Umzug nach der Floßfahrt von einer *Wilden Frau* begleitet werde. Und in Graubünden seien es die *Saligen Frauen*.[118]

Friedrich Mößinger schrieb 1939: »Im Samnauertal hat der ›Wilde Mann‹ in einem Spiel, in dem er verfolgt und getötet wird, eine weiß gekleidete Braut bei sich.«[119] Und Erni Kutter erläutert, dass das Südtiroler Volk im Verehrungsbereich der *drei Bethen* den Wilden Mann, der dort als dreiköpfiger Riese das Frühjahr ankündigt, als eine Arte »Wald- und Vegetations-

114 »Maibär«, in: http://www.badragaz.ch/de/vereine/kultur/kulturinbadragaz/?action=showinfo&info_id=3965

115 Siehe Helga König, 1999, S. 236 (o. v.)

116 Wilhelm Mannhardt: Wald- und Feldkulte, 1875, 4. Kap., § 5: »Laubeinkleidung. Der wilde Mann. Spielart des Laubmännchens«, S. 333-337, S. 337

117 https://altbasel.ch/dossier/vogel-gryff.html

118 Carola Meier-Seethaler, 2004, Kap.: »Christopherus, der Wilde Mann und der Grüne Mann«, S. 116-123; siehe auch Christian Caminada, 1961, S. 175f.

119 Friedrich Mößinger, 1939/1998b, S. 174. Mößinger bezieht sich auf einen Artikel von S.L. Lötscher im Schweizer Archiv für Volkskunde, XXXIII 1933, S. 75f.

gott oder zumindest als Elementarwesen der Wälder und der Natur in Erinnerung behalten hat.«[120]

Auch in Deutschland ist der Wilde Mann nicht nur mit Keule, sondern auch mit viel Grün bekannt, wie z. B. in Wildemann im Harz, wo er auch auf dem Stadtwappen einen Baum im Arm hält.

(Wilde Männer mit viel Grün, l.: »Wilder Maa« nach seiner jährlichen Rhein-Talfahrt beim anschließenden Umzug in Basel – re.: Denkmal des Wilden Mannes mit weiblicher Begleitung vor dem ehemaligen Rathaus von Wildemann, Ortschaft Stadt Clausthal-Zellerfeld, Kreis Goslar, Niedersachsen)

In der Basilika St. Valentin in **Kiedrich** im Rheingau-Taunus-Kreis gibt es eine Blattmaske mit einem schwarzen Gesicht. In einem Kirchenführer wird sie als »Wilder Mann« benannt.[121] Zu sehen ist sie leider nicht, denn sie wird von einem Flügel des Johannesaltars verdeckt.

Im 16. Jahrhundert von Calvin verboten, wird heute in vielen Gemeinden im Schweizer Kanton Genf das Volksfest »Le Feuillu« wieder gefeiert, in dessen Mittelpunkt meist ein Kinderumzug mit Maikönigin und Maikönig steht – und eine Figur, behängt mit Ästen, frischen Zweigen und Blüten, die *Le Feuillu* (der Blättrige) genannt wird.

---

120 Erni Kutter, 1997, S. 52-55, S. 54 – Aus Sicht der katholischen Kirche stellten der Wilde Mann und auch die Wilde Frau »gefallenes und degeneriertes Menschentum dar, das irgendwo zwischen Mensch und Tier angesiedelt war«, erläutert Ernst Ralf Hintz, 1999, S. 617

121 Werner Kremer, 2017, S. 37 (kleines Foto auf S. 36) – In dieser Kirche gibt es auch eine doppelschwänzige Sirene und verschiedene Blattmasken.

Annette Rath-Beckmann meint, dass es sich auch beim **Wanfrieder** *Brombeermann* um eine (spezielle) Erscheinungsform des Grünen Mannes handeln könne.[122]

(Wanfrieder Brombeermann, Werra-Meißner-Kreis – re.: Mit Elfen und Zwergen)

Jedes Jahr kommt er, mit Blüten und Grün geschmückt, am zweiten Wochenende im Juli mit seinem Gefolge, den Elfen und Zwergen, in die Landstadt im nordhessischen Werra-Meißner-Kreis zum Wanfrieder Vogelschießen, dem traditionellen Volks-, Schützen- und Heimatfest. »Vor dem Rathaus übergibt ihm der Bürgermeister den Stadtschlüssel. Für vier Tage übernimmt er damit symbolisch die Regentschaft.«[123] Das Märchen vom Brombeermann erzählt von einem kecken Zwerg, der beim Spielen die Perlenkette von Frau Holle zerriss und dafür von ihr bestraft wurde: Die Perlen sollten sich in Brombeeren verwandeln, und er musste sie alle bis zur letzten Beere in einer Nacht pflücken, bevor das Käuzchen in der Morgendämmerung dreimal ruft. Er schaffte es nicht, und so vergingen viele Jahre, die er jede Nacht zur Brombeerzeit mit dieser Arbeit verbrachte. Bis eine mitleidige Elfe das Käuzchen ver-

122 Siehe Annette Rath-Beckmann: »Umzüge der ›Holle-Frauen‹ (Hullefraan) in Thüringen und angrenzenden Gebieten«, in: http://www.goettin-holle.de/Umzuege-der-Holle-Frauen.html. Außerdem fragt sie, ob vielleicht hinter dem *Kirmesläufer* von **Germerode** im nordhessischen Werra-Meißner-Kreis eine verwandte Gestalt steckt. Er trägt vier bunte Tücher und vermittelt durch seine Fröhlichkeit die Freude über das Ende des Winters und den Beginn des Frühlings, der die Natur erwachen lässt. Vor Ort wird in der heidnischen Gestalt, die nicht am Gottesdienst teilnehmen darf, der Gott Wotan gesehen; siehe https://www.salatkirmes-germerode.de/urspung_salatkirmes.htm.

123 https://www.wanfried.de/buergerservice/engagement-hobby/brombeermann/

scheuchte. Als der Zwerg alle Brombeeren gepflückt hatte, verwandelten sie sich wieder in die Perlenkette von Frau Holle.[124]

Auch beim *heiligen Christophorus* gibt es eine Nähe zum Grünen Mann.[125]

Der grüne Nikolaus

Und noch eine weitere »grüne Gestalt« ist zu nennen: der *heilige Nikolaus.* Das mag zunächst verwundern, denn zumindest in Deutschland ist dieser Heilige, der im 4. Jahrhundert in Myra in der Region Lykien (heute Türkei) als Bischof wirkte, meist nur noch als vorweihnachtlicher Gabenbringer bekannt. »Er zerstörte Tempel der Heidengöttin Diana/Artemis, die in den Küstenorten Lykiens als Patronin der Seefahrer verehrt wurde; ihr Tempel in Myra war der größte und prunkvollste – Nikolaus' Gedenktag 6. Dezember ist Dianas Geburtstag«, erläutert das Ökumenische Heiligenlexikon.[126] Bis heute gilt Nikolaus, der einmal ein Schiff aus Seenot gerettet haben soll, statt Diana als Schutzpatron der Seeleute.[127] Lore Kufner analysiert, dass der neue Heilige sich auch noch andere Fähigkeiten der alten Göttin einverleibt hat, und erinnert daran, dass seine Verehrung im süddeutschen und alpenländischen Raum häufig gekoppelt ist an die Verehrung der drei Bethen: »Diesen drei Jungfrauen ist er ein ›ständiger Begleiter‹. Er erscheint in ihren Kirchen häufig am Seitenaltar oder im Freskenschmuck oder gibt einer nahegelegenen Quelle seinen Namen.«[128] Und auch andere göttliche Weiblichkeit ist mit dem hl. Nikolaus verbunden. In Italien ist es nicht der Nikolaus, sondern Befana, die den Kindern in der Nacht vom 5. auf den 6. Januar (in der letzten Rauhnacht) die Geschenke

124 Siehe Wilhelm Pippart, 1928

125 Siehe Kap.: »Die Göttin als Sirene«, Abschnitt »Christophorus und die Nixe oder die Göttin und ihr Heros«

126 https://www.heiligenlexikon.de/BiographienN/Nikolaus_von_Myra.htm

127 Auch in Hessen gibt es eine jährliche Schiffsprozession zu Ehren des Schutzpatrons der Fahrensleute: in Assmannshausen, einem Stadtteil von Rüdesheim am Rhein im Rheingau-Taunus-Kreis, am Ostufer des Rheins. Seit über 70 Jahren führt am Sonntag nach dem 6. Dezember die Nikolauswallfahrt zur alten Kapelle des hl. Nikolaus gegenüber dem Binger Mäuseturm unterhalb der Ruine Ehrenfels – siehe »Mit dem Nikolaus auf dem Rhein bei Bingen unterwegs«, in: Allgemeine Zeitung, 6.12.2019 (o. v.) und Stefan Brilmayer: »Über die Rheingrenze hinweg verbindet eine Schiffswallfahrt zu Ehren des heiligen Nikolaus«, in: https://bistummainz.de/glaube/aktuell/nachrichten/nachricht/Auf-den-Atem-Gottes-ist-Verlass/, 12.12.2019

128 Lore Kufner, 1992, S. 146-157, S. 156

bringt. Im kroatischen Dalmatien und weiteren Regionen war Luzia die Gabenbringerin.[129] Im Salzburger Land und in Oberösterreich gab es eine *Nikolausfrau*.[130] In Hessen ist der hl. Nikolaus auch in der Nähe der drei heiligen Frauen Barbara, Katharina und Margareta (den Nachfolgerinnen der drei Bethen) zu sehen, wie auf dem Dreikönigsaltar im Rheingauer Dom in Geisenheim.[131]

Auch dort ist der hl. Nikolaus mit drei Goldkugeln zu sehen, die er laut der Legende drei armen Jungfrauen schenkte, um sie vor der Prostitution zu retten. In der Kirche St. Nikolaus in Klerant im Südtiroler Eisacktal tut er das auf einem Deckenfresko im Altarraum nicht im Bischofsmantel, sondern im kurzen grünen Gewand. Erni Kutter vermutet, dass seine Rolle ursprünglich noch eine andere war als die eines christlichen Bischofs oder »Dämonenaustreibers«, vielmehr gebe er sich als grüner Mann zu erkennen.[132] Und dafür gibt es Belege, denn früher war der hl. Nikolaus auch als Sommerheiliger bekannt – als *Sankt-Nikolaus-der-Grüne* –, wie Colette Méchin, die Zusammenhänge zwischen Nikolauskult und Erntebrauch aufzeigt, erklärt.[133] »Denn es gab im Leben der traditionellen bäuerlichen Gesellschaft zwei Nikolausfeste: das eine, das bekanntere, im Winter ... das andere zu Beginn des Sommers, an Pfingsten, von dem nur noch Reste erhalten geblieben sind.«[134] Im belgischen Wallonien schnitten Kinder zu diesem Fest Maien ab, in Frankreich brachten in Guérande in der Bretagne die Mitglieder der Bruderschaft des hl. Nikolaus nach der Messe von einem Ausritt Zweige voll Blätter und Blüten in die Stadt und in Metz wurden Messen zum Schutz der Ernte gelesen. In Lille gab es im 18. Jahrhundert ein mehrtägiges Fest, bei dem der hl. Nikolaus zum Abschluss nach einem Umzug ins Wasser geworfen wurde – wie die vielen grünen, den Frühling bringenden Pfingstgestalten in Deutschland, Österreich und der Schweiz zum Teil heute noch. Letzte Reste dieses Nikolaus-Brauchtums zeigen sich im französischen Lothringen, dessen Schutzherr der Heilige ist: In Saint-Nicolas-de-Port findet jedes Jahr am Pfingst-

---

129 Siehe Leopold Kretzenbacher, 1953-54, S. 210 u. 211 – Siehe Kap.: »Das Christkind, sein Esel und deren AhnInnen«, Abschnitt »Luzienbrot und Getreidebüschel für Luzia«

130 Siehe Kurt Derungs, 2015, Kap.: »Nikolaus und Nikolausfrau« – Siehe Kap.: »Mittwinter, Lichtfest, Lichtmess, Fastnacht – überall tanzen die Strohbären«, Abschnitt »Verchristlichung und das mittwinterliche Paar«

131 Siehe Kap.: »Die drei heiligen Frauen – und die Eine«, S. 213, Foto o.re.

132 Siehe Erni Kutter, 1997, S. 24

133 Siehe Colette Méchin, 1982, S. 113. Zu Zusammenhängen zwischen dem winterlichen Nikolaus mit Ernteschlussbräuchen siehe Oswald A. Erich u. Richard Beitl, 3/1974, Artikel »Nikolaus«, S. 602 und Helmut Seebach, 2002, Kap.: »Christkind und Nickelgestalten«

134 Colette Méchin, 1982, S. 7

montag zu Ehren des heiligen Nikolaus ein Gottesdienst mit anschließendem Umzug durch die Gemeinde statt.[135]
Erni Kutter resümiert, der hl. Nikolaus erweise sich »als eine Art matriarchaler Heros im Bischofsgewand, dessen ursprüngliche Nähe zur dreigestaltigen Göttin auch dann noch durchscheint, wenn er, wie vielerorts geschehen, an ihre Stelle getreten ist oder sie, wie in Klerant dargestellt, verdrängt und vertrieben hat.«[136]

Laubmännchenumzüge in Hessen

Nach Friedrich Mößinger war in der Mitte des letzten Jahrhunderts noch im ganzen deutschen Sprachgebiet und weit darüber hinaus die pfingstliche Laubgestalt bekannt. Für Hessen nannte der Heimatforscher besonders den Taunus, den Dillkreis, das Marburger Land und die Schwalm.[137] Auch im Odenwald gab es zu Pfingsten Laubmannumzüge.[138]
Heute sind es in Hessen nur noch einige kleine Dörfer im Taunus, in denen am Pfingstmontag noch das Laubmännchen in unterschiedlicher Gestalt durch die Straßen zieht.

Viele liegen im Hochtaunuskreis, hier sind zu nennen **Rod an der Weil,**[139] **Neuweilnau** (wo der Laubmännchen-Brauch erst 2015 wiederbelebt wurde),[140] **Altweilnau,**[141] **Riedelbach,**[142]

135 In der Wallfahrtskirche Saint-Nicolas wird dort eine Reliquie des heiligen Nikolaus von Myra aufbewahrt: ein Fingerglied des Heiligen, das ein lothringischer Ritter nach Port gebracht haben soll, nachdem süditalienische Seeleute 1087 die Reliquien des Heiligen gestohlen und von Myra nach Bari gebracht hatten. In der Apulischen Stadt wird das Fest nicht an Pfingsten, sondern vom 7. bis 9. Mai, dem Tag der Ankunft der Reliquien, gefeiert.

136 Erni Kutter, 1997, S. 25. In der Nikolauskirche in Klerant gibt es auch eine Fresken-Szene, in der der hl. Nikolaus Diana, dargestellt als Dämonin mit Reißzähnen, Hörnern, Flügeln, Klauen und Schwert, aus ihrem Baumheiligtum vertreibt. Und eine Darstellung der hl. drei Bethen, die drei Goldkugeln in Händen halten, genauso wie der hl. Nikolaus auf dem Altar.

137 Friedrich Mößinger, 1939/1998b und 1937/1998c

138 Siehe https://trachtenland-hessen.de/hessen/pfingstbrauch-im-odenwald

139 Siehe »Laubmännchen in Weil an der Rod«, in: Usinger Anzeiger, 9.6.2017 (o. v.)

140 Siehe »Das Laubmännchen lebt«, in: Usinger Anzeiger, 26.5.2015 (o. v.) oder Alexander Schneider: »Ein sauberer Neustart«, in: Taunus Zeitung, 28.5.2015 (o. v.)

141 Siehe die Internetseiten der Gemeinde: http://www.altweilnau.de/veranstaltungenfeste-feiern-sport-kultur/laubmaennchen.html und »Im Wagen sitzt versteckt der ›Kuckuck‹«, in: Usinger Anzeiger, 7.6.2017 (o. v.)

142 Siehe »Riedelbacher feiern am Pfingstmontag das Laubmännchen«, in: Usinger Anzeiger, 10.6.2019 (o. v.)

Niederlauken (hier hat das Laubmännchen eine kleine Tanne als Krone auf dem Kopf),[143] **Cratzenbach**[144] (alles Ortsteile von Weilrod), **Neu-Anspach-Westerfeld,**[145] **Hausen-Arnsbach** (ein weiterer Stadtteil von Neu-Anspach), wo 2015 ein Comeback des Laubmännchens stattfand, doch das einstige getrennte Feiern von Mädchen und Jungen wurde nicht beibehalten.[146] **Schmitten-Hunoldstal** hat 2017 wieder mit dem Brauch begonnen.[147]

(Das Laubmännchen zieht mit seinem Gefolge am Pfingstmontag 2018 durch Schmitten-Hunoldstal)

»Schon vor vielen Jahren zogen Mädchen und Jungen mit einem mit Laub und Blumen geschmückten Leiterwagen durch das Dorf. Vor den Häusern wurden Lieder gesungen und als Dank überreichten die Bewohner den als Butzemann, Pferdchen und Laubmännchen verkleideten Kindern Eier, Speck und Geld«, ist 2018 der Bekanntmachung der Heimat- und Brauchtumsgruppe Hunoldstal am Backes (Backhaus) zu entnehmen. Auch heute werden nach dem Zug durchs Dorf die geschenkten Eier gemeinsam bei einem kleinen Fest verzehrt.

---

143 Siehe »Ein Gewand aus Birkenreisig«, in: Usinger Anzeiger, 19.5.2018 (o. v.). Es erscheint auf dem 2019 noch ausgerichteten Heckenfest.

144 Siehe »Auch in Cratzenbach lebt der Brauch«, in: Usinger Anzeiger, 8.6.2017 (o. v.)

145 »06. Juni - ab 16 Uhr - Laubmännchen, Treffpunkt Kindergarten Westerfeld«, informierte die Ev. Kirche Westerfeld 2017; siehe http://www.evangelisch-westerfeld.de/gemeinde-aktuell/terminvorschau/ – Während der Neu-Anspacher Taunusklub für sein traditionelles Eierbacken am »Laubmännchen«-Tag kein Laubmännchen mehr schmückt; siehe »Auch ohne ›Laubmännchen‹ ein großer Erfolg«, in: Usinger Anzeiger, 6.6.2017 (o. v.)

146 Siehe Frank Saltenberger: »Lange Tradition und ein Comeback«, in: Frankfurter Neue Presse, 29.5.2015 (o. v.)

147 »Alte Tradition – neu belebt«, in: Usinger Anzeiger, 6.6.2017 (o. v.); »Laubmännchen in Hunoldstal«, in: Usinger Anzeiger, 6.6.2019 (o. v.)

Etwas Geld erhielten die Kinder auch früher schon: Da saß der Laubmann versteckt im geschmückten Bollerwagen, wer ihn sehen wollte, musste einen Obolus entrichten.
Friedrich Mößinger erinnert das geschmückte Wägelchen, in dem sich früher in verschiedenen Orten der Laubmann verbarg, an die Wagenfahrt der Göttin Nerthus.[148]
In **Usingen-Merzhausen,** wo auch die VorkonfirmandInnen mitlaufen, trägt der Laubmann auch noch eine Blumenkrone.[149] Mößinger spricht von einer Bügelkrone und berichtet, dass früher die Mädchen nach deren Fertigstellung dreimal um sie herumgingen und dabei einen Spruch aufsagten: »Den diese Krone morgen wird zieren, soll bald eine von uns zur Hochzeit führen!« – was er als »eine deutliche Anspielung auf die Vermählung des Maimanns mit der Maibraut« interpretiert.[150]
In **Grävenwiesbach-Heinzenberg**[151] sowie in **Grävenwiesbach-Naunstadt**[152] sind es die KonfirmandInnen, die mit einem mit frischem Laub und Blumen geschmückten Bollerwagen durch den Ort ziehen.
Das Laubmännchen von **Laubach** schaffte es sogar ins Fernsehen bei der hr-Sendung »Dolles Dorf«, ausgestrahlt in der *Hessenschau* vom 19.5.2018.[153] »Die zu Grävenwiesbach gehörende Gemeinde Laubach mag als Ort der reinen Lehre gelten. ›Das Wissen wird hier von Kinder-Generation zu Kinder-Generation weitergegeben‹, sagt Iris Opl, die das alte Brauchtum dokumentiert. Was früher immer am Dienstag nach Pfingsten vonstatten ging, wurde vor wenigen Jahren auf den Pfingstmontag verlegt. Am frühen Morgen machen sich Kinder im Alter zwischen 11 und 17 Jahren auf den Weg ins Grüne, um den zweitältesten Buben der Gruppe einzukleiden. Während die Mädchen von Haus zu Haus ziehen und Blumen, Speck und Eier einsammeln, wird im Wald eine Krone aus Buchenlaub angepasst. Auch Beine, Arme und Körper des Jungen verschwinden hinter hellgrünem Laub.

---

148 Siehe Friedrich Mößinger, 1937/1998c, S. 189 – Zur Wagenfahrt der Nerthus siehe in diesem Kapitel S. 116

149 Siehe die Interetseiten der Gemeinde zu Sitten u. Bräuchen: https://www.merzhausen-taunus.de/sitten-braeuche.html (mit Fotos) u. Evelyn Kreutz: »Aufwendiges Kostüm für den Laubmann«, in: Frankfurter Neue Presse, 19.5.2016 (o. v.). Siehe auch Karl Baeumerth, 1994

150 Friedrich Mößinger, 1939/1998b, S. 128f.

151 Siehe »Laubmännchen in Heinzenberg«, in: Usinger Anzeiger, 14.5.2016 (o. v.)

152 Siehe »Das Laubmännchen ist ein Kinderspiel«, in: Usinger Anzeiger, 9.6.2017 (o. v.)

153 Siehe das YouTube-Video »Laubach Ts. – Dolles Dorf im hr-Fernsehen«, in: https://www.youtube.com/watch?v=WTAjwOeUGGA; siehe auch »Das Grävenwiesbacher Laubach kommt im HR-Fernsehen«, in: Usinger Anzeiger, 18.5.2018 (o. v.), siehe auch http://www.mein-laubach.de/Geschichte%20Seiten/Geschichte%20Laubmaennchen.html

Geschmückt mit den gesammelten Blüten, beginnt das gesichtslose Wesen seinen Rundgang. Es muss durchs Dorf geführt werden, umgeben von einer singenden Kinderschar … ›Laubach ist eine abgeschlossene Welt‹, sagt Opl. Der Laubmännchen-Umzug sei unter allen Festen für die Kinder ›das Höchste‹.«[154]

Die Gemeinde **Langenbach** (Ortsteil von Weilmünster, Kreis Limburg-Weilburg) hat umfangreiche Informationen zum Brauchtum und speziell zum Laubmann mit Bildern ins Netz gestellt.[155] Und in **Langenhain** (Stadtteil von Hofheim am Taunus) im Main-Taunus-Kreis wird der Laubmann am Pfingstsonntag auf einem Handwagen von mehreren Kindern durchs Dorf gefahren.[156]

(Laubmännchen in Idstein-Lenzhahn im Rheingau-Taunus-Kreis, Pfingstmontag 2017)

In **Lenzhahn** (Stadtteil von Idstein) im Rheingau-Taunus-Kreis wird das Laubmännchen beim neu renovierten Backes mit frischem Laub geschmückt und geht dann gemeinsam mit einer Kinderschar, die einen ebenfalls mit Laub verzierten Bollerwagen zieht, durchs Dorf. Auch hier wird an einigen Haustüren geklingelt und es werden Mailieder vorgetragen. Die geschenkten Eier werden im Bollerwagen gesammelt und zum Abschluss am Backes gebraten und gemeinsam verspeist. Auch die Häuser sind z. T. mit frischem Grün herausgeputzt. Maibaum oder Brunnen werden aber nicht mit ausgeblasenen Eiern geschmückt.

---

154 Olaf Velte: »Aier eraus, Speck eraus!«, in: Frankfurter Rundschau, 26.5.2012 (o. v.) – Michael Sturm-Berger, 2015, S. 89, nennt auch noch **Neu-Anspach-Anspach, Neu-Anspach-Rod am Berg, Usingen-Eschbach, Usingen-Michelbach, Usingen-Wilhelmsdorf, Wehrheim-Oberhain, Schmitten-Brombach** als Orte mit lebendigem Laubmännchen-Brauchtum für den Hochtaunuskreis (o. v.).

155 Siehe http://www.langenbach-info.de/Brauchtum/brauchtum.html und http://www.langenbach-info.de/Brauchtum/Laubmann/laubmann.html

156 Siehe http://www.langenhainer-heimatverein.de/html/laubmannchen.html

Im benachbarten **Heftrich** (auch ein Stadtteil von Idstein) sind es sogar zwei Laubmännchen (aus den Gruppen der kleinen und der großen SchülerInnen), die »Abschied vom Winter und Begrüßung des Frühlings« symbolisieren.[157] »Belohnt werden sie mit Geld, Süßigkeiten und Eiern als Symbole der Fruchtbarkeit. Mit Schellenbändern soll ordentlich Lärm gemacht werden, um den Winter endgültig zu vertreiben.«[158] 2019 war auch wieder ein »Laubmädchen« dabei – wobei das »Laubmädchen« in die eine, das »Laubmännchen« in die andere Richtung zieht. 2020 und 2021 musste der Umzug wegen Corona ausfallen.[159]

(Schnook in Heidenrod-Laufenselden, Rheingau-Taunus-Kreis, 2017)

In **Laufenselden,** dem größten Ortsteil von Heidenrod im Rheingau-Taunus-Kreis, läuft am Pfingstmontag der »Schnook« durchs Dorf – eingewickelt mit Schnookekraut (Farnkraut). Er hat einen prächtigen Blumenbogen über dem Kopf, für den am Pfingstsonntag Blumen im Ort gesammelt werden. Friedrich Mößinger sah in ihm ein Sinnbild der Fruchtbarkeit.[160] Auch hier heißt es, der Brauch stamme vermutlich aus vorchristlicher Zeit.[161] »Der Schnook, eingehüllt in sein Farnkleid, mit kleinen Schellen behangen, über dem Kopf der Blumenbogen, in der Hand einen knorrigen Knüppel, wird von der Schnookegesellschaft begleitet.«[162]

Früher trug der Schnook keinen Blumenbogen, sondern ein mit »Herrgottsschückelchen« (Schotenklee, gewöhnlicher Hornklee) geschmücktes Kreuz auf dem Kopf[163] – so wie einst auch die Maimänner in drei Orten in der Gegend von Dillenburg (**Steinbrücken, Mandeln** und **Straßebersbach,** heute Ewersbach, alles

157 http://www.heftrich-online.de/braeuche/laubmaennchen/; siehe auch »Grüner Zug durch Heftrich. Laubmännchen und -frauchen an Pfingsten unterwegs«, in: Idsteiner Wochenblatt, 17.5.2018
158 Patricia Bastian-Geib: »Alter Brauch in Heftrich«, in: Wiesbadener Kurier, 11.6.2019
159 Siehe »Corona verhindert erneut Heftricher Laubmännchen«, in: Wiesbadener Kurier, 26.5.2021 (o. v.)
160 Siehe Friedrich Mößinger, 1939/1998b, S. 129
161 Siehe »Schnook zieht durch Laufenselden«, in: Wiesbadener Tagblatt, 27.5.2015 (o. v.)
162 »Der Schnook in Laufenselden«, in: Wiebadener Kurier, 10.06.2017 (o. v.)
163 Siehe Wilhelm Mannhardt, 1875, S. 324

Ortsteile von Dietzhölztal[164]). Doch das Kreuz verschwand, weil es von der Geistlichkeit als Verspottung des Christentums aufgefasst wurde. Tatsächlich sei es aber kein christliches Kreuz als Kopfputz, sondern ein Mittel gewesen, um eine Riesengestalt darzustellen, wobei die Querbalken des Kreuzes die Arme der Figur sein sollten.[165] Zu dieser Riesengestalt habe dann als Ausrüstung auch der Knüppel gepasst.[166]
Nach dem Umzug wurde der Schnook in Laufenselden früher »auf fremder Gemarkung entlaubt«.[167] Heute gibt es nur noch ein gemeinsames Essen der eingesammelten Eier.

Und überhaupt scheint dieser Teil des einstigen Ritus – dass der Frühlingsbringer »sterben« muss, damit er im nächsten Jahr wieder erscheinen kann – in Hessen schon seit längerer Zeit vergessen worden zu sein. Die Forschungslage ist dünn, doch für die Zeit um 1800 fand Friedrich Mößinger einen Beleg: In **Lollar-Odenhausen** (Kreis Gießen) wurde am letzten Pfingsttag ein Bursche, der in einem aus Farnkraut gefertigten Anzug steckte und einen aus Weidenbast hergestellten hohen Hut trug, von der Burschenschaft bei seinem Umzug durchs Dorf begleitet. Mit frisch geschnittenen Stöckchen schlug er dabei das Publikum.[168] Wohl der Rest eines alten Fruchtbarkeitsrituals: das Berühren mit der Lebensrute. Und anschließend wurde er im Wald rituell »begraben«.

Martin R. Textor, Mitbegründer des Instituts für Pädagogik und Zukunftsforschung (IPZF) und Autor eines Kita-Handbuches, spricht über die alte Tradition des *Pfingstquak* (auch Pfingstlümmel, Maimann, Schnook oder Pfingstbutz genannt), bei der »der Frühling in Form eines ›Vegetationsgeistes‹ herbeigeholt« werde – und empfiehlt, in Kindergärten beim Feiern des Pfingstfestes u. a. diese Tradition aufzugreifen.[169]

164 Siehe auch den folgenden Abschnitt »Maimann und Pfingstbraut«
165 Siehe Friedrich Mößinger, 1939/1998b, S. 138 u. S. 142
166 Siehe Karl Löber, 1965, S. 237
167 Friedrich Mößinger, 1939/1998b, S. 139
168 Siehe ebd., S. 150f. u. S. 170
169 Siehe Martin R. Textor, 2000 (o. v.)

Maimann und Pfingstbraut

Im mittelhessischen Lahn-Dill-Kreis wird der mit frischem Laub geschmückte junge Bursche »Maimann« genannt.

In Ortsteilen von **Dietzhölztal**[170] und **Eschenburg** ist die Tradition des Maimann-Umzuges an Pfingsten noch heute lebendig. Und auch in einigen Stadtteilen von **Haiger** (die alle nur wenige Kilometer auseinanderliegen) – wie z. B. in **Offdilln.**[171]

(Ankündigung des Maimanns in Haiger-Offdilln, Lahn-Dill-Kreis, 2018)

Hier hat der Grüne Mann auch noch nicht seine Kult-Partnerin verloren, denn in diesen Orten gibt es auch eine *Pfingstbraut.* Früher war die Pfingstbraut nicht nur in Hessen, und hier besonders im Dillkreis, keine Seltenheit.[172]
1965 zählte der Heimatforscher Karl Löber im Dillkreis noch 16 Orte, in denen regelmäßig der Maimann an Pfingsten durch die Gemeinde zog. Eine Pfingstbraut war aber nur noch in 7 Orten regelmäßig und in 2 Orten unregelmäßig vertreten. Dies erklärte er u. a. damit, dass die Pfingstbraut mehr als der Maimann als Kinderkram und Spielerei angesehen werde.[173]

Heute sind es in Eschenburg die Ortsteile **Eibelshausen** und **Roth,** in denen die Pfingstbraut noch durch den Ort läuft.

---

170 Siehe auch die Ausführungen zum Schnook in Laufenselden im vorhergehenden Abschnitt »Laubmännchenumzüge in Hessen«

171 Siehe »Der Maimann zieht durch Offdilln«, in: Haigar heute, 13. Juni 2019, S. 4, https://www.haiger.de/leben-in-haiger/mitteilungsblatt-haiger-heute/archiv/ausgabe-129.pdf?cid=1dd; »Wenn der Maimann im Juni durch die Straßen wandert«, in: mittelhessen.de, 10.6.2019 (o. v.)

172 »Belege aus England, Holland, Frankreich, Deutschland könnten in großer Zahl gebracht werden ... Rheinland ... Cleve ... Braunschweig ... kennen die Pfingstbraut auch, ebenso die Steiermark« (Friedrich Mößinger, 1939/1998b, S. 173, Anm. 167); Mößinger meint, die Pfingstbraut könnte eine Nachfolgerin der Göttinnen sein, deren Bildnisse im Frühjahr mit dem Wagen über Land gefahren wurden, um die Felder zu segnen; siehe ebd., S. 162

173 Siehe Karl Löber, 1965, S. 228 u. 239 – Ausführliche Beschreibung des Brauchgeschehens mit vielen Fotos.

In **Haiger-Weidelbach**[174] und **Haiger-Oberroßbach**[175] ziehen mit Blumenkronen geschmückte Mädchen am Pfingstsonntag gemeinsam mit dem Maimann durch den Ort.[176] Maimann wird auch hier noch immer einer der Jungen aus dem Dorf, die in diesem Jahr konfirmiert wurden. »Pfingstbraut wird eines der Mädchen, die im Sommer eingeschult werden.«[177] Das trifft meist auch auf ihre zwei Begleiterinnen zu. Denn sie gehen immer zu dritt.

Auch in **Rittershausen, Mandeln und Steinbrücken** (alle Dietzhölztal) gibt es noch die Tradition des Maimanns und der Pfingstbraut bzw. der »Pfingstbräutchen«. Auch hier geht die Pfingstbraut zu dritt. Ob die Dreizahl auf mythologischen Zusammenhängen beruhe, könne vermutet, aber kaum bewiesen werden, meint Karl Löber. Eher sei an eine Pfingstbraut und zwei Begleiterinnen zu denken, was dazu passe, dass von den drei Mädchen nur eines »Pfingstbraut« genannt werde. 1965 hörte er in Steinbrücken noch die Bezeichnungen »Kroppedeckel« (Topfdeckel) und »Gejßkann« (Gießkanne) für die beiden Begleiterinnen – was er mit Lärminstrumenten in Verbindung bringt, die die Vegetation wecken, aber auch Übel abwehren sollen.[178] Auffällig bleibt trotzdem, dass sie zu dritt und nicht zu viert oder zu fünft unterwegs sind. Auch bei der Kleidung, die die Mädchen früher trugen, will Löber einen mythologischen Zusammenhang nicht ausschließen: »Ob aber nicht doch dem Schleier und den weißen Kleidern oder Schärpen ein mythologischer Sinn innewohnen, mögen unter Bezug auf die weißgekleideten, verschleierten, brautkronentragenden Christkind- und Hollegestalten die zuständigen Fachleute entscheiden.«[179] Außerdem tragen die Pfingstbräutchen ein Kopfkränzchen. In Rittershausen ist das Schmücken der Pfingstbraut »seit Jahrzehnten Auf-

---

174 »Maimann/Pfingstbraut auf Tour. Alte Bräuche werden in Weidelbach aufrecht erhalten«, in: Haigar heute, 13. Juni 2019, S. 4, https://www.haiger.de/leben-in-haiger/mitteilungsblatt-haiger-heute/archiv/ausgabe-129.pdf?cid=1dd

175 Siehe die Internetseiten zum Stadtteil: http://www.haiger.de/cms/Haiger/Geschichte/Oberrossbach/

176 Bei Langenaubach, einem weiteren Stadtteil von Haiger, gibt es ein Naturdenkmal, das »Wildfrauhäuschen« genannt wird. Es ist ein Felsen, um den sich viele Sagen ranken. Der oberhessische Heimatforscher Max Söllner meint, dass Orte, die mit den sogenannten »Wilden Frauen« in Verbindung gebracht werden, früher Kultplätze waren, und verbindet die Wilde Frau mit der heute nicht mehr bewussten Erinnerung an »eine gütige Göttin der Jungsteinzeit, die im Mittelmeergebiet in West- und Mitteleuropa weithin sowohl in einer als auch in dreifacher Gestalt verehrt worden ist«; siehe Max Söllner, 1980, S. 9

177 »Pfingstbraut und Maimann unterwegs. Weidelbacher Bevölkerung hält an alten Bräuchen fest – 1000 Eier ›verbacken‹«, in: Haiger heute, 8. Juni 2017, S. 4

178 Siehe Karl Löber, 1965, S. 240 u. 237

179 Ebd., S. 240 – Siehe auch Kap.: »Das Christkind, sein Esel und deren AhnInnen«, Abschnitt »Christkind oder Holle?«

gabe einer einzigen Familie und ist jeweils von der Mutter auf die Tochter übergegangen«, schreibt Heinrich Krau.[180]

(Dietzhölztal, Lahn-Dill-Kreis, l.: Mit Buchenlaub und Birkenreisig eingebundener Maimann mit großer Krone und die 3 Pfingstbräutchen in Rittershausen, 2013 – re.: Pfingstbräutchen aus Mandeln)

Die Krone des Maimanns ist in Rittershausen neben Blumen und Bändern, an denen Schellen hängen, mit einer langen Kette von 400 bis 500 ausgeblasenen Eiern geschmückt[181] – »mehr als bloße Verzierung«, sagt Karl Löber, der eine kultische Herkunft der Eiergehänge nicht für abwegig hält.[182] Zur Funktion der Schellen meint er, dass ihre Bedeutung leicht als »fruchtbarkeitsweckend« zu erkennen sei.[183]

Maimann und Pfingstbraut sind zwar Gestalten eines Brauches, aber sie ziehen nicht gemeinsam durch den Ort. Zum Umzug der Pfingstbräute in Rittershausen heißt es im

180 Heinrich Krau, 1988, S. 132
181 Siehe ebd., S. 132
182 Karl Löber, 1965, S. 132 – Dass das Ei im mythologischen Kontext mehr als Fruchtbarkeit bedeutet, zeigt Kap.: »Osterbrunnen – Heiliges Wasser, das mythische Ei und die Göttin«, Abschnitt »Das mythische Ei«.
183 Siehe ebd., S. 233

Wikipedia-Eintrag zur Gemeinde: »Die Mädchen des 8. Schuljahrganges kümmern sich am Pfingstmontag um die Pfingstbräute. Diese werden drei Mädchen des ersten Schuljahres. Sie werden morgens mit einem Haarschmuck gekrönt, der aus einem mit bunten, langen Bändern versehenen Blumenkranz verwoben ist. So schön geschmückt gehen sie, zusammen mit den Mädchen bis zum 8. Schuljahr, durchs Dorf. Sie gehen von Haus zu Haus, sagen verschiedene alte Sprüche auf und sammeln so, wie die Knaben, Eier, Speck und Mehl, so dass auch sie zusammen mit den Angehörigen ihre Eierkuchen verzehren.«[184]

Der Heimatverein Dietzhölztal ergänzt: »Wenn sich unterwegs Maimann und Pfingstbraut treffen, kommt es zu einem Streitgespräch, bei dem jede Seite versucht, die andere durch Schimpfworte herabzuwürdigen. Durch diesen Brauch soll die Vertreibung des Winters aus den Dörfern und der Sieg des Sommers gefeiert werden. Dabei kam es in der Tradition zu einigen Änderungen ... Erst nach Entrichtung des Tributes des Dorfes in Form von Wurst, Eier und Speck lässt sich der Maimann von der Pfingstbraut vertreiben. Gerade letzterer Tradition wird in einigen Dörfern nicht mehr gefolgt ...«[185] Warum hier der Maimann als Winter vertrieben wird, erkläre sich daraus, dass er ursprünglich in Stroh eingebunden gewesen sei und wohl den Winter dargestellt habe.

Früher traten (statt an Neujahr oder Fasnacht) häufiger auch an Pfingsten Strohgestalten[186] auf, die den Winter symbolisierten. An manchen Orten waren sie im »Zweikampf« mit dem sommerlichen Laubmann. In Külz und Neuerkirch im Hunsrück, Rheinland-Pfalz, findet bis heute am Pfingstmontag der Umzug des Strohbären statt.[187] Doch Mößinger schrieb schon 1939: »Im Hessischen ist davon freilich nichts zu merken«.[188] Zum Erscheinen des Strohmanns in **Momberg** (Stadtteil von Neustadt im Landkreis Marburg-Biedenkopf), wo er bis ca. 1900 an Pfingsten zusammen mit dem »Erbsenschoten-Bär« durch den Ort zog – und beide

184 https://de.wikipedia.org/wiki/Rittershausen_(Dietzh%C3%B6lztal) (eingesehen: 4.2.2021)

185 https://www.heimatverein-dietzhoelztal.de/maimann-und-pfingstbraut

186 Siehe Kap.: »Mittwinter, Lichtfest, Lichtmess, Fastnacht – überall tanzen die Strohbären«

187 Siehe Lars Conrad: »Der Strohbär – Eine Tradition in Külz und Neuerkirch«, in: http://www.dorfgemeinschaft.kuelz.de/index.php/nachrichten/26-strohbaer, Külz 2014

188 Friedrich Mößinger, 1939/1998b, S. 167

Strohgestalten vor dem Maimann flohen –, meinte er: »für Pfingsten eigenartig«.[189] Mößinger nannte aber auch den »Ginstermann« (eingewickelt in Ginsterzweige), der in Siegen in einem Heischelied als »armer, kranker Mann, der nicht mehr gehen und beißen kann« besungen wurde – also eher eine Wintergestalt. Im Lahn-Dill-Kreis wurde der Maimann auch in **Manderbach** (Stadtteil von Dillenburg) und **Langenaubach** (Ortsteil der Stadt Haiger) in Ginster eingebunden und als »armer Ginstermann, der weiter nix gebeiße kann« beschrieben. Dass der Laubmann an manchen Orten auch Elemente des »Bösen und Schlechten, des Winters« in sich barg, zeigte sich laut Mößinger auch darin, dass die Laubgestalt in der **Wetterau,** in **Dietzenbach** (Kreis Offenbach) und in **Roßdorf** bei Darmstadt den negativen Namen »Pfingstlümmel« trug.[190]

Mößinger ist außerdem der Meinung, dass sich dort, wo eine Brauchverschiebung stattgefunden hat, auch das Wesen der Pfingstbraut verändert hat: Wo sie ursprünglich von der Sommergestalt durch den Sieg über die Wintergestalt erworben wurde, stellte die Vereinigung der beiden »die Krönung und den Gipfel des ganzen Brauchgeschehens dar ... Aber wo sich von den beiden ursprünglich kämpfenden Gestalten manchmal die eine, anderswo die zweite im Brauch erhalten hat, so hat sich auch die Pfingstbraut aus dem Zusammenhang gelöst und ist selbständig geworden oder ist an die Stelle der Sommergestalt getreten ... Dabei scheint das Streitgespräch in Rittershausen noch auf den früheren Kampf hinzudeuten.«[191]

Aber auch wenn der Maimann in Rittershausen als Sommergestalt verstanden wird, passt seine Vertreibung, denn auch der Grüne Mann muss zum Schluss verschwinden, damit er im nächsten Frühjahr wieder erweckt werden kann.

Pfingst-Hochzeitspaare

In Bad Kötzting im Oberpfälzer Landkreis Cham in Ostbayern – bekannt durch den Kötztinger Pfingstritt, eine der größten berittenen Bittprozessionen Europas[192] – wird sogar eine Pfingst-Hochzeit gefeiert.[193] Es ist eine symbolische Hochzeit, die als weltliches Fest nach

189 Ebd. S. 153

190 Siehe ebd., S. 145; 146,. 159 u. 174

191 Ebd., S. 173

192 Nur Männer dürfen mitreiten, die Frauen sind fürs Schmücken der Pferde zuständig.

193 Siehe den BR-Fernsehfilm »Wo Pfingsten vor Ostern beginnt« von Ulrike Steiger (Erstausstrahlung 2010)

der Prozession stattfindet – mit einer (erwachsenen) Pfingstbraut im weißen Hochzeitskleid, die mit ihrem Pfingstbräutigam und zwei Brautführern durch die von Menschenmassen gesäumten Straßen zum Haus des Gastes schreitet.[194] Eine bedeutende Rolle spielt das »Tugendkränzchen« – auch »Pfingstkranzl« genannt, das aber nicht die Pfingstbraut, sondern ihr Pfingstbräutigam erhält. Traditionsgemäß zeichnete es einen jungen Mann aus, der sich im Jahr zuvor durch musterhaftes Verhalten ausgezeichnet hatte. Und so wird der Pfingstbräutigam auch heute noch (auf Vorschlag des Stadtrates) vom Stadtpfarrer ernannt. Und nach dem Brautsträußchen der Pfingstbraut recken sich in Bad Kötzting nicht die unverheirateten Frauen, sondern die Burschen. Sie müssen sich als würdig erweisen, um erwählt zu werden – fast wie einst, als noch die Göttin ihren Partner wählte …

Im Münsterland gab es nach dem Zweiten Weltkrieg an einigen Orten den Umzug von Pfingstbraut und Pfingstbräutigam mit Heischegesängen, bei dem Kinder das symbolische Hochzeitspaar bildeten.

(l.: Pingstebruet in Herne (Marl), 1948 – re.: Pfingstbraut in Velen-Ramsdorf, Kreis Borken/ Westfalen, 1966)

194 Der Beitrag »Pfingstritt 1947 und eine kleine Jahreschronik« auf den Internetseiten von Bad Kötzting zeigt alte Filmausschnitte von 1947, als die Pfingsthochzeit nach dem Zweiten Weltkrieg zum ersten Mal wieder gefeiert wurde: http://koetzting.blogspot.de/2017/05/pfingstritt-1947-und-eine-kleine.html – Das Pfingstritt-Museum in Bad Kötzting zeigt das prächtige Kleid einer Pfingstbraut aus dem 19. Jahrhundert. Bilder von der Pfingsthochzeit 2017 bietet z. B. http://www.mittelbayerische.de/fotos/bilderstrecken/cham/die-pfingstbraut-und-ihr-braeutigam-22043-gal34750.html

»Obwohl von der ›Pfingstbraut‹ die Rede ist, wird in den Bauerschaften der Braut auch ein Bräutigam zur Seite gestellt«, heißt es im Pfarrbrief der Pfarrei Dorsten.[195] »Zwischen Bocholt und Lüdinghausen zogen die Kinder nämlich als Hochzeitsgesellschaft durch die Straßen. Dabei gingen meist ein Mädchen als Braut und ein Junge als Bräutigam unter einem Blumenbogen vor ihrem großen Gefolge durch die Nachbarschaft. Die Kinder sammelten Eier und andere Lebensmittel, die sie dann anschließend gemeinsam auf einer ›Hochzeitsfeier‹ verspeisten.«[196]

Und auch ein neueres Bild zeigt ein kleines Mädchen im weißen Brautkleid (die »Pingstbrout«) und einen kleinen Jungen in Frack und Zylinder.

Und so gibt es sie noch immer – letzte Spuren, die an die alte Göttin erinnern, wenn sie in ihrer jungfräulichen Gestalt im Frühjahr ihren Partner sucht und mit ihm Hochzeit feiert.

(Pfingstbrautpaar im Münsterland)

195 Britta Lange, 2016, S. 14

196 http://wiki-de.genealogy.net/Pfingstbrauch_in_Westfalen – Dieser Brauch sei in der Baumberge-Region im Münsterland und im Tecklenburger Land unter dem Namen »Pingstebloom« bekannt gewesen. Siehe auch »Pfingsten: christliches Hochfest mit weltlichem Frühlingsbrauch«, in: Woll-Magazin, 16.5.2016 (o.v.)

Die drei heiligen Frauen – und die Eine

Aller guten Dinge sind *drei* – diesen Spruch haben alle schon einmal gehört. Und wem eine gute Fee erscheint, hat *drei* Wünsche frei. *Drei*mal muss im Märchen etwas gemacht oder gesagt werden, bevor die Wandlung zum Guten geschieht. *Drei*mal wird auf Holz geklopft, wenn etwas gelingen soll, und *drei*fach ist die Formel, die helfen soll: toi, toi, toi ... Dreier-Gruppen, wo wir hinschauen: Vergangenheit-Gegenwart-Zukunft oder die drei Lebensabschnitte Jugend-Lebensmitte-Alter oder auch Geburt-Tod-Wiedergeburt. Als Triskele erscheint das Dreier-Motiv z. B. in keltischem Schmuck oder in der Bau-Ornamentik der Gotik.

*(l.: Frühlatènezeitlicher Goldring aus **Trebur,** hessisches Ried, mit keltischer Triskele – M. u. re.: Bauornament, auch Dreischneuß oder Fischblase genannt, in der Balustrade des Turmes der Schlosskirche in **Meerholz** im osthessischen Main-Kinzig-Kreis, 16. Jh., 1998 restauriert)*

Der Dreier-Wirbel ist auch ein Symbol der griechisch-römischen Mythologie.[1] Häufig ist das Motiv mit der Göttin, z. B. mit der Medusa, verbunden. Auf der Flagge von Sizilien zeigt es sich mit der (Korn-)Göttin Ceres, die für den Ackerbau, also die Nahrung der Menschen, und generell für Fruchtbarkeit zuständig war. Und auch in anderen Regionen ist es zu sehen, wie z. B. beim »Schlangenstein« aus Gotland, auf dem die Schlange, ein altes heiliges Tier der Göttin,

1 Dieses Motiv findet sich auch heute in vielen Bereichen: auf Fahnen, in Wappen, bei Schmuck und in der Bauornamentik. Und es fand leider auch Eingang in die Symbolik rassistischer Ideologien der sog. »weißen Vorherrschaft«.

als Triskele zu sehen ist – und darunter die Göttin in Gebärhaltung, die Schlangen (ihr altes Kulttier, das für Wandlung und Erneuerung des Lebens steht) in den Händen hält.

(l.: Bildstein von Smiss im Kirchspiel När auf der schwedischen Insel Gotland, »Schlangenstein« oder, negativ gewendet, »Schlangenhexe« genannt, 500-700 – M.: Medusentriskele, Holzschnitt von Giuseppe Barberis, 1890 – re.: Sizilianische Flagge mit drei Beinen, in deren Mitte das Haupt der Göttin Ceres mit drei Kornähren zu sehen ist, auch Trinakria genannt)

Doch die Dreifachform hat einen wesentlich älteren Ursprung. Schon steinzeitliche Felsritzungen zeigen die Lebensspirale in dreifacher Form.[2] Auch die dreifache Wiederholung weiblicher Gestalten ist schon für die Altsteinzeit belegt.[3] Geburt, Tod und die Erneuerung allen Lebens beschäftigten die Menschheit wohl seit Anbeginn. Und die Menschen verbanden ihre Vorstellungen davon mit der Natur und dem Weiblichen. Was sie beobachten konnten, zeigte ihnen: Beide bringen Leben hervor und können es nähren, und das geschieht in gleichbleibenden Zyklen immer wieder aufs Neue. Dieses Denken in Kreisläufen, das in schamanischen Ritualen und in den Wiedergeburtsvorstellungen verschiedener Religionen, wie dem Hinduismus und dem Buddhismus, bis heute präsent ist, zeigt sich nicht nur in

---

2 Siehe Kap.: »Was der Osterhase mit Aphrodite, der Jungfrau Maria und dem Teufel zu tun hat«, Abschnitt »Die heilige Zahl Drei« sowie »Die drei Hasen«

3 In diesen Zusammenhang stellt die Urgeschichtsforscherin Marie E.P. König die Felszeichnung von drei weiblichen Gestalten in der eiszeitlichen Kulthöhle Pech-Merle im Südwesten Frankreichs, die in die jüngere Altsteinzeit (Aurignacien) datiert wird. Oder auch die Felsritzung von drei weiblichen Figuren mit großen Vulven aus dem Magdalénien im Abri Bourdois bei Angles-sur-l'Anglin in der französischen Region Neu-Aquitanien; siehe Marie E.P. König, 1989, S. 148-152

urgeschichtlichen Felsgravuren – auch die seit der Altsteinzeit von Menschenhand gestalteten Skulpturen verdeutlichen diese Vorstellung von Leben und Tod. Weltweit wurden aus der Urgeschichte der Menschheit fast nur weibliche Figuren entdeckt.[4] Sie haben dicke Bäuche, große Vulven und pralle Brüste, stehen aber nicht nur für Fruchtbarkeit, sondern zeigen das Weibliche als Schöpferin, aus dessen Schoß das Leben kommt, in den es zurückkehrt und aus dem es wiedergeboren wird. Mit den paläolithischen und neolithischen weiblichen Figurinen wurden zunächst die Leben gebenden und die gesamte Gemeinschaft nährenden und schützenden Clan-Mütter verehrt – ein Ahninnenkult, der später in die Vergöttlichung überging. Eine erst kürzlich entdeckte Figur zeigt die Verbindung zu Leben *und* Tod deutlich: Die sogenannte »Istanbulfigurine« aus der jungsteinzeitlichen Siedlung Çatal Höyük in Anatolien hat einen dicken (vielleicht schwangeren) Bauch, präsentiert ihre Nahrung gebenden Brüste und zeigt eine skelettartige Rückseite – Leben geben, Leben nähren und Leben nehmen, dargestellt in *einer* Figur.[5]

(Die »Istanbulfigurine« aus Çatal Höyük, die Leben und Tod in einer Figur vereint, neolithisch)

Erst in späterer Zeit wurde die eine Göttin, die die drei Aspekte der starken und wilden Jungfrau, der liebenden und nährenden Mutter und der weisen und auch den Tod bringenden Alten in sich trug, in einzelne Göttinnen aufgeteilt – damit begann ihre schrittweise Überwindung.

---

4 Siehe Annine van der Meer, 2020. Auch die älteste bisher gefundene Figur in Menschengestalt, die sog. »Venus vom Hohle Fels« aus der Schwäbischen Alb, ist weiblich und ca. 40 000 Jahre alt.

5 Siehe auch Kap.: »Die Göttin als Sirene«, Abschnitt »Die Erinnerung an die Magna mater«, Abb. zu den Sheela-na-gigs von Cavon, Clonmel und Fethard mit Vulva, Brüsten und skelettartigem Brustkorb, S. 256

Große Göttinnen, die einzeln für die Gesamtheit stehen (für Schöpfung, Erhaltung, Zerstörung und Erneuerung; für Geburt, Fruchtbarkeit, Tod und Wiedergeburt; für den Himmel, die Erde und die Unterwelt) – wie Demeter, Hekate, Juno, Diana, Brigid, Freya oder Kali –, finden sich auch in Göttinnendreiheiten, in denen jede Göttin nur noch einen Aspekt verkörpert:
Kore-Demeter-Hekate (griechisch), Juventa-Juno-Minerva (römisch), Brigid-Modron-Cailleach (keltisch), Freya-Frigg-Hel (nordisch) oder die Tridevi Parvati-Durga-Kali sowie Saraswati, die Schöpferin, Lakshmi, die Erhaltende, und Kali, die Zerstörerin (beide indisch).
In der slawischen Mythologie lebt Baba Jaga als Jungfrau, Mutter und altes Weib mit zwei Schwestern zusammen, die den gleichen Namen tragen.

(Laut Erika Simon zeigt dieses großgriechische Relief Kore, Demeter und Hekate[6] *sowie Adoranten, Rom, Villa Albani)*

Manche Göttin wird drei*gestaltig* abgebildet, wie Hekate, die eine prä-hellenische, vorolympische Große Göttin war, oder Diana – Mondjungfrau, Mutter aller Geschöpfe und Jägerin (Zerstörerin) –,[7] deren Wurzeln in der Jungsteinzeit liegen.[8] Die klassische Archäologin Erika Simon schreibt über Diana Trivia, die auf einem römischen Dinar in dreifacher Gestalt erscheint, als drei weibliche Figuren, die »an den Schultern durch einen gemeinsamen Balken verbunden« sind: »Damit ist ausgesagt, dass Trivia eine und drei zugleich ist.«[9] In der dreifachen Kultstatue der Diana Nemorensis wird auch die Göttinnentrias Diana-Hekate-Selene erkannt.[10]

---

6 Siehe Gerhard Bauchhenß, 1987, Tafel 26
7 Siehe Barbara G. Walker, 5/1999, Artikel »Diana«, S. 165
8 Siehe Erika Simon, 1990, S. 51
9 Ebd., S. 57
10 Siehe z. B. die Beschreibung des Penn Museum in Philadelphia, USA, https://www.penn.museum/collections/object/197191

(l.: Dreigestaltige Hekate, Marmorstatue aus dem 1.-2. Jh., Agora Museum in Athen – M.: Diana Trivia im Zypressenhain von Aricia,[11] *Rückseite eines römischen Dinars, 43 v. u. Z. – re.: Diana Trivia auf einem Wandgemälde im »Haus der Livia« auf dem Palatin in Rom,*[12] *ca. 20 v. u. Z.)*

Weibliche Dreiergruppen sind in den spirituellen Vorstellungen weltweit zu finden. Aus der griechischen Mythologie kennen wir die drei Moiren: Klotho, die den Lebensfaden der Menschen spinnt, Lachesis, die ihn bemisst, und Atropos, die ihn abschneidet. Als die drei Parzen Nona, Decima und Parca tauchen die Schicksalsgöttinnen in der römischen Mythologie auf. Meist werden die Schicksalsgöttinnen mit dem Spinnrocken und der Spindel dargestellt – alte Symbole der Göttin, die das Leben gibt, umsorgt und auch wieder nimmt[13] –, und manchmal erscheinen sie auch in ihren Farben Weiß, Rot, Schwarz, wie eine flämische Tapisserie zeigt.

---

11 Siehe Erika Simon, 1990, S. 52

12 Siehe ebd., S. 55

13 Siehe auch das Motiv »Maria am Spinnrocken«. Zum Spinnen als älteste Frauenarbeit, die der Frau eine »eigentümliche Macht« gab, siehe Dagmar Schlapeit-Beck, 2/87, S. 20-31 (o. v.): Zeigt entlang der Kunstgeschichte, wie der Mann der Frau den Faden aus der Hand nahm und ihn dann an Maschinen weiterreichen musste.

(l.: Flämische Tapisserie mit den drei Moiren in den Farben Weiß, Rot, Schwarz, frühes 16. Jh. – M.: Bernardo Strozzi, »Die drei Parzen«, 17. Jh. – re.: Die drei Nornen spinnen die Schicksalsfäden am Fuße des Weltenbaumes Yggdrasil, dänischer Holzschnitt von Ludvig Bernhard Hansen, 19./20. Jh.)

Auch die drei Nornen in der nordischen Mythologie sind Schicksalsgöttinnen: Urd, Verdandi und Skuld stehen für die Vergangenheit, die Gegenwart und die Zukunft. Sie leben an der Wurzel der Weltenesche Yggdrasil und beschützen die drei heiligen Quellen. Auch sie lenken die Geschicke der Menschen und Gottheiten. Zu nennen sind auch die drei Horen, die den Wechsel der Jahreszeiten Frühling, Sommer und Winter verkörpern. Und die drei Grazien, die drei Gorgonen, die drei Graien … überall Dreiergruppen. Barbara G. Walker schreibt: »Seit ältester Zeit stellen sich Menschen die Große Göttin als eine Trinität, eine ›Heilige Dreifaltigkeit‹ vor; sie lieferte das Vorbild aller nachfolgenden Trinitäten, seien sie weiblich, männlich oder gemischt.«[14]

Auch im mitteleuropäischen Raum – wo die Große Göttin Holle noch die drei Aspekte der Jungfrau, der Liebesgöttin (Holda oder Hulda) und der weisen Alten bzw. Todesgöttin (Hel) in sich vereinte – waren die drei göttlichen Schicksalsfrauen unter verschiedenen Bezeichnungen und Namen gut bekannt. Manch Zeugnis erzählt bis heute von den in verschiedenen Nöten angerufenen Helferinnen.

14 Barbara G. Walker, 5/1999, Artikel »Trinität«, S. 1104

Mit der römischen Besatzung in Germanien in den ersten Jahrhunderten nach der Zeitenwende sind die drei Matronen verbunden. Drei Jungfrauen und drei Schwestern oder auch drei Spinnerinnen begegnen uns in vielen Sagen. Die drei Bethen waren meist, aber nicht nur im Alpenraum beheimatet und ihre verchristlichten Nachfolgerinnen Katharina, Margareta und Barbara sowie Fides, Spes und Caritas treffen wir in den Kirchen in ganz Europa an. Auch in Hessen haben alle diese heiligen Frauen-Dreiergruppen Spuren hinterlassen.

In **Haiger** im mittelhessischen Lahn-Dill-Kreis können wir dieser weiblichen Dreiheit an ungewöhnlicher Stelle begegnen: In der Evangelischen Stadtkirche Haiger gibt es im Chor etwas Überraschendes. Alle Wände und Nischen sowie die Gewölbedecke sind mit drei Fresken-Zyklen flämischer Maler bedeckt, die hier von 1485 bis 1490 arbeiteten.[15] Zu sehen ist die Leidensgeschichte Christi, die zwölf Apostel und das »Jüngste Gericht«. In einer Szene, die den Garten Gethsemane zeigt, wo Jesus sich von seinen Jüngern verabschiedete und verhaftet wurde, schauen drei Frauen aus einem Häuschen heraus, die dort eigentlich nichts zu suchen haben.

(Garten Gethsemane im Fresken-Zyklus der Passion Christi in der Ev. Stadtkirche Haiger, Lahn-Dill-Kreis, mit den »drei Schicksalsschwestern« im Hintergrund, 1485)

15 Siehe https://ev-dill.de/gemeinden/35708-haiger/haiger/stadtkirche-haiger.html

Der Heimatforscher Karl Löber erzählt, man habe gemeint, es handle sich um die »drei heiligen Frauen«, die an Jesu Kreuz standen und später zu seinem Grab gingen. Aber das könne nicht stimmen, denn in den biblischen Gethsemane-Berichten werden keine Frauen erwähnt. Er ist vielmehr der Meinung: »Berücksichtigt man die Tatsache, dass die Kunst jener Zeit viele Aussagen oder Sinnzusammenhänge durch zeichenhafte Symbole ausgedrückt hat, bleibt eigentlich nur der Schluss, dass es sich um die ›Schicksalsschwestern‹ handeln muss. Das sind die von vorgeschichtlichen Zeiten her bis ins späte Mittelalter zu verfolgenden ›Nornen‹ der Nordvölker, die keltisch-römischen ›Matronen‹, die ›heiligen Mütter‹ oder ›göttlichen Frauen‹, in denen sich – und unser Bild beweist das deutlich genug – mythisches Sagengut und christliche Glaubensgehalte so merkwürdig vermischen.«[16]

Drei Matronen

Auf den sogenannten »Matronensteinen« sind in der Regel drei weibliche Figuren (Matronen oder Matres genannt) als Relief zu sehen. Meistens sitzen sie nebeneinander und halten Körbe oder Teller mit Früchten auf dem Schoß. Sie wurden in Oberitalien, Nordfrankreich, Nordspanien, Britannien und in den von den Römern eroberten germanischen Gebieten gefunden. Manche tragen lateinische Inschriften, darunter: »die reichlich Gebenden«, »die reichlich Lebenskraft Schenkenden«.[17] Die Weihesteine sind ein kulturelles Zeugnis der Verschmelzung: Römische Soldaten, denen das Konzept dreifaltiger Göttinnen ja aus ihrer eigenen Glaubenswelt gut bekannt war, trafen in den eroberten Gebieten auf keltische und germanische Vorstellungen und auf die der Urbevölkerung. Wie auch in anderen Landstrichen integrierten sie diese bei ihren Eroberungszügen in ihre kultischen Riten und romanisierten sie. Frank Biller formuliert: »Kennzeichen dieser Mischkultur waren religiöse ›Neuschöpfungen‹, in denen Glaubensvorstellungen unterschiedlicher Kulturkreise kombiniert wurden.«[18] So werden die Matronensteine, die in den ersten drei Jahrhunderten nach der Zeitenwende entstanden, auch als gallo-römisch-germanische Weihesteine bezeichnet. Rund 850 wurden allein in der römischen Provinz Germania inferior entdeckt – sie umfasste neben den links-

16 Karl Löber, 1973, S. 19 – Für Löber hatte der Maler eine christliche Botschaft. Er habe mit der Szene sagen wollen, dass sich hier nicht nur das Schicksal Christi, sondern der ganzen Menschheit vollzogen habe (siehe ebd.).

17 Siehe Jan de Vries, 1957, Bd. 2, S. 293f.

18 Frank Biller (abgerufen am 21.08.2019)

rheinischen Gebieten des heutigen Deutschlands Teile der Niederlande[19] und von Belgien. Leider verschwanden die meisten Votivsteine in den Archiven der Museen, nur vereinzelt sind sie in den Dauerausstellungen zu sehen – was eine realistische Wahrnehmung von ihrer damaligen Präsenz und dominanten Bedeutung im Kultgeschehen verhindert. In Kopie sind einige Matronensteine im Freien in ihren ursprünglichen Kultzentren anzutreffen, vor allem in der Eifel. Selbst als sich das Christentum im 4. Jahrhundert immer mehr durchsetzte, gab es in diesen »heidnischen« Heiligtümern noch eine rege Kulttätigkeit, wie z. B. im »Heidentempel« bei Pesch in der Nordeifel, der zu dieser Zeit sogar noch vergrößert wurde.[20]

Die drei weiblichen Figuren auf den Matronensteinen sind meist als zwei ältere mit Hauben und eine jüngere mit offenem Haar gestaltet (dies deutet eine weibliche Generationenfolge an – die in Mykene auch schon 1000 Jahre früher dargestellt wurde). Die Matronen wurden immer wieder als Muttergöttinnen beschrieben, die allein für Fruchtbarkeit zuständig gewesen seien.[21] Doch sowohl ihre Anzahl als auch ihre Namen (so kann »Aufaniae« als »die Hohen« oder »die Erhabenen« gedeutet werden[22]) und besonders die auf den Matronensteinen gezeigten Symbole verweisen auf mehr:[23] Granatapfel, Pinienzapfen, Birne und Getreide verdeutlichten den Wandlungscharakter von Geburt, Tod und Wiedergeburt. Kulttiere wie Schlange, Schwein und Kranich waren schon früh Attribute der Göttin. Füllhorn und Körbe können in Beziehung gesetzt werden zu ihrem Kessel, der für den mütterlichen Schoß der Göttin stand, aus dem alles Leben kam, in den es zurückkehrte und wieder hervorkam.[24] Mond(sichel) – zwischen Eifel und Rhein im Gebiet der westgermanischen UbierInnen zeigt sie sich auch in den Hauben, die zwei der drei aufanischen Matronen tragen und die auch Teil der Tracht bei verheirateten Ubierinnen war, und in ihrem Halsschmuck, der Lunula –

---

19 Die holländische Theologin und Symbolforscherin Annine von der Meer zeigt den Zusammenhang mit der niederländischen Großen Göttin Nehalennia; siehe Annine von der Meer, 2015

20 Hans Lehner, 1919, S. 74-162

21 Auch Isabella Horn meint, die ubischen Matronen seien in erster Linie Fruchtbarkeitsmächte, sieht aber, dass sie mitunter »als Schicksalsfrauen und vielleicht auch als heil- und zauberkundig auftreten«, siehe Isabella Horn, 1987, S. 156

22 Isabella Horn, 1987, S. 156 – Die Aufanischen Matronen sind überwiegend für die Provinz Germania inferior belegt

23 Siehe Sophie Lange, 2/1995, Kap.: »Symbolik der Attribute und der Opfergaben«

24 Siehe Barbara G. Walker, 1997, Artikel: »Kessel«; Ulrike Pittner u. Ursa Krattiger, 2015, Kap. zu Pandora, bes. Abschnitt »Vase und Bundeslade, Füllhorn und Schale, Kelch und Kessel …« sowie »… und der Heilige Gral«; Heide Göttner-Abendroth, 2005a, S. 259; Annine van der Meer, 2020, S. 501

und (Lebens-)Baum[25] symbolisierten nicht erst seit der Antike die kosmische Dimension der Himmelsgöttin und versinnbildlichten das zyklische Geschehen der Natur und des Lebens – auch bei den KeltInnen. Kultisch verehrte Bäume standen zum Teil auch in den Umhegungen der heiligen Bezirke, in denen die Matronensteine aufgestellt waren, wie in Pesch in der Eifel. Die Forschung stellt fest, dass die präantropomorphe Gestalt, also die Form, die vor den menschengestaltigen Figuren dargestellt wurde, ein Baum war.[26] Manchmal windet sich als dargestelltes Motiv eine Schlange um einen Stamm – der heilige Baum wird von ihr beschützt.

(l.: Phi-Figuren-Gruppe aus Mykene, bei der zwei ältere Göttinnen eine jüngere auf den Schultern tragen, 13. Jh. v. u. Z., Louvre – M.l.: Matronstein im Heiligtum der aufanischischen Matronen in Nettersheim, der an der Seite ein Füllhorn mit Granäpfeln, Pinienzapfen und Birnen zeigt – M.re.: Matronenaltar vom Bonner Münster mit Lebensbaum, Rheinisches Landesmuseum Bonn – re.: Matronenstein aus Mechernich-Weyer, Kreis Euskirchen, Eifel, Nachbildung am Fundort)

Interessant ist auch ein Relief aus dem französischen Essay, das die drei Matres auf einem zweirädrigen von Pferden gezogenen Wagen zeigt. »Vielleicht wurden hier Matreskultbilder

25 In der Mongolei, wo die Mutter für den Ursprung des Lebens steht und der Staat als Mutterland benannt wird, gibt es »Mutterbäume«, die das ewige Leben symbolisieren, also Lebensbäume sind; siehe Amelié Schenk, 2021, S. 56

26 Siehe Harald von Petrikovits, 1987, S. 242

auf einem Prozessionswagen gefahren«.[27] Vielleicht so wie einst auch die Göttin? Die im Frühjahr mit einem Wagen über Land gezogen wurde, um es zu segnen und frisches Grün und Frucht hervorsprießen zu lassen, und dann zur rituellen Waschung gebracht wurde, die ihre Kräfte regenerierte.
Und auch Reste von Farben (Weiß, Rot, evtl. Schwarz) verweisen auf die Dreifaltige.

Die Darstellung beständiger Erneuerung, die Weitergabe des Lebens, gezeigt in der weiblichen Linie Großmutter-Mutter-Tochter, scheint in christlicher Form in der Darstellung der Anna selbviert auf: Großmutter Emerentia, Mutter Anna, Enkelin Maria mit Kind – und auch Anna selbdritt steht in der Linie der dreifachen Göttin.

Seine größte Verbreitung hatte der Matronenkult am Niederrhein in der römischen Provinz Germania inferior. Aber es gibt auch Beispiele in der ehemaligen römischen Provinz Germania superior, wahrscheinlich gestiftet durch römische Veteranen vom Niederrhein, die sich östlicher ansiedelten – so der Neidensteiner Matronenstein (Rhein-Neckar-Kreis, Baden-Württemberg), der vermutlich aus einer Villa rustica stammt.[28] Oder der Matronenstein aus dem gallo-römischen Tempel bei Bretten (Landkreis Karlsruhe, Baden-Württemberg), dessen noch vorhandene Fragmente drei sitzende Matronen mit Körben erkennen lassen,[29] und das Matronenrelief aus Stuttgart-Zazenhausen.

(Matronenrelief aus Stuttgart-Zazenhausen, bei dem nur die mittlere Figur eine Art Haube trägt und einen Korb hält, die beiden anderen mit langen Haaren halten einen Pinienzapfen bzw. Kornähren in der Hand)

27 Harald von Petrikovits, 1987, S. 248. Es befindet sich heute im Museum von Dijon.

28 Der Stein zeigt zwar keine Matronen, ist aber, wie eine Inschrift belegt, den alhiahenischen Matronen geweiht. Bei ihm »gelang« sogar die Verchristlichung, denn in der Neidinger Pfarrkirche dient er umgearbeitet lange als Weihwasser- oder Taufbecken.

29 Siehe Josef Alfs, 1940 (o. v.)

Aber die meisten rechtsrheinischen Funde weichen vom klassischen Typ der Matronensteine ab. Manche zeigen nur eine oder keine Matrone, aber Inschriften; die Figuren sind anders gekleidet und sie sitzen nicht alle. Wie die Reliefs in Gallien und Britannien haben sie nicht die ausladenden Hauben, wie sie für die Kleidung der Ubierinnen charakteristisch waren.

Auch in Hessen sind Matronensteine zu finden.[30] Ein besonders schönes Exemplar befindet sich im hessischen Odenwald. Auf dem Matronenstein, der in der Bergkirche in **Mümling-Grumbach** (Ortsteil von Höchst i. Odw.) links vom Altar in die Nordwand eingefügt wurde, sind drei sitzende Matronen mit Körben voller Früchte auf dem Schoß zu sehen.[31] Sie tragen lange Gewänder. Nur die beiden äußeren Frauen haben große Hauben, das Gesicht der mittleren, die etwas erhöht sitzt und die ihre langen Haare offen trägt, ist nicht mehr zu erkennen.

(Matronenstein in der Bergkirche in Mümling-Grumbach im hessischen Odenwald)

Der Matronenstein, der denen vom Niederrhein und der Eifel sehr ähnelt, stammt aus dem 2. Jahrhundert. Um 1840 wurde er auf dem Friedhof, eingelassen in die Friedhofsmauer,

30 Kurz hinter der hessischen Landesgrenze befindet sich in Rüdenau, Landkreis Miltenberg, ein Reliefstein mit einer weiblichen Trinität und im Obernburger Römermuseum ist ein Relief mit einer Matrone aus dem Stadtteil Eisenbach zu sehen; siehe Barbara Obermüller, 2014, S. 322f.

31 Besonders erfreulich ist, dass der Matronenstein besichtigt werden kann, weil die Kirche offen ist. Bei der Renovierung der Bergkirche 2018 wurde auch der Sandstein gereinigt.

gefunden. Auf den Internetseiten der Ev. Kirchengemeinde ist zu lesen: »Die Historiker nehmen an, dass sich auf dem heutigen Kirchberg ein keltisches Kultheiligtum befunden hat … Nach der Christianisierung des Odenwaldes durch irisch-schottische Mönche wurde im 8. Jh. das keltische Kultheiligtum mit seinem Matronenstein abgerissen.«[32] Die 1841 angefertigte Zeichnung zeigt damals noch erkennbare Einzelheiten des Steins, darunter rechts eine Säule mit verziertem Kapitell, die die Nische, in der die Matronen sitzen, seitlich abschloss und den Muschelbaldachin über ihnen trug. »Damit ist klar, dass die Frauen in einem kleinen Tempel oder Heiligtum sitzend gedacht waren.«[33] Dass der Stein nicht zerstört wurde, verdankt er dem Umstand, dass die drei Gestalten bei seiner Auffindung zunächst für männliche Heilige und die großen Hauben für Heiligenscheine gehalten wurden.

Es könnte auch sein, dass sich der Matronenstein einst auf dem in der Nähe liegenden, ehemaligen römischen Gutshof **Villa Haselburg** befand, nur wenige Kilometer vom Limes entfernt.

(Nachbildung des Matronensteins von Mümling-Grumbach in der römischen Villa Haselburg bei Hummetroth, einem Ortsteil von Höchst im hessischen Odenwald, in der das Gesicht der jungen Matrone von Mechthild Stöber rekonstruiert wurde. Daneben informiert ein Schild: »Wie bei vielen Matronensteinen wurde im Zuge der Christianisierung das Gesicht der mittleren, jungen Matrone zerstört. Man ging davon aus, dass es sich um eine heidnische Darstellung handelte gegenüber den beiden ›Heiligen‹ rechts und links.«)

»Vielleicht hatte der Legionär in der Eifel gedient und wollte auf seine bewährten Hausgöttinnen nicht verzichten.«[34] Und vielleicht wurden die Steine der Villa rustica aus dem

32 https://ev-kirche-muemling-grumbach.ekhn.de/startseite/bergkirche.html

33 Ebd.

34 Hollerbusch Odenwälder Erzähl- und Spielgemeinschaft in Kooperation mit dem Frauenmuseum Bonn (Redaktion: Ilse u. Wolfgang Krüger), 2003, S. 5; siehe auch Ima Krüger: »Matronis. Auf den Spuren der alten Göttin«

2. Jahrhundert nach ihrem Verfall dann im Mittelalter beim Bau der Kirche in Mümling-Grumbach verwendet. Aus der Eifel importiert wurde der Matronenstein aber nicht, denn er besteht aus Odenwälder Sandstein. 2004 wurde eine Replik des Matronensteins an einer Mauer im Eingangsbereich der Haselburg angebracht – gestiftet von Barbara Linnenbrügger (die 2005 die FrauenGeschichtsWerkstatt Odenwald ins Leben rief)[35] mit Unterstützung des Vereins zur Förderung des Freilichtmuseums Römische Villa Haselburg e. V.

(»Matronenstein« aus Altenstadt, römisch, Kopie im Heuson-Museum in Büdingen, l.: Vorderseite – re.: Rückseite mit dem Bildnis der Stifterin)

Ob der Stein mit den drei Figuren aus **Altenstadt** ein Matronenstein ist, kann bezweifelt werden. Dafür spricht, dass es dort ein Römerkastell gab. Dagegen lässt sich einwenden, dass die Figuren keine Hauben tragen und nicht die traditionelle Kleidung. Nur die mittlere Figur hält eine Schale oder etwas Ähnliches in den Händen, aber es sind keine Früchte darin. Bis auf eine kleine Blume an der rechten oberen Ecke ist der Stein nicht weiter verziert, zeigt keine Symbolik. Die linke Figur scheint nicht zu sitzen und auch die übergeschlagenen Beine der rechten Figur wirken befremdlich.[36]

---

35 http://www.frauengeschichtswerkstatt-odenwald.org/

36 Einwand von Gudrun Nositschka, die zum Thema Matronensteine forscht und Führungen zu den Matronenheiligtümern in der Eifel anbietet; siehe Barbara Obermüller, 2014, S. 324

Andere sehen in dem Stein (Original im Landesmuseum in Darmstadt, Kopie im Heuson-Museum in Büdingen), der auf die erste Hälfte des 3. Jahrhunderts datiert wird, eine »freie einheimische Interpretation« der Matronendarstellung. »Die strenge und würdige Haltung der Trias ist bei diesem Relief nahezu aufgehoben, zu Gunsten einer sehr lockeren Darstellung«.[37]

Das Drei-Jungfrauen-Motiv

In den Gegenden, in denen viele Matronensteine gefunden wurden, ist auch die Verehrung von drei Jungfrauen schon früh beheimatet.[38] Sie tragen unterschiedliche Namen oder gar keinen, manchmal sind sie als die drei Juffern bekannt, manchmal werden sie auch - bereits verchristlicht - Fides, Spes und Caritas genannt.

(Drei Jungfrauen auf dem Esel, Pfarrkirche Mariä Himmelfahrt in Auw an der Kyll in der Eifel)

Der Eifler Marien-Wallfahrtsort Auw an der Kyll soll seinen Beginn den drei Jungfrauen Irmina, Adele und Chlothilde verdanken, die hier aus Dankbarkeit für eine wundersame Rettung eine Marienkapelle errichten ließen. Die drei Schwestern, die auf der Flucht vor den Soldaten ihres Vaters, dem noch »heidnischen« Frankenkönig Dagobert, waren, hatten auf den Rat der Muttergottes hin von einem Felsen mit einem Esel den Sprung über die Kyll gewagt und waren wohlbehalten am anderen Ufer angekommen. Ihre Verfolger stürzten 35 Meter in die Tiefe und ertranken in dem Fluss. Bis heute wird ihrer in Auw gedacht.[39]

37 Dirk Hecht, 2008, S. 22 (o. v.)

38 Siehe Karte 1 und 2 in Matthias Zender, 1940, S. 159-168, 164f. (Matthias Zender, 1977, S. 294f.)

39 In der Wallfahrtskirche Maria Himmelfahrt in Auw an der Kyll erinnert die Figur eines Esels, auf dessen Rücken die drei Jungfrauen sitzen, an den Beginn des Wallfahrtsortes. Die mittlere Jungfrau hat die Augen verbunden. Es heißt: aus Angst vor dem Sprung in die Tiefe, doch eine Augenbinde kann auch ein Zeichen für seherische Gaben sein. Auch zwei Kreuze erinnern an das sagenhafte Geschehen: eines am Bahnübergang, das ursprünglich am Ufer der Kyll stand und die Stelle bezeichnete, an der die drei Jungfrauen glücklich gelandet sein sollen, und eines auf dem Felsvorsprung im Hang auf der anderen Kyllseite.

Auch in Rheinfelden-Eichsel (Baden) im Landkreis Lörrach an der Schweizer Grenze wird bis heute das Andenken an drei Jungfrauen hochgehalten. Sie zählten zu den elftausend Jungfrauen, die die hl. Ursula begleiteten, und sollen auf ihrer Pilgerfahrt in der Nähe von Eichsel verstorben und dort beerdigt worden sein. Jedes Jahr werden Kunigundis, Mechtundis und Wibrandis im Juli mit dem »Eichsler Umgang« geehrt. Ihre Reliquien liegen in einem Seitenaltar in der St. Gallus Kirche in Obereichsel, auf dem auch ihre Statuen stehen.

(l.: »Eichsler Umgang« mit Wallfahrtsbanner u. Dreijungfrauenbunnen, 2017 – M.: Wallfahrtsbanner mit den drei Jungfrauen – re.: Seitenaltar in der St. Gallus Kirche in Obereichsel mit den Statuen der drei heiligen Jungfrauen, 18. Jh., unter denen die Reliquien der drei aufbewahrt werden.)

Auch auf der Schweizer Seite werden nicht weit entfernt drei der elftausend Jungfrauen der Heilige Ursula verehrt. Wie die Legende erzählt, hatten die drei – Margaretha, Ottilia und Chrischona – hier eine Vision und ließen sich auf drei Hügeln bei Basel nieder. Bis heute erinnern die Kirchen – St. Chrischona im Kanton Basel-Stadt, St. Margarethen im Kanton Basel-Land und St. Ottilien im Lörracher Stadtteil Tüllingen – an sie. Sie wurden in Sichtweite an den Orten errichtet, wo einst die Einsiedeleien der drei Jungfrauen standen.[40]

40 Siehe Anne-Käthi Zweidler-Maegli, 1999 – Sie verweist auf eine mögliche Verbindung zu den drei Bethen, denn das Dorf, das zur Chrischona-Wallfahrtskirche gehört, heißt Bettingen, ein möglicher Kultort der drei Bethen (S. 22); außerdem meint sie, dass die drei Kirchen möglicherweise eine Kalenderfunktion besaßen, weil sie so ausgerichtet sind, dass sie den Frühlingsanfang, den Sonnenaufgang am 1. Mai und die Sommersonnenwende anzeigen (S. 23f.). Nach einer anderen Legendenversion sollen die drei Schwestern gewesen sein, siehe https://www.mythische-orte.eu/ottilienkirche/

Die drei Jungfrauen in den hessischen Sagen

In Hessen überlebten die Nachfolgerinnen der Göttin in ihrer Manifestation als drei Jungfrauen vor allem in Sagen – getrennt von kultischen Handlungen und daher für diejenigen, die sogenannte »heidnische« Praktiken verfolgten, nicht so bedrohlich. Doch Erni Kutter erinnert daran, dass im 16. und 17. Jahrhundert das Erzählen von Märchen und Sagen in den Spinnstuben verboten wurde, was zeige, dass deren subversiver Charakter nicht verborgen geblieben sei.[41] Zur Zeit der Aufklärung im 18. Jahrhundert galten die Spinnstuben als »Brutstätte des Aberglaubens und der Unsittlichkeit«, informiert das *Wörterbuch des Aberglaubens.*[42] Ein Zeitgenosse mahnte: »Hier werden alle Nachrichten von Geistern, Hexen, Erscheinungen u.s.w. zusammengetragen, alle alte Märchen, seyen sie auch noch so albern, aufgekocht, den Erzählern wie den Zuhörern tief ins Gedächtniß eingeprägt ... Jedes weiß doch ein Histörchen – vom Großvater oder der Großmutter geerbt – mit vieler Theilnehmung zu erzählen ... mit hunderterley Umständen aus der Feenwelt aufgewärmt ... Nun mögen Religionslehrer und andere vernünftige Leute wider die traurigen Reste der Barbarey noch so sehr eifern: eine vorgefasste abergläubische Meinung ... haftet viel zu vest in der Einbildungskraft des sinnlichen Menschen, als das Gründe und Vorstellungen viel dagegen ausrichten könnten.«[43] Im Bereich des ehemaligen Kurhessen wurden die Spinnstuben als Orte der Sittenlosigkeit bereits 1726 gänzlich verboten.[44] Die Allgäuer Autorin Elisabeth Wintergerst schreibt: »In der Spinnstubenzeit, die nach dem Michaelstag (29.09.) begann, wurde aber nicht nur gesponnen, sondern es wurde verkuppelt, getauscht, getanzt, gesungen und gelacht. Es wurden Geschichten erzählt und magisches Frauenwissen weitergegeben.«[45]

So wie es der Kulturphilosoph Otfried Eberz für die Märchen beschreibt, sieht Erni Kutter auch in Sagen »Restbestände frühgeschichtlicher Mythen«, die der Erziehung der Menschen galten und mit denen Frauen Werte, Einsichten und Überzeugungen einer vorpatriarchalen Menschheitsepoche tradierten – auch wenn sie von dieser Zeit selbst keine Kenntnis mehr

41 Siehe Erni Kutter, 1997, S. 137
42 Dieter Harmening, 2005, S. 396
43 »Ueber Spinnstuben«, in: Journal von und für Deutschland, Fulda 1786, 3. Jg. , 7. St., S. 300
44 Siehe *Meyers Konversations-Lexikon,* 4/1888-1890, Bd. 15, S. 156; Karl Löber vermerkt das Spinnstuben-Verbot für den Dillkreis (im ehemals nassauischen Teil Hessens), siehe 1965, S. 267
45 Elisabeth Wintergerst, 2014 (o. v.)

hatten.[46] Vor allem die Dreifrauensagen gehören für Kutter zu dieser »subversiven, mythische Kulttraditionen bewahrenden Überlieferung«. In ihnen habe sich das Wissen um die dreigestaltige Göttin und ihren Kult unverkennbar erhalten.[47] Besonders lange hielten sich diese Vorstellungen im Brauchtum und den Jahreszeitenfesten der ländlichen Bevölkerung. Auch wenn die meist mündlich überlieferten Geschichten im Laufe der Zeit christlich überformt wurden, was sich an den verschiedenen Sagen-Varianten zeigen lässt, sind die Sagen »zuverlässige Zeugnisse einer noch im späten Mittelalter wirksamen frauen- und göttinnenzentrierten Religiosität und Kultur.«[48]

Rudolf Drinkuth unterschied sieben Sagen-Typen von Frauendreiheiten: drei Wasserfrauen, drei Waldfrauen, drei versunkene oder in Stein verwandelte Frauen, drei Burg- und Schlossjungfrauen, drei weiße Frauen, drei Frauen als Hexen und drei lispelnde Schwestern.[49]

Namenlos und scheu

Die meist namenlosen drei Jungfrauen wurden in Hessen vielerorts gesehen. So erblickten sie im weißen Gewand in **Allendorf an der Werra** (Stadtteil von Bad Sooden-Allendorf im nordhessischen Werra-Meißner-Kreis) öfter diejenigen, die sonntagmorgens noch vor dem Kirchgang im Wald spazieren gingen. Die drei nickten und winkten, verschwanden aber, sobald sich jemand näherte.[50]

In **Schweinsbühl,** einem Ortsteil von Diemelsee im nordhessischen Kreis Waldeck-Frankenberg, wurden nachts bei einem Brunnen auf dem Feld drei weiße Jungfrauen gesehen, die Musik machten.[51]

Über **Neckarsteinach** im südhessischen Kreis Bergstraße wurden drei weiße Jungfrauen bei den Trümmern der mittleren der vier Burgen gesehen.[52]

Auch nahe **Schlitzenhausen,** einem Stadtteil von Tann in der osthessischen Rhön im Landkreis Fulda, wurden drei weiße Jungfrauen gesehen. Sie verwandelten sich in Gänse, wenn

46 Erni Kutter, 1997, S. 139
47 Ebd., S. 142
48 Ebd., S. 138
49 Rudolf Drinkuth, 1933, S. 119f.
50 Siehe Hermann von Pfister, 1885/2017, S. 69
51 Siehe Ludwig Curtze, 1860, S. 202, Nr. 26: »Weiße Jungfrauen machen Musik«
52 Siehe Johann Wilhelm Wolf, 1853, S. 169, Nr. 266: »Drei Jungfrauen«

sich ihnen jemand näherte.[53] Die Gans ist ein altes Kulttier der Göttin. So ist sie das heilige Tier der nicht erst von den RömerInnen verehrten Göttin Juno und gehört auch zur Göttin Aphrodite. Die ägyptische Große Göttin Hathor verwandelte sich in eine Nilgans, um die Sonne zu gebären. Auch den KeltInnen war die Gans heilig, sie durfte nicht gegessen werden, wie Cäsar über die Inselkelten in Britannien berichtete.[54] Der Gänsefuß ist das »Attribut der Wintergöttin, der Mutter Gans, der unter der Schneedecke doch das Naturleben bewahrenden und rettenden mütterlichen Göttin«, vermerkte der Literaturhistoriker Wolfgang Menzel.[55] Die Beziehung Gans-Göttin zeigt sich auch noch im Grimm'schen Märchen »Die Gänsemagd«, in dem das Gänse hütende[56] Mädchen die wahre Prinzessin ist.

Die praktischen Künste lehrend

Als Vertreterinnen der Göttin lebten die drei Jungfrauen oftmals im Inneren von Bergen oder in Erdspalten. In Anlehnung an die Göttin Holle, die nicht nur in ihrem Mythenkreis, sondern auch noch im Märchen die praktischen Künste lehrt (die zugleich magische Handlungen meinen wie Wetterzauber, das Spinnen der Schicksalsfäden oder die Heilkünste),[57] wuschen sie Wäsche,[58] legten sie zum Trocknen aus, spannten Stoffe, strickten, flochten Bänder. Die Nachfolgerinnen der allnährenden Göttin kochten und gaben etwas davon denjenigen ab, die sie sahen.

So erzählt die Sage von den »Drei Jungfern im Wildfrauhaus bei **Busenborn**« aus dem Vogelsberg, dass die drei weißen Jungfrauen dort im Berg wohnten und ihn oftmals in der Mittagsstunde verließen, um zu waschen.[59]

Am Frau-Holle-Loch bei **Frischborn,** ebenfalls im Vogelsberg, wo Quellen, eine kleine Höhle und eigenartig geformte Steine vermuten lassen, dass sich hier in früherer Zeit eine heilige

---

53 Paul Schlitzer, o.J., S. 129f., Nr. 174: »Jungfern verwandeln sich«

54 Cäsar: De Bello Gallico, V.12

55 Wolfgang Menzel, 1875, S. 48. Heute steht die Gans an Heiligabend, an dem die alten AngelsächsInnen ihre Modraniht, die »Nacht der Mütter« feierten, als Festschmaus auf dem Tisch.

56 Was Ingrid Riedel als »Dienst an der Göttin« benennt, siehe Ingrid Riedel, 1995, S. 43

57 Siehe Heide Göttner-Abendroth, 2005b, S. 137 – Siehe in diesem Kapitel auch den Abschnitt »Sagen von den drei Schwestern«

58 So wurde sich in der Gegend von **Hungen** (Kreis Gießen) erzählt, dass die Leute oft ihre schwarze Wäsche in den Keller trugen und sie am nächsten Morgen weiß und trocken am selben Ort wiederfanden; das sollen die weißen Jungfrauen getan haben; siehe Johann Wilhelm Wolf, 1853, S. 42, Nr. 59: »Weiße Jungfrauen bei Hungen«

59 Siehe Theodor Bindewald, 1873/1980, S. 69

Stätte befand, verortet Karl Krollmann das Lied von den drei weißen Jungfern[60] – der Pfarrer, Heimatforscher und Sagensammler Theodor Bindewald spricht hier von Frau Holle, die am Mittag aus ihrer Höhle trat und sich den Menschenkindern zeigte.[61] Erzählt wird sich auch, sie habe – in guter Absicht – Vorüberkommende mit frisch gebackenen Pfannkuchen »beworfen«.[62] Die nährende Göttin lässt grüßen.

Unterhalb der huttischen Burg Steckelberg, heute eine Ruine, bei **Ramholz,** einem Ortsteil der osthessischen Kleinstadt Schlüchtern im Main-Kinzig-Kreis, sollen drei Jungfrauen einst unter leisem Gesang schimmernde Gewänder gewirkt haben.[63]

Nicht weit von **Friedberg** in der Wetterau flochten auf einer Wiese an der Usa die drei weißen Jungfrauen Bänder und tanzten im Reigen. »Manche meinten, sie sängen auch zu ihrer Arbeit; doch wusste man es nicht genau, verstund auch keine Worte.«[64] Reste der vorchristlichen Glaubenswelt sind noch vorhanden, werden aber nicht mehr verstanden.

Schätze hütend

Öfter hüteten die drei Jungfrauen Schätze. Mal in einem (versunkenen) Schloss, meist im Inneren eines Berges. Das nimmt Bezug auf den Schoß der Göttin, denn die Höhle steht schon seit der Urzeit der Menschheit für den Schoß, aus dem alles entsprang und in den alles zurückkehrte – und wird in manchen Kulturen auch heute noch so verehrt.[65]

In **Rauschenberg** im mittelhessischen Landkreis Marburg-Biedenkopf lebten drei weißgekleidete, bleiche Jungfrauen in den unterirdischen Räumen des Schlosses, die gern im Mondschein spazieren gingen. Ihr Schatz bestand aus einem großen Haufen goldener Weizenkörner, die sie in mondhellen Nächten auf einem weißen Tuch ausbreiteten.[66]

---

60 Karl Krollmann, 2000, S. 205

61 Theodor Bindewald, 1873/1980, S. 30: »Der Frau Holle Loch bei Frischborn«

62 Erich Stock: »Frischborn: Bauarbeiten in Frau Holles Vorgarten«, in: Lauterbacher Anzeiger, 1.11.2017. Die Brüder Grimm (1816, Nr. 4. »Frau Hollen Teich«) berichteten, das Volk erzähle von der Holle: »Blumen, Obst, Kuchen, das sie unten im Teich hat und was in ihrem unvergleichlichen Garten wächst, theilt sie denen aus, die ihr begegnen und zu gefallen wissen.«

63 Siehe Hermann von Pfister, 1885/2017, S. 68f.

64 Siehe ebd., S. 71

65 Annine van der Meer, 2020, Kap. II.2.8: »Die Höhle« und Kap. II.5.2: »Der Schoß, Uterus/Gebärmutter«

66 Siehe http://www.rauschenberg.de/index.php/tourismus/sagen-und-gschichten/357-10-die-drei-jungfrauen-im-schloss

Auch in **Friedigerode** (Ortsteil der Gemeinde Oberaula im nordhessischen Schwalm-Eder-Kreis) wurden drei weiße Jungfrauen aus einem versunkenen Schloss gesichtet, die emsig strickten und Weizenkörner bleichten, die sich in der Hand so manchen Mannes, der eine Handvoll davon ergriff, in Gold verwandelten.[67]
Im untergegangenen Schloss im ehemaligen Ort **Schönberg** bei Ortenberg-Usenborn und Hirzenhain im Wetteraukreis, »angefüllt mit Gold, Silber und allerlei kostbarem Zierrat«, wohnten drei Jungfrauen, die auch später noch erschienen, um mittags in einem Brunnen zu baden, der heute Jungfernborn genannt wird.[68]
Im **Merlauer** Schloss im Vogelsbergkreis war von den einstmals drei weißen Jungfrauen, die es erbaut haben sollen, nur noch eine übrig, als es langsam verfiel. Sie hatte einen großen Schlüsselbund in der Hand[69] – wie viele weiße Frauen, die in verfallenen Burgen und Schlössern gesehen wurden. Dass auch sie einen Schatz hütete, zeigte sich, als sie einst, so erzählt die Sage, in der Adventszeit von einem alten Schäfer beobachtet wurde, wie sie den Berg aufschloss. Er folgte ihr durch einen langen dunklen Gang in ein helles Gemach, in dem viel Gold und Silber lag. Als der Schäfer einen schwarzen Hund mit glühenden Augen bemerkte, eilte er hinaus. Nach diesem Erlebnis wurde der Schäfer krank und nach drei Tagen starb er.[70]
Der Hund fügt sich als altes »Sakraltier universaler Göttinnen in den Leben-Tod-Leben-Rhythmus ein ... Seine Spürnase prädestiniert ihn zum Pfadfinder durch die Nacht des Todes und des Heilschlafs zur Wiedergeburt«, erklärt die Symbolforscherin Carola Meier-Seethaler.[71] Der schwarze Hund ist »ein Tiersymbol der Erdgöttin, die sowohl die schwarze Frau Tod als auch die weiße Schenkerin des Lebens verkörpert – eben die Wandlerin, die ›Wäsche wascht‹, d.h. das alte Leben in ein neues umwandeln kann.«[72] Zum Furcht erregenden Höllenhund wurde er erst in patriarchaler Zeit – in der Sage klingt beides an. »Mit dem Niedergang der

---

67 Siehe Hermann von Pfister, 1885/2017, S. 70, Nr. 4: »Drei Eisenberger Jungfrauen«

68 Theodor Bindewald, 1873/1980, S. 69: »Der Jungfernborn bei Hirzenhain«; siehe auch die Internetseiten der Gemeinde Usenborn, http://www.usenborn.de/modules.php?name=Content&pid=4

69 Siehe Theodor Bindewald, 1873/1980, S. 74: »Die letzte Schlossjungfrau von Merlau«

70 Siehe Kurt Derungs & Sigrid Früh, 2008, S. 65

71 Artikel »Hund« von Carola Meier-Seethaler, in: https://www.symbolonline.de/index.php?title=Hund; siehe auch Carola Meier-Seethaler, 1993, S. 196f., Abb. 205 zeigt die Göttin Artemis, die Herrin der Tiere, als gebärende Hündin. Siehe auch Buffie Johnson, 1990, Kap.: »Der Hund«

72 Kurt Derungs: »Kulte und Orte der drei Bethen«, Kap.: »Dreifrauensagen«, in: Kurt Derungs & Sigrid Früh, 2008, S. 60

Göttinnenverehrung im Vorderen Orient wurde der Hund verteufelt.«[73] Das Tier galt nun als unrein, im Islam ist das bis heute so. Im christlichen Mittelalter wurde der Hund zum Begleittier von Hexen. Barbara G. Walker erläutert: »Die Häufigkeit, mit der Hunde als tierische Schutzgeister von Hexen genannt wurden, zeigt ..., dass die Kirche Hunde immer mit einem weiblich orientierten Heidentum assoziiert hat.«[74] Der Begriff »Hunt« meint einen Dreifuß, auch »Feuerhund« genannt, ein kultisches Gerät der Erdgöttin[75] und ihrer Priesterinnen.[76]

Im **Beilstein** im hessischen Spessart hüteten drei Jungfrauen Schätze in einem Felsenschloss. Dies erzählt die Sage von der Wunderblume,[77] die ein junger Mann fand, dem sich daraufhin der Fels und die Schatzkammern öffneten. Doch er war zu gierig, warf die blaue Wunderblume achtlos weg und hörte auch nicht auf den Ruf der Jungfrauen: »Vergiss das Beste nicht!« Da begann der Berg sich wieder zu schließen, und der Jüngling verlor auf seiner Flucht aus dem Berg nicht nur alle Schätze, die er eingesammelt hatte, sondern auch noch seine Ferse – so knapp war sein Entrinnen. Er hinkte sein Leben lang, und die Wunderblume und damit der Eingang in den Berg und zu den Schätzen wurde nie mehr gefunden.

Im Verlauf der Handlung zeigen sich in den verschiedenen Sagen unterschiedliche Phasen der patriarchalen Entwicklung, wie die nächsten Beispiele verdeutlichen:

Auch auf dem Bocksberg bei Geisa in der thüringischen Rhön, wo sich die drei weißen Jungfrauen alle sieben oder, wie andere sagen, alle hundert Jahre sehen lassen, war es ein Schäfer, der den dreien begegnete. Er folgte seinem Hund, der mehrere Tage zur Mittagszeit die Herde verließ und gefüttert zurückkehrte, in ein Gewölbe, das angefüllt war mit einer Menge Fässer mit Geldstücken. Als ihn die Jungfern aufforderten, sich nach Belieben zu bedienen, langte er ordentlich zu. Und auch er achtete die prachtvolle Schlüsselblume nicht, auf die ihn die Jungfern hinwiesen. Doch hier verlor der Mann die Reichtümer nicht, die er eingesammelt hatte, sondern war ein »gemachter Mann«. »Die drei Jungfern aber hörte er noch lange im

73 Barbara G. Walker, 1997, S. 501

74 Ebd., S. 501f.

75 Solch ein Gerät wurde bei Grabungen in Ludenhausen in Oberbayern entdeckt, an einem Ort, an dem der Sage nach in einem versunkenen Schloss ein Schatz von drei Jungfrauen und einem schwarzen Hund mit glühenden Augen behütet wurde; siehe Hans Christoph Schöll, 1936/1998, S. 72

76 In Delphi orakelte die Pythia auf einem Dreifuß – auch der Kessel der Göttin stand auf einem Dreifuß, noch die KeltInnen kannten den magischen Kessel der Wiedergeburt.

77 Sagen von der blauen Wunderblume gibt es auch in anderen Bundesländern. In der Romantik wird sie zum Symbol der Sehnsucht nach schwer Erreichbarem.

Berg jammern und weinen.« Und von der Tür im Berg war keine Spur mehr zu sehen.[78] Der schwarze Hund, der ursprünglich den Schatz der Göttin bewachte, ist in dieser Sage zum Hütehund des Schäfers geworden, der von den Jungfern versorgt wird und ihn führt. Hier zieht die verschmähte Wunderblume auch keine Strafe mehr nach sich und es scheint das Erlösungs-Motiv auf, das Erni Kutter als Kennzeichen jüngerer Sagen verortet.[79]

Allen hier erzählten Sagen gemeinsam ist, dass der Schatz aus Geld, Gold oder wertvollem Schmuck besteht. Der einstige symbolische Gehalt, für den die Schätze der drei Jungfrauen stehen, das kulturelle und religiöse Wissen einst hoch geachteter Kulturträgerinnen, Ratgeberinnen und Lehrmeisterinnen, hat sich zu materiellem Reichtum gewandelt. So wie die Schätze der Göttin im Schoß der Erde nicht wirklich Edelsteine und Gold meinen, »sondern die Früchte der Erde, mit denen die Ahnfrau die Menschen ernährt«,[80] das gehütete »Wissen um die verborgenen Kräfte der Erde und ihrer Wasser«.[81] Doch die Wunderblume, das Beste von allem, die es den Männern erst ermöglichte zu sehen, die den Weg wies und die sie trotzdem zum Schluss verschmähten, verweist noch auf das Wesentliche.

Wie sehr sich ursprüngliche Sagen-Motive im Lauf der Zeit ändern können bzw. unverständlicher werden, zeigen auch hessische Sagen – so im **Taunus:** »Die Höhle im Altkönig«. Hier waren es nicht mehr drei Jungfrauen, die die Schätze im Berg hüteten, sondern sieben greise Männer. Und es war eine Mutter, die das Beste arglos wegwarf, um mehr Platz für die eingesammelten Schätze zu haben – und die dann auch noch, als sie die Höhle wieder verließ, ihr Töchterchen darin vergaß. Als sie es bemerkte, hatte sich der Berg wieder geschlossen. Und zu guter Letzt war es ein Geistlicher, der ihr das Erlebnis erklärte: Sie habe Unrecht getan, als sie das Kraut wegwarf, das die Höhle geöffnet habe, und werde ihr Kind erst in sieben Jahren wiedersehen – was auch geschah.[82]

In der Sage »Das Wunderblümchen« aus **Rhoden,** einem Ortsteil von Diemelstadt im nordhessischen Kreis Waldeck-Frankenberg, sind es sogar zwölf Männer (ein Verweis auf die zwölf Apostel?) im Berg, die dem Schäfer und seiner Familie Gutes tun (»ein schönes Haus, viel Geld, Pferde, Kühe, Schafe und alles, was sie brauchen, dem Sohn eine schöne Königs-

78 Paul Schlitzer, o.J., S. 199f., Nr. 258: »Vom Bocksberge bei Geisa«

79 Erni Kutter, 1997, S. 141

80 Kurt Derungs: »Kulte und Orte der drei Bethen«, Kap.: »Dreifrauensagen«, in: Kurt Derungs & Sigrid Früh, 2008, S. 60

81 Erni Kutter, 1997, S. 175

82 J. W. Wolf, 1853, Nr. 2, S. 2

tochter zur Frau und dem Mädchen einen schönen Königssohn zum Manne«), »weil sie so viel beteten und fasteten.« Hier hatte der Schäfer dreimal an der Wunderblume riechen müssen, was ihm im Traum gesagt worden war, damit der Berg sich öffnete.[83]

Das Dreier-Motiv und die auf »Erlösung« Wartenden

Auch wenn nur eine weiße Jungfrau erscheint – und die weiße Frau zählt nicht nur in Hessen zu den häufigsten Sagengestalten –, ist oft die heilige Drei mit im Spiel: Dreimal muss ihr geholfen werden, damit sie erlöst werden kann – z. B. bei **Mauswinkel** und **Wettges,** Ortsteile der Gemeinde Birstein im hessischen Main-Kinzig-Kreis. Hier soll, so berichtet die Sage, ein altes Schloss gestanden haben, dessen Reichtümer von einer weißen Frau bewacht wurden. Einen vorbeikommenden Mann soll sie gebeten haben, ihr zu ihrer Erlösung um Mitternacht dreimal die Hand zu geben.[84]

Im Vogelsberg gibt es mehrere Sagen, in denen die weiße Frau von einem Schäfer oder dessen Kind zur Erlösung von ihrer Strafe dreimal geküsst werden wollte. So vom Kind des **Herchenhainer** Schäfers[85] oder vom Kind des **Liederbacher** Schäfers.[86] Die weiße Frau vom Alteburgskopf bei **Schotten** bat den Schäferknecht um drei Küsse – vergeblich, denn sie wollte sich ihm in Form einer Schlange nähern, wovor dem Mann graute.[87]

Auch am **Landecker Berg** im Landkreis Hersfeld-Rotenburg erschien die weiße Jungfrau als Schlange, die dreimal geküsst werden wollte. Hier erschauderte der Mann erst beim dritten Kuss, und die Erlösung misslang. Die Jungfrau zeigte ihm noch die Schätze im Berg, die sein gewesen wären. Doch er floh vor dem grimmigen Hund, der den Schatz bewachte, und verlor auch noch die Blume, die er gepflückt hatte, kurz bevor er auf die weiße Jungfrau traf. Und so fand er die Öffnung im Berg nimmermehr.[88]

Die Schlange – ein weiteres heiliges Tier – weist die weiße Frau als die alte Göttin aus,[89] doch die hatte keine Erlösung nötig. Im christlichen Kontext steht Erlösung im Schuld- bzw.

83 Siehe Ludwig Curtze, 1860, S. 49-51, Nr. 9
84 Siehe Theodor Bindewald, 1873/1980, S. 75: »Weiße Frau im alten Keller«
85 Siehe ebd., S. 67: »Weiße Frau ›im Laug‹ vor dem Oberwald«
86 Siehe ebd., S. 58: »Der Liederbacher Schäfer«
87 Siehe ebd., S. 66: »Weiße Frau im Altenburgskopf bei Schotten«
88 Siehe Hermann von Pfister, 1885/2017, S.76, Nr. 14: »Landecker Jungfrau«
89 Siehe Annine van der Meer, 2020, Kap. II.3.4: »Die Schlange« sowie Buffie Johnson, 1990, Kap.: »Die Schlange«

Sühnezusammenhang, setzt Reue und Buße voraus. In diesen Sagen, »die die Vertreibung der Göttin und den Untergang matriarchaler Kulturen spiegeln«, hat die zu Erlösende aber die Macht, Reichtum zu spenden, und der Erlöser braucht Mut, um ihn zu erlangen. Daher sieht Erni Kutter im Erlösungsmotiv dieser Sagen keine christliche Überformung, sondern stellt es in den Kontext des Erinnerns. »Erlösung« erlangen die Jungfrauen als Nachfolgerinnen der dreifaltigen Göttin demnach nur, wenn sich wieder des alten Glaubens erinnert wird. Sie klagen, weil keiner der »Aufforderung, den Schleier des Vergessens zu lüften«, nachkommt.[90]
Auch auf dem **Glauberg** in der Wetterau hoffte eine Fee, die im Berg kostbare Schätze hütete, auf Erlösung durch drei Küsse von einem Schäfer. In drei Erscheinungsformen näherte sie sich ihm: als wunderschönes Mädchen, als hässliche Alte und zuletzt als Schlange. Alle drei küsste der **Düdelsheimer** Schäfer, wenn er sich auch immer mehr überwinden musste. Doch beim Küssen der Schlange entfuhr ihm ein Schrei – und die Fee blieb unerlöst.[91]
Das Dreier-Motiv spiegelt hier auch die Dreigestaltigkeit der Göttin: Im jungen Mädchen zeigt sich die jungfräuliche weiße Göttin, die bereits hässlich gewordene Alte steht für die schwarze Göttin. Und die Schlange ist das Kulttier, das die Göttin in ihrer Gänze symbolisiert, sie steht für Weisheit und Wandlungskraft.
Dreifach spricht die weiße Jungfrau manchmal auch die Warnung »Vergiss das Beste nicht!« aus – wie im nordhessischen **Nerdar,** einer Dorfwüstung in der Gemarkung von Lichtenfels-Münden im Kreis Waldeck-Frankenberg, wo einem Schäfer, schwer beladen mit Schätzen, zur Strafe beim Verlassen des Berges die Hacken abgeschlagen wurden, weil er die Blume trotz dreifacher Aufforderung, das Beste nicht zu vergessen, liegen ließ.[92]
Manchmal bestand der Schatz, den die Menschen erlangen konnten, wenn sie die weiße Jungfrau erlösen würden, aus einem Dreierlei: So fand eine Frau aus **Christerode** im Schwalm-Eder-Kreis, der die weiße Frau den »Himmels-Schlüssel« (Schlüsselblume) überreichte, der den Keller im Burgberg aufschloss, drei Fässer vor: das erste mit kupfernen Münzen, das

90 Erni Kutter, 1997, S. 157 u. 158. Die klagende Göttin trauert aber vielleicht auch darum, dass ihr kein Heros, kein Jahreszeitenkönig mehr in ihre Höhle folgt – so wie der treue Eckhart oder Tannhäuser noch der Göttin Holle in ihren Venusberg; siehe Heide Göttner-Abendroth, 2005b, Kap.: »Die Hochzeit der Holda« u. S. 142-144. Aber auch dies ist ja ein Teil des nicht mehr erinnerten alten Glaubens.

91 Emma Kauschat, Büdingen 2011, S. 7

92 Siehe Ludwig Curtze, 1860, S. 208f., Nr. 30: »Die liebliche Blume am Weidelberge«

zweite mit silbernen Münzen und das dritte war voller Gold. Und von jedem musste genau dreimal genommen werden.[93]
Auch im Schloss in **Homburg (Efze)** waren es drei Fässer mit kupfernen, silbernen und goldenen Münzen – das erste bewacht von einer schwarzen Katze mit roten Augen (ein weiteres heiliges Tier der Göttin,[94] das zur Begleiterin von Hexen gemacht wurde), das zweite bewacht von einem schwarzen Pudel und das dritte bewacht von einer Schlange.[95]

Das Wasser-Motiv und die Verschwundenen oder »Bestraften«
Am Holleloch bei **Schlitz** im Vogelsberg tanzten Mädchen und Jungen nachts noch im 19. Jahrhundert und sangen das folgende Lied:

> *»Miameide – steht auf der Heide –*
> *Hat ein grün's Röcklein an.*
> *Sitzen drei schöne Jungfern daran.*
> *Die eine schaut nach vorne,*
> *die andre in den Wind.*
> *Das Weibsbild an dem Borne*
> *hat viele, viele Kind.«*[96]

Diese drei Jungfern erinnern an die drei Schicksalsfrauen, die wie die drei Nornen an der Quelle sitzen (Mimameid ist ein Baum in der nordischen Mythologie, der mit dem Weltenbaum Yggdrasil gleichgesetzt wird, ein anderer Name für die Weltenesche). Und an Frau Holle als Bringerin der Kinder, die sie den Menschen in den sogenannten Kinderbrunnen schenkte.[97]

In ganz anderer Weise taucht das Wasser-Motiv in vielen Drei-Jungfrauen-Sagen auf. Denn wo früher in Teichen und Seen die jungen Frauen, die schwanger werden wollten, badeten, weil dort die Seelen der AhnInnen schwammen, die die Göttin Holle hütete und die auf ihre Wie-

93 Siehe Hermann von Pfister, 1885/2017, S. 81f., Nr. 19: »Weiße Frau zu Christenrode«
94 Siehe Sergius Golowin, 1989
95 Siehe Hermann von Pfister, 1885/2017, S. 78, Nr. 15: »Homberger Jungfrau«
96 Karl Kollmann, 2005, S. 131
97 Siehe Barbara Obermüller, 2014, S. 353f. sowie Kurt Weinhold, 1898/1999

dergeburt warteten,[98] starben nun die drei Jungfrauen. Oder auch in den Brunnen, aus denen laut vieler Sagen einst die Kinder kamen. Diese Orte stellen in der spirituellen Vorstellungswelt aber auch Übergänge in die Anderswelt dar, ins Reich der Göttin. Zuvor hatten sich die drei Jungfrauen bei der Kirmes oder anderen Festen unter die Dorfjugend gemischt, hatten beim Tanz die Zeit vergessen oder wurden von den Burschen zurückgehalten, konnten dann nicht mehr rechtzeitig in ihre Gefilde zurückkehren und verschwanden für immer. Manchmal waren im Wasser nur noch drei Blutstropfen zu sehen, manchmal schwammen dort aber auch ihre Leichen. Vielleicht ist das ein Hinweis auf den Untergang des alten Glaubens. Aber in manchen Sagen sehen wir möglicherweise, wie die drei zurückgeholt wurden ins Reich der Göttin, die sie vor vereinnahmendem Kontakt beschützte. Denn mit diesen Kirmesburschen, die täuschten und stahlen, konnte keine Heilige Hochzeit mehr gefeiert werden.[99] Die alte Göttin verschwand sozusagen im Untergrund.

So in **Friedigerode,** einem Ortsteil von Oberaula im nordhessischen Schwalm-Eder-Kreis, wo drei Jungfrauen in einem versunkenen Schloss lebten. Als sie sich einmal über die Zeit beim Tanz aufgehalten hatten, hatte ihr zu langes Verweilen Konsequenzen. Im Brunnen, in den sie stiegen, um in ihr unterirdisches Schloss zu gelangen, schwammen drei Blutstropfen auf dem Wasser – die drei Jungfrauen wurden nicht mehr gesehen.[100]

Am Denser See in der Gemeinde **Nentershausen** im osthessischen Landkreis Hersfeld-Rotenburg wurde einer der drei Jungfern aus dem See beim Kirmesbesuch von ihrem Tänzer ein weißer Handschuh entwendet, ohne den sie nicht ins Wasser zurückkehren durfte. »Bis zum Morgen blieb sie zurück in der Hoffnung, den Handschuh noch zu finden. Aufgelöst in Schmerz, mit wild verworrenem Haar, mit wehem Herzen verließ sie endlich die muntere Schar, eilte zum See und sprang in die Tiefe. Dort unten hörte man ein dumpfes Sausen und einen Jammerlaut, darauf ein wildes Brausen. Man hatte keinen Zweifel, sie hatte ihr Leben lassen müssen. Die Wellen des Sees färbten sich blutigrot, ein Ruf ertönte noch aus dem Wasser, dann ruhte der See still wie vorher. Niemals sind die Jungfrauen wieder herausgekom-

98 Siehe Karl Krollmann, 2/2012, S. 31 – Er zitiert Johannes Schaub: Physikalisch mineralogisch bergmännische Beschreibung des Meißners, Kassel 1799 zum Frau-Holle-Teich am hessischen Meißner, welcher in ältesten Zeiten deshalb häufig besucht worden sei, »da er die besondere Eigenschaft gehabt hätte, alle sonst unfruchtbare Weiber, die sich in demselben gewaschen oder gebadet hätten – fruchtbar … zu machen.«

99 Siehe Kap.: »Maikönigin und Grüner Mann«, Abschnitt »Heilige Hochzeit«

100 Siehe Karl Lyncker, 1854, S. LXIII63, Nr. 98: »Die drei Jungfrauen vom Schloßrain«

men, um an den Freuden und Genüssen der Menschen teilzunehmen.«[101] Die alte Göttin suchte sich ihren Partner für die Heilige Hochzeit selbst aus und führte ihn in ihre Höhle. Im spirituellen Verständnis der Zyklusgöttin musste er alljährlich sterben, um im Frühjahr wie die ganze Natur wieder auferstehen zu können. Die drei Jungfrauen werden in diesen Sagen fremdbestimmt: Sie wählen nicht, sie werden listig hintergangen und führen keinen Heros mehr in ihr Reich.

Übrigens: Der Denser See färbt sich von Zeit zu Zeit immer noch rot, was z. B. in der Kirchenchronik von 1604 notiert und stets als böses Omen gedeutet wurde, zuletzt 2010.[102] Die naturwissenschaftliche Erklärung: das massenhafte Auftreten von Wasserflöhen. Karl Krollmann nennt Sagen mit einem sich rot färbenden Teich »Erklärungssagen«, mit denen sagenhafte Deutungen für unerklärliche Phänomene gesucht worden seien. Doch er merkt selbst an, dass dies nicht die Dreizahl der Jungfrauen oder Nixen, wie Krollmann sie nennt, erklärt.[103]

Auch in **Oberellenbach,** einem Ortsteil von Alheim ebenfalls im Landkreis Hersfeld-Rotenburg, verschwanden drei Jungfrauen. Der Sage nach kehrte eine der drei Seejungfrauen, die die Kirmes besuchten, zu spät in ihren See zurück, der sich daraufhin von einem Strom von Blut aus der Tiefe rot färbte – keine der Seejungfrauen wurde jemals wieder gesehen.[104]

Im Zeller Loch, einem Moorgebiet am westlichen Rand des Fuldaer Stadtteils **Zell,** versanken drei Mädchen, nachdem sie von einem Kirchweihfest zu spät zurückkehrten, weil sie von »kecken Burschen« eingesperrt worden waren, in einem Teich, der daraufhin am nächsten Morgen blutig rot gefärbt war. Und die Leichen der Mädchen lagen darauf, worüber der Anführer der Burschen den Verstand verlor. Auch als er selbst aus dem Teich gezogen wurde, fand er keine Ruhe und musste von nun an den Teich umschleichen.[105]

---

101 Siehe https://www.denserkirche.de/der-denser-see/sage/ – Bei Karl Lyncker sind es nur zwei Jungfrauen.

102 Siehe René Dupont: »Wenn der See sich rot färbt«, in: HNA, 28.05.10, https://www.hna.de/lokales/rotenburg-bebra/wenn-sich-faerbt-783934.html

103 Siehe Karl Krollmann, 2000, S. 205

104 Siehe Karl Lyncker, 1854, S. LXIII63-LXV65, Nr. 99: »Der See bei Oberellenbach«. Die »Nixensteine« der Arbeitsgruppe »Kunst in der Landschaft«, auf denen Fußspuren zu sehen sind, erinnern an die Sage und stellen die Frage: »Tanzen sie wieder?« In einer anderen Variante der Sage kehrt die Jungfrau erst am nächsten Morgen in den See zurück – und nach neun Monaten wird eine Kinderfrau aus Oberellenbach gebraucht, um der Wöchnerin im See beizustehen; siehe Karl Lyncker, 1854, S. LXV65, Nr. 100: »Der See bei Oberellenbach«

105 Paul Schlitzer, o.J., S. 209, Nr. 274: »Das Zeller Loch«

In **Wüstensachsen,** einem Ortsteil der Gemeinde Ehrenberg (Rhön) im Landkreis Fulda, wurden die drei Jungfrauen, die regelmäßig den Kirmestanz besuchten, Moorjungfern genannt. Denn sie stammten, so berichtet die Sage, aus dem Schwarzen Moor auf der Hohen Rhön, wo einst eine schöne Stadt oder ein großes Dorf versunken sein soll, weil die Einwohner von ihrem sündhaften Leben nicht ablassen wollten. Nur drei Jungfrauen war es gestattet, zuweilen aus dem Moor emporzukommen. Als die drei aber einmal auf der Kirmes »über die Zeit zurückgehalten wurden, verließen sie traurig den Tanzplatz. Am anderen Morgen war einer der Teiche blutrot gefärbt. Die Moorjungfern hat seitdem keiner mehr zu Wüstensachsen gesehen. In nächtlicher Stunde schweben nur noch die Seelen der drei Moorjungfern mit denen der anderen dort Versunkenen als Irrlichte über dem Moore.«[106] In einer Variante dieser Sage wurden die Jungfern um die zwölfte Stunde immer von einer Taube vom Kirmestanz abgeholt. »Sie folgten ihr, zogen singend zum nächsten Berg hinein und verschwanden.«[107] Hier sind die Jungfern noch direkt mit der vorchristlichen Göttin verbunden, mit der Göttin Holle, die in Berghöhlen in einem unterirdischen Schloss lebt. Denn die Taube – heute ein Symbol für den Heiligen Geist – ist eines der ältesten Symbole für die Göttin, die in Gestalt der Taube das Weltenei gebar,[108] als Begleittier der Göttin, besonders wenn sie zur Heiligen Hochzeit einlud,[109] und für Ruach,[110] die heilige Geistin, weibliches Geistprinzip, über den weiblichen Urwassern schwebend, die Jesus bei seiner Taufe in Gestalt einer Taube erschien.[111] Und diese Taube finden wir auch bei der Göttin Holle. Manchmal flog sie in den zwölf Rauhnächten im

106 Ebd., S. 202f., Nr. 261: »Der versunkene Ort«

107 Ebd., o.J., S. 203, Nr. 262: »Die Moorjungfern der Rhön«

108 Pelasgischer Schöpfungsmythos, in dem Eurynome in Gestalt einer Taube das Weltenei legt. Heide Göttner-Abendroth schreibt: Sie verweist »auf die sumerische Iahu, die ›Erhabene Taube‹, die Schöpferin. Iahu und dieses Schöpfungsbild wurden später für den patriarchalen Gott Jahwe und die Bibel der israelischen Stämme in Palästina vereinnahmt, durch die Bibel gelangte es ins spätere Christentum.« (2004, S. 214) Göttner-Abendroth meint, dass Jahwe ihren Namen übernommen habe, aus Iahu wurde Jahwe (siehe 6/1984, S. 127).

109 Siehe Annine van der Meer, 2020, Kap. II.3.5.3 – Tauben begleiten viele Große Göttinnen, wie Ischtar, Aschera, die persische Anahita, die kretische Gaia, Aphrodite oder die alttestamentarische Weisheitsgöttin Sophia. Die Theologin Elga Sorge nennt Jahu, die Taube, das »Eros-Symbol der Schöpfungsgöttin Inanna.« (1987, S. 153, Anm. 22)

110 Siehe Christa Mulack, 1988, Kap.: »Sophia und Heilige Ruah – Ansätze eines weiblichen Gottesbildes in der Bibel«. In der *Bibel in gerechter Sprache* wird erklärt: »Während der ›Heilige Geist‹ (gemäß lat. *spiritus sanctus*) grammatisch männlich ist, ist hebr. *ruach* (weit überwiegend) weiblich.« (S. 2377)

111 Markusevangelium 1,10-11: »Sobald er aus dem Wasser herauskam, sah Jesus, wie der Himmel sich öffnete und die Geistkraft wie eine Taube auf ihn herabkam. Und aus dem Himmel tönte eine Stimme: ›Du bist mein geliebtes Kind, über dich freue ich mich.‹«. (*Bibel in gerechter Sprache,* S. 1891)

weißen Federkleid der Taube segnend über das Land, damit es im Frühjahr wieder fruchtbar wurde.[112] Außerdem hatte sie ein Taubenhaus im nordhessischen Waldecker Land auf ihrem Kultberg, dem »Knöchel«, bei **Sachsenberg.**[113]

Zunehmend mehr negative Elemente

In **Haunetal-Neukirchen,** Landkreis Hersfeld-Rotenburg, verschwanden die drei Jungfrauen, die nicht rechtzeitig zu Hause ankamen, weil auch einer von ihnen beim Tanz ein Handschuh entwendet worden war. Sie verschwanden samt ihren Häusern am Hirzberg nahe der Holzheimer Straße, in denen sie gewohnt haben sollen – zwei tiefe Trichter sollen die Stelle angezeigt haben. Hier sollen es die Töchter eines Zauberers gewesen sein.[114] Interessant ist hier der Hinweis auf den Zauberer, denn die strikte Einteilung in Gut und Böse im sich ausbreitenden Christentum spaltete die einstige allumfassende Göttin in eine gute, den Menschen wohlgesonnene Frühlings- und Liebesgöttin und in die böse, dunkle Todesgöttin – später verteufelt als Hexe und Zauberer.[115]

Warum die drei weißen Jungfrauen, die öfter im Feld bei **Rauschenberg-Ernsthausen** im Kreis Marburg-Biedenkopf gesehen wurden, einst im Teich beim ehemaligen Schloss Hundsbach ertränkt wurden, weiß niemand mehr.[116] Der neue Glaube hat sich durchgesetzt, die alte Spiritualität der Göttin und sogar die Erinnerung daran sind verschwunden. Ihre Nachfolgerinnen oder Priesterinnen wurden ermordet.

In **Stockheim** im Wetteraukreis waren es gar nicht mehr die drei Jungfrauen, die zur Kirmes erschienen und keinen Tanz ausließen, sondern drei fremde junge Burschen. Als sie zum dritten Kirmestanz erschienen, wollten die Einheimischen ergründen, woher die Unbekannten kamen. Einer verabredete sich mit ihnen am Wallbergsborn eine Stunde vor Mitternacht, wo sie freundlich miteinander redeten. »Da stampfte einer der Fremden mit einem Fuß fest

112 Siehe die Sage »Die Taube mit dem goldenen Stühlchen im Thüringer Land«, in: Karl Paetow, 1962, S. 91

113 Siehe die Sage »Frau Holle schüttelt die Betten aus«, in: Ebd., 1962, S. 10. Auf dem »Knöchel« wurden früher die Osterfeuer abgebrannt, siehe http://www.sachsenberg.org/zu-gast/geschichtliches/111-wie-die-knoechelhalle-zu-ihrem-namen-kam.

114 Karl Wehrhan, 1922, Nr. 82: »Die Jungfrauen auf der Puppenkaute bei Neukirchen«

115 Dass die Kirche auch heute manchmal noch Schwierigkeiten mit Zauberern hat, zeigt der Artikel »Kirchengemeinde zensiert Kinderkostüme«, FAZ, 21.2.2014: »Teufel, Zauberer oder Hexen sind verboten« (o. v.)

116 Siehe Karl Wehrhan, 1922, Nr. 48: »Die Jungfrauen von Hundsbach«, https://www.rauschenberg.de/index.php/tourismus/sagen-und-gschichten/351-5-die-weissen-jungfrauen-aus-dem-teich-zu-hundsbach

dreimal auf und rief unverständliche Worte. Entsetzt sah der junge Stockheimer, wie sich die Erde öffnete und aus der Tiefe Flammen emporzüngelten.« Mit großer Mühe wehrte er sich gegen die drei Fremden, die ihn in die Tiefe ziehen wollten. Dann schlug die Glocke Mitternacht, und der Spuk war vorbei. Statt seiner holten sie sich später ein junges Mädchen, das am Weiher um seinen verlorenen Tänzer trauerte.[117] Die drei Jungfrauen sind zu drei Teufeln mutiert, und das unterirdische Reich der Göttin zur Hölle. Und die Frau folgt nun dem Mann – sogar in den Tod.

Nicht mal mehr drei

Auch die Bedeutung der heiligen Zahl Drei, die auf die Dreigestaltigkeit der Göttin verweist, die einst die Eine war, ging in manchen Jungfrauen-Sagen verloren. So wenn sich nur noch zwei Jungfrauen zeigten. Am **Otzberg** bei der heute gleichnamigen Gemeinde im Landkreis Darmstadt-Dieburg im Odenwald hatten die zwei weißen Jungfrauen ein graues Männchen bei sich und verwandelten sich gar in einen großen, feurigen Mann, der den Hirten flüchten ließ, als die Erlösung misslang.[118] Auch hier eine Anspielung auf den Teufel.

Am **Hermannstein bei Wetzlar** waren es auch nur noch zwei weiße Jungfrauen, die reine Jungfern oder Burschen, die in ihre Höhle gerieten, mit zarten und dennoch starken Fäden umwebten. Aber hier wurden sie noch positiv gesehen, denn es hieß, dass dies nur Sonntagskindern widerfahre.[119]

Beziehung zur Wilden Frau

Im Königswald auf dem Hohenberg bei **Ranstadt-Dauernheim** im Wetteraukreis hat die Sage von den drei Jungfrauen eine Beziehung zur »Wilden Frau«. Denn die drei »spukenden Jungfrauen« wurden am »Wildfrauengestühl« gesehen[120] – einer Basaltsteinsetzung mit drei Vertiefungen, wo einst eine »wilde Frau« mit ihrem Mann und ihrem Kind in völliger Abgeschiedenheit gelebt haben soll. Als Mann und Kind gestorben waren, sei die »Wilde Frau«, vor der alle erschraken, zum Entsetzen der Leute nach Dauernheim gekommen, wo sie dann erschlagen worden sei. In anderen Versionen machte die Bevölkerung Jagd auf die »Wilden Leute«,

117 Geschichtswerkstatt Büdingen (Hg.in), 2013, S. 52f.
118 Siehe Hermann von Pfister, 1885/2017, S. 73, Nr. 7: »Jungfrauen am Otzberge«
119 Siehe ebd., S. 73, Nr. 8: »Jungfrauen am Hermannsteine«
120 Max Söllner, 1980, S. 61 – Das »Wilde Frau Gestühl« ist auch heute noch zu sehen, markiert durch einen Wegweiser.

die Frau wurde mit ihrem Kind gefangen genommen und der Mann entkam.[121] Seitdem spukt es am »Wildfrauengestühl«, in dessen Vertiefungen einst die »Wilden Leute« gesessen haben sollen.[122] Für den Heimatforscher Max Söllner zeigt sich in der Anzahl der Vertiefungen im Stein, in der Anzahl der »Wilden Leute« und in der Anzahl der spukenden Jungfrauen die den Kelten und Keltinnen heilige Zahl Drei und er zieht eine Verbindung zur keltischen Göttin Epona, »der Nachfolgerin der urzeitlichen Erdmutter im Mittelmeergebiet«.[123] In allen Flurstücken und Objekten Oberhessens mit der Bezeichnung »Wilde Frau« könne eine Kultstätte gesehen werden, die »Wilde Frau« stelle einen unbewussten Anklang an eine gütige Göttin der Jungsteinzeit dar. Erst das sich ausbreitende Christentum habe sie zu einem bösartigen Gespenst degradiert.[124] Andere Forscher nennen bei allen Steinformationen der »Wilden Frau« eine mögliche Verbindung zur Göttin Holle.[125]

Barbara Linnenbrügger, Leiterin der Odenwälder Frauengeschichtswerkstatt (auch der Odenwald ist bekannt für seine Wildfrauen- und Wildweibchensteine), erinnert daran, dass es in der vorindustriellen Zeit immer Menschen gab, die im Wald lebten – weil sie Ausgestoßene waren, wegen ihrer Armut, weil sie sich absondern wollten oder fliehen mussten, wie Frauen vor dem Zwang, heiraten oder ins Kloster gehen zu müssen. Und dass in einem Weltbild, für das alles beseelt ist, Mythen und Märchen entstanden über Wesen aus anderen Welten, aus Anderswelten, über Riesen, Feen, Wichte und auch über Wilde Leute und Wilde Weiber.[126]
Über die Wildfrauen der Berge schreibt Ursula Walser-Biffiger: »Wild und ungezähmt erscheinen die Sagenfrauen bisweilen, rauh, aufrührerisch und unverschämt. Und dann gibt's auch feine und zarte, listige und lustige. Leidenschaftlich durchtanzen sie die Nächte, arbeiten als Spinnerinnen und Sennerinnen, brauen das Wetter zusammen, sausen mit dem Sturm durch die Lüfte und rollen Lawinen zu Tale. Küsse und andere magische Künste wenden sie an, treten als Heilige auf und als Huren, als Prinzessinnen und als Hexen. Und machtvolle Rä-

121 Johann Wilhelm Wolf, 1853, Nr. 83
122 Sie gelten aber auch als möglicher Sonnenbeobachtungspunkt, als germanische Kultstelle, als Opferplatz oder germanische Gerichtsstätte, siehe Michael Strecker, 2008, S. 95f.
123 Max Söllner, 1980, S. 61
124 Ebd., S. 9
125 Siehe Horst Kratzmann, 2006, S. 50 und Karl Simrock, 2/1864, S. 405f. Siehe auch Barbara Obermüller, 2014, Kap.: »Besondere Orte in Hessen« sowie H. Zinn, 1926
126 Siehe Barbara Linnenbrügger (Hg.in), 2010, S. 17f.

cherinnen sind sie, wenn gegen ihre Ordnung verstoßen wird.«[127] »Die Mehrheit der Sagen lässt sie ziemlich unverblümt in der Tradition der Göttin auftreten«, urteilt Erni Kutter und meint: »Möglicherweise haben auch die Wildfrauen ihre Dörfer und Gemeinschaften verlassen (müssen), um sich, ihren alten Göttinnenglauben und die damit verbundenen Werte zu retten und sich jene Autonomie zu erhalten, die sie nur im Machtbereich der drei Jungfrauen leben konnten.«[128]

»Die drei verwunschenen Frauen«

Eigentlich stammt der folgende Text aus einer bayerischen Sagensammlung,[129] bei Kurt Derungs und Sigrid Früh ist er bei den Märchen bzw. den Zaubermärchen aus Deutschland eingeordnet[130] – doch da der Protagonist aus **Frankfurt** stammt, das Thema zu den Dreijungfrauensagen passt und weil sich viel an ihm zeigen lässt, soll er hier erzählt werden:

Ein Kaufmannssohn von Frankfurt, der von seinem Vater fortgeschickt wurde, weil er keinen guten Lebenswandel führte, kam abends in ein altes Schloss. Er war müde, schlief ein und wurde in der Nacht leise geweckt. Als er erwachte, standen drei schwarze Jungfrauen vor ihm. Er erschrak, sie aber sprachen ihm Mut zu und sagten ihm, er könne sie erlösen, müsste aber drei harte Proben bestehen. Es werde nachts ein Drache mit sieben Köpfen zu ihm kommen und ihn zu verschlingen drohen; er soll aber nicht fliehen, keinen Laut von sich geben, und der Drache werde ihm kein Haar krümmen können, weil er den Kreis, den sie um ihn, den Kaufmannssohn, ziehen würden, nicht überschreiten dürfe. Kurz vor Ablauf der zwölften Stunde verließen die drei schwarzen Frauen den Saal. Gleich darauf öffnete sich die Tür; der siebenköpfige Drache kam herein und wollte den Kaufmannssohn verschlingen. Dieser aber befolgte den ihm erteilten Rat und der Drache verließ um zwölf Uhr den Saal. Hierauf erschienen die drei Frauen, waren aber nicht mehr ganz schwarz, sondern Kopf und Brust waren weiß, aber der ganze übrige Leib noch schwarz. Sie waren erfreut und ermunterten ihn, die zweite Nacht, wo der Drache mit mehreren Ungeheuern erscheinen werde, mit gleichem Mut auszuharren. Sie blieben wie die vorige Nacht bis gegen zwölf Uhr und gleich darauf erschien wieder der Drache, aber mit mehreren

127 Ursula Walser-Biffiger, 1998, S. 11
128 Erni Kutter, 1997, Kap. »Salige, Wilde Frauen, Vivanes und Willeweis«, S. 203 u. 207
129 Siehe Friedrich Panzer, 1848, S. 191-194, Nr. 211: »Die drei verwunschenen Frauen«
130 Siehe Sigrid Früh (Hg.), 1998, S. 137-139 und Kurt Derungs & Sigrid Früh, 2008, S. 172-175

Ungeheuern, welche auf ihn losstürzten und den Kreis zu durchbrechen drohten, um ihn zu verschlingen. Der Kaufmannssohn erschrak zwar sehr, hielt aber doch die zweite Probe aus. Mit Ablauf der zwölften Stunde verließ der Drache mit seinen Ungeheuern den Saal und gleich darauf erschienen die drei Jungfrauen. Sie waren weiß bis an den Gürtel und nur der übrige Körper war noch schwarz. Ihre Freude über seinen Mut war unbeschreiblich und sie munterten ihn auf, auch die Abenteuer der dritten Nacht, wo der Drache mit noch mehreren Ungeheuern und noch schrecklicher erscheinen werde, mit gleichem Mut zu bestehen. Sie blieben bei ihm bis drei Viertel nach elf Uhr, wo sie den Saal verließen. Gleich darauf kam der Drache feuerspeiend mit unzähligen Ungeheuern in grässlicher Gestalt und wollte den Kreis durchbrechen. Nun übermannte den Kaufmannssohn die Furcht; er schrie und der Drache und seine Ungeheuer verließen den Saal. Hierauf erschienen die drei Jungfrauen wieder ganz schwarz und waren über die misslungene Probe sehr aufgebracht. Sie berieten sich, was sie mit dem Kaufmannssohn anfangen sollten; die Älteste stimmte, ihn zu töten, die zweite und dritte aber waren dagegen. Endlich, nachdem die Älteste nachgegeben hatte, kamen sie überein, ihn auf einen nackten Felsen mitten im Meer zu verwünschen. So geschah es.

Auf dem Felsen aber war ein Bär; dieser fragte ihn, woher und wie er hierher komme? Der Kaufmannssohn antwortete ihm, dass er es nicht wisse. Als ihn der Bär fragte, ob er essen wolle und er es bejahte, breitete der Bär ein Tischtuch aus und sagte: »Wünsche dir was!« Er wünschte sich seine liebsten Speisen, die auch sogleich auf dem Tisch waren. »Wie geschieht es«, fragte der Kaufmannssohn, dass diese guten Speisen so schnell da sind?« Der Bär entgegnete, dass er noch andere Sachen habe: ein Hütchen, das unsichtbar macht, wenn man es aufsetzt, und ein Paar Stiefel, womit man dreihundert Meilen mit einem Schritt zurücklege. Der Kaufmannssohn dachte nach, wie er sich in den Besitz dieser Sachen setzen könnte. Nun hatte der Bär auch eine goldene Kugel, mit welcher er spielte. Diese berührte der Kaufmannssohn, worauf sie den Berg hinab in das Wasser rollte. Der Bär, um sie zu haschen, sprang nach; der Kaufmannssohn aber benützte diese Gelegenheit, zog die Meilenstiefel an, setzte das Wunschhütchen auf, nahm das Tischtuch und hatte mit einigen Schritten das Meer zurückgelegt.

Sein erster Weg war nun wieder nach dem alten Schloss. Hier angekommen, labte er sich durch gute Speisen und freute sich auf den Kampf mit dem Drachen. Als nachts der Drache kam, rief ihn der Kaufmannssohn an, worüber sich der Drache wunderte, weil er niemand im Saal sah; denn jener hatte sein Wunschhütlein aufgesetzt und war dadurch unsichtbar. Er schlug mit der Haselgerte dem Drachen einen Kopf nach dem anderen ab. Um zwölf Uhr sammelte der Drache seine sieben Köpfe und verließ den Saal. Gleich darauf erschienen die drei Fräulein und waren bis an die Brust weiß, der übrige Körper war aber noch schwarz. Wohl vermuteten sie, dass ihr Erlöser da sein müsse, denn sie sahen ihn zwar nicht, aber sie hörten ihn atmen. Als in der zweiten Nacht die drei Jungfrauen wie gewöhnlich den Saal verließen, erschien der siebenköpfige Drache mit mehreren Ungeheuern. Nachdem der Kaufmannssohn sie angerufen hatte: »Seid ihr wieder da?«, hieb er mit seiner Haselgerte dem Drachen die sieben Köpfe ab und zerschlug die Ungeheuer in Stücke. Die Glieder wuchsen wieder zusammen und die Ungeheuer machten sich durch die Tür fort.

Gleich darauf erschienen die drei Jungfrauen; sie waren bis an den Gürtel weiß nur der übrige Körper abwärts war noch schwarz. Ihre Freude war unbeschreiblich, nur beklagten sie, dass sie ihren Erlöser nicht sehen konnten; aber der Held behielt sein Wunschhütlein auf und wollte sich erst nach gänzlich errungenem Sieg zeigen. Er besah nun die Räume des großen Schlosses näher und bemerkte zu seiner großen Freude, dass die dunkle Färbung der Wände und die Dunkelheit der Gemächer immer mehr verschwand. Als es Nacht wurde, kehrte er in den Saal zurück, breitete sein Tischtuch aus und wünschte sich gute Speisen. Diese standen auch gleich auf dem Tisch; er labte und stärkte sich für den nächsten Strauß. Die drei Jungfrauen, welche sonst den Saal nie verließen, entfernten sich. Gegen zwölf Uhr öffnete sich die Tür und der Drache erschien in seiner fürchterlichsten Gestalt, feuerspeiend und mit vielen Ungeheuern. Der Kaufmannssohn rief sie mutig an: »Ich komme gleich! Schon lange warte ich auf euch!« Aber sie konnten ihn nicht sehen; er hieb dem Drachen mit der Haselgerte alle Köpfe ab und zerschlug allen Ungeheuern die Glieder; sie wurden zwar wieder ganz, verließen aber überwunden den Saal. Gleich darauf erschienen die drei Jungfrauen ganz weiß; sie waren erlöst und ihre Freude würde vollkommen gewesen sein, hätten sie ihren Erlöser sehen können. Da wurde der Saal, welcher zuvor dunkel war, ganz hell und die Wände leuchteten von Gold. Nun nahm der Kaufmannssohn das Wunschhütchen ab und erschien den drei Fräulein, welche ihm auf den Knien für ihre Erlösung dankten. Er heiratete die Jüngste und wurde König des entzauberten Reiches.

Dieses Märchen über die »Erlösung« dreier Jungfrauen beinhaltet Motive einer Initiation: Dem Held wird eine schier nicht zu bewältigende, dreiteilige Aufgabe gestellt, die er beim ersten Versuch auch nicht bewältigen kann. Sein Leben steht auf der Kippe, weil er den Ratschlägen der wissenden Frauen (die zwar »erlöst« werden sollen, aber gleichzeitig über mächtige Magie verfügen und nicht einmal mit Geld und Gold locken müssen) nicht vollständig gefolgt ist. Doch er erhält eine zweite Chance und gerät zur Lehrmeisterin, der allwissenden Göttin – hier in Gestalt ihres Kulttiers Bär, der eigentlich eine Bärin sein müsste[131] –, die wie die Baba Jaga der russischen Märchen denjenigen hilft, die mutig sind und sich wirklich bemühen, die Prüfungsaufgaben zu bewältigen, und schenkt ihm Zaubermittel. Dass der Held sie hier stiehlt und den Bär austrickst, ist wohl bereits eine patriarchale Verformung. So ausgestattet kann der Protagonist den Kampf gewinnen. Zum Lohn erhält er, wie im Märchen üblich, eine Gemahlin und das Königreich. Interessanterweise heiratet er nicht die Älteste (so wie es früher bei Schwestern üblich war auf dem Land), sondern die Jüngste von den drei Frauen – eine Erinnerung an Gesellschaften mit matriarchalen Strukturen, in denen häufig die jüngste Tochter die Verantwortung für den Clan übernimmt?

Die Haselgerte, mit der der Kaufmannssohn kämpft, ist auch ein Art Zaubermittel. Der Haselnussstrauch gehört zu den Pflanzen der Göttin, auch für die KeltInnen zählte er zu den heiligen Bäumen. Im Märchen findet Aschenputtel im Haselnussstrauch die verstorbene Mutter, die ihr hilft und sie beschützt. »Er wurde als Symbol weiblicher Weisheit betrachtet.«[132] Haselnusszweige wurden als Wünschelruten verwendet – »in der Hand des Schatzsuchers besiegt sie Schlange und Untier mit leichtem Schlag (der aber dreimal furchtlos geführt werden muss).«[133] Haselnusszweige waren aber auch als »Lebensrute«[134] bekannt, was im Gegensatz zum »Tötungsinstrument« steht. Daher geht Erni Kutter bei dem Motiv der Abwehr von Schlangen von einer »Verkehrung ins Gegenteil« aus, »um vom wahren Sachverhalt einer rituellen ›Anrufung‹ der Göttin und ihrer Wandlungsenergien abzulenken, die in ihrem heiligen Tier, der Schlange, ebenso präsent waren wie im Haselstrauch.«[135]

Sieben (auch eine heilige Zahl)[136] Köpfe sind abzuschlagen. Dass der junge Mann mit einem Drachen kämpfen muss, ist bereits ein patriarchales Motiv – denn er gehört zu den ältesten Symbolen der Menschheit, ist Bestandteil der ersten Schöpfungsmythologien und symboli-

131 Siehe Marija Gimbutas, 2010, S. 196 sowie Kailo Kaarina, 2010 (DVD)

132 Barbara G. Walker, 1997, S. 622

133 Oswald A. Erich u. Richard Beitl, 3/1974, S. 331

134 Der sanfte Schlag mit der Lebensrute, einem grünen Zweig, soll im Winter oder beginnenden Frühling die Kraft, die Vitalität der Natur, die allmählich wieder aus dem Winterschlaf erwacht, auf den Menschen, das Vieh und Obstbäume übertragen.

135 Erni Kutter, 1997, S. 174

136 Siehe Harald Haarmann, 2008, S. 23-25 und Annine van der Meer, 2020, Kap. II.1.9. »Die weibliche Seite der Sieben«

sierte die Ur-Mutter im Ur-Ozean. Im Laufe der Patriarchalisierung wird er in den Mythen und christlichen Legenden immer wieder überwunden und getötet.[137] Hier aber wird er zwar besiegt und in Stücke geschlagen, doch nicht zerstört, denn er kann sich wieder regenerieren.

Wichtig für das Drei-Jungfrauen-Motiv ist das Spiel der Farben: Zunächst sind die drei schwarz. Wenn sie ihrer »Erlösung« näher kommen, sind sie je zur Hälfte weiß und schwarz. Dann werden sie wieder schwarz, als der Jüngling seine Prüfung nicht besteht. Und schließlich werden und bleiben sie, wie das gesamte Schloss, weiß, als der Initiand erfolgreich ist. Weiß steht hier also für die »Erlösung« – im christlichen Kontext wäre es das Gute, das Unbefleckte oder von Schuld Befreite; während Schwarz dann für das Böse, Schuldhafte, Unerlöste stehen würde.[138] Doch wenn »Erlösung« bei den drei Jungfrauen (nach Erni Kutter) keinen christlichen Hintergrund hat (was überwiegend durch die Symbolik und den Handlungsverlauf auch für diesen Text gilt), sondern das Wiedererinnern der ursprünglichen Leben-Tod-Wiedergeburt-Vorstellung meint, die die dreifaltige Göttin und ihre Nachfolgerinnen symbolisieren, dann besteht das eigentliche Happy End dieser Geschichte darin, dass der Heros die Göttin (wieder)erkannt hat und die Heilige Hochzeit gefeiert wird.

Nähe der drei Jungfrauen zu den drei Bethen

Hans Christoph Schöll, der in den 1930er-Jahren versuchte, »für den mitteleuropäisch-germanischen Raum wohl erstmalig eine frühgeschichtliche Religiosität herauszuarbeiten, die eine durchgehend matriarchale Struktur zeigt«,[139] sah in den drei Jungfrauen eine Variante der drei Bethen.[140]

---

137 Siehe auch Kap.: »Maikönigin und grüner Mann«, Abschnitt »Die Göttin soll besiegt werden – Georg und Margarethe«

138 Für die Schwarz-Weiß-Symbolik gibt es auch vorchristliche Deutungen. Hans Christoph Schöll erläutert, dass Erdgottheiten bei allen Völkern, die solche kennen, schwarz dargestellt werden (also dunkel wie fruchtbare Erde) und dass Schwarz-Weiß die wechselnden Phasen des Mondes abbildet, siehe Schöll, 1936/1998, S. 72f. Wir könnten auch sagen: Die vielen schwarz-weißen Schicksalsfrauen in den Sagen stehen gegen ein Entweder-oder und verweisen auf das Sich-gegenseitig-Bedingen im zyklischen Kreislauf.

139 Günther Thomann, 1986, S. 400

140 Siehe Hans Christoph Schöll, 1936/1998, S. 33-83, Abschnitt »Dreifräuleinsagen«; siehe auch Marie Andree-Eysn, 1910, Kap.: »Kultstätten und Bildnisse der heiligen drei Jungfrauen«, S. 35-63 (Sigrid Früh (Hg.in), 1998, S. 13-32); siehe auch Günther Thomann, 1986 (Sigrid Früh (Hg.in), 1998, S. 171-188)

In Bayern kennen die Gemeinden Wörmersdorf, Wachenzell und Preith, alles Ortsteile von Pollendorf im Landkreis Eichstätt, drei adlige Jungfrauen, die der Sage nach ihren Gemeinden einen großen Wald gestiftet haben.[141]

(l.: Die drei adligen Jungfrauen und Schwestern Kunigunde, Adelheid und Einhilde auf einem Tafelbild in der Filialkirche St. Martin in Wörmersdorf – M.: Kunigundis, Adelheid und Gundhildis sind ihre Namen auf dem Gedächtnisbild in der Pfarrkirche St. Johannes der Täufer in Wachenzell, 1710 – re.: In Preith sind es Adelheid, Kunigunde und Gundhild)

Sie ähneln nicht nur in ihrer farblichen Darstellung den drei Bethen.

Die drei Bethen

Als Fürbitterinnen wurden sie angerufen in Zeiten der Pest, bei Unwetter oder als Regenmacherinnen. Frauen wendeten sich an sie bei Kinderwunsch und baten um eine leichte Geburt. Aber auch bei Krankheiten und Problemen mit dem Vieh sollten die drei Schicksalsfrauen helfen. Erni Kutter betont, dass immer auch ihre geistige Schöpfungs- und Erneuerungskraft verehrt wurde.[142] Der Kult der drei Bethen ist vor allem im Alpenraum nachgewiesen, wo auch heute noch in einigen Kirchen Abbildungen und Figuren von den drei heiligen Frauen zu

141 Siehe Theresia Asbach-Beringer: »Die ›saligen Fräulein‹«, in: Hilpoltsteiner Kurier, 13.7.2017 (o. v.)

142 Erni Kutter, 1997, S. 57 – In Anm. 37 u. 38 nennt sie dafür weiterführende Literatur.

sehen sind. Aber auch in anderen Orten war ihr Kult verbreitet. »Gegenwärtig sind ca. 40 Verehrungsstätten dieser Drei Jungfrauen bekannt, zudem einige Bildwerke in Museen«, schreibt die österreichische Kunsthistorikerin Magdalena Venier.[143] Doch da, verglichen mit dem Verbreitungsraum, die Anzahl der Verehrungsorte gering erscheine, nimmt sie an, »dass der Kult im Lauf der Zeit einige seiner Verehrungsstätten – sei es durch Verfall bzw. Zerstörung der Gebäude oder durch Umwidmung auf einen anderen Patron – eingebüßt hat.«[144] Schöll meint, dass überraschend viele Ortsnamen von der Verehrung der drei Bethen künden: »Bedburg, Bedersdorf, Bettborn, Bettenburg, Bettendorf, Bettenfeld, Bettenhausen, Bettenkamp, Bettmar, die Biburg, Bidburg, Bittenbronn, Bittenfeld, Bitzfeld, Büttelbronn, Büttsted, die Pittenhardt, Pittersberg, Püttlingen usw. Weiter gehören hierher die vielen Abwandlungen zu Bad-, Batz-, Bott-, Boden-, Betz- und schließlich zu Wetz-, Witz- und Witt-.«[145] Inge Resch-Rauter stimmt zu und nennt dabei auch einen Ort in Hessen: »Als Hinweis auf die Bethen wird man vielleicht auch die häufigen Wetz-Orte verstehen können, wie **Wetzlar** ...«[146] Für Frankreich fügt Richard Fester an: »Trebédan, Tréves, Bellebat, Belbeze, Vezeley, Vieux Beth, Jeune Beth, Betsant, Bethmale, Betharram und mehr als hundert weitere.«[147] Und hinzu kommen nach Schöll die Orte, die mit den einzelnen Namen der Bethen verbunden sind, wie Ambach, Amberg ..., Wielenheim, Wielpütz ..., Borbeck, Borberg ...[148] Auch alte Flurbezeichnungen und alte Wegenamen[149] verweisen auf die drei Bethen.

Bekannt sind die drei Bethen als Heilige der Volksfrömmigkeit, die nie kanonisiert wurden, deren Kult von der Kirche nicht unterstützt wurde, die aber seit der 2. Hälfte des 12. Jahrhunderts belegt werden können.[150] Aber viele sehen ältere Bezüge. Rudolf Drinkhut, der eine vorchristliche Grundlage annimmt und der in den Namen »ein untrügliches Zeichen für die unbedingte Zusammengehörigkeit der drei Frauen als festgefügte Dreiheit«[151] sieht, schreibt:

---

143 Magdalena Venier, 2017, S. 186

144 Ebd., S. 187; in ihrer Masterarbeit an der Universität Innsbsruck: Der Kult der Drei Bethen. Eine Spurensuche, 2017, S. 89-123, befindet sich eine »vollständige Auflistung«. Für eine Kurzbeschreibung der verschiedenen Kultstätten siehe Marie Andree-Eysn 1910, 35-63 (1998, S. 13-32).

145 Hans Christoph Schöll: »Die Drei Ewigen«, 1936/1998, S. 46f.

146 Inge Resch-Rauter, 1992, S. 245

147 Richard Fester, 1989, S. 55

148 Hans Christoph Schöll, 1936/1998, S. 44ff.

149 Wie z. B. der Betelweibsteig im niederösterreichischen Wallfahrtsort Maria Taferl, siehe Erni Kutter, 1997, S. 57

150 Siehe Magdalena Venier, 2017, S. 185

151 Rudolf Drinkuth, 1934, S. 63

»Von allen Heiligen unterscheidet sie aber die merkwürdige Namensgebung, die nicht aus der Schicht der Heiligenkulte zu erklären ist, sondern zwingend auf eine frühere Herkunft hinweist« und spricht von einem hohen Alter und einer fernen Vergangenheit.[152]

(Die drei Bethen in der Kirche St. Vigil zu Obsaurs, Gemeinde Schönwies in Tirol/Österreich)

Die drei Bethen tragen goldene Kronen oder auch mal einen Heiligenschein, und sie sind häufig in den alten sakralen Farben Weiß, Rot und Schwarz (oder Grün) der für das zyklische Wandlungsgeschehen stehenden Göttin gekleidet. Sie halten verschiedene Attribute in den Händen, wie Palmwedel, Pfeile oder goldene Kugeln – »goldene Kugeln ... uralte Symbole kosmischer Wandlungskraft, zugleich aber auch weiblicher Weisheit und Kultmacht.«[153] »Die Pfeile in ihren Händen deuten auf ihre Rolle als Pestpatroninnen hin und sind zugleich ein uraltes Symbol der Tod-im-Leben-Göttin. Auch die grünen Palmwedel ... erinnern an ihre Macht, aus dem Tod heraus zu neuem Leben zu führen, ist doch die Palme als früchtebringender Lebensbaum des Orients ein Sinnbild der ständigen Wiederkehr und Erneuerungskraft des Lebens«, erläutert Erni Kutter.[154]

Ihre Namen variieren regional, die ursprüngliche Herkunft der Namen, die meist auf »beth« enden, was zu ihrer Benennung als Bethen führte, ist ungeklärt. Einbet(h), Warbet(h) und Wilbet(h) oder Ambeth, Wilbeth und Borbeth sind bekannt. In Straßburg sind es Einbetta, Worbetta und Wilbetta. Als Ainbeta, Wolbeta und Bilbeta wurden sie in Schlehdorf am Kochelsee in Bayern vor allem zum Schutz vor der Pest angerufen. Im badischen Adelhausen sind ihre Namen Einbete, Warbete und Bilbete. In der Nikolauskirche in Klerant bei Brixen

---

152 Ebd., S. 65 u. 50

153 Erni Kutter, 1999, S. 218

154 Ebd., S. 217

in Südtirol heißen sie Sanct Ampet, Gewer und Bruen. Im österreichischen Obsaurs werden sie Ambett, Gwerbett und Wilbett genannt. Als Ainbeth, Barbeth, Wilbeth oder Einbeth, Warbeth, Wilbeth oder Ainbeth, Warbeth, Wilbeth sind sie im niederbayerischen Schildthurn bekannt. In Abenberg bei Nürnberg verweisen Gewera, Winterbring und Wiedakumma mit ihren Namen noch recht deutlich auf ihre Einbettung ins zyklische Geschehen – Leben geben, nehmen und erneuern. In Leutstetten in Oberbayern zeigen St. Ainpet, St. Gberpet und St. Firpet mit den Farben ihrer Umhänge (Weiß, Rot, Schwarz) ihre Verbindung zur dreifaltigen, dem Lebenszyklus verbundenen alten Göttin. Ein lebendiger Heilwasserkult umgibt die Drei-Bethen-Quelle ganz in der Nähe.[155] Eine Verbindung zur alten Tod-im-Leben-Göttin zeigt sich hier auch in den Sagen von den drei Schlossfräuleins vom nahe gelegenen Karlsberg, die auf Erlösung hofften: Zwei von ihnen waren ganz weiß, die dritte aber nur bis zum Gürtel und darunter schwarz.[156]

(Die drei Bethen auf einer Holztafel, Mittelbild eines Triptychon, von 1643 in der Kapelle St. Alto in Leutstetten in Bayern)

Im Südtiroler Bergdorf Meransen sind sie als Aubet, Cubet und Guere bekannt. Hier wurde einst von kirchlicher Seite aus versucht, die Verehrung der »heidnischen Jungfrauen« – vermutlich stand die weibliche Dreiheit hier wie auch in anderen Orten[157] im Zentrum eines alten Quell- und Baumkultes – zu bekämpfen und ihnen christlichere Namen zu verpassen.[158] Vergeblich – besonders hier ist ihr Andenken auch heute noch lebendig. Jedes Jahr findet in Meransen am Sonntag nach ihrem Gedenktag (16. September) eine Prozession statt, bei der die gotischen Figuren der drei Jungfrauen vom Seitenaltar mitgeführt werden.

---

155 Siehe Ursula Fournier: »Die Drei-Bethen-Quelle im Würmtal bei München. Heilquelle vor den Toren Münchens«, in: https://www.muetterblitz.de/zeit-f%C3%BCr-dich/die-drei-bethen-quelle/; Doreen Doristochter: »Drei-Bethen-Quelle bei Leutstetten. Ein Erfahrungsbericht«, in: http://www.godeweg.de/13_2_bethenquelle/Bethenquelle_Doreen_Daniela.html

156 Siehe Kurt Derungs & Sigrid Früh, 2008, S. 238: »Die Schlossfräulein vom Karlsberg«, S. 239: »Einbettl in Leutstetten«

157 Siehe KaraMA Beran, 2018

158 Siehe Erni Kutter, 1997, Kap.: »Die widerspenstigen Jungfrauen von Meransen«

Die drei Bethen verliehen auch der Stadt Worms in Rheinland-Pfalz ihren Namen.[159] In der Nikolauskapelle des Wormser Doms sind sie groß zu sehen.

(»Dreijungfrauenstein«, 1430, in der Nikolauskapelle im Wormser Dom – zu sehen sind die drei Bethen Embede, Willebede und Warbede)

Nach einer Sagenfassung seien sie die Töchter eines Frankenkönigs gewesen, wurden angeblich von den Hunnen erschlagen und im ehemaligen Bergkloster Worms als Embede, Warbede und Willebede verehrt.

Auch in Worms wurden die drei Bethen von der Kirche bekämpft. Bischof Burchard, der den Dom St. Peter in der 1. Hälfte des 11. Jahrhunderts erbauen ließ, hat einen Beichtspiegel verfasst, der belegt, wie lebendig der Kult der Schicksalsfrauen wohl noch war. Eine Beichtfrage, auf die Strafe drohte, lautete: »Hast du, wie dies manche Weiber zu tun pflegen, zu bestimmten Zeiten in deinem Haus einen Tisch mit Speise und Trank gerüstet und drei Messer dazugelegt, damit die ›drei Schwestern‹ sich daran laben?«[160]

---

159 »Der Name Borbeth enthält in seiner ersten Hälfte den keltischen Stamm borm, zu dem unser warm gehört. Zu keltischer und römischer Zeit hieß die Stadt *Worms Borbetomagus,* auch hier ist Borbeth unschwer zu erkennen. Wir begegnen ihr im Dom als Warbede wieder. Die etymologische Herleitung erklärt sich durch die keltische Entsprechung borm zum deutschen warm; so wird aus Borbetomagus (= das Feld der Borbet) im Zuge der Dialektverschiebung und Latinisierung Warmazfeld, Warmazia, Wormazia und schließlich *Worms*«, in: https://www.worms.de/de/kultur/stadtgeschichte/wussten-sie-es/liste_dom_gebaeude/2006-11_dom-die-drei-bethen-am.php

160 Burchard von Worms, Corrector, 153; siehe auch Ernst Büch, 1971, S. 213

Ortsnamen und die drei Bethen

In Hessen gibt es nur wenige Orte, die im Zusammenhang mit den drei Bethen genannt werden. Aber das Landesgeschichtliche Informationssystem Hessen (LAGIS) verzeichnet fast 1000 Flurnamen mit »Bett«[161], darunter »Frauen-Bett« in **Mardorf** (Gem. Homberg (Efze), Schwalm-Eder-Kreis), »das steinigte bett« in **Wasenberg** (Gem. Willingshausen, Schwalm-Eder-Kreis), »die schwartzenbette« in **Leimsfeld** (Gem. Frielendorf, Schwalm-Eder-Kreis), »Am Bett-Weg« in **Holzmühl** (Gem. Freiensteinau, Vogelsbergkreis), »Am Bettenplatz« in **Gonterskirchen** (Gem. Laubach, Landkreis Gießen), »*Drei-Bett-Acker*« in **Bernsdorf** (Gem. Cölbe, Landkreis Marburg-Biedenkopf), »Im Walbeth« (gedeutet als »Wald-Bett«) in **Offenbach am Main** – sowie über 50 Treffer bei Belegen mit »Beth«, »Bethe«, »bethen«,[162] darunter »beim beth weg« in **Ahl** (Gem. Bad Soden-Salmünster, Main-Kinzig-Kreis), »die drey beth genantt« in **Rainrod** (Gem. Schwalmtal, Vogelsbergkreis), »die leise beth«[163] in **Halsdorf** (Gem. Wohratal, Landkreis Marburg-Biedenkopf), »die Lange Beth« in **Appenrod** (Gem. Homberg (Ohm), Vogelsbergkreis), »am Bethstrauch« in **Cleeberg** (Gem. Langgöns, Landkreis Gießen), »hinter dem Bethstein« in **Arnoldshain** (Gem. Schmitten, Hochtaunuskreis) oder »Ann denn Betthen« in **Hausen** (Gem. Pohlheim, Landkreis Gießen). LAGIS deutet alle Formen als »Bett« oder »Beet«, abgeleitet vom althochdeutschen *betti* (»Lager, Bett; Beet«) oder mittelhochdeutschen *bette, bet* (»Feld-, Gartenbeet«). *Bett* und *Beet* gehen auf das gleiche Wort zurück. Außerdem ist zu lesen: »In Bezug auf die Bedeutung ›Acker-, Gartenbeet‹ tritt in den Flurnamen ausschließlich *Bett* auf, und zwar – abweichend vom üblichen Gebrauch – mit femininem Genus.«[164] Demnach ist die Schreibung »die beth« in den Flurnamen nur eine Abweichung.

161 https://www.lagis-hessen.de/de/subjects/idrec/sn/fln?id=10444&tbl=flurname; https://www.lagis-hessen.de/de/subjects/gsearch/sn/fln?q=Bett&submit=LAGIS-Suche

162 https://www.lagis-hessen.de/de/subjects/gsearch/page/1/sn/fln?q=Beth&submit=LAGIS-Suche, https://www.lagis-hessen.de/de/subjects/gsearch/sn/fln?q=bethe&submit=LAGIS-Suche, https://www.lagis-hessen.de/de/subjects/gsearch/sn/fln?q=bethen&submit=LAGIS-Suche

163 Zu »Leise« vermerkt das Hessische Flurnamenarchiv/Prof. Dr. Hans Ramge: »Entweder zum Familiennamen *Leise* (s. *Leisen*) oder zu mhd. **liuzen* ›sich versteckt halten, lauern‹ (s. *Läus-*). Nicht auszuschließen ist auch mhd. *lîse*, leise, geräuschlos, sanft«; https://www.lagis-hessen.de/de/help/info/sn/mhfb?lemma=Leise.

164 https://www.lagis-hessen.de/de/help/info/sn/mhfb?lemma=Bett; siehe auch https://www.lagis-hessen.de/de/help/insert/id/49/dir/flurnamenatlas/h1/Hessischer%2BFlurnamenatlas

Der Landschaftsmythologe Kurt Derungs verweist darauf, dass hinter Flurnamen mit »Bett« (wie Hünenbett, steinerne Bettlad, Jungfernbett) oft die drei Bethen stehen.[165]

Erhard Schaeffer meint zum Namen des Kasseler Stadtteils **Bettenhausen,** dass er vermutlich von Wilbet, Barbeth und Anbeth (die er germanische Göttinnen nennt) abgeleitet sei. Zur 1318 erstmals erwähnten Marienkirche schreibt er: »Über die Kultstätte, die zur Verehrung der Göttinnen errichtet worden war, entstand die Kirche von Bettenhausen. Noch heute gibt es im Inneren drei Türkeilsteine, die Köpfe darstellen. Sind dort etwa die Göttinnen dargestellt?«[166]

(Drei Türkeilsteinen in der Marienkirche, Kassel-Bettenhausen)

Auch Helmut Schagrün ist der Meinung, dass der Ortsname Bettenhausen evtl. von den drei Bethen abgeleitet werden könne und dass die drei Köpfe in der Marienkirche, in deren Neubau 1792/93 in der Turmunterseite Reststeine des alten Kirchengebäudes verbaut wurden, in direkter Beziehung zu der alten Kultstätte stehen.[167] Durch Bomben wurde die Kirche 1944 zerstört – bis auf den Turm. Der heutige Bau der Marienkirche wurde 1954 eingeweiht.

---

165 Kurt Derungs & Sigrid Früh, 2008, S. 39

166 Erhard Schaeffer, 2010 (o. v.)

167 Helmut Schagrün, 2006, S. 13 u. 16 (o. v.)

Auch im mittelhessischen Landkreis Gießen gibt es in der Wetterau ein **Bettenhausen** (Stadtteil von Lich) – wo im 13. und 14. Jh. wohl eine Beginenklause bestanden hat. Hier wird der Name von Flurbezeichnungen abgeleitet. Die alte Bezeichnung »Bette« meine eine »von Wasserläufen durchzogene Niederung im Gelände«, was sich heute noch im Begriff »Flussbett« zeige. So wie Kassel-Bettenhausen und das thüringische Bettenhausen (Gemeinde Rhönblick, Landkreis Schmalkalden-Meiningen) liege auch ihr Dorf am Wasser – in der Senke zwischen Oberholz und Winke, zwei Bachläufe, die heute nicht mehr sichtbar sind.[168]
Neben dem Flurnamen-Beleg »vff die beth(en)«[169] nennt das LAGIS auch den Beleg »bey dem bettenburne« (Bett-Born).[170]
Ernie Kutter erläutert, dass Bezeichnungen wie »Betenbrunnen, Betbäume und Betelsteine«[171] die Verbindung der Bethen zu Wasser, Bäumen und Steinen zeigen, für die die drei Bethen in verschiedenen Gegenden (im Alpengebiet) zuständig waren – und in denen in früheren Zeiten weltweit die Göttin verehrt wurde.[172]

Eine ist drei – Drei sind die Eine

Meist wurden die drei Bethen zusammen verehrt. Aber es gibt auch Orte, in denen wir nur einer begegnen: Ambeth. Erni Kutter berichtet, dass es im badischen Gengenbach einen Einbetenberg mit einer Wallfahrtskapelle gab und dass auf dem heiligen Berg Andechs am Ammersee ein Rock der Ambeth verwahrt wurde. Im Nationalmuseum in München gibt es ein Glasgemälde von 1462 aus Essenbach bei Dachau (Oberbayern), auf dem »Sand Anpet, Junckfrau« dargestellt ist.[173] In der Krypta der Pfarrkirche in Helden bei Attendorn (Westfalen) zeigt die Kopie eines Freskos (das Original wurde 1945 durch eine Granate zerstört) Embede

168 Siehe auf den Internetseiten des Ortbeirats zur Geschichte: »Deutung des Namens« (http://www.lich-bettenhausen.eu/html/dorf/geschichte.html) und »Bettenhausen und sein Wasser« (http://www.lich-bettenhausen.eu/html/dorf/historischesBettenhausenWasser.html)
169 https://www.lagis-hessen.de/de/purl/resolve/subject/fln/id/750963
170 https://www.lagis-hessen.de/de/purl/resolve/subject/fln/id/750964
171 Siehe Erni Kutter, 1997, Kap.: »Betenbrunnen, Betbäume und Betelsteine in Österreich, Süddeutschland und Südtirol«
172 Siehe Annine van der Meer, 2020, Kap.: II.2.1: »Wasser«, II.2.9: »Der Stein«, II.4: »Ihre liebsten Bäume und sonstigen Lieblingspflanzen«
173 Siehe Erni Kutter, 1997, S. 112

zusammen mit Nadburg.[174] In Freiburg im Breisgau war Einbeth die erste Schutzpatronin der damals noch nach ihr benannten Kirche St. Cyriak und Perpetua (Annakirchle) im heutigen Stadtteil Wiehre.[175] Prälat Dr. Ernst Föhr vermutete hier einst eine keltische Kultstätte und schrieb, die Kirche stamme »aus der Zeit, als Missionare die Bewohner, meist Kelten, zum christlichen Glauben bekehrten.«[176] Andere sprachen von einer noch an altgermanische Überlieferungen gemahnenden Schutzheiligen.[177] In der Schweiz gibt es in Adelwil (Kanton Luzern) eine vermutlich im 13. Jahrhundert erbaute Kapelle des Gallus, der Einbeth und der vierzehn Nothelfer – ein beliebter Wallfahrtsort. 1624 wurde hier mit der Überführung ihrer Reliquien aus Straßburg der Einbeth-Kult wiederbelebt.[178] In Straßburg sollen außer Einbetta auch Worbetta und Wilbetta gestorben und in der Kirche Alt-St.-Peter begraben worden sein.[179] Erni Kutter ist mit Hellmut Rosenfeld[180] der Ansicht, dass Ambet bzw. Ampet ursprünglich der Name aller drei Bethen gewesen sein könnte.[181]

Die Hofheimer Ambet

In Hessen ist es die Stadt **Hofheim am Taunus** im Main-Taunus-Kreis, in der Ambet allein auftaucht – und bis heute lebendig geblieben ist.[182] Lange Zeit war »Ambett« als Spottname für die Bürger und Bürgerinnen der Stadt bekannt.[183] Sie selbst aber sprechen von ihrer »Mutter Ambett«. Viele Geschichten sind von der Ambett bekannt. Die einen zeichnen sie als einfältige, schlampige Frau, die in Nachtjacke und Schlafhaube herumgelaufen sei. In anderen

174 Siehe ebd., S. 114-122, zeigt Zusammenhänge zur alten Erdmutter.

175 Auf den Internetseiten der Pfarrgemeinde wird dies nicht erwähnt. Hier heißt es lapidar, dass die frühen Pfarrverhältnisse unklar seien. Siehe https://www.kath-wiehre-guenterstal.de/html/orte/orte_detail.html?&id=3031&cb-id=12037095&m=112981&tab=cbortedetail. Dass die Kirche in alten Urkunden die Kirch zu St. Einbetten genannt wurde, schreibt Prälat Dr. Ernst Föhr, 1958, S. 6.

176 Ernst Föhr, 1958, S. 7

177 Siehe Badischer Architecten- und Ingenieur-Verein, Oberrheinischer Bezirk, Freiburg im Breisgau (Hg.), 1898, S. 206

178 Siehe Waltraud Hörsch, 2001 (o. v.)

179 Medard Barth, 1936

180 Hellmut Rosenfeld, 1957, S. 148

181 Siehe Erni Kutter, 1997, S. 113f.

182 So wird die »Guten Morgen«-Glosse auf der Hofheim-Seite des Höchster Kreisblatts, eine Regionalausgabe der Frankfurter Neuen Presse, mit »Ambet« gezeichnet; siehe auch Hans Peter Dieterich: »Schleecht Ambet«, in: Frankfurter Neue Presse, 20.1.2015 (o. v.) – Die Schreibung variert in Hofheim: Ambet oder Ambett.

183 Siehe Siegfried Rumbler, 1980, S. 31f.

war sie eine gütige Frau, die mit Körbchen am Arm durch Hofheim ging und arme und kranke Leute beschenkt habe.[184] Und so zeigt sie auch der 1964 errichtete Ambet-Brunnen – längst ein Wahrzeichen der Stadt –[185] in der Nähe des Bahnhofs.

(l.: Ambet-Brunnen in Hofheim am Taunus – re.: Ihre Jungfräulichkeit Hedwiga von den Linden, Ambett I., Hedwig Lilli, 1960-1962, in der Hofheimer Fastnacht)

In Hofheim war die Ambet immer beliebt. Nach einem kurzen Gastspiel 1935 ist sie seit 1960 die Leitfigur der Hofheimer Fastnacht und führt alle zwei Jahre den Faschingsumzug an. Auch die fastnachtliche Ambett trägt in Hofheim immer ein Körbchen. Die erste Ambett war 1960 mit einem schwarzen Rock, einem weißen Oberteil und einer weißen Haube bekleidet – heute wird von den Kleiderfarben Weiß/Schwarz leider abgewichen. Und interessanterweise waren auf ihrem Narrenschiff weißgekleidete Kinder dabei.

Edith Lasse, die als »Zugezogene« Ambett I. im närrischen Zug 1960 sah, war die Erste, die der auffällige Unterschied zwischen der Spottfigur und der verehrten Mutter Ambett zu Nachfor-

---

184 Siehe Hans Henninger, 1988, Kap.: »Geschichten um die AMBETT« – Daher könnte der Ausdruck »schlächt Ambet« kommen: eine uneigennützig handelnde Frau, die alles hergibt und vielleicht ausgenutzt wird.

185 Das auch notwendigen Baumaßnahmen zur vollständigen Barrierefreiheit für die Nutzung des Öffentlichen Personennahverkehrs nicht zum Opfer fallen soll; siehe Jürgen Dickhaus: »Ambet wird geschont«, in: Hofheimer Zeitung, 9.2.2018 (o. v.)

schungen anregte. Gemeinsam mit dem Brauchtumsforscher Hellmuth Hingkeldey, der u.a. zum Thema »Fasnacht« arbeitete, untersuchte sie in den nächsten drei Jahren, ob dahinter eine alte Gottheit stecke, »die man lächerlich und damit vergessen machen wollte.«[186] Einige Fragen waren zu klären, um zu ergründen, ob die Hofheimer Ambett als die Ambet der drei Bethen gesehen werden könne: Gibt es in der Nähe eine alte Kultstätte? Gibt es dort eine Quelle? Gibt es dort eine Frauensage? Gibt es einen Bezug zur Pest? Wie sieht ihre Kleidung aus? Heraus kam, dass der Kapellenberg (nordwestlich von Hofheim am Südrand des Taunus) mit seiner großen Ringwallanlage durch seine Lage und Siedlungsgeschichte seit der Jungsteinzeit als urzeitlicher Kultplatz geeignet erscheint.[187] Der langjährige Leiter der hessischen Bodendenkmalpflege Fritz-Rudolf Herrmann meinte, dass die rundliche, muldenförmige Grube in der Mitte der Ringwallanlage mit einem Durchmesser von 4-5 Metern keine wehrtechnische Bedeutung hatte und auch keinen praktischen Nutzen. »Daher muss man in der Anlage wohl ein Heiligtum sehen.«[188] In früheren Jahrhunderten war der Kapellenberg als »Rabenkopf« und »Räuberberg« verschrien, bis 1667 eine Marien-Kapelle auf dem Berg errichtet wurde – aus Dankbarkeit dafür, dass Hofheim ein Jahr zuvor von der Pestwelle, die die Region bedrohte, verschont geblieben war. Davor hatten sich die Menschen auch im Taunus (wie auch andernorts bekannt) in Pestzeiten wieder vermehrt vorchristlicher Spiritualität zugewandt.

Die Religionsforscherin Christa Mulack schreibt, dass sich in Pestzeiten die Menschen mit Maria verbunden fühlten, die ihren Sohn auch durch einen unnatürlichen Tod verloren hatte, meint aber auch: »Es kam allerdings auch verstärkt vor, dass sich die Menschen hilfesuchend an die alten Muttergottheiten wandten. Viele führten sogar die Pest auf die Vernachlässigung ihrer Kulte zurück.«[189] Und Erni Kutter berichtet für den Alpenraum, dass die drei Bethen besonders auch in Pestzeiten angerufen wurden.

---

186 Auszug aus einem Vortrag der Tochter Gerda Thiele über die Forschungen ihrer Mutter zur »Mutter AMBETT«, 1974, abgedruckt in: Hans Henninger, 1988, S. 18

187 Der Kapellenberg bei Hofheim, der lange Zeit als keltische Anlage galt, ist einer der größten Fundplätze aus der jungsteinzeitlichen Michelsberger Kultur; 2020 wurde ein archäologischer Rundweg eröffnet. Zu weiteren Kultorten im Taunus siehe Uschi Madeisky, 2018

188 Fritz-Rudolf Herrmann, 1983

189 Christa Mulack, 2005, S. 116

Von altem heidnischen Götterdienst vor der Errichtung der Kapelle spricht auch die Broschüre »Die Hofheimer Bergkapelle im Wandel der Zeiten« von der katholischen Kirchengemeinde Hofheim/Ts aus dem Jahr 1926.[190] Hans Henninger, der langjährige Vorsitzende des Hofheimer Karnevalsvereins, schrieb darüber: »Aus den Ausführungen von Frau Thiele wissen wir, dass die Menschen in ihrer großen Not durch die Pest sich wieder mehr den alten Gottheiten zuwandten. Auch hier in Hofheim hatte allen Anschein nach die Verteufelung des Berges und die Verspottung nicht ausgereicht, die alten Gottheiten vollends zu verdrängen.«[191] Da änderte Pfarrer Johann Gleidener die Strategie der Verteufelung des Berges, führte 1666 Prozessionen hinauf auf den Berg und schlug seiner Gemeinde den Kapellenbau vor. Die vielbesuchte Wallfahrtskapelle ist – wie viele ehemalige Bethen-Kultorte – Maria geweiht. Und Rochus und Sebastian, Nothelfern gegen die Pest. »Die AMBETT als Gottheit geriet durch die Initiative des Pfarrers Johann Gleidener in Vergessenheit«, urteilt Henninger.[192] Auch ist keine Frauensage für den Kapellenberg bekannt.

Doch nach längerer Suche fand sich eine Quelle: der Klingenborn am Fuß des Kapellenberges, aus dem den Sagen nach alle Hofheimer Neugeborenen geholt wurden. Heute ist die Quelle überbaut, aber eine Straße erinnert daran: »Am Klingenborn« – dort baut die Stadt heute (als Alternative zum klassischen Altersheim) ein Mehrgenerationenhaus. Nach Schöll ist »Ambeth die Personifikation der jungfräulich-mütterlichen Erde. Aus ihren Brunnen und Teichen holt man die Kindlein; sie birgt Asche und Leib der Toten in ihren unterirdischen Grabkammern und Begräbnisstollen.«[193] Ambeth ist wie die Großen Göttinnen für Leben und Tod zuständig.

Daher waren die Farben der Hofheimer Ambett Weiß und Schwarz. Während die Farbe der beigegebenen Kinder nur Weiß war. In einem Brief an die Karnevalsgesellschaft Hofheim schrieb Hingkeldey 1963: »Wie Sie wissen, gehört Ihre ›Mutter Ambett‹ zu den ganz seltenen und alten Vorstellungen, die noch im Brauchtum erhalten sind. Dadurch ragt Ihre Hoffheimer Fasnacht aus dem gesamten Karnevalsbrauchtum besonders heraus. Es wäre in Ihrem eigenen Interesse, wenn Sie an dieser Überlieferung nichts ändern ließen. Zur Mutter Ambett

190 Siehe Hans Henninger, 1988, S. 27
191 Siehe ebd., S. 28
192 Ebd., S. 28
193 Hans Christoph Schöll, 1936/1998, S. 44

gehören immer auch ihre Kinder. Wer aus der ›Mutter Ambett‹ einer Art Faschings-Prinzessin machen will, verkennt die alte, tiefere Bedeutung.«[194]

Auf einer Tafel neben dem Ambet-Brunnen ist zu lesen, dass vieles darauf hindeute, »dass diese Mutter Ambet eine Gestalt ist, die aus grauer Vorzeit die Zeit überdauerte.« Schon Pfarrer Herbert Leuninger hatte 1981 als Referent für Katholiken anderer Muttersprachen des Bischöflichen Ordinariats in Limburg mit Sitz in Hofheim in der Hofheimer Ambet eine Göttin aus der Steinzeit gesehen – eine gütige Muttergottheit. Er hielt es für möglich, dass sie ein Beweis für eine gemeinsame Ursprache der Menschheit sei. Er bezog sich damit auf Richard Fester *(Sprache der Eiszeit),* der von sechs einsilbigen Urwörtern ausgeht und für den sich »Ambeth« bis in die Altsteinzeit verfolgen lässt.[195]

Die promovierte Kulturanthropologin, Denkmalschützerin und Hofheimer Kommunalpolitikerin Erika Haindl bettete die Hofheimer Ambet in die Drei-Jungfrauen-Forschung ein und ordnete die drei Bethen den vorindoeuropäischen bzw. indoeuropäischen Natur-Religionen, also der Zeit zw. 30 000 und 10 000 v. u. Z., zu – die volkskundliche Zuordnung zum späten Mittelalter verweise auf eine Rückbesinnung auf die vorchristlichen Göttinnen. Und sie erinnerte Anfang des 21. Jahrhunderts daran, dass die Bethen nicht nur Wohltäterinnen, sondern für Leben *und* Tod zuständig waren, für die Reinkarnation.[196] Sie meinte, als Prinzipalin der Fastnacht habe die Ambet – wenn auch ihres tieferen Mythos entkleidet – einen verweltlichten Kult bekommen.[197] Für die Gründerin des »Zentrums für altes und neues Wissen und Handeln« war offensichtlich, dass sich noch immer die Güte der uralten Urmutter in Üppigkeit und Fülle zeigt, wenn der Regen der Bonbons und Blumensträußchen aus den Händen der Fastnachtsprinzipalin Ambet herniederfällt.[198]

Dass die Ambeth im Fastnachtszug mitfährt, macht mythengeschichtlich Sinn. Mit großen Umzügen wurde die Göttin von jeher zu ihrem rituellen Bad begleitet, mit dem sie sich nach der Heiligen Hochzeit wieder jungfräulich erneuerte. Dabei wurde ihre Statue mit einer großen Prozession in einem Wagen über Land zum Wasser gezogen, dort untergetaucht und

194 Abgedruckt in Hans Henninger, 1988, S. 24

195 Frankfurter Allgemeine Zeitung, 6.4.1981

196 Erika Haindl, 2002, S. 107

197 Siehe Heike Lattka: »Die ›Ambet‹ – eine Botin aus der Steinzeit. Der Ursprung der Hofheimer Fastnachtsfigur reicht weit in die Vorgeschichte zurück / Frühere Muttergottheit«, in: Frankfurter Allgemeine Zeitung, 27.01.2004, Nr. 22, S. 51 (o. v.)

198 Erika Haindl, 2002, S. 103-110

gereinigt. So wurde die zyklische Verwandlungskraft der Artemis von Ephesos und der Athene am Meer, der Kybele in einem kleinen Fluss in der Nähe von Rom oder der nordischen Nerthus auf Rügen gefeiert. Dabei war der Wagen der Göttin zugleich ein Schiff, weil er auch Flüsse und Seen durchquerte – wie die Göttin Hertha den Achensee, wie Sagen in Nordtirol erzählen.[199] Erni Kutter meint zu den Karnevalsumzügen, wo auch heute noch bei den Wagen von »Narrenschiffen« gesprochen wird, dass sie vermutlich auf alte, im Frühjahr begangene kultische Umzüge und Rituale zurückgehen.[200] Auch die Fruchtbarkeit bringende Göttin Holle wurde im Frühjahr mit Wagen- und Schiffsprozessionen dargestellt, und im Herbst fuhr sie dann mit dem Schiff in ihr Reich in der Unterwelt[201] – und zwar am 1. November, wenn ChristInnen Allerheiligen feiern.[202] Barbara G. Walker erzählt, dass Göttinnenfiguren in Booten bei Prozessionen noch während der eigentlich bereits christlichen Zeit auftauchten und dass bis ins späte Mittelalter das Schiff der Göttin von den Weber-Innungen (Spinnen und Weben gehörten zu den Künsten der Göttin) auf Rädern durch die Straßen flämischer Städte gezogen worden sei, von halbnackten Tänzerinnen und Tänzern begleitet.[203]

Die drei Schicksalsfrauen – von Muhmen, Perchten, Hullefraan und Christkindern

Die göttliche Frauendreiheit, die meist als hilfreich (eine von ihnen manchmal aber auch als bedrohlich) empfunden wurde, war unter verschiedenen Bezeichnungen bekannt. Im Rheinland waren es die drei Juffern, in Bayern die drei Heilrätinnen oder Schenkerinnen, in Schwaben »die drei alten Jungfern«,[204] in anderen Gegenden einfach die drei Jungfrauen oder auch »die drei Madammen«. Ein bekannter Kinderreim lautet: »Reite, reite Rösschen, droben steht ein Schlösschen. Droben steht ein Herrenhaus, gucken drei Madammen heraus. Die eine, die spinnt Weiden, die andere, die spinnt Seiden, die dritte spinnt einen roten Rock für den

199 Siehe auch Kap.: »Maikönigin und Grüner Mann«, Abschnitt »Fronleichnam, die Göttin und Maria« – Schiffsprozessionen zu Fronleichnam und Maria Himmelfahrt

200 Siehe Erni Kutter, 1997, S. 275f.; siehe auch Renate Reuther, 2017, Kap.: »Warum Weihnachten eigentlich weiblich ist oder warum im Karnevalszug Wagen fahren«

201 Siehe Sonja Rüttner-Cova, 1986, S. 83 u. 114

202 Siehe Johann Wilhelm Wolf, 1857, Bd. 2, S. 259

203 Siehe Barbara G. Walker, 5/1999, Art.: »Schiff«, S. 968f.

204 Siehe Hans Christoph Schöll, 1936/1998, S. 35

lieben Herrgott.«[205] Trotz christlichem Gott erinnern die Verse noch an die Schicksalsfäden spinnenden Göttinnen. In manchen Sagen und Märchen – Sigrid Früh hat Märchen von den »Drei Heiligen Frauen« gesammelt –[206] wurden sie auch zu drei Königstöchtern. »Die Dreizahl der Schicksalsfrauen ist über ganz Deutschland verbreitet«, schrieb 1906 der Germanist und Islandforscher Paul Herrmann, der sich für die germanische und nordische Mythologie interessierte.[207]

Zu »göttlichen Wolkenfrauen« wurden die drei, die über den Faden des Lebens von der Geburt bis zu Tod wachten, wenn sie auch das Wetter machten: In den Sagen hängen sie ihre Wäsche auf Seile, was ausschaut wie Wölkchen, die an Sonnenstrahlen hängen. Im Altweibersommer fliegen die Gespinste der das Schicksal abmessenden Jungfrauen umher. Es kommen aber auch Frau Holle oder die »Mondspinnerin« (Altmark) u.a. als Spinnerin in Frage. Verchristlicht wurden die fliegenden Fäden zur »Marienseide«, zu »Liebfrauenfäden« u. Ä. – dann ist es die Jungfrau Maria, die im Herbst mit 11 000 Jungfrauen umherzieht und das Land mit Seide überspinnt.[208] Es bringt Glück, wenn ein solcher Faden an der Kleidung hängen bleibt. Und später wurden die Schicksalsfrauen dann zu christlichen Heiligen.

Laut Paul Herrmann wurde die weibliche Dreiheit in Hessen »die drei Muhmen« genannt.[209]

Frauendreiheiten – oft in Weiß, Rot und Schwarz gekleidet – erschienen noch vor wenigen Jahrzehnten auch in der Weihnachtszeit und im Neujahrsbrauchtum zum Jahreswechsel in der Zeit der Rauhnächte: drei Perchten. Marianne Rumpf schreibt: »Perchtgestalten der Steiermark sind Mädchen, die weiß, rot und schwarz gekleidet sind.«[210]

»Im Embacher Tal, in Kaprun, im Habacher Tal bei Bramberg, in Krimml am Gerloospass wird mit großen Perchtenmasken in den Farben Schwarz (Dunkelheit, Tod), Weiss (Licht, Himmel) und Rot (Blut, Leben) an die ursprünglichen Kulte der Mutter- und

205 Siehe Johann Peter Bermel, 1961/1962, S. 84. Schöll verortet die drei Madammen im badischen Schwarzwald, siehe Hans Christoph Schöll, 1936/1998, S. 34
206 Siehe Sigrid Früh (Hg.in), 1998, Kap.: »Märchen von den Drei Heiligen Frauen«
207 Paul Herrmann, 2/1906, Kap.: »Schicksalsgeister«, S. 87
208 Hanns Bächtold-Stäubli, Bd. 1, 1927, S. 221
209 Siehe Paul Herrmann, 2/1906, Kap.: »Schicksalsgeister«, S. 87
210 Marianne Rumpf, 1991, S. 44

Fruchtbarkeitsgöttin Perchta erinnert«, heißt es auf den Internetseiten des bayerischen Maskenmuseums in Diedorf.[211]
Der österreichische Volkskundler Johann Krainz berichtete 1896, dass es in der nordöstlichen Steiermark drei »Heilige Königssängerinnen« gab – die eine weiß, die zweite rot und die dritte schwarz gekleidet.[212]

(Drei Perchten – eine Weiße, eine Rote und eine Schwarze – gehen in das Bauernhaus »Laubichler« in Steinach, ca. 1960er-Jahre)

In Sattelbogen (Gemarkung der Gemeinde Traitsching in der Oberpfalz, Bayern) gab es in den 1970er-Jahren am 12. Dezember, am Vorabend des Luzientages, noch den Brauch des »Luzia-Gehens«. Hier ist von der göttlichen Lichtgestalt der nordischen Großen Göttin, die heute als christliche Heilige verehrt wird, nur noch ihre dunkle Seite bekannt. Die »schiache Luz« ist zur vorweihnachtlichen Schreckgestalt geworden, die Sichel wetzend die Kinder erschreckt. Aber noch immer erscheint sie in Dreierform: zwei schwarz und eine weiß verschleierte Luzia.[213]

In dem thüringischen Örtchen Schnett[214] zeigt sich heute noch etwas vom dreifachen Wesen der alten Göttin – in der Hullefraansnacht. »Am zweiten Tag des jungen Jahres wirbelt das wilde Heer der Frau Holle am 800 Meter hohen Simmersberg bei Schnett durchs Schneegestöber.«[215] Ein schon sehr alter und noch sehr lebendiger Brauch – einmalig in Deutschland: Am 2. Januar treiben in Schnett die »Hullefraan« ihr Unwesen. »Auch immer mit dabei

---

211 https://maskenmuseum.de/unser-bestand-an-masken-mit-fotouebersicht/masken-der-winterbraeuche-in-europa-krampus-percht-klaubauf-und-co

212 Siehe Johann Krainz, 1896, S. 304

213 Siehe Günther Kapfhammer, Franz Simon, 1976 (o. v., Filmbeitrag) – Siehe auch Kap.: »Das Christkind, sein Esel und deren AhnInnen«, Abschnitt »Luzienbrot und Getreidebüschel für Luzia«

214 Schnett ist ein Ortsteil der Gemeinde Masserberg im Landkreis Hildburghausen.

215 Anne und Jochen Wiesigel, 1994, S. 10

die Ströherne, die Schwarze und die Wilde.«[216] Drei Hiebe mit der (Lebens-)Rute verpassen sie denen, die ihnen begegnen oder die Tür öffnen. »Diese dienen der rituellen Reinigung, vertreiben böse Geister und sollen Glück, Gesundheit und Fruchtbarkeit bescheren«, ist auf den Internetseiten der Gemeinde zu lesen.[217] Meist Männer, aber auch Frauen verkleiden sich als Hulleweiber bzw. als Hullefraa, »wie Frau Holle in fränkisch-itzgründischer Mundart genannt wird«.[218] Dass nur weibliche Figuren dargestellt werden sowie die Bezeichnung »Hulle« deuten darauf hin, »dass es sich hier um Frau Holle mit ihrem Gefolge handeln mag.«[219]

In Hessen kam das Christkind zu dritt. »In vielen Berichten über unsere Weihnachtsumzüge aus dem Odenwald, dem Taunus und dem Hinterland hat das Christkind zwei Begleiterinnen, die es durchs Dorf führen«, berichtete der hessische Heimatforscher Friedrich Mößinger 1940.[220]

(l.: Christkind mit zwei Begleiterinnen in ***Obereisenhausen*** *(Ortsteil von Steffenberg, Kreis Marburg-Biedenkopf), 1935/36 – re.: Drei Christkinder in Weiß kommen im südthüringischen Linden in die Häuser, für Rot und Schwarz sorgen hier Knecht Ruprecht und der »Herrscheklos«)*

216 Bettina Ehrlich, 2018
217 https://masserberg.de/hullefraansnacht.html
218 Anne und Jochen Wiesigel, 1994, S. 10 – Itzgründisch ist ein mainfränkischer Dialekt.
219 Arno Martin u. Andrea Jakob, 1999, S. 59 – Siehe auch Kap.: »Mittwinter, Lichtfest, Lichtmess, Fastnacht – überall tanzen die Strohbären«, Abschnitt: »Verchristlichung und das mittwinterliche Paar«
220 Friedrich Mößinger, 1940/1998a, S. 33

Im südthüringischen Linden erscheinen die drei Mädchen – alle im weißen Gewand des Christkindes und einer Krone aus Goldpapier mit einem goldenen Stern (sie stehen in der »langen Darstellungstradition des Göttlichen in weiblicher Gestalt«[221]) – bis heute.[222]

Katharina, Margaretha, Barbara – Die Verchristlichung

Auf den Internetseiten der Bethen-Stadt Worms ist zu lesen: »Der Glaube und der Kult um die drei gütigen Frauen, die durch die Lande gehen, weisen Rat erteilen und Gaben schenken, hielt sich im Volk sehr lange. Der Bethen-Kult wurde von der christlichen Kirche ›umgewandelt‹ und zu den drei Heiligen Margaretha, Barbara, Katharina.«[223]

Die drei christlichen heiligen Frauen stehen in der direkten Nachfolge der drei Bethen. »Barbara mit dem Turm, Margarethe mit dem Wurm und Katharina mit dem Radl, das sind unsere drei heiligen Madl« – wie eine alte Volksweisheit weiß. Auf die feste Verankerung der drei Schicksalsfrauen im Volksglauben antwortete die Kirche mit ihrer Überlagerung durch christliche Heilige.

Im Elsass z. B. sollen in Straßburg die Gebeine der drei Bethen Einbetta, Worbetta und Wilbetta, die dort im Gefolge der heiligen Ursula auftraten, begraben sein. 30 Kilometer weiter treffen wir in Obernai auf die drei heiligen Jungfrauen Margareta, Katharina und Barbara – und in der gleichen, reich ausgeschmückten Kirche St. Peter und Paul auch auf eine weitere weib-

(Die drei heiligen Jungfrauen Margareta, Katharina und Barbara in der Kirche St. Peter und Paul im elsässischen Obernai, Frankreich)

221 Renate Jost, 2019, S. 36. Zur weiblichen »Vorgängerin« siehe auch das Kap.: »Das Christkind, sein Esel und deren AhnInnen«, Abschnitt »Das Christkind und seine Ahninnen«

222 Siehe Inge Grohmann: »Am Heiligabend kommt das Christkind ins Haus«, in: Südthüringer Rundschau, 24.12.2019 (o. v.)

223 Siehe die Internetseiten der Stadt Worms: https://www.worms.de/de/kultur/stadtgeschichte/wussten-sie-es/liste_dom_gebaeude/2006-11_dom-die-drei-bethen-am.php – Die Schreibung von Margaretha variiert.

liche Dreiergruppe: die drei Marien.[224] »Katharina, Barbara und Margaretha ... wird im Mittelalter in breiten Bevölkerungsschichten eine für uns heute unvorstellbare Verehrung entgegengebracht. In unzähligen Kirchen sind sie auf Flügeln der Altäre mit ihren Symbolen neben Christus und Maria präsent. Die fromme Betrachtung ihrer Legenden inspiriert das mystische Erleben der Gläubigen. Leidende, Kranke und Sterbende berichten in Visionen von der Anwesenheit und spürbaren Hilfe der Heiligen«, schreibt Jutta Ströter-Bender.[225]
Und sie meint: »Die überragendste Gestalt in der Gruppe der heiligen drei Jungfrauen ist Katharina von Alexandrien.«[226] In ihr sieht sie eine Tochter der Sophia, der Weisheit, die einen Aspekt der Himmelsbraut verkörpert.

Die heilige Katharina

Katharina soll als christliche Königstochter im 4. Jahrhundert im ägyptischen Alexandrien gelebt haben. Laut ihrer christlichen Legende widersetzte sie sich den Forderungen des römischen Kaisers, an »heidnischen« Festen teilzunehmen. Sie stritt mit 50 Gelehrten und bekehrte sie zum Christentum. Als sie es ablehnte, den Kaiser zu heiraten, wurde sie eingekerkert (wo sie von einer weißen Taube Nahrung erhielt)[227], gefoltert und schließlich mit dem Schwert enthauptet. Engel brachten ihre sterblichen Überreste auf den Berg Sinai. Ob sie wirklich gelebt hat, ist sehr umstritten, weshalb sie 1969 bei der Reform des *Calendarium Romanum* aus dem liturgischen Kalender gestrichen wurde.[228]
Zu ihren Attributen gehört vor allem das Rad – eine Erinnerung daran, dass sie während ihrer Marter u. a. gerädert werden sollte (wovor sie ein Engel bewahrte). Aber das Rad ist auch ein universelles Symbol für das Leben, für das zyklische Werden und Vergehen. Es erinnert an das Spinnrad der Schicksalsfrauen und das Mühlrad der Göttin Holle, das Rad des Lebens.
Manchmal hält Katharina ein Schwert in Händen – auch dies eine Erinnerung an ihren gewaltsamen Tod. Aber das Schwert steht auch für einen wachen Geist, einen scharfen Verstand, betont Erni Kutter.[229]

224 Auch die heilige Cäcilia, die heilige Agatha und die heilige Dorothea werden dort zusammen dargestellt.
225 Jutta Ströter-Bender, 1990, S. 99
226 Ebd.
227 Jutta Ströter-Bender sieht in dieser Taube den »Ausdruck himmlisch-mütterlichen Waltens« (1990, S. 104).
228 Siehe Peter Schill, 2005, Kap.: »Historizität und Legende« (o. v.)
229 Erni Kutter, 2014, S. 44f.

An ihre Weisheit und Belesenheit erinnert auch manchmal ein Buch in ihren Händen. Sie ist die Patronin zahlreicher Kirchen,[230] Klöster, Universitäten und von verschiedenen Berufsgruppen, u.a. der PhilosophInnen.[231]
Und sie ist die Patronin der Jungfrauen und Mädchen sowie der stillenden Mütter[232] (aus ihren Wunden floss Milch statt Blut) und die Beschützerin aller Verliebten. Außerdem ist sie die Schutzheilige der Spinnerinnen, Weberinnen und aller nähenden Frauen – so wie sich einst die drei heiligen Schicksalsfrauen ums Spinnen des Lebensfadens kümmerten und die Großen Göttinnen von Athene über Freya bis Holle fürs Spinnen und die Spinnerinnen zuständig waren.
Der Gedenktag der heiligen Katharina ist der 25. November, dann beginnt die dunkle Jahreszeit, in der sich in der Natur vieles zurückzieht und vergeht – dementsprechend galt Katharina auch als Sterbebegleiterin.[233] So steht sie in der Tradition der Großen Göttinnen, die für Leben *und* Tod verantwortlich waren. Bei den drei Bethen hat sie die Nachfolge von Wilbeth angetreten.[234] »In der christlichen Kunst trägt sie allein neben Christus und Maria einen dreifachen Heiligenschein in drei Farben.«[235] Und zwar in Weiß, Rot und Grün – Farben, auf die wir bei den Töchtern der Sophia wieder treffen werden.
Im 14. Jahrhundert wurde ihrer Legende ein neues Element angefügt: die Vermählung mit dem Jesuskind, das ihr im Traum von Maria gebracht worden sei[236] – so wird sie in der mittelalterlichen mystischen Volksfrömmigkeit zur »Schwiegertochter« Mariens, wird nachträglich aufgenommen in die Heilige Sippe und als Himmelsbraut verehrt.[237]

---

230 Manchmal sind andere jungfräuliche Kirchenpatroninnen nicht weit weg, wie bei der Katharinenkirche Gleiberg, die eine Filialkirche zur Margarethenkirche Krofdorf ist (Gemeinde **Wettenberg,** Kreis Gießen). Zwischen Bad Ems und Filsen liegen auf einer Strecke von 24,5 km mehrere Katharinen-, Margarethen- und Barbarakirchen (siehe die Radtour »Die drei heiligen Madeln« auf www.bewegte-kirche.de). In der ehemals Kath. nun Ev. Stadtkirche Schlitz, Vogelsbergkreis, die der hl. Margarethe geweiht ist, gibt es eine Barbarakapelle.

231 Zu den Patronaten der hl. Katharina siehe Peter Assion, 1974, Sp. 290

232 Siehe Peter Schill, 2005, Absatz: »Katharinas Stellung als Frauenheilige«, S. 243 (o. v.)

233 Siehe Erni Kutter, 2014, S. 50

234 Siehe Lore Kufner, 1992, S. 127, Absatz »Katharina, die alte Bethenfrau«

235 Jutta Ströter-Bender, 1990, S. 99 – Ihre Deutung: Weiß stehe für ihre Jungfräulichkeit, Grün verweise auf Heilkräfte und Rot auf ihren Tod als Märtyrin.

236 Siehe Georg Ott, 1861, S. 2318

237 Siehe Jutta Ströter-Bender, 1990, S. 102

(l.: Lucas Cranach d.Ä.: Die mystische Vermählung der heiligen Katharina im Kreis der heiligen Jungfrauen, 1516-18, Szépművészeti Múzeum, Budapest, von links: Margaretha mit neben ihr hockendem Drachen, Katharina im goldenen Gewand, Maria mit dem Jesuskind, das Katharina den Ring ansteckt, Dorothea mit dem Blumenkörbchen und Barbara vor ihrem Turm – re.: Friedrich Pacher: Die mystische Vermählung der heiligen Katharina, 15. o. 16. Jh., wohl Teil eines Flügelaltares, Südtirol, Jesuskind mit von links: Großmutter, Mutter und Braut)

Die »mystische Hochzeit« meint die religiöse Vorstellung der Vereinigung von Gott und Mensch, beziehungsweise von Jesus mit der irdischen Braut – eine auf den Kopf gestellte »Heilige Hochzeit«, in der sich die Göttin mit einem menschlichen Partner vereint.

Die heilige Margarethe

Margarethe von Antiochia[238] ist laut der Legende die Tochter eines »heidnischen« Priesters, die nach dem frühen Tod ihrer Mutter von einer Amme christlich erzogen und deswegen vom Vater gehasst und denunziert wurde.[239] Sie erlitt ihr Martyrium um 300 nach der Zeitenwende, weil sie den Stadtpräfekten wegen ihres Glaubens als Gatten zurückwies. Im Gefängnis

238 Antiochia ist eine antike Stadt in der heutigen Türkei.

239 »Bemerkenswert ist an den Legenden außerdem, wie genau sie zu erzählen wissen, dass es hier um einen seelisch-geistigen Kampf geht und nicht in erster Linie um eine sexuelle Angelegenheit.« (Hildegunde Wöller, 3/1992, S. 113)

erschien ihr ein Drache, den sie mit dem Kreuzeszeichen »bezwang«. Auch weitere Martern überlebte sie unversehrt, so dass sie schließlich ebenfalls enthauptet wurde.
Zu Margarethe gehört als Attribut nahezu immer der Drache, den sie manchmal am roten Band führt. Sie tötete den Drachen nicht – anders als der heilige Michael oder als der heilige Georg. Erinnert das getötete Tier nicht an die kosmische Schöpferin, die alte Wasserschlange, die wie die babylonische Tiamat in Gestalt eines weiblichen Chaosdrachen die Welt erschuf und von Marduk getötet wurde?[240] Lucie Stapenhorst schreibt zu Margarethes Verhalten: »Da sie ohne Angst ist, behält sie ihren klaren Blick und sieht die Drächin in ihrer wahren Gestalt und nicht aufgebläht zu einem schrecklichen Ungeheuer. Sie blockiert nicht durch Waffen eine mögliche Kommunikation, sondern signalisiert Freundschaft ... Anders als der Mann, der, um zu seiner Identität zu finden, sich von seinem Ursprung, der Mutter, losreißen muss, braucht die Frau sich nicht gewaltsam zu trennen und ihren Ursprung zu verleugnen oder gar zu vernichten, um sie selbst zu werden. Sie ist wie ihr Ursprung, sie ist die Mutter.«[241]
Auch Margarethe hat eine besondere Verbindung zum Wasser,[242] in der östlichen Christenheit wird sie »Marina« genannt, was ihre Zugehörigkeit zu diesem Element – das notwendig für die Fruchtbarkeit ist, als Naturgewalt aber auch den Tod bringen kann – verdeutlicht. Schon im Mittelalter erreichte sie »den Rang einer Wettergöttin und Regenmacherin.«[243] Besonders im Alpenraum erinnert ihre Verehrung an die Große Göttin, wie das rätoromanische Margaretenlied zeigt.[244] Häufig wird sie mit roten und grünen Kleidern dargestellt, alte Symbole für Fruchtbarkeit – mit dem Margaretentag (der Festtag der heiligen Margareta ist der 20. Juli) begann im bäuerlichen Jahr die Ernte. Sie ist die Patronin der Jungfrauen sowie der Schwangeren und Gebärenden (sie erhielt von Gott die Gnade, dass jede Gebärende, die sie anrufe, ein gesundes Kind gebären dürfe). »Margareta als Aspekt der Großen Mutter«[245] wird Ambeth zugeordnet, der Göttin in ihrem roten Aspekt.

---

240 Siehe auch Kap. »Maikönigin und Grüner Mann«, Abschnitt »Die Göttin soll besiegt werden – Georg und Margarethe« – Auch Niki de Saint Phalles Jungfrau im Tarotgarten in der Toskana führt den Drachen an einer Leine.

241 Lucie Stapenhorst, 1993, S. 62f. – Das Band interpretiert sie als Nabelschnur, die symbolisiert, dass die Verbindung nie abgerissen ist.

242 Siehe Lore Kufner, 1992, S. 51f., Abschnitt »Es ist ein Drach ausgefahren ... oder: die Margareten-Legende als bildhafte Beschreibung der Überwindung von Naturgewalten«; siehe auch Jutta Ströter-Bender, 1990, S. 140-142

243 Erni Kutter, 2014, S. 74

244 Siehe Ulrike Kindl, 2010a, S. 54f.

245 Lore Kufner, 1992, S. 55

Die heilige Barbara

Kelch und Turm sind die Attribute der heiligen Barbara, die Anfang des 4. Jahrhunderts in Nikomedien (heute Türkei) jungfräulich das Martyrium erlitt. Ihr Vater hatte sie laut ihrer Legende wegen ihrer großen Schönheit in einen Turm einmauern lassen, als er selbst auf Reisen musste. Als er herausfand, dass sie zum Christentum gefunden hatte, wurde er furchtbar wütend. Auf der Flucht öffnete sich vor Barbara ein Berg, so dass sie sich verstecken konnte. Doch sie wurde von einem Hirten verraten, der daraufhin zu Stein verwandelt wurde. Ihr Vater schleppte sie vor Gericht und bat um die schrecklichste Folter. Doch sie durchstand alle Qualen, ohne ihrem neuen Glauben abzuschwören. Ihr Todesurteil, die Enthauptung, vollstreckte der Vater selbst – woraufhin er von einem Blitz getroffen wurde und zu Asche verbrannte.

Barbara wird der Bethe Borbet (Warbeth) zugeordnet und zeigt in ihrer Legende noch deutlicher als ihre beiden Gefährtinnen Züge der einst verehrten Großen Göttin. Sie lebte in einem Turm und verbarg sich in einer Höhle – beides Orte, die seit Urzeiten als Sitz der Göttin verehrt wurden.[246] Viele Göttinnen wurden in der Antike mit einem Turm dargestellt, so die syrische Atargatis oder die schwarze Aphrodite, aber später auch Maria Magdalena.[247] Im Turm feierte die Göttin mit ihrem Jahreskönig die Heilige Hochzeit, in die Höhle, ihren Schoß, ging alles Sterbende ein und wurde daraus wieder neu geboren. »Sie ist die Licht- und Lebensfrau und zugleich auch die schwarze Nacht- und Todesmutter«, schreibt Lore Kuttner über die heilige Barbara.[248] Beides zeigt sich auch in ihrer Verehrung und im Barbarabrauchtum. Besonders als Sterbebegleiterin wird sie angerufen.[249] Gefeiert wird die Märtyrin am 4. Dezember (Barbaratag), an den Wetterorakel und Bauernregeln geknüpft sind, wie z. B.:

Auf Barbara die Sonne weicht,
auf Lucia sie wiederum herschleicht.

Barbara im weißen Kleid
verkündet gute Sommerzeit.

246 Siehe Annine van der Meer, 2020, Kap. II.2.6: »Der Turm«, Kap. II.2.6.1: »Das Bett im 7. Stock«, Kap. II.2.8: »Die Höhle« und Kap. II.5.2: »Der Schoß, Uterus/Gebärmutter«

247 Siehe ebd., Kap. II.6.9.3: »Die Krone mit den Türmen« u. S. 373

248 Lore Kufner, 1992, S. 140

249 In der Gemäldegalerie Alte Meister im Schloss Wilhelmshöhe in **Kassel** befindet sich ein Klappaltar von Lucas Cranach dem Älteren, auf dem die Auferstehung Christi links und rechts von der hl. Barbara und der hl. Katharina flankiert wird. Er wird mit der Krankheit und dem frühen Tod (1509) von Landgraf Wilhelm II. von Hessen in Verbindung gebracht, in dessen Besitz er war; siehe https://altemeister.museum-kassel.de/32163/

Sankt Barbara kalt und mit Schnee
verspricht viel Korn auf jeder Höh.

Gibt Sankt Barbara Regen,
bringt der Sommer wenig Segen.[250]

Außerdem werden an diesem Tag Zweige ins Haus geholt, damit sie an Weihnachten blühen. Und der Barbaraweizen wird auf einen Teller gestreut – so wie am 13. Dezember der »Luciaweizen«. Diese Tellersaat, die, gut gewässert, bis Weihnachten aufgeht, wird auch »winterliches Grün« oder »Adonisgärtlein« genannt – was auf einen antiken Kult verweist, der im ganzen Mittelmeerraum, einschließlich Alt-Ägypten und dem Vorderen Orient (vielleicht auch in der Indus-Kultur des 3. Jahrtausends v. u. Z.), bekannt war. Er stand für den ewigen Zyklus von Werden und Vergehen und das Sterben und Wiederauferstehen der Götter (Osiris, Adonis).[251] So wie der Heros der Großen Göttin, der jedes Jahr starb, in den Schoß der großen Mutter aufgenommen wurde und daraus im nächsten Jahr wiederauferstand.

Manchmal hält die hl. Barbara auch einen Kelch in der Hand, über dem eine Hostie schwebt. Laut ihrer christlichen Legende steht dies dafür, dass niemand, der sie anrufe und verehre, ohne Sterbesakramente hinscheiden werde – sie gilt als Patronin der Sterbenden. Die ältere Symbolik sieht im Kelch »den mythischen Kessel der alten Mitwintergöttin, in den alles Leben zurückkehrt in die Tiefe und gewandelt wird zu neuem Leben«, wie die Frauenseelsorge der Erzdiözese München und Freising erläutert.[252]

Barbarafeiern bei Artilleristenverbänden,[253] Barbara-Tagungen an der Technischen Hochschule,[254] Bergleute bitten um Barbaras Schutz beim Tunnelbau,[255] Hospize und neu erbaute

250 Reinhard Abeln, 2011, S. 71f.

251 Siehe Leopold Kretzenbacher, 1959, S. 113

252 Frauenseelsorge Erzdiözese München und Freising: »Hl. Barbara«, in: https://frauenseelsorge-muenchen.de/index.php?id=92

253 Siehe http://www.schwaelmer-artillerie.de/unsere-schutzpatronin

254 Siehe https://galileo3.mnd.thm.de/veranstaltungen/barbara-tagung?showall=1&limitstart=

255 Siehe zur Eröffnungsfeier des Tunnels Küchen in **Hessisch Lichtenau:** https://www.martigmbh.de/de/Pages/News/130228_Anschlagfeier-beim-Tunnel-K%C3%BCchen.aspx. »Bei der gefahrvollen Tätigkeit des Bergmannes nimmt es nicht Wunder, dass er sich zu allen Zeiten bemühte, seine Arbeit unter den Schutz von Gottheiten und deren Vertreter zu stellen. In den Anfängen waren es die Urgottheiten Anbet, Wilbet und Borbet, dann aber auch der Prophet Daniel und später die Heiligen Prokop, Katharina, Wolfgang, Rupert, Nikolaus und Joachim … die Heilige Anna … Barbara erscheint als Heilige erst um das Jahr 1500 … Noch heute begehen die Bergleute traditionell den Barbaratag am 4. Dezember«, erläutern die Internetseiten des Bergbau- und Stadtmuseums **Weilburg an der Lahn,** http://www.museum-weilburg.de/seite/107946/heilige-barbara.html

Kirchen tragen ihren Namen[256] – auch in Hessen ist die heilige Barbara bis heute zahlreich im Alltag anzutreffen.
Ob die Heilige wirklich gelebt hat, ist umstritten – doch in Hessen befindet sich eine kleine Reliquie von ihr. Sie gehört zum Reliquienschatz, den Hildegard von Bingen zu Lebzeiten zusammentrug, und wird in der Wallfahrtskirche St. Hildegard in **Eibingen** (Stadtteil von Rüdesheim am Rhein, Rheingau-Taunus-Kreis) aufbewahrt.

Die drei Nothelferinnen

Die Legenden der drei christlichen Heiligen ähneln sich stark. »Sie sind die Schutzpatroninnen des Nähr- (Margareta), Lehr- (Katharina) und Wehrstandes (Barbara).«[257] Abgebildet werden sie fast immer mit einer Krone. Zu sehen sind die drei häufig bei Darstellungen der »14 Nothelfer« – die eigentlich 14 NothelferInnen genannt werden müssten oder zumindest Nothelfer und Nothelferinnen –, zu denen sie als einzige weibliche Heilige zählen.

In Hessen sind die drei so z. B. als Figuren in der 14-Nothelfer-Kapelle am Linsberg in der Gemarkung **Hofaschenbach** (Gemeinde Nüsttal, Kreis Fulda), am Altar der Nothelferkapelle in **Hadamar-Steinbach** (Kreis Limburg-Weilburg), an den Wänden der Marien-Wallfahrtskapelle auf dem **Beselicher Kopf** (Kreis Limburg-Weilburg) oder als holzgeschnitzte Gruppe im Chorraum der Kirche Mariä Himmelfahrt in **Hallgarten** im Rheingau zu sehen. Im Landkreis Gießen gibt es die drei als Teil eines Zyklus der »Vierzehn Nothelfer«, der die Wände der Evangelischen Kirche in **Münster** (Stadtteil von Laubach) ziert: Katharina, Margareta und Barbara sind rechts neben der Sakramentsnische gemalt. Spätmittelalterliche Wandmalereien der »14 Nothelfer«, darunter die heiligen Frauen, können in der Dorfkirche in **Ringgau-Datterode,** eine der ältesten im nordhessischen Werra-Meißner-Kreis, bewundert werden. Im **Hessenpark** steht die Nachbildung eines Bildstocks, dessen Original auf der Passhöhe des Weges von **Oberbernhards** (Ortsteil von Hilders) nach **Kleinsassen** (Ortsteil von Hofbieber), Landkreis

256 Im Landkreis Fulda erhielt die 1963 im osthessischen **Neuhof-Ellers** neu erbaute Kirche den Namen der Heiligen, weil die Region vom Kali-Bergbau lebte.

257 Andreas Motschmann: »In Vierzehnheiligen: Katharina und die drei heiligen Frauen«, in: Obermain Tagblatt, 22.11.2019 (aktualisiert am 3.12.2019) (o. v.)

Fulda, zu finden ist. In der obersten Reihe stehen die drei gekrönten heiligen Frauen, direkt unter der Taube.

(l.: Nachbildung eines Bildstocks aus dem Landkreis Fulda, 1714, im Hessenpark – re.: »Nothelfer«-Darstellung mit großen Figuren der hl. Barbara, der hl. Katharina und der hl. Margareta in der Pfarrkirche Klein Sankt Paul in der Marktgemeinde Klein Sankt Paul in Kärnten, Österreich)

Die drei weiblichen Heiligen werden aber auch ohne den Kontext der »14 Nothelfer« zusammen abgebildet – obwohl sie keine gemeinsame Legende haben. Darin zeigt sich wohl auch bei den christlichen Gläubigen der Wunsch nach der alten dreigestaltigen heiligen Weiblichkeit. Wer sich hinter Katharina, Margareta und Barbara verbirgt, zeigt sich aber auch manchmal, *wenn* sie als Nothelferinnen abgebildet werden. So sind in Bayern auf einem Epitaph mit den »14 Nothelfern« über der Tür zur Sakristei in der Kirche St. Nantwein (Ortsteil von Wolfrathshausen, Kreis Bad Tölz-Wolfrathshausen) nur die drei weiblichen Heiligen nicht mit ihren bekannten Attributen (Rad, Drache und Turm) dargestellt, dafür haben sie – wie die drei Bethen in Worms – Palmwedel und Bücher in Händen.[258] Ihre wahre Natur kann sich auch in ihrer Gewichtung innerhalb der »Nothelfer« kundtun, wie es schön in Klein Sankt Paul in Kärnten zu sehen ist.

258 Siehe Lore Kufner, 1992, S. 95

Als Begleitung von Maria und anderen heiligen Jungfrauen

Manchmal sind nur zwei der heiligen Jungfrauen in einer Kirche anzutreffen und manchmal haben sie noch weitere heilige Jungfrauen bei sich. Gemeinsam mit der heiligen Dorothea (ebenfalls eine Jungfrau und Märtyrerin) erscheinen die drei auf dem **Lauterbacher** Marienaltar im mittelhessischen Vogelsbergkreis.

(Lauterbacher Marienaltar bei geschlossenem Zustand, l.: hl. Katharina u. hl. Margareta auf der linken Tafel – re.: hl. Barbara u. hl. Dorothea auf der rechten Tafel)

Auch auf dem Marienaltar in der alten Martinskirche in **Heuchelheim** (Kreis Gießen).

(Marienaltar in der alten Martinskirche in Heuchelheim, Kreis Gießen, um 1450, l. Flügel: hl. Katharina u. hl. Margaretha, die statt mit Drachen mit einem kleinen Teufel abgebildet ist, re. Flügel: hl. Barbara u. hl. Dorothea)

In der **Limburger** Stadtkirche sind die heiligen Drei gleich zweimal vertreten: auf beiden Seitenaltären. Im nördlichen Annenaltar umrahmen sie gemeinsam mit der heiligen Dorothea eine Anna selbdritt; im südlichen Seitenaltar, in dessen Mitte Maria mit dem Kind zu sehen ist, begleitet die heilige Agnes (auch eine Märtyrerin, die sich weigerte zu heiraten) die drei.

(l.: Annenaltar in der Limburger Stadtkirche, von l.: Dorothea mit Körbchen, Katharina mit Schwert, Anna selbdritt mit Maria u. dem Jesuskind, Barbara mit Kelch u. Margarethe mit Drachen – re.: südl. Seitenaltar in der Limburger Stadtkirche, l.o.: Margarethe und Katharina, re.o.: Barbara und Agnes)

Die drei in der Kirche St. Vincentius in **Eltville-Hattenheim,** Rheingau-Taunus-Kreis:

(St. Vincentius in Eltville-Hattenheim, Rheingau-Taunus-Kreis, l.: Margarethe am Hauptaltar, um 1740 – re.: hl. Barbara u. hl. Katharina auf dem rechten Seitenaltar, um 1740)

Eine lebensgroße Statue der hl. Margarethe ziert den Hauptaltar der Kirche, deren Nebenpatronin sie ist. Rechts daneben stehen etwas kleinere Statuen der hl. Barbara mit dem Kelch und der hl. Katharina mit dem zerbrochenen Rad auf dem Seitenaltar, sie umrahmen Maria mit dem Jesuskind. Den Seitenaltar auf der linken Seite des Kirchenschiffes krönt eine Figur der hl. Kümmernis.[259]

Im Rheingauer Dom in **Geisenheim** im Rheingau-Taunus-Kreis sind die drei auf die beiden Seitenaltäre verteilt, wobei Katharina zweimal zu sehen ist. Der Marienaltar mit Katharina und Barbara im Mittelteil wird gekrönt von einer Anna selbdritt. Der Dreikönigsaltar verbindet die heiligen drei Könige (im Mittelteil) thematisch mit zweien der heiligen drei Madeln (auf den Altarflügeln). Auf dem rechten Flügelbild steht neben der hl. Margareta der hl. Nikolaus, den der Südtiroler Maler Leonhard von Brixen mit drei goldenen Kugeln zeigt. Also so, wie er in vielen Südtiroler Kirchen mit drei Jungfrauen abgebildet ist - wo auch die drei Bethen mit drei Kugeln dargestellt werden.[260] Das Motiv der drei goldenen Kugeln geht zurück auf den Bischof von Myra, der sie laut christlicher Legende einem verarmten Vater schenkte, um dessen drei Töchtern eine standesgemäße Heirat zu ermöglichen und sie so vor einem Leben im Bordell zu bewahren. Erni Kutter zieht die Verbindung zur (Verleumdung der) Großen Göttin, wenn sie schreibt, dass einige Überlieferungen berichten, Nikolaus habe den drei Jungfrauen die Möglichkeit geben wollen, sich von der »Mädchenhändlerin Diana« - gemeint ist die Göttin Diana - freizukaufen, um der Prostitution in deren Tempeln - gemeint ist die Degeneration einer einst heiligen Kulthandlung, der Heiligen Hochzeit, zur Schaffung von »Tempelhuren« durch männliche Priesterkasten - zu entgehen.[261]

Interessant ist diese Verbindung zwischen der hl. Margareta und dem hl. Nikolaus, weil der heilige Mann, der heute dafür steht, in der Nacht zum 6. Dezember den Kindern Süßigkeiten zu bringen, auch eine Verehrungsgeschichte besitzt, die ihn als Partner der Göttin zeigt.[262]

259 Siehe Kap.: »Die Heilige Kümmernis und das Göttlich-Weibliche«, S. 286

260 Siehe Erni Kutter, 2014, Kap.: »Drei Jungfrauen und der heilige Nikolaus«, sie erläutert die Verbindung des Motivs der drei goldenen Kugeln zu den drei Bethen.

261 Siehe ebd., S. 82f. Zur Tempel-Prostitution siehe Ulrike Pittner & Ursa Krattiger, 2015, Abschnitt »Das garstige Thema der Tempel-Prostitution« im Kapitel zu Aphrodite, S. 198-201, siehe auch Renate Jost, 2007

262 Siehe Kap.: »Maikönigin und Grüner Mann«, Abschnitt »Der grüne Nikolaus«

(Rheingauer Dom, Geisenheim, Rheingau-Taunus-Kreis, l.: die hl. Katharina u. die hl. Barbara umrahmen Maria mit dem Kind auf dem linken Seitenaltar von Caspar Weis, 1894 – re.: spätgotischer Dreikönigsaltar des Südtiroler Bildschnitzers Hans Klocker, um 1480/85, auf dessen Flügeln links der Apostel Johannes u. die hl. Katharina mit Buch, Schwert u. Rad u. rechts die hl. Margareta mit dem Drachen an der Leine u. der hl. Nikolaus mit drei goldenen Kugeln auf einem Buch zu sehen sind)

Der Hochaltar in der Kirche St. Martin in **Lorch** im Rheingau-Taunus-Kreis gilt als eines der wertvollsten Kunstwerke im Bistum Limburg. Im untersten Register des spätgotischen Schnitzaltars steht Maria mit dem Kind inmitten der heiligen Frauen, links von ihr sind die hl. Katharina mit dem Schwert und die hl. Barbara mit dem Turm zu sehen, rechts von Maria hält die hl. Margareta einen sehr kleinen Drachen wie ein Schoßhündchen auf dem Arm, daneben die hl. Dorothea.

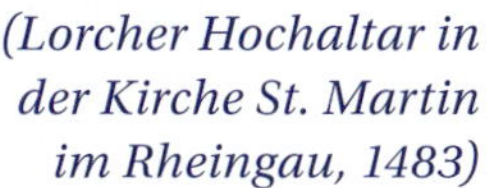

(Lorcher Hochaltar in der Kirche St. Martin im Rheingau, 1483)

(Detail aus dem Lorcher Altar mit Maria, eingerahmt von den hl. Jungfrauen Katharina, Barbara, Margareta und Dorothea)

In der Kirche St. Katharina in **Lorch-Ransel** im Rheingau-Taunus-Kreis sind mehrere Figuren der hl. Katharina zu sehen: als Statue im Kirchenschiff, zusammen mit der hl. Barbara am Hochaltar, als Nischenfigur zusammen mit der hl. Margareta, der hl. Cäcilia und der hl. Dorothea im rechten Nebenaltar.

(Detail des Hochaltars in der kath. ehemaligen Pfarrkirche St. Katharina in Ransel, Ortsteil von Lorch im Rheingau, l. Flügel: hl. Katharina, re. Flügel: hl. Barbara)

Die drei weiblichen Figuren, die in der Predella des Marienaltars auf der Südempore in der Basilica minor St. Valentinus und Dionysius in **Kiedrich** im Rheingau dargestellt sind, werden unterschiedlich benannt. Im Kirchenführer von Clemens Jöckle sind es einfach drei Jungfrauenbüsten,[263] doch auf einer Postkarte des Chorstifts ist zu lesen, es seien die Nothelferinnen Barbara, Katharina und Margareta.[264] Der Künstler des Marienaltars ist nicht bekannt, doch es wird vermutet, er stamme aus Südtirol.[265]

(Predella des Marienaltars in der Kirche St. Valentin in Kiedrich, Rheingau-Taunus-Kreis, um 1490)

Auf einem Glasfenster in der Marienkirche in **Gelnhausen** im Main-Kinzig-Kreis, in der auch eine wunderschöne Blattmaske bewundert werden kann,[266] finden wir Katharina, Margarethe und Barbara vereint als weibliche Dreifaltigkeit.

(Glasfenster in der Marienkirche in Gelnhausen, Main-Kinzig-Kreis, mit der hl. Katharina, der hl. Margarethe und der hl. Barbara)

263 Clemens Jöckel, 10/1999, S. 14

264 Unter den vier großen Lettnerfiguren der Kirche stellt eine die hl. Barbara und eine andere die hl. Katharina dar. Außerdem gibt es in der Kirche einen Margarethen- und einen Katharinen-Altar.

265 Werner Kremer, 2017, S. 30

266 Siehe Kap.: »Maikönigin und Grüner Mann«, S. 105, Foto o.M.

Auch in einen Kinderreim, der in **Frankfurt am Main** gesungen wurde, haben sich die drei heiligen Frauen verewigt – Katharina wird auch benannt: »Kathareine«. Hier wurden sie mit Maria verbunden, die gleich dreifach erscheint. Da Maria hier sofort in die Volkserinnerung einbezogen werde, sei sie nicht mehr die Maria der Bibel, »sondern wird zur mythischen Maria, die in den Fußstapfen der vorchristlichen Ahnfrauen wandelt«, meint Kurt Derungs.[267] Sie werde ins Spiel gebracht, weil die Nothelferinnen die drei Bethen noch nicht vollständig christianisierten.

Sonnche, Sonnche scheine
Maria Kathareine
Zu Frankfurt in em Boppehaus
Gucken drei Marien draus:
Die an' spinnt Seire
Die anner' dreht Weire
Die dritte schließt Himmelche auf.

Zig Varianten gab es von diesem Kniereiterliedchen in ganz Deutschland, im Elsass und der Schweiz, wie Hans Christoph Schöll zeigte. Allen gemeinsam ist die Dreizahl der Frauen, die zusammen in einem Haus wohnen. In verschiedenen Formen spinnen sie den Lebensfaden und vermögen es, die Sonne (wieder) scheinen zu lassen – so wie es die drei Schicksalsgöttinnen und Wettergöttinnen in den unterschiedlichsten Mythologien schon seit langer Zeit taten. Für Schöll schwingt der Dreiklang von Geburt – Leben – Tod durch die Reime.[268]

Eine weitere Entwicklung, die bezeugt, dass Katharina, Margareta und Barbara, obwohl sie zu den »Virgines capitales«, den »besonders wichtigen Jungfrauen«, gezählt werden, der Kirche noch »zu sehr« mit dem alten Glauben verbunden waren, zeigt sich darin, dass sie im religiösen Brauchtum um den 6. Januar durch die drei heiligen Könige Caspar, Melchior und Balthasar ersetzt wurden, die ihr »C+M+B« über die Türen schreiben. Kurt Derungs erläutert: »Dass dieses Schutzsymbol ein rein christliches Zeichen sein soll, vertritt in der Brauchtums-

267 Kurt Derungs & Sigrid Früh, 2008, S. 83
268 Hans Christoph Schöll, 1936/1998, S. 35

forschung heute kaum noch jemand. In der Volkstradition gibt es die Deutung mit den drei Königsnamen, aber auch eine Herleitung von den drei Schutzheiligen Katharina, Margaretha und Barbara.«[269] Und er verweist darauf, dass in der Perchtennacht in der Steiermark noch bis in die 1960er-Jahre drei Mädchen umgingen, die weiß, rot und schwarz gekleidet waren, was zeige, wie stark der Dreifrauenkult in den Rauhnächten vertreten war, »den die Kirche mit den drei Königen nicht nur ›verchristlichte‹, sondern schrittweise auch ›vermännlichte‹.«[270]

Fides, Spes und Caritas

Eine andere Form der Verchristlichung der drei heiligen Frauen zeigt sich in der Trias Fides, Spes und Caritas (lat. für Glaube, Hoffnung und Liebe) – den drei christlichen Grundtugenden.[271] »Wo heute Fides-Spes-Caritas verehrt werden, darf man immer annehmen, dass dort ursprünglich einmal die drei Beten in christlicher Gestalt, aber mit heidnischen Namen angerufen wurden«, schreibt Christoph Schöll.[272] Doch nicht immer war der Versuch, einen Verehrungsort der Bethen umzuwidmen, erfolgreich, wie ein bischöfliches Visitationsprotokoll aus dem Bethen-Ort Meransen von 1650 belegt – das Volk wehrte sich gegen Fides, Spes, Caritas und behielt seine alten Heiligen.[273] Nach den Legenden handelt es sich um die drei Töchter der hl. Sophia von Mailand, einer christlichen Witwe, die ihren ganzen Reichtum an die Armen verteilte. Auf einer Reise soll sie in Rom in der Christenverfolgung unter Kaiser Hadrian mit ihren Töchtern das Martyrium erlitten haben.

Dahinter schaut eine ältere Figur hervor: Sophia, die heilige Weisheit – PhiloSophia. In den monotheistischen Religionen wird von der Weisheit Gottes gesprochen, aber auch sie wird weiblich dargestellt – darin zeigt sich die Transformation des Göttlich-Weiblichen;

269 Kurt Derungs, 2015, S. 173f.

270 Ebd., S. 175

271 1.Korinther 13,13: »Für jetzt bleiben Glaube, Hoffnung, Liebe, diese drei« – Auch in der römischen Mythologie waren Fides und Spes bereits bekannt. Fides stand für Vertrauen und Glaube, Spes galt als Personifikation der Hoffnung. Der Bona Fides dienten in Rom die drei höchsten Priester der Stadt, siehe Barbara G. Walker, 5/1999, S. 255. Im Griechischen werden die drei Pistis, Elpis und Agape genannt.

272 Christoph Schöll, 1936/1998, S. 63

273 Ebd., S. 63

altorientalische Große Göttinnen wie Maat oder Isis scheinen auf.[274] Zu Ehren der Sophia wurden große Kirchen gebaut, wie die Hagia Sophia in Konstantinopel oder die Sophienkirche in Sofia – in der bulgarischen Hauptstadt wurde noch 2000 eine Statue errichtet, die die hl. Sophia mit goldener Krone und einer Eule auf ihrem Arm zeigt. Die alte Göttin der Weisheit.

(PhiloSophia mit drei Köpfen inmitten der sieben freien Künste: l. u. M.: Darstellung aus dem »Hortus Deliciarum« der Äbtissin Herrad von Landsberg, um 1180 – re.: Titelbild der Enzyklopädie Margarita philosophica von Gregor Reisch, Freiburg 1503)

Die Heilige Sophia ist bis heute in der Ostkirche besonders beliebt, viele Ikonen zeigen sie mit ihren drei Töchtern, doch sie wird dort auch häufig allein dargestellt. Oft werden Fides rot gekleidet, Spes mit grünem und Caritas im weißen Gewand abgebildet – so wie bei den drei Bethen. Und manchmal zeigt auch ihre Kultgeschichte diese Verbindung. So schreibt Matthias Zender in seiner volkskundlichen Untersuchung 1940, dass in der ehemaligen Klosterkirche in Frauweiler bei Bergheim in der Eifel (der Ort wich in den 1960er-Jahren dem Braunkohleabbau) die drei Jungfrauen sowohl unter dem Namen Einbeth, Wilbet und Worbet als auch

274 Der jüdische Philosoph Philon von Alexandria, der um die Zeitenwende lebte, bezeichnete die göttliche Weisheit als »Mutter aller Dinge des Kosmos« (Quod deterius potiori insidiari soleat 1,115-116 und Legum allegoriae 2,49; zit. nach Christl M. Maier, 2007) – Im gnostischen Philippusevangelium ist Sophia, die Weisheit, das weibliche Gegenstück von Jesus Christus. Siehe auch Silvia Schroer, 1996

als Fides, Spes und Caritas verehrt werden.[275] Die eine Göttin in ihren drei Aspekten als Weiße, Rote und Schwarze – eine ihrer Nachfolgerinnen ist Sophia mit ihren drei Töchtern in Weiß, Rot und Grün.

(Die hl. Sophia hält einen Schutzmantel über ihre drei Töchter Fides, Spes und Caritas, die in Weiß, Rot und Grün gekleidet sind, l.: in der Kirche Sankt Lucia in Bedburg-Rath im Rheinland[276] *– re.: an der Altarwand in der Kapelle von Schloss Löwenstein im unterfränkischen Kleinheubach, Kreis Miltenberg, nahe der hessischen Grenze)*

Bischof Remigius von Straßburg soll 778 einen Teil der Reliquien aus Rom nach Eschau im Elsass ins dortige Frauenkloster überführt haben. Von dort aus gelangte der Kult nach Deutschland. Roswitha von Gandersheim (Hrotsvit) schrieb bereits im 10. Jahrhundert über das Martyrium der drei Jungfrauen[277] – interessanterweise nennt Gandersheim die Göttin Diana, die Caritas ehren soll, was diese verweigert –; das Werk der Kanonisse und Dichterin wurde aber

275 Siehe Matthias Zender, 1940/1977, Kap. 14, S. 291

276 Im ehemaligen Kloster Frauweiler, das später zur Pfarrkirche St. Luzia wurde, wurden Fides, Spes und Caritas seit 1458 verehrt, siehe Pfarrer Aegidius Müller, 1876, S. 62

277 Roswitha von Gandersheim: Das Leiden der heiligen Jungfrauen Fides, Spes und Caritas (Sapientia), *Dramenbuch oder dramatica series (liber secundus),* entstanden um 965. Gandersheim schrieb auch über drei weitere Schwestern, die in Thessaloniki, Griechenland, als Märtyrinnen starben: *Das Leiden der heiligen Jungfrauen Agape, Chionia, Irene* oder *Dulcitius.*

erst seit dem 16. Jahrhundert bekannter.[278] Und das 16. Jahrhundert war in Deutschland auch die *Hoch*zeit der Verehrung von Fides, Spes und Caritas. Zuständig waren sie für das Wohlergehen in Hof, Stall und Feld, wurden aber auch angerufen bei Kinderkrankheiten und galten als Schützerinnen der Frauen.[279] Wie die heiligen drei Madln Katharina, Margareta und Barbara waren sie Fürbitterinnen in Notlagen, denn sie sollen von Gott das Versprechen erhalten haben, »jede ihrer Bitten, die sie von den Menschen an ihn weiterleiten würden, zu erfüllen.«[280] Ihr Hauptfesttag in der Westkirche ist der 1. August – Lugnasad, Lammas, SchnitterInnenfest, an diesem Datum feierten unsere Vorfahren vor der Ernte ein Jahreskreisfest; und auch Maria Himmelfahrt ist nicht weit entfernt.

Die meisten Kultorte der drei sind im Rheinland zu finden – und hier treffen wir auf Verbindungen zu den drei römischen Matronen. So in Thum, einem Ortsteil der Gemeinde Kreuzau (Kreis Düren, Nordrhein-Westfalen), wo die Matronenverehrung im 4. Jahrhundert mit dem gleichzeitig erstarkenden Christentum abebbte. »Wie dennoch ein solcher vorgeschichtlicher Kult auch über die Jahrtausende weiterleben kann, zeigt das Patrozinium der Kirche in Thum; dieses ist den drei Jungfrauen ›Fides, Spes und Caritas‹ (Glaube, Hoffnung und Liebe) gewidmet – 3 Schwestern oder 3 Mergen (Marien), die schon zu Zeiten des alten keltischen Thum der Sagenwelt als mütterliche Gottheiten verehrt wurden. Diese drei Frauengestalten dürften die christianisierten Nachfolgerinnen der Matronae Thummaestae sein, was zu Zeiten der Christianisierung durch die Römer ohne weiteres üblich war.«[281] Eine christliche Legende erzählt, dass die Reliquien der drei Märtyrerinnen von Rom nach Thum gelangt seien. Doch vorchristliche Symbolik hielt sich lange: Bei Sophie Lange ist zu lesen, dass von den Dörfern in der Nachbarschaft Mädchen nach Thum geschickt wurden, wenn Kinder erkrankten – und es mussten immer drei sein.[282]

Die Verbindung zu den drei Matronen zeigt sich auch in der ehemaligen Wallfahrtskirche des untergegangenen Dorfes Swist auf dem Swisterberg bei Weilerswist in der Eifel (Kreis Euskirchen, wo viele Matronensteine gefunden wurden). Hier wurden die drei Schwestern Fides,

278 Wiebke Freytag, 1988, S. 73
279 Siehe Sophie Lange, 2/1995, S. 44f.
280 Christopf Wendt, 2013, S. 165
281 Walter Ramm: »Der Matronenkult in Thum« (o. v.)
282 Sophie Lange, 2/1995, S. 113

Spes und Caritas schon seit ca. 1200 verehrt[283] – und sie werden es weiterhin.[284] Dort weisen archäologische Funde aus der Römerzeit »auf die Errichtung der ersten christlichen Kirche über einem römischen Heiligtum hin ... Möglicherweise handelt es sich um die christliche Umdeutung eines heidnischen Matronenkultes«, schreibt der Verein »Swister Turm e. V.«[285] Noch nach 1800 soll ein Steinbild der Matronen auf dem Swisterberg gestanden haben, berichtet die Matronenforscherin Sophie Lange. Auch die Göttin Diana wurde hier einst verehrt, 1927 wurde ein ihr geweihter Stein gefunden.[286] Da der Swisterturm, wo die drei Schwestern begraben sein sollen, im Volksglauben auch der Ort war, wo die Kinder herkamen, benennt Erni Kutter Gemeinsamkeiten zwischen der alten dreigestaltigen Göttin, den Matronen und den drei Jungfrauen am alten Dreifrauenheiligtum: Sie galten als Beschützerinnen der Frauen und besonders der Gebärenden. Und auch zu den drei Bethen spinnt Kutter Fäden: Die drei Jungfrauen wurden in den gleichen Notsituationen angerufen, denn auch Fides, Spes und Caritas sollten vor Pest, Seuchen, Hunger und Krieg schützen.[287]

Die Bildgruppe der drei Jungfrauen, die kurz hinter der deutsch-luxemburgischen Grenze an der Straße von Vianden nach Roth an der Felswand zu sehen ist, zeigt Fides, Spes und Caritas mit Palmzweigen in den Händen – so wie die drei Bethen in Worms und in Leutstetten dargestellt sind. Nach der Überlieferung sollen dort in vorchristlicher Zeit Bilder der germanischen Schicksalsgöttinnen Urd, Verdandi und Skuld angebracht gewesen sein.[288]

Auch die Pfarrkirche St. Fides, Spes u. Caritas Gondelsheim bei Prüm wurde auf den Resten einer Römersiedlung errichtet, »vermutlich einer Kultstätte keltischer Matronen«, ist auf den Internetseiten der Kirchengemeinde zu erfahren.[289]

---

283 Ebd., S. 45; siehe auch Horst Bursch: »Die ehemalige Pfarr- und Wallfahrtskirche auf dem Swister Berg und die dort verehrten Heiligen: Fides, Spes und Caritas sowie Brigida und Gereon« (o. v.)

284 Auch heute noch ehren PilgerInnen dort Fides, Spes und Caritas mit Messen –2006 wurde die Turmkapelle als Wallfahrtsstätte eingesegnet.

285 https://www.swister-turm.de/swister-turm/geschichte/

286 Sophie Lange, 2/1995, S. 160

287 Siehe Erni Kutter, 1997, S. 100; siehe auch Franz Schorn, 2/1980, S. 4

288 Siehe Josef Bierekoven, 1967 (o. v.); Foto siehe Judith Mies & Kurt Derungs, 2012, S. 75

289 https://www.pfarreiengemeinschaft-pruem.de/index.php/pfarreiengemeinschaft/pfarreien/gondelsheim-schwirzheim – »Gondelsheim behauptete, Reliquien der Drei Jungfrauen aus Rom über Prüm erhalten zu haben« (Matthias Zender,Köln 1987, S. 219) – Sie gelten heute als verschollen. In der Pfarrkirche St. Fides, Spes und Caritas in Gondelsheim zeigt eine Relieftafel rechts neben dem Chor das Martyrium der drei Heiligen.

Für Sophie Lange ist klar: »Im alten Ubierland übernahmen Fides, Spes und Caritas die Stelle der Matronen.«[290] Die Kirche hat Sophia und ihre drei Töchter offiziell nie heiliggesprochen – »Sie waren Volksheilige wie die Matronen Volksgöttinnen gewesen waren.«[291] Und Matthias Zender schreibt: »Die Kirche scheint zwiespältig; sie zieht die Fides, Spes und Caritas mehrfach anderen suspekten Gruppen vor, drängt dann aber auch deren Kult zurück.«[292]

Fides, Spes und Caritas in Hessen

In Hessen erscheinen Fides, Spes und Caritas meist zusammen mit den vier Kardinaltugenden (Klugheit/*prudentia,* Gerechtigkeit/*iustitia,* Tapferkeit/*fortitudo* und Mäßigung/*temperantia*)[293] – so an der Chorempore in der **Alsfelder** Walpurgiskirche.

(Fides, Spes, Caritas / Glaube mit Kreuz und Kelch, Hoffnung mit Anker, Liebe mit Kindern als Teil der Brüstungsmalerei von Johannes Spreng, 1656/57, an der Chorempore in der Walpurgiskirche in Alsfeld im Vogelsbergkreis)

290 Sophie Lange, 2/1995, S. 44
291 Ebd., S. 44
292 Matthias Zender, 1987, S. 218
293 Sie wurden den christlichen theologischen Tugenden unter Papst Gregor dem Großen (590-604) angefügt.

Oder (nur mit den beiden Kardinaltugenden Gerechtigkeit und Mäßigkeit) als 2,40 Meter hohe barocke Sandstein-Statuen in **Marburg** – in **Hatzbach** (Ortsteil von Stadtallendorf, Kreis Marburg-Biedenkopf), wo die Originale rund 150 Jahre standen, sind seit 2013 Kopien zu sehen.[294]

(Fides, Spes und Caritas, zu Beginn des 18. Jh.s von Johann Friedrich Sommer gestaltet,[295] dargestellt als Hoffnung mit Anker u. Falken, Liebe mit Kindern, Glaube mit Bibel u. fehlendem Kreuz – zusammen mit den nicht abgebildeten Kardinaltugenden Gerechtigkeit und Mäßigkeit bogenförmig aufgestellt auf dem Firmaneiplatz beim Deutschen Haus nahe der Elisabethkirche in Marburg)

Strittig ist die Reihenfolge der Aufstellung: »Es liegt nahe, aus der Sicht des Betrachters den Glauben links und die Hoffnung rechts der Liebe zu platzieren. Außerdem liegt es nahe, die drei theologischen Tugenden zusammenzustellen und die zwei Kardinalstugenden Mäßigkeit und Gerechtigkeit an den Rand zu stellen.«[296]

---

294 Siehe »Von der Rückkehr der fünf ›Tugenden‹ nach Marburg«, in: das-marburger.de (o. v.) – Kardinal Damian Hugo von Schönborn, Landkomtur des Deutschen Ordens in Hessen, dessen Hauptsitz in Marburg war, erteilte 1718 den Auftrag für die Figuren, die er im Lustgarten der barocken Parkanlage hinter dem Deutschen Haus aufstellte. Über mehrere Hände gelangten sie in den Besitz der Familie von Knoblauch zu Hatzbach.

295 Dem Marburger Bildhauer Johann Friedrich Sommer (1684-ca. 1746/47) dienten als Vorlage Kupferstiche des Niederländers Jakob Matham (1571-1631). Siehe Catharina Graepler, 2013

296 »Die fünf Tugenden von Hatzbach«, in: myheimat.de (o. v.)

Den Ratspokal der Neustadt **Hanau** (Main-Kinzig-Kreis), eine bedeutende Silberschmiedearbeit aus dem 1. Viertel des 17. Jahrhunderts, zieren neben Fides, Spes und Caritas (mit den Kardinaltugenden) auch die drei Grazien aus der griechischen Mythologie.

Als Dreier-Gruppe sind Fides, Spes und Caritas auf einem Grabstein in der Evangelisch-Lutherischen Kirche in **Rabenau-Londorf** (Landkreis Gießen) oberhalb von einer Auferstehungs-Szene (mit Sonne, Mond und einer Schlange in der rechten unteren Ecke) zu sehen.[297] Und auch in der Ev. Stadtkirche Arolsen, Landkreis Waldeck-Frankenberg, stehen die drei zu dritt – bis 1957 im Altarraum, heute in der Türnische des Nordportals. Die Skulpturen aus weißem Carrara-Marmor sind ein Geschenk des in **Bad Arolsen** geborenen Bildhauers Christian Daniel Rauch. In der klassizistischen Darstellung mutierten die Tugenden zu Knaben.

(l.: Fides, Spes u. Caritas auf einem Grabstein in der Ev.-Luth. Kirche in Rabenau-Londorf, Landkreis Gießen – re.: Liebe, Hoffnung, Glaube als weiße Skulpturen aus Carrara-Marmor in der Ev. Stadtkirche in Bad Arolsen, Kreis Waldeck-Frankenberg, von Christian Daniel Rauch, 1844 u. 1852)

297 Siehe LAGIS, Landesgeschichtliches Informationssystem Hessen, zum Grabdenkmal von Hermann von Nordeck zur Rabenau, 1613, und seiner Frau Anna, geb. von Biedenfeld, 1597, in Londorf, wo die Figuren als Fides, Spes u. Caritas identifiziert werden, auch wenn wegen fehlender Arme keine Attribute vorhanden sind.

Als Töchter der Sophia sind Fides, Spes und Caritas in der katholische Pfarrkirche St. Sophia, deren Patronin sie ist, in der südhessischen Kreisstadt **Erbach** im Odenwald zu sehen – als moderne Wandmalerei über dem Hauptportal der 1842/43 entstandenen Kirche.[298]

Die drei Marien

Zu den christlichen Dreiergruppen von Frauen gehören auch die drei Marien, die am Ostermorgen zum Grab Jesu eilten und es leer vorfanden. Die Namen der Frauen wurden uneinheitlich überliefert. Meist dabei ist Maria Magdalena, zusammen mit Maria Kleophae und Maria Salome, die nach den Apokryphen Halbschwestern der Gottesmutter Maria waren, die auch manchmal genannt wird (dann sind es die drei Töchter der hl. Anna).[299] »Im Namen Maria findet eine dreifache Verschmelzung von Mutter, Schwester und Braut statt«, schreibt Annine van der Meer.[300] Häufig werden die drei mit einem Nimbus dargestellt. Verehrt werden sie vor allem in Südfrankreich, weil sie laut der Legende vor einer Christenverfolgung über das Mittelmeer flohen und im Jahr 46 in Ratis (heute Saintes-Maries-de-la-Mer) anlandeten, wo sie sich der Verbreitung des Evangeliums widmeten. »In wenigen Jahrhunderten hat sich der Kult der Drei Marien, wenn auch abgestuft, über große Areale verbreitet und dort sowohl die einmal vorhandene Verehrung von Fides, Spes und Caritas zurückgedrängt, wie auch zum Untergang lokaler Kulte beigetragen«, erläutert Matthias Zender, der über die Verehrung von drei heiligen Frauen im christlichen Mitteleuropa forschte.[301] Bis heute finden in Saintes-Maries-de-la-Mer im Mai und Oktober Wallfahrten statt, bei denen die Statuen der Marien zum Meer getragen werden.

In der *Legenda aurea* werden die drei Marien von einer Dienerin namens Sarah begleitet – auch ihre Statue wird mit einer großen Prozession ans Meer getragen und dort mit Meerwasser »gereinigt« – wie einst die Großen Göttinnen.[302] Van der Meer fragt, ob es sich um

298 Foto siehe https://bistummainz.de/pfarrei/erbach/informieren/unsere-pfarrkirche/

299 So zeigt sie z. B. der Anna-selbdritt-Altar in der Kirche zu den Drei Marien in Härtensdorf, einem Stadtteil von Wildenfels im Landkreis Zwickau, Sachsen – ein Wallfahrtsort in vorreformatorischer Zeit.

300 Annine van der Meer, 2020, S. 356

301 Matthias Zender, 1987, S. 222

302 Zur Schwarzen Sarah kommen seit dem Zweiten Weltkrieg Sinti, Roma, Manouches und Jenische nach Saintes-Maries-de-la-Mer, um ihre Patronin am 24. Mai zu feiern.

die Tochter Maria Magdalenas handeln könnte, da Sarah »Prinzessin« und auch »Tochter« bedeute.[303]

(Die drei Marien am Grab, denen ein Engel die Auferstehung Jesu verkündet, l.: Miniatur im Albani-Psalter, entstanden im 12. Jh. in der Abtei St. Alban, Hertfordshire/England, heute in der Dombibliothek Hildesheim – re.: Flügelpaar vom älteren Meister der Aachener Schranktüren, ca. 1400)

Maria Magdalena, die »Apostelin der Apostel«, die Zeugin der Passion und der Auferstehung, erhielt von Jesus besondere Offenbarungen und verkündete sie den anderen Aposteln. Das gnostische »Evangelium der Maria« wurde wohl nach ihr benannt. Manche meinen, es stamme von ihr.[304] In Kirchenkreisen – zumindest in der Westkirche – wurde sie diskreditiert. Im 6. Jahrhundert erklärte sie Papst Gregor I. zur Sünderin, bis in unsere Zeit galt sie als Prostituierte – häufig halbnackt dargestellt mit langen, roten Haaren oder im roten Kleid.[305] Erst 2016 wurde sie von einem anderen Papst rehabilitiert: Papst Franziskus stellte sie offiziell den

303 Siehe Annine van der Meer, 2020, S. 356

304 Siehe Annine van der Meer, 2021

305 »In Bezug auf Frauen hat die Farbe Rot im Vaterland nicht immer eine positive Konnotation. Oft hat die nackte Eva, ebenso wie Maria Magdalena, langes, rotes Haar: eine Farbe, die Prostitution andeutet« (Annine van der Meer, 2020, S. 510f.)

Aposteln gleich und wandelte ihren Gedenktag am 22. Juli in ein Fest um. Doch vielleicht war diese Maria von Magdala noch viel mehr. Die moderne Enzyklopädistin Barbara G. Walker zeigt ihre Verbindungen zur Großen Göttin. Sie erläutert, dass Magdalena »die vom Tempelturm« heißt,[306] was auf den dreitürmigen Jerusalemer Tempel verweise und damit auf die dort einst verehrte dreifaltige Göttin, die später zur »Großen Hure Babylon« herabgewürdigt wurde. Und sie erinnert daran, dass der frühchristliche Gelehrte Origenes Maria Magdalena »unser aller Mutter« nannte und sie für unsterblich hielt.[307]
Maria Magdalena hat das Jesus-Grab mit zwei anderen Frauen aufgesucht, aber ohne Männer – die hatten keinen Zugang zu den zentralen Mysterien der Großen Göttin. Die Apostel wussten nichts von Jesu Auferstehung – für die Wiedergeburt war die Göttin zuständig. Und auch die Salbung passt in diesen Vergleich: Auch die Göttin salbte ihren Geliebten – und Maria Magdalena salbte Jesus, den »Messias der Frauen, der sich zu ihren Werten und Vorstellungen bekannte und alle Anzeichen eines matriarchalen Heros trägt«, deutet Christa Mulack.[308] Die Religionsforscherin sieht in Maria Magdalena »eine Frau, die ihrem Lebensgefährten Jesus eine geistige Führerin war … eine Frau, die weibliche Göttlichkeit repräsentierte«.[309]

Erni Kutter schreibt, dass mit den drei Marien – der alten matriarchalen Tradition entsprechend – das Motiv von Tod und Auferstehung mit der dreigestaltigen Göttin verknüpft wurde. So sei zum Ausdruck gebracht worden, dass die Hoffnung auf Wiedergeburt und Erneuerung des Lebens auch weit in christliche Zeit hinein an das Weibliche gebunden blieb. Sie folgert: »In diesem Sinn verkörpern alle drei Marien die eine Leben gebende, Leben erhaltende und Leben nehmende Göttin«.[310]

---

306 Siehe Barbara G. Walker, 5/1999, S. 677. Klaus Mailahn, 2013, S. 87, erläutert, dass das hebräische Epitheton »Magdala« einerseits mit »Turm« und anderseits mit »erhöht«, »groß«, »prachtvoll« übersetzt wird und dass »Turm der Herde« im Hebräischen »Magdal Eder« heißt und einen erhöhten Punkt bezeichne, von dem aus die Herde gut überschaubar ist – sodass Maria Magdalena auch als Beschützerin der Herde, als gute Hirtin gesehen werden könne und damit gut zu Jesus passe. Die Theologin Margaret Starbird, 2005, S. 55, verweist auf die Bibelworte Micha 4,8: »Und du, Herdenturm, du Hügel der Tochter Zion, zu dir wird gelangen und zu dir wird kommen die frühere Herrschaft, das Königtum der Tochter Jerusalem.«

307 Siehe Barbara G. Walker, 5/1999, S. 676

308 Christa Mulack, 2/2010, S. 50

309 Ebd., S. 173f.

310 Erni Kutter, 1997, S. 101

(l.: Heiliges Grab in der Magdalenenkapelle im Frankfurter Kaiserdom, 1435/1455 – re.: Heiliges Grab mit den Marien in der Katharinenkirche in Steinau an der Straße, 2. Hälfte 15. Jh.)

Das »Heilige Grab« in der Magdalenenkapelle im **Frankfurter** Kaiserdom zeigt neben den drei Marien auch die trauernde Mutter Maria, die von Johannes gehalten zu werden scheint.

Auch das »Heilige Grab« mit den drei Marien in der Katharinenkirche in **Steinau an der Straße,** Main-Kinzig-Kreis, ist aus Sandstein. Es stammt aus der 2. Hälfte des 15. Jahrhunderts und ist ebenfalls als Hochgrab mit dem Corpus Christi gestaltet.

(Spolie mit den drei Marien in der Marienkirche in Ortenberg im Wetteraukreis)

Die Spolie mit den drei Marien in der Marienkirche in **Ortenberg** im Büdinger Land saß einst im Bogenrund des Nordschiffs. Zu sehen sind Maria von Magdala und Maria, die Mutter des Jakobus, sowie Maria Salome mit Salbgefäßen voll wohlriechender Öle. »Sie tragen das ›Gebende‹, den Kopfschleier der Frauen in der Spätgotik und stammen von einem ›Heiligen Grab‹.«[311]

Und die wunderschönen floralen Deckengemälde der Kirche zeigen den Kräutergarten einer weiteren Maria – der Gottesmutter Maria. Bekannt ist die Kirche auch für den Ortenberger Altar, auf dessen Mitteltafel Maria mit dem Jesuskind, neben ihrer Mutter Anna, umgeben von den Frauen und Kindern ihrer Verwandtschaft sowie von drei heiligen Jungfrauen zu sehen ist – diesmal sind es die heilige Agnes (mit dem Lamm), die heilige Barbara (mit Kelch und Turm) und die heilige Dorothea (mit dem Blumenkorb).[312]

(l.: Mitteltafel des Ortenberger Altars, 15. Jh. – re.: Geschnitzte dreigesichtige Figur aus dem Chorgestühl der Marienkirche in Ortenberg)

Und eine weitere Drei verbirgt sich in der Kirche: »›Der Teufel sitzt im Chorgestühl‹ ... Ein Bärtiger mit drei Gesichtern streckt die Zunge, Unheil abwehrend, weit heraus, in der Rechten

311 Michael Schroeder, 2013, S. 8

312 Heute ist in der Kirche, für die das Altarbild angefertigt wurde, nur noch eine Kopie zu sehen; das Original befindet sich im Hessischen Landesmuseum Darmstadt.

ein Schwert, steht er auf der rechten Chorseite auf einem Drachen«, schreibt der Kunsthistoriker Michael Schroeder.[313] Es kann ja nur der Teufel sein, denn ein Heiliger hätte den Drachen, ein Kulttier der Göttin, erschlagen, so wie der heilige Michael oder der heilige Georg.

Von der weiblichen Dreifaltigkeit zum männlichen Dreigesicht

Nicht nur die Göttinnen Hekate und Diana wurden häufig in dreifacher Gestalt als Triformis oder Trivia dargestellt und standen an Wegkreuzungen und Schwellen, schauten mit drei Köpfen oder manchmal mit drei Gesichtern in Vergangenheit, Gegenwart und Zukunft.[314]

(Dreimal Hekate, l.: Dreigestaltige Hekate, römische Kopie eines griechischen Originals, Vatikanische Museen – M.: Hekate mit zwei Füßen und drei Oberkörpern und Köpfen, hadrianischer Klassizismus, Palais Goltz-Kinsky in Prag – M.re. u. re.: »Berliner Hekate« mit einem Kopf und drei Gesichtern, die verschiedene Lebensalter zeigen, Kleinbronze aus Oberitalien, ca. 1500, vielleicht ist aber auch Prudentia dargestellt, doch auf ihrem Haupt liegt ein kleiner Drache.[315])

313 Michael Schroeder, 2013, S. 7f.

314 Für Hekate siehe Ulrike Pittner & Ursa Krattiger, 2015, Kap.: »Hekate trimorphos – Hekate triformis«, S. 161-188; für Diana siehe Erika Simon, 1990, S. 51

315 Siehe Sybille Ebert-Schifferer, 2006

Auch Prudentia, die Verkörperung der Klugheit, die Bedachtsamkeit, Einsicht und Voraussicht in sich vereint, wurde häufiger mit drei Köpfen oder als Dreigesicht dargestellt – so z. B. am Baptisterium in Bergamo, als Fußbodenmosaik im Dom von Siena oder auch in der Kirche Sant'Eustorgio in Mailand.

(Dreiköpfige Prudentia von Giovanni di Balduccio, die drei Lebensalter zeigt, als eine der acht Statuen, die das Hochgrab für Petrus von Verona tragen in der Kirche Sant'Eustorgio in Mailand, 1393)

Bei der dreiköpfigen Darstellung der Allegorie der Zeit, ebenfalls weiblich gedacht, auf einer französischen Miniatur ist ihre Verbindung zur alten Göttin noch gut zu spüren. Sie steht auf dem Rad des Lebens, das eine weibliche Figur in ihren Armen hält. Zu dieser halb nackt dargestellten Figur schreibt Willibald Kirfel: »In ihr mag man mit Recht die ›Mutter Natur‹ sehen, die in ewig gleichem Rhythmus Entstehen und Vergehen beherrscht und die wechselnden Stufen irdischen Daseins heraufführt.«[316]

Dreifachdarstellungen der Göttin gab es schon früh, wobei die Göttin manchmal auch *einen* Körper und *drei* Köpfe hatte – wie die ägyptische Weltmutter Mut, die in sich die Göttinnen Maat (die Jungfräuliche mit der weißen Straußenfeder, den Federn der Wahrheit), Hathor (mit der rot-weißen Doppelkrone) und Nechbet (die greise Göttin des Todes, schwarz bemalt mit Geierfedern) vereint.[317]

316 Willibald Kirfel, 1948, S. 163, Bild siehe Tafel 64, Abb. 192

317 Siehe Barbara G. Walker, 5/1999, S. 748

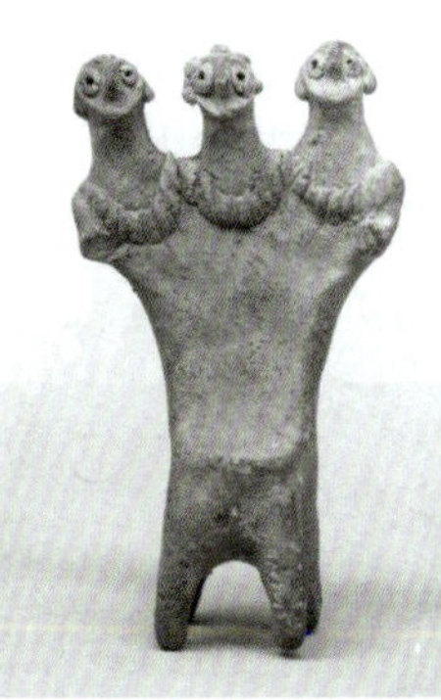
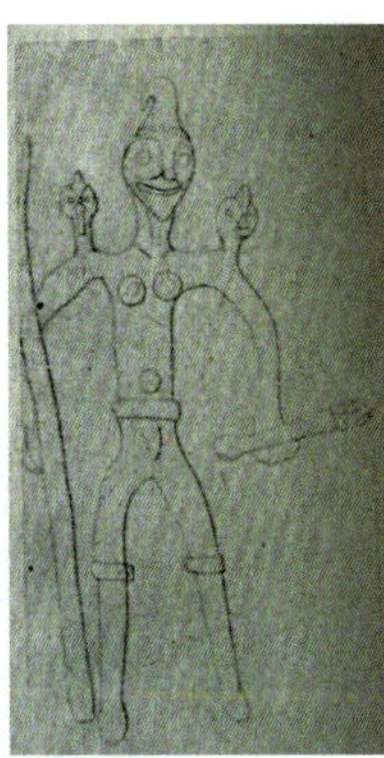

(l. u. M.l.: Bronzezeitliche, weibliche, dreiköpfige Keramiken aus Syrien, wo männliche Figuren »üblicherweise kahl und/oder bärtig« dargestellt wurden,[318] *l.: Votivfigur aus dem Euphratgebiet, 2300-2000 v. u. Z.; M.l.: ca. 2200-1750 v. u. Z. – M.re. u. re.: Dreiköpfige Gottheiten, die als männlich beschrieben werden, doch Brüste sind deutlich erkennbar, M.re.: Zeichnung einer altsardischen Bronze – re.: Bronzefigurine, vermutlich etruskisch, 6. Jh. v. u. Z., Musée des Beaux-Arts in Lyon*[319]*)*

Oder die Göttin wurde mit drei Gesichtern dargestellt. Die Göttin mit zwei Gesichtern als Ohren aus Cébazat bei Clermont aus der Region Auvergne-Rhône-Alpes, Frankreich, halten manche für eine Darstellung der Artemis bzw. Diana, da die Pflanze, die das Diadem auf dem Kopf zeigt, von ihnen als Artemisia (Beifuß) identifiziert wird, also als die Pflanze, die Artemis geweiht war.[320]

Das Kopf-Relief im romanischen Tympanon der Michaelskirche in Forchtenberg, Baden-Württemberg, das anstelle der Augen zwei weitere Gesichter hat, ist einzigartig. Ulrike Kalbaum meint zwar, dass die Zöpfe, die den Kopf weiblich erscheinen lassen, nicht grundsätzlich als weiblich zu werten seien, hält den Kopf aber auch nicht für ein übliches Christusbild. Ihm würden heidnische Traditionen einer mehrköpfigen Türgottheit mit apotropäischen Kräften zugrundeliegen.[321]

318 Rote Liste der gefährdeten Kulturgüter Syriens (o. v.)

319 In Forschungsliteratur wird angenommen, die Figur zeige einen Krieger, manche meinen, es könne sich um eine etruskische Variante des dreileibigen Geryon aus der griechischen Mythologie handeln; siehe Willibald Kirfel, 1948, Tafel 41, Abb. 116 u. S. 126f. Auch im Museum in Lyon wird davon ausgegangen, siehe http://www.mba-lyon.fr/mba/sections/fr/collections-musee/antiquites/oeuvres-antiquites/empire_romain/geryon_herakles?b_start:int=0&-C=#res_recherche

320 Siehe Willibald Kirfel, 1948, S. 135

321 Siehe Ulrike Kalbaum, 2011, S. 264f.

(l.: Göttin mit zwei Köpfen als Ohren aus der französischen Gemeinde Cébazat im Arrondissement Clermont-Ferrand, vermutlich gallo-romanisch – re.: Das Kopf-Relief im romanischen Tympanon der Michaelskirche in Forchtenberg, Baden-Württemberg, hat anstelle der Augen zwei weitere Gesichter, um 1200)

Auch in Asien und in Afrika wurde die Göttin mit drei Köpfen dargestellt.

(l.: Mahapratisara, gefunden im Distrikt Dhaka, Bangladesch – re.: Die Yoruba-Göttin Oya, dreiköpfig dargestellt)

Wie viele Symbole, die ursprünglich zur Göttin gehörten, taucht auch ihre Darstellung als Dreiheit bei männlichen Gottheiten auf; sie wurden häufig mit drei Köpfen *(Caput triciput)* oder drei Gesichtern dargestellt. Im slawischen Wendentum trug der Gott, der die drei Reiche Himmel, Erde und Unterwelt kontrollierte, die Dreiheit schon im Namen: Triglaw. Ältere Literatur spricht aber auch hier von einer weiblichen Göttin: »Trigla, die dreyköpfige Göttin als Regiererin über Himmel, Erde und Hölle«[322]

(l.: Satan als Dreigesicht, gestaltet als Blattmaske, mit Schlange als Teil eines doppelten Trifrons rechts neben der Rose an der Westfront der Kirche St. Peter in Tuscania, Provinz Viterbo/Italien – M.: Dreiköpfiger Satan, der in Dantes »Inferno« im Zentrum der Hölle die Sünder verschlingt, Detail einer Buchillustration der »Göttlichen Komödie«, 34. Gesang, von Priamo della Quercia, Italien, 1440-1450, British Library – re.: Der Antichrist wurde auch dreigesichtig mit Judenhut dargestellt, im Kreuzgang des Domes zu Schleswig)

322 Christian August Peschek, 1791. Kirfel vermutet, dass weder eine männliche noch eine weibliche eigene Gottheit vorliege, sondern verweist auf die große Verbreitung des (dreiköpfigen) Hekate-Kultes; siehe Willibald Kirfel, 1948, S. 90. Clemens Brentano dichtete über Triglawa, die von drei Jungfrauen umgeben ist und deren Bräutigam der Mond ist: »Sie trägt den Mond auf ihrem goldnen Bild / Drei Häupter sich in Einigkeit erheben« und »Da hat sie gesprochen / Von Dreien, die einig, / Von Triglawa mein' ich, / Von zeitlichem Streben, / Von ewigem Leben, / Von ewigem Tod …« (Clemens Brentano: Die Gründung Prags, Pesth 1814) Das historisch-romantische Drama bezieht sich auf eine alte böhmische Sage, den »Mägdekrieg«, und thematisiert den Kampf zwischen Priesterinnen des alten Glaubens und Missionaren des Christentums, auch ein Kampf zwischen Frauen und Männern; Libussa, die visionäre Gründerin Prags, verliert ihre Macht an ihren Ehemann Primislaus – als Brentano im Alter katholisch wurde, hat er sich von dem Stück distanziert. Im Neuheidentum wird Triglawa als »Verweiblichung« des Gottes Triglaw abgetan, siehe https://wendisches-heidentum.jimdo.com/wendische-g%C3%B6tter/triglaw/

In der christlichen Bildtradition ging die Übernahme der ursprünglich weiblichen Dreiheit zwei Wege: Zunächst den der Verteufelung – seit dem 3. Jahrhundert ist der Teufel als Dreigesicht belegt.[323]

Einige Dreigesichter werden als Baphomet des Templerordens interpretiert – als das Symbol, das der 1312 als häretisch von der katholischen Kirche und von der französischen Krone verfolgte Ritterorden angeblich als Götzenbild verehrt hat. Sie befinden sich in Templerkirchen.

(l.: Dreigesicht als Schlussstein im »Saal der Initiation« in der Krypta der Templerkirche von Tomar in Portugal – re.: Dreigesicht im Apsisfries der romanischen Kirche San Pedro in dem nordspanischen Bergdorf Caracena in der Provinz Soria, die auch als Templerkirche genannt wird)

Aber auch Gottvater bzw. die Heilige Dreifaltigkeit wurde dreigesichtig als *Vultus trifrons* oder *Trivultus* gezeigt – doch erst im späten Mittelalter. 1628 wurde diese Darstellungsform, die wohl zu sehr an »Heidnisches« erinnerte, durch Papst Urban VIII. schon wieder verboten. Und 1745 noch einmal durch Benedikt XIV. Bilder wurden vernichtet. Karl von Spiess formulierte: »Der Grund des Verbotes ist durchsichtig. Man erkannte an den Darstellungen unkirchlichen, heidnischen Geist, den man zu beseitigen suchte. Auch die Darstellungen des Teufels mit dreigesichtigem Kopfe sah man nicht gerne. Sie setzen eigentlich ein der Gottheit vom Anfänge an gegenüberstehendes dunkles, böses Prinzip voraus.«[324]

323 Siehe Georg Troescher, 1955

324 Karl von Spiess, 1914, S. 51; er nennt auch ein paar Darstellungen aus frühchristlicher Zeit, 4. Jh., in Italien und Ägypten. Die Vorbilder des christlichen Motivs datiert er in die »Vorzeit« zurück (S. 41). Für ihn stellt das Dreigesicht »die Mondgestalten während eines Monates dar« (ebd.), die Darstellungen gehen »letzten Endes auf die sinnbildliche Darstellung des Mondes, d. h. seines Phasenwechsels, zurück« (S. 48).

(l.: Hl. Dreifaltigkeit als Vultus trifrons, drei Gesichter teilen sich vier Augen, Fresko in der Kirche zur Heiligen Dreifaltigkeit in Rákoš, Slowakei, 14. Jh. – M.: Ausschnitt aus dem Maria-Krönungsaltar in der Basilika Seckau, Steiermark/Österreich, geweiht 1489, zeigt die hl. Dreifaltigkeit mit drei Köpfen und zwei Armen – re.: Dreigesicht am Dalberger Haus in ***Frankfurt-Höchst****, seinen Namen hat das Renaissancegebäude vom Mainzer Erzbischof Wolfgang von Dalberg, der es 1586 erwarb.)*

Und auch der »Wilde Mann« wurde dreiköpfig dargestellt: in Brixen in der Laubengasse. Und in York findet sich ein gekröntes weibliches Dreigesicht: im Chapter House vom York Minster in England, das 1342 vollendet wurde – dort hängt es zusammen mit vielen weiteren Köpfen über den 44 Sitzen für die Kleriker.

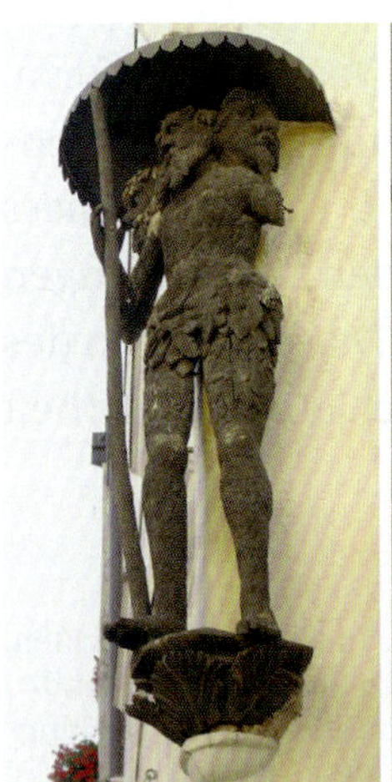 

(l.: Dreiköpfiger Wilder Mann in Brixen, Südtirol/Italien – re.: Weibliches gekröntes Dreigesicht im Kapitelhaus vom Münster in York, England)

Sagen von den drei Schwestern

Das Motiv der drei Schwestern ist eng verwandt mit dem der drei namenlosen Jungfrauen – manchmal werden die drei Jungfrauen als Schwestern benannt und die drei Schwestern sind häufig jungfräulich. Dass das Drei-Schwestern-Motiv auch mit der Göttin in Verbindung steht, zeigen Mythen, Sagen und Märchen. So werden z. B. im slawischen Kulturkreis die Zorya (die drei Schicksalsgöttinnen, Himmels- und Lichtgöttinnen, die darüber wachen, dass das Universum nicht endet)[325] auch als die »drei kleinen Schwestern« bezeichnet. Die russische Baba Jaga hat zwei Schwestern, die den gleichen Namen tragen.

Auch die heilige Genoveva, deren Gebet Paris vor den Hunnen geschützt haben soll, wurde in den belgischen Provinzen Limburg und Brabant, zusammen mit Bertilia und Eutropia, als drei jungfräuliche Schwestern verehrt – obwohl sie jeweils 100 Jahre trennten.

Die schützende Göttin zeigt sich auch in den drei Schwestern Ottilia, Mechtild und Gertraud, die in der Ottiliakapelle zu Hermatshofen in Schwaben als bemalte Holzfiguren zu sehen sind – sie beschützen das Dorf vor Viehseuchen.[326]

Die Spinnerinnen

Dem Motiv des Spinnens, das an die Schicksalsgöttinnen erinnert (die den Lebensfaden spinnen, bemessen und abschneiden), begegnen wir bei den drei Schwestern ebenfalls – aber häufig in abgewandelter Form. Im Märchen von den drei lispelnden Schwestern, denen die Mutter beim Besuch möglicher zukünftiger Ehemänner verbietet zu reden, spinnen die drei Schwestern und verknoten einen gerissenen Faden.[327]

In der Harzer Sage »Die drei Schwestern von Andreasberg« zeigen sich die Schwestern als Spinnerinnen, die mit ihren Spinnrädern zum Dreijungfernbusch gehen und dort auf dem Kreuzweg Frau Holle um Geld bitten, damit sie heiraten können.[328]

---

325 Sie bewachen den Hund Simargl, der an den Polarstern angekettet ist und versucht, das Sternbild Kleiner Bär (Ursa Minor) aufzufressen. Wenn es ihm gelänge, wäre dies das Ende der Welt und des Universums. Siehe Barbara G. Walker, 5/1999, S. 1190.

326 Siehe Friedrich Panzer, 1848, S. 157, Nr. 246

327 Davon berichtet schon ein Meisterlied des Hans Sachs aus dem Jahr 1555; siehe Johannes Bolte, 1893

328 Siehe Bernd Sternal, 2/2016, S. 42-46

Und auch die drei Schwestern von der ehemaligen Burg Hohenegg bei Ebratshofen im Allgäu, von der heute nur noch einige Mauerreste zu sehen sind, wurden oft mit ihren Spindeln gesehen. Sie wuschen auch Wäsche, bleichten Leinwand und drehten ein glänzendes Rad, um das Wetter zu ändern[329] – standen also auch in der Tradition der Wetter machenden Schicksalsfrauen. In den Maskenumzügen der Narrenzunft Burg Hohenegg Grünenbach e. V. tragen alle drei einen schwarzen Umhang und weiße Handschuhe, Unterkleid und Überkleid sind verschiedenfarbig: Das Überkleid der »freundlichen« Schwester ist bordeauxfarben, das der »traurigen« terrakottafarben und das der »kräftigen« dunkelblau[330] – ein Anklang an die drei Farben der Göttin ist also noch zu spüren. Außerdem trägt jede der Schwestern einen handgeflochtenen Korb, an dem eine mittelalterliche Spindel befestigt ist, auf die Goldfaden aufgedreht wurde.
Und noch etwas anderes erinnert in den Sagen an die alte Göttin, wenn auch in christianisierter Form: Nachdem die Schwestern und der Ritter, den alle drei geliebt hatten, zu Tode gekommen waren, zog ein *Drache* – einst ein Kulttier der Göttin, nun von diesem Ritter gejagt – in die Burg ein und verbreitete Furcht und Schrecken. Auch einen *Schatz* soll er bewacht haben.

Die Weißen und die Schwarzen

Bei manch anderen drei Schwestern ist, wie bei den drei Jungfrauen, die eine weiß, die zweite schwarz und die dritte schwarz-weiß. Oder es gibt zwei weiße und eine schwarz-weiße Schwester – es grüßt die alte Tod-im-Leben-Göttin, die für den Tod und die Erneuerung allen Lebens zuständig war.
Das thematisieren auch die Sagen, wenn sie erzählen, dass die Schwestern, deren Schlösser oder Burgen häufig versunken sind, bei Taufen, Hochzeiten und Begräbnissen gesehen wurden. In der christlichen Deutung sind die weißen Schwestern gut, die schwarzen oder schwarzweißen aber schlecht und des Teufels.[331] Auch ohne die Farbsymbolik ist von den drei Schwestern

329 Siehe Sigrid Früh: »Sagen von den Drei Heiligen Frauen«, in: Sigrid Früh (Hg.in), 1998, S. 167, Nr. 17; http://www.sagen.at/texte/sagen/deutschland/bayern/allgaeu/schwester_drache_hohenegg.html

330 Siehe http://www.nzburghohenegg.de/maskenordnung.html

331 Siehe Sigrid Früh (Hg.), 1998, S. 160: »Die Drei Schwestern vom Prättigau«; zu »weiß-schwarz = gut-böse« in Sagen siehe auch Friedrich Panzer, 1848, S. 273-276

öfters eine böse. So wird z. B. bei den drei Schwestern vom Buschelberg bei Fischach in der Nähe von Augsburg die jüngst als wild und grausam beschrieben. Ihr Name lautete Wilbeth – so wie eine der drei Bethen? Sie musste zur Strafe mit ihrer Burg im Boden versinken.[332] Verbindungen der drei Schwestern zu den *drei Bethen* zeigen sich auch im alten Bethenort Worms, wo Embede, Warbede und Willebede laut der Legende die drei Töchter eines Königs gewesen sein sollen.[333]

Die Bestraften und das Untergangs-Motiv

In anderen Sagen ist die alte Verbindung zur Göttin bereits ganz ins Negative verkehrt. So z. B. bei den drei Schwestern, die an Maria Himmelfahrt statt die heilige Messe zu besuchen lieber Beeren sammeln wollten (also in die Natur statt zur Kirche gingen) und dann auch noch hartherzig waren und von den Beeren nichts abgeben wollten – dafür wurden sie hart bestraft und in Felsen verwandelt.[334] Mitsamt ihrem Schloss versanken die drei Schwestern vom Dreistelz bei Bad Brückenau (Unterfranken), die einem armen Pilger kein Nachtlager geben wollten.[335] Bei manchen negativ gezeichneten Schwestern-Trios betrügen zwei ihre dritte, blinde Schwester bei der Verteilung des Erbes. So wie z. B. bei den drei Schwestern, die von einem Teil ihres Erbes Kirchen errichten ließen, aber trotzdem die blinde Schwester übervorteilten, woraufhin sie von ihr verflucht wurden: Nur die Kirche der blinden Schwester, die Bergkirche in Udenheim (Rheinland-Pfalz), hatte Bestand – die Kirchen auf dem Petersberg und die auf dem Nazarienberg bei Mommenheim wurden während des Dreißigjährigen Krieges zerstört.[336] »Der Volksglaube erkennt darin das Gottesurteil über die schändliche Tat der beiden Schwestern.«[337] Bei den drei Schwestern vom Dreisesselberg im Bayerischen Wald war die Strafe für den Betrug an der blinden Schwester, dass alles versank.

332 Siehe Augsburger Allgemeine, 24.1.2014: »Die drei Schwestern vom Buschelberg« (o. v.)

333 Siehe in diesem Kapitel den Abschnitt »Die drei Bethen«, S. 188

334 Die »Drei Schwestern« sind drei Gipfel in den Zentralalpen, die die Grenze zwischen Österreich und Lichtenstein markieren. Zur Sage siehe Otto Seger (Hg.), 1966/1980, Nr. 17

335 Siehe Ludwig Bechstein, 1853/1930, S. 512f., Nr. 778: »Verwünschtes Schloß Dreistelz« und Sigrid Früh (Hg.), 1998, S. 166: »Die drei Schwestern bei Brückenau«

336 Siehe https://kulturweg-petersberg.de/2014-10-26-16-54-02/foerderung-8/drei-schwestern-bauen-eine-kirche; ähnliche Sagen sind auch von anderen rheinhessischen Orten bekannt.

337 http://www.ev-schornsheim-udenheim.de/k_ud.html

Erni Kutter sieht im Untergangs-Motiv »ein anschauliches Bild für das Absinken des Dreifrauenkults in die Tiefen des Vergessens und der Verdrängung«, und zugleich deute das Motiv an, »dass der Kult auch ganz konkret in den ›Untergrund‹ gehen musste, nur noch im Geheimen, im Verborgenen, unter der Erde versteckt weiterleben konnte«.[338]

Die drei Schwestern Brama, Saba und Trendula

In Hessen kennen wir die Sage von den drei Schwestern Brama, Saba und Trendula. Das waren Riesinnen im nordhessischen **Reinhardswald,** Töchter des Riesen Kruko. Zwei von ihnen, Brama und Saba, nahmen das Christentum an. Doch Trendula blieb ihren »heidnischen« Gottheiten treu und wurde deshalb von ihren Schwestern verlassen, woraufhin sich alle eigene Burgen bauten – Saba die **Sababurg** (auch Dornröschenschloss genannt), Brama die **Bramburg** und Trendula die **Trendelburg** (mit dem Rapunzelturm).

(l.: Trendelburg, Landkreis Kassel – M.: Sababurg, Landkreis Kassel – re.: Bramburg im niedersächsischen Landkreis Göttingen)

Die »böse Trendula« wird als »zänkisch, stolz und sittenlos« beschrieben.[339] Ihre Schwester Brama soll unter ihr so schwer gelitten haben, dass sie vom vielen Weinen erblindete. Und ihre Schwester Saba soll von Trendula aus Zorn sogar getötet worden sein – der an den Trendel-

338 Erni Kutter, 1997, S. 181

339 Siehe Karl Lyncker, 1854, S. XXXVII37-XXXVIII38, Nr. 54: »Der Herr von Kruckeberg und seine Töchter«

burger Stadtteil Wülmersen angrenzende Teil des Waldes wird die »Mordkammer« genannt. Als Strafe wurde Trendula von einem Blitz erschlagen. An der Stelle, wo der Blitz einschlug, entstanden zwei tiefe Löcher, die bis heute als »Wolkenbrüche« bekannt sind. Das größere dieser Löcher ist mit Wasser gefüllt (»Nasser Wolkenbruch«). Trendula ist also nicht mehr wie die früheren Göttinnen die Wettermacherin, sondern stirbt sogar durch einen Blitz. Oder hat sie überlebt? Denn die Sagen berichten auch, dass sich am »Nassen Wolkenbruch« von Zeit zu Zeit eine weiße Jungfrau sehen ließ.[340]

(l. u. M.: Statue der Trendula von Rolf Steiner an der Trendelburger Diemelbrücke, Kreis Kassel – re.: Blick in den Kratersee »Nasser Wolkenbruch« bei Trendelburg)

Andere Sagenfassungen zeichnen ein ganz anderes Bild von Trendula:
»Zwischen Trendelburg und Deissel zog sich vormals von der Diemel an eine weite Thalebene westlich hinaus. Der Trenda gefiel dies nicht; sie sammelte Erde und Steine in ihre Schürze und ging, einen Berg dorthin zu setzen. Unterwegs entglitt ihr aber ein Zipfel der Schürze und

340 Siehe ebd., S. XXXVIII38-XXXIX39, Nr. 56: »Trenda wird vertrieben«

ein Theil der Erde fiel heraus: das ist der Ohmesberg geworden. Sie erfasste den Zipfel wieder, ging noch eine Strecke fort und schüttete dann den ganzen noch übrigen Inhalt der Schürze auf die Ebene: daraus entstand der Deisselberg«.[341]

Hier wird die Riesin Trendula als Erdmutter gezeichnet, die wie die Göttin Cailleach in Irland – auch sie eine Riesin – das Land »gebiert« und gestaltet. Eine Große Göttin, eine »heidnische Göttin«, die im Christentum nicht positiv dargestellt werden darf.

Es heißt, sie habe auf ihrer Burg mit ihren vielen Kindern gelebt. Doch auch das wird nicht positiv geschildert: »Aber auch dort setzte sie ihre bösen Taten fort und ließ für die Kinder Schuhe aus Brotteig herstellen, damit diese auf der Gottesgabe herumtreten sollten.«[342]

Aus der nährenden Göttin ist eine »Frevlerin« geworden, die durch ein Gottesurteil des Christengottes bestraft wird: Er lässt ein 7-tägiges Gewitter aufziehen, in dem Trendula, aufs freie Feld hinausgeführt und allein ihrem Schicksal überlassen, vom Blitz erschlagen wird.

Die drei Schwestern von der Boyneburg

Bei den drei Schwestern von der **Boyneburg,** deren Ruine im Stadtgebiet von **Sontra** im hessischen Werra-Meißner-Kreis steht, brauchte es nicht einmal mehr schlechte Taten, damit eine von ihnen vom Blitz erschlagen wurde. Die Sage erzählt, dass eine der Schwestern träumte, es sei in Gottes Rat beschlossen, eine von ihnen werde durch ein Gewitter ihr Leben verlieren. Als ein Unwetter aufzog, das drei Tage nicht weichen wollte, erzählte sie den Traum ihren Schwestern. Zunächst wollte die älteste Schwester Gottes Willen gehorchen, ließ sich einen Stuhl hinaustragen und wartete einen Tag und eine Nacht darauf, dass sie der Blitz erschlagen würde, doch nichts geschah. Dann folgte ihr die Mittlere. Das Unwetter tobte weiter, doch die Schwester blieb unversehrt. »Da sprach die dritte am dritten Tage: ›Nun seh ich Gottes Willen: dass ich sterben soll‹, da ließ sie den Pfarrer holen, der ihr das Abendmahl reichen musste, dann machte sie auch ihr Testament und stiftete, dass an ihrem Todestage die ganze Gemeinde gespeist und beschenkt werden sollte. Nachdem das geschehen war, ging sie getrost hinunter und setzte sich nieder und nach wenigen Augenblicken fuhr auch ein Blitz

341 Ebd., S. XXXVIII38, Nr. 55: »Trenda versetzt Berge«

342 https://www.weserbergland.com/de/maerchen-sagen/sagen-legenden/die-krukenburg; siehe auch https://heimatvereintrendelburg.jimdo.com/die-sage-von-trendelburg/

auf sie herab und tötete sie.«[343] Und das Gewitter war gewichen. Später soll an der Boyneburg eine schneeweiße Jungfrau gesehen worden sein, die einen goldenen Schatz hütete und manchen beschenkte. Bis heute wird an jedem Himmelfahrtstag auf der Burg die Brotspende, das *Brotspendefest,* gefeiert.[344]

Wenn auch nicht mehr erkannt und benannt, schimmert auch hier die Erinnerung durch viele Schichten der verformenden Überlieferung hindurch: die Erinnerung an die alte Göttin, die für einen langen Zeitraum als fürsorglich Schenkende und Nährende verstanden wurde.

343 Brüder Grimm, 1816, Nr. 10: »Fräulein von Boyneburg«, S. 14. Es gibt mehrere Fassungen der Sage, siehe auch Ludwig Bechstein, 1853.

344 Siehe https://www.heimatverein-datterode.de/unser-dorf/die-boyneburg/die-sage

Die Göttin als Sirene

Häufig trägt sie eine Krone, manchmal edle Kleidung und Schmuck, meist aber ist sie nackt und zeigt ihr Brüste. Sie ist ein Mischwesen: Oben sieht sie aus wie eine Frau und ihr Unterleib endet in einem Fischschwanz, genauer gesagt: in einem doppelten Fischschwanz.

(l.: Bauplastik im Südportal der romanischen Ermita de San Salvador nahe Santibáñez de Esgueva, Burgos, Spanien, 12. Jh. – M.: Steinrelief an der Kanzel der toskanischen Kirche St. Piedro in Gropina, Italien – re.: Säulenkapitell in der Kathedrade Sainte-Eulalie-et-Sainte-Julie in Elne, Südfrankreich)

Im gesamten Mittelmeerraum war die Sirene einst zu Hause – sie findet sich sowohl an und in Kirchen (als romanisches Relief, als Wandmalerei oder gotische Plastik) als auch im öffentlichen Raum als ornamentales Motiv an Brunnen, als Mosaik oder als Zierelement von Renaissance bis Jugendstil an Fassaden und in künstlerisch gestalteten Innenräumen oder auch in kunstvoll gestickten Stoffen[1] und Buchillustrationen. Ulrike Kindl meint, dass die Figur zu den erfolgreichsten Bildmotiven gezählt werden kann, die das Abendland hervorgebracht hat.[2] Erfolgreich bis heute – bis hin zum modern gestylten Design in der Werbung wie das Firmenlogo des Kaffee-Unternehmens Starbucks. Es zeigte ursprünglich (1971) eine komplette doppelschwänzige Sirene, heute nur noch oberhalb des Bauchnabels.[3]

1 Siehe Christa Sütterlin, 2000, S. 234: zeigt eine Stickerei aus Kreta aus dem 19. Jh.
2 Siehe Ulrike Kindl, 2008, S. 38 und Ulrike Kindl, 2010b, S. 20
3 Siehe https://www.logogeist.de/blog/bersicht-ber-die-designgeschichte-des-starbucks-logos

(l.: Illustration in der Enzyklopädie »Buch der Natur« von Konrad von Megenberg, entstanden ca. 1349 – M.: Manche Motive, wie am Rathaus in Pula, Kroatien, weisen noch darauf hin, dass die Sirene in der Antike auch als vogelartiges Wesen mit Krallen, Fischschwanz und Flügeln bekannt war – re.: Moderne doppelschwänzige Sirene als Detail des Buchhornbrunnens in Friedrichshafen am Bodensee, gestaltet vom Künstlerehepaar Barbara und Gernot Rumpf, 2001)

Kindl geht davon aus, dass es im mittelalterlichen Europa ein Bildwissen gegeben hat, das weit über alle Sprach- und Ländergrenzen hinausreichte.[4] Vielleicht mit den Steinmetzen wanderte das Motiv in Richtung Norden. So können wir die doppelschwänzige Sirene auch in Oberitalien, Österreich, der Schweiz, England, Belgien, Nordfrankreich, Tschechien, Polen oder Deutschland finden. Häufig wird sie Wasserweibchen oder Fischfrau genannt.

(l.: Doppelschwänzige Sirene an der romanischen Kirche Sainte-Foy (Sankt-Fides-Kirche) im elsässischen Selestat, Nordfrankreich – M.: Im Arkadenhof des Renaissance-Schlosses Porcia in Spittal an der Drau, Oberkärnten/Österreich – re.: Erker im Schwarzen Hof, Schloss Fürstenstein, Niederschlesien/Polen)

4 Ulrike Kindl, 2008, S. 90

Keine Melusine

Dass sie einen doppelten Fischschwanz hat – was sie von »normalen« Nixen unterscheidet –, wird häufig übersehen bzw. als unwichtig angesehen und ihre Gestalt daher in den Kontext der Meerjungfrauen und Melusinen eingeordnet.

Die Geschichten von den Meerfrauen erzählen häufig, dass sie Männer verführen und ins Wasser locken, also ins Verderben stürzen. »Halb zog sie ihn, halb sank er hin«, wie Goethe in seiner Ballade »Der Fischer« dichtete – Männerfantasien und Triebunterdrückung. Im »Garten der Lüste« von Hieronymus Bosch ist eine der Nixen im Mittelteil des Triptychons im Wasser des Lebensbrunnens beim Paarungsakt zu sehen. Warnung gegen die Todsünde, Wollust oder utopisches Liebes-Paradies?[5] Auch die schlangengeschwänzte Melusine, ein Mischwesen aus Drache, Schlange und Meerfee, die fliegen kann und sich nur zeitweilig in Menschenform zeigt, verkörpert männliche Wünsche und Ängste.[6] Gabriele Bessler erinnert bei den seit dem Mittelalter in der Literatur auftauchenden Melusinen an ihre Ähnlichkeit mit geflügelten Göttinnen (wie Artemis als »Herrin der Tiere«) und schreibt: »Sie ist zauberkräftige Schicksalsgöttin im besten (antiken) Sinne und so fruchtbar und mütterlich, wie man es eben von einer Frau – einer Ahnfrau zumal – erwarten darf.«[7]

Tiefere mythologische Schichten zeigten sich im europäischen Volksglauben: Hier waren es die Nixen, die die Seelen der Verstorbenen durchs Wasser führten, und gleichzeitig waren die Nixen zuständig für reichen Kindersegen – Leben und Tod. Meerjungfrauen tauchen in den Sagen vieler Kulturkreise auf, so auch in der slawischen Mythologie. Hier werden sie »Rusalkas« genannt, und es heißt, sie seien die Seelen von zu früh verstorbenen jungen Frauen, meist von ertrunkenen Jungfrauen. Besonders interessant ist, dass diesen Meerjungfrauen, die in den Flüssen leben, einen Tag im Jahr Beine wachsen. Dann gehen sie an Land und erwecken die Natur zu neuem Leben.[8] Wo sie wandeln, entsteht neue Fruchtbarkeit. Wie einst die Göttin, deren Kultstatue jedes Frühjahr gebadet und dann mit dem Wagen übers Land

---

5 Siehe Wilhelm Fraenger, 1947

6 Siehe Inge Stephan, 1987, S. 117-139

7 Gabriele Bessler 1995, S. 52-54, S. 53, 54. Bessler unterscheidet weder zwischen ein- und zweischwänzigen Sirenen noch verfolgt sie den Bezug zur Göttin, vielmehr legt sie ihren Schwerpunkt auf die Entlarvung der Männerfantasien und männlichen Ausgrenzungs- und Aneignungsversuche des auf die Natur und das Element Wasser festgelegten Weiblichen durch die Kunstgeschichte hindurch bis hin zur Filmindustrie und modernen Werbung.

8 Ali Weinstein, 2018

gezogen wurde, stehen die Rusalkas für die Wiedergeburt der Natur. Sie verkörpern demnach Tod und Leben.

Dass sie in Liebe zu einem Prinzen entbrennen, für diesen Mann ihre Wasserwelt verlassen, wie auf Scherben laufen und Schmerzen ertragen müssen, ihre Stimme verlieren, vereinsamen, sich auflösen und zum Schluss den Tod bringen – wie uns Alexander Puschkin in seinem Dramenfragment »Die Russalka«, Antonín Dvořák in seiner Oper »Rusalka« oder Hans Christian Andersen in seinem Kunstmärchen »Die kleine Meerjungfrau« den Landgang der weiblichen Wasserwesen vorführen –, ist ein männlicher Blick. Genauso wie die vielen Undinen- und Melusinenerzählungen sagt er mehr aus über das gesellschaftliche Frauenbild als über den mythologischen Gehalt.[9] Sicherlich eine männliche, erotisch aufgeladene Projektion und vielleicht der unbewusste Wunsch, in den Schoß der Großen Mutter zurückzukehren – denn Wasser galt von jeher als Leben spendende Kraft und war weiblich konnotiert.[10]

Die Erinnerung an die Magna mater

Wie kommt es, dass die Sirenen – und besonders die mit den zwei seitlich nach oben gestreckten Fischschwänzen – in so vielen Kirchen zu sehen sind? Obwohl sie in christlicher Deutung als Inbegriff der Sünde gelten, als Sinnbild der Luxuria, der Wollust, da sie mit ihren weiblichen Reizen den Mensch (oder nur den Mann?) angeblich zu Triebhaftigkeit verführen. Und zwar nicht nur an Portalen, wo sie vielleicht Unheil hätten abwehren sollen, also eine apotropäische Funktion gehabt haben könnten, sondern auch an der Kanzel, am Taufbecken oder im Chor? Oberkirchenrat und Prälat Wolfgang Metzger meint, dass es besonders für die

9 Siehe Karin Hanika u. Johanna Werckmeister, 1987. Der Gegenpol in der traditionellen Aufspaltung »Heilige und Hure« in dieser generell als naturhaft verstandenen Weiblichkeit ist im Zusammenhang mit dem Element Wasser die Figur der Ophelia, eine Femme fragile, Objekt erotischer Anspielungen und zugleich Ausdruck des männlichen Wunsches nach Wiedervereinigung mit der Natur.

10 Siehe Inge Stephan, 1987, S. 128 – die feministische Literaturwissenschaftlerin spricht von einem »regressiven Begehren« und bezieht sich damit auf Erich Neumann: Die Große Mutter (zuerst erschienen 1956). Für diesen Psychoanalytiker bildete das Weibliche in den archaischen Kulturen zwar den Urgrund, aber nur als Unbewusstes, als dunkles Chaos, das in der Menschheitsgeschichte Schritt für Schritt überwunden worden sei (siehe dazu die Kritik von Gerda Weiler: Der enteignete Mythos (zuerst München 1985), Kap.: »Erich Neumann – sein Leben und sein Werk«). Bei solch einem Geschichtsbild kann die Vorstellung von der Rückkehr in den Schoß der mütterlichen Göttin nur als »Rückschritt« gewertet werden – und nicht als eine Art Erinnerung an eine ältere, alternative Auffassung von der Welt als zyklischem Geschehen.

Epoche der Romanik nicht in allen Fällen nur um eine apotropäische Tendenz oder eine moralische Abschreckung gehen könne, und nennt es eine offene Frage, ob die Steinmetze immer einen negativen Sinn mit der Figur verbanden.[11] Er schreibt: »In der Tat macht eine genauere Analyse des Vorkommens der (ein- und zweischwänzigen) Fischsirene in der romanischen Bauornamentik es wahrscheinlich, dass sich neben der offiziellen Abwertung des Symbols auch eine positive Wertung, und zwar wiederum in der kirchlichen Plastik zeigt. Hiebei mag der unterbewusste Einfluss wirksam geworden sein, den die volkstümlichen Traditionen germanischen (oder auch vorgermanischen) Ursprungs geübt haben, die sich, unkontrolliert von der Kirche, mit dem mittelmeerisch-antiken Erbe in dieser Epoche begegneten.«[12] Er sieht sie jedoch eingeordnet in den »größeren Bereich der göttlichen Heilsordnung«.[13]
Ulrike Kindl formuliert: »Die anmutige Omega-Form des Fischweibchens strahlte Heil und Segen aus, gegen die jedes Predigen von Sünde und Verderben nichts ausrichten konnte.«[14] Und diese Omega-Form »verwies auf das uralte Symbol der ›Tod-im-Leben‹-Gottheit, die das vorchristliche Weltbild des Mittelmeer-Raumes als weibliche Gestalt, als Mater magna, die alles Leben gebar und wieder in ihren Schoß zurücknahm.«[15] Im Bild der Sirene, die ihre beiden Fischschwänze so an den Seiten des Körpers hochzieht, dass die Aufmerksamkeit auf ihre Vulva gelenkt wird,[16] erscheint die vertraute Form der Göttin, die ihre schöpferische Kraft demonstriert, die Leben *und* Tod umfasst. Da wird etwas erinnert, das mit der christlich geprägten negativen Deutung der Sirene als sündiger Verführerin nichts zu tun hat. Wozu sollte sie auch sonst so oft eine Krone tragen? Bildbotschaft versus Begriffsgeschichte. Oder nach Ulrike Kindl: *Bild*wissen versus *Wort*wissen.[17]

Eine ähnliche Form wie die Sirena bifida zeigt die sogenannte »Rankenfrau«, die statt Fischschwänzen Ranken und Blätterwerk an den Seiten ihres meist nackten Oberkörpers hochzieht. Auch sie symbolisierte einst die Göttin. »Der ihr zugrundeliegende Gedanke ist wohl

11 Wolfgang Metzger, 1968, S. 117 u. S. 89
12 Ebd., S. 91
13 Ebd., S. 118 – Konkret bezieht sich Metzger hier auf die beiden Figuren »Männleinsplastik« und »Sirene« im Reliefzyklus der Martinskirche in Stuttgart-Plieningen.
14 Ulrike Kindl, 2008, S. 124
15 Ebd., S. 108
16 Auch wenn sie meist von Fischschuppen, einer Muschel oder auch von Kleidung verdeckt ist.
17 Siehe Ulrike Kindl, 2008, S. 79

die Epiphanie der Gottheit in einer Pflanze«, schreibt der Archäologe Robert Fleischer.[18] Sehr schön zu sehen ist sie am Hadrianstempel in der antiken Stadt Ephesos (Türkei), wo vermutlich das Erscheinen der allumfassenden Göttin Artemis dargestellt ist.[19] Der Tempel wurde dieser Großen Göttin, dem römischen Kaiser Hadrian und dem Volk von Ephesos geweiht.

(Rankenfrau am Hadrianstempel in Ephesos)

Die Abstammung von der alten Göttin zeigt deutlich die Sirena bifida im Tympanon über dem Portal der Kirche von São Cristóvão de Rio Mau im Nordwesten Portugals. Sie ist hier in Gesellschaft des hl. Augustinus.[20] Um ihren Leib ist gekreuzt ein Gürtel geschlungen – nicht nur ein altes Fruchtbarkeitszeichen, der Gürtel steht für Geburt und Wiedergeburt und zierte schon die Göttinnenfigurinen der Altsteinzeit.[21] Was diese Sirene symbolisiert, zeigt auch die liegende Mondsichel, die sie in ihren Händen über dem Kopf hält. Wie die alte Himmelsgöttin Inanna oder Isis und auch noch die Göttin Diana in der römischen Mythologie, die die Mondsichel auf dem Kopf trägt als Zeichen ihrer allumfassenden kosmischen Schöpfungskraft, die Himmel *und* Erde regiert.

---

18 Robert Fleischer, 1973, S. 102

19 Siehe Hans Jucker, 1961, S. 195ff. – Auch in Hessen gibt es solche Rankenfrauen, die der Sirena bifida sehr ähneln, so z. B.am Epitaph des Grafen Anton von Ysenburg und seiner Gemahlin Elisabeth von Wied in der Marienkirche in **Büdingen** im Wetteraukreis oder als Konsolenfigur von der ehemaligen Empore der Stadtpfarrkirche Sankt Maria in **Frankenberg (Eder)** im Kreis Waldeck-Frankenberg (Museum im Kloster) von dem hessischen spätgotischen Steinmetz Philipp Soldan.

20 Siehe Ulrike Kindl, 2008, S. 86

21 Siehe Annine van der Meer, 2020, Kap. I.4.6.1: »Das Aussehen der Venus«, Absatz: Der Gürtel« u. Kap.II.6.4: »Der Gürtel«

(Tympanon der Kirche von São Cristóvão de Rio Mau, Portugal, mit Sirena bifida, 12. Jh.)

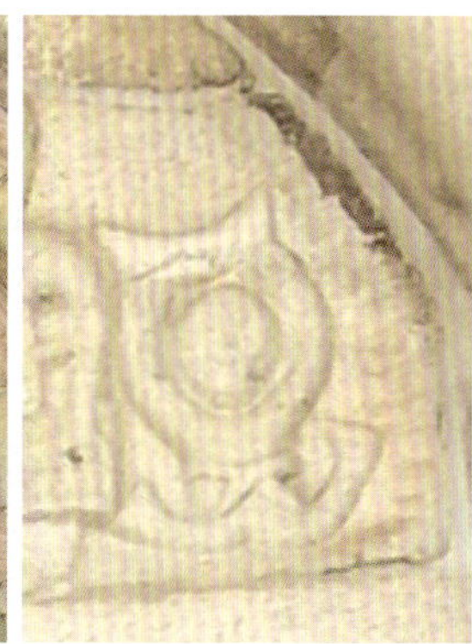

In England ist in der Kirche zum Heiligen Geist in Crowcombe, Somerset, eine ganz besondere Meerjungfrau zu sehen. In der Schnitzerei einer Kirchenbank ähneln ihre beiden Schwänze Schwertfischen, die sie so hält, wie die antiken Göttinnen wilde Tiere – eine Potnia theron des Meeres. Und sie sitzt auf dem Kopf oder gebiert einen Grünen Mann, den Gefährten der Göttin,[22] dem hier neben Pflanzenranken auch Fische aus dem Gesicht wachsen. Außerdem zeigen die Schnitzereien noch eine zweischwänzige Sirene, deren Fischschwänze in Ranken übergehen, und weitere Blattmasken des Grünen Mannes.

(Sirene u. Grüner Mann, Schnitzereien in Kirchenbänken, Church of the Holy Ghost, Crowcombe, Somerset/England, 1535)

22 Siehe Kap.: »Maikönigin und der Grüne Mann«, Abschnitte »Der Grüne Mann« und »Der Grüne Mann und die Göttin« Eine Konsole in der Kirche Saint-Pierre in Vert-la-Gravelle (Vert-Toulon) im Département Marne in der Region Grand Est/Frankreich zeigt die Sirene auch neben einer Blattmaske des Grünen Mannes. Aber sie hat nur einen Schwanz.

Und in Zürich sitzt die doppelschwänzige Sirene mit nacktem Oberkörper am Grossmünster zwischen zwei Löwen – Kulttiere der Göttin, die sie symbolisierten (wie Sachmet), die häufig ihren Thron flankierten (wie den der Narunde), auf denen sie ritten oder standen (wie Durga, Ischtar, Astarte, Qudshu und auch noch Maria[23]), die ihren Wagen zogen (wie den der Kybele).

(l.: Sirene zwischen zwei Löwen, Kapitellfigur am Grossmünster in Zürich, um 1130/1180 – re.: Zeichnung der großen Yoruba-Göttin Oya, auf deren Kopfschmuck doppelschwänzige Sirenen zu erkennen sind)

Der Ethnologe Leo Frobenius zeigt die nigerianische Göttin Oya, die mit doppelschwänzigen Sirenen verziert ist.[24] Sie ist für das Volk der Yoruba eine allumfassende Elementargöttin, eine Göttin des Wandels und des Übergangs – und verkörpert den neunarmigen Fluss Niger.
Die Symbolforscherin Carola Meier-Seethaler fand die Meeresgöttin Olokun bei diesem westafrikanischen Volk als zweischwänzige Sirene dargestellt.[25] Sie erinnert das Motiv an die Gebärhaltung der Großen Göttin, die schon in urgeschichtlichen Kulturen immer wieder

23 Wie die seltenen gotischen »Löwenmadonnen« aus Schlesien und Böhmen (heute Tschechien) zeigen – christlich aber als Sieg über das Böse gedeutet.

24 Leo Frobenius Hg., 1926, Kap. 7: »Hohe Götter«, Abb. auf S. 125

25 Siehe Carola Meier-Seethaler 1993, S. 128f., Abb. 127 und Gerhard J. Bellinger, 1999, S. 375

dargestellt wurde.[26] Sie zeigt Figuren mit stark angewinkelten Beinen, auch M-Haltung oder Froschhaltung genannt. Bei der Yoruba-Göttin spricht Meier-Seethaler von der »maritimen Form der Gebärhaltung«, die vor allem afrikanische Meeres- und Flussgöttinnen einnehmen, weil Meer und Flüsse als die Lebensadern und die mütterlich-schöpferischen Urgründe gelten.[27]

Das Präsentieren der Vulva

Die Körperhaltung der Sirena bifida erinnert aber auch an die Göttin, die ihre Vulva präsentiert – wie einst Baubo oder Sheela-na-Gig –, und die auch schon vor Jahrtausenden dargestellt wurde.

(l.: Ritzfigur aus Ti-n-Lalan, Fessan/Libyen, 7000-6000 v. u. Z. – M.: Baubo, 3. Jh. v. u. Z. bis 2. Jh. u. Z., Ägypten – re.: Sheela-na-Gig, England, Kirche St. Mary u. St. David, Kilpeck, Herefordshire, 12. Jh.)

Die wohl ursprünglich aus Anatolien stammende[28] Baubo kennen wir aus dem griechischen Demeter-Mythos. Hier entreißt sie die trauernde Mutter, deren Tochter Persephone vom Unterweltgott Hades geraubt wurde, einer tiefen Depression, bringt sie wieder zum Lachen und

26 So z. B. auf einer 40 000 Jahre alten Felszeichnung im Arnhem-Land in Nordaustralien oder im 12 000 Jahre alten Kultort Göbekli Tepe und in der ebenfalls jungsteinzeitlichen Siedlung Çatal Höyük in Anatolien.

27 Carola Meier-Seethaler, 2004, S. 132 – Sie verweist auch auf die Muttergöttin Yemanija, die häufig als Wasserfrau dargestellt wird.

28 Mithu M. Sanyal, 2/2009, S. 28; nach Martin P. Nielsson, S. 112, ist sie ägyptischen Ursprungs

gibt ihr die Kraft zum Handeln zurück, indem sie ihr ihre Vulva zeigt. Baubo (in den *Homerischen Hymnen* Iambe genannt) gilt als »Dea impudica«, als schamlose Göttin – sehr richtig, denn wofür sollte sie sich schämen? In archaischen Zeiten brauchte die Vulva, die für das Weibliche, die weibliche Gebärfähigkeit, das Leben schenkende und nehmende Prinzip stand, nicht versteckt zu werden – was die frühen Höhlenzeichnungen und der meist deutlich markierte Venushügel der urzeitlichen Venusfiguren belegen. Im zyklischen Denken kehrt alles nach dem Tod in den höhlenartigen Mutterschoß zurück und wird von dort wiedergeboren. Auch noch die sumerische Große Göttin Inanna preist die Schönheit ihrer Vulva.[29] Und nicht immer spreizen die Göttinnen ihre Beine, wenn sie ihre Vulva präsentieren.

(l.: Isis-Aphrodite zeigt ihre Vulva, Herkunft unbekannt, 2.-1. Jh. v. u. Z., Ägyptisches Museum der Universität Leipzig – re.: Baubo-Figurine aus Priene

Auf dem großen Krater aus dem bekannten keltischen Fürstinnengrab in Vix (Frankreich) zeigt sich, dass auch die Medusa zu den Göttinnen zählt, die ihre Beine seitlich weit spreizen. Die Hände der Göttin ruhen zu beiden Seiten ihres Körpers auf dem Henkel des Weinmischkruges – und der wächst doppelschwänzig in Form von zwei Schlangen aus der Göttin heraus. Auch die Darstellung der nordischen Göttin Freya auf dem vergoldeten Amulett aus dem reich ausgestatteten Frauengrab bei Aska/Hagebyhöga in der Provinz Östergötland in Schweden aus der zweiten Hälfte des 10. Jahrhunderts zeigt eine ähnliche Gestaltung.

29 Siehe Vera Zingsem, 2010, Kap.: »Die Liebesgeschichte von Inanna und Dumuzi«, S. 39

(l.: Medusa als Doppelschwänzige auf dem Weinkrater aus dem keltischen Fürstinnengrab in Vix, Frankreich, ca. 530-510 v. u. Z., vermutlich aus Tarent stammend oder aus Griechenland – re.: Kopie eines Freya-Amuletts aus dem Grab von Aska, Schweden, aus der Wikingerzeit)

Was Baubo und die anderen Göttinnen machen, ist weder ein derber, obszöner Scherz noch eine (sündige) erotische Szene. Bei all diesen Darstellungen geht es nicht um Sexualität. Das Entblößen des weiblichen Geschlechts, das auch in den Mythen anderer Kulturen vorkommt, wie in Altägypten[30] oder Japan[31], ist vielmehr eine Kulthandlung. Die Göttin hebt ihr Kleid und zeigt ihre Vulva, um ihre weibliche Schöpfungskraft zu demonstrieren. Und diese Schöpfungskraft wird allumfassend gedacht – es geht also auch nicht einfach nur um Fruchtbarkeit.

---

30 Der griechische Geschichtsschreiber Herodot berichtet von Entblößungen von Frauen, die auf dem Nil zum Heiligtum der Göttin Bastet (er schreibt Artemis) in der altägyptischen Stadt Bubastis pilgerten, wenn sie an einer am Ufer gelegenen Stadt vorbeikamen; siehe Herodot: Historien, 2.60. Auch die ägyptische Göttin Heqt soll die um Osiris trauernde Göttin Isis getröstet haben, indem sie ihr ihre Vulva zeigte; siehe Margaret Murray, 1934, S. 64

31 Die Shintō-Göttin Uzume führt für die verzweifelte Sonnengöttin Amaterasu, die sich in einer Grotte verbirgt, woraufhin die Welt in Finsternis versinkt, einen Tanz auf, bei dem sie ihre Brüste und die Vulva zeigt – was alle zum erlösenden Lachen bringt. Der Psychoanalytiker und Ethnologe Georges Devereux berichtet von im Zweiten Weltkrieg kämpfenden japanischen Soldaten, die Bilder von Prostituierten bei sich trugen, die deutlich die Lippen ihrer Vulva auseinanderzogen, und spricht von der magischen, Leben schützenden Funktion dieser Fotos; siehe Georges Devereux, 1981, S. 63

Deutlich wird dies bei manchen Darstellungen der keltischen Göttin Sheela-na-gig, die ihren neolithischen Vorgängerinnen noch stark ähnelt und die nicht nur an vielen mittelalterlichen englischen und irischen Kirchen ihre geöffnete Vulva präsentiert, sondern u. a. auch an Stadtmauern.[32] Einige Sheelas, wie z. B.die Sheela von Cavon, die Sheela von Clonmel oder die Sheela von Fethard, weisen nicht nur auf ihre Vulva und haben manchmal Brüste, sondern es sind auch gut ihre Rippenknochen zu erkennen – ähnlich wie bei einem Skelett. Schöpfung und Tod sind in einer Figur vereint. Leben geben, Leben nähren und Leben nehmen.[33]

(Sheela-na-gigs mit deutlich zu erkennenden Rippenknochen, l.: Sheela von Clonmel; Tipperary/Irland, Nationalmuseum Dublin – M.: Sheela in der Stadtmauer von Fethard, Tipperary/Irland – re.: Sheela na Gig im Llandrindod Wells Museum in Wales/England)

Im Anblick der Vulva zeigt sich die Allmacht des Weiblich-Schöpferischen. Ihre Präsentation kann heilen und Unheil abhalten. Mithu M. Sanyal berichtet in ihrer kulturgeschichtlichen Forschung zur Vulva über mythologische Beispiele verschiedener Kulturen, die das In-die Flucht-Schlagen von männlichen Angreifern, ob böse Dämonen oder reale Männer, belegen.[34]

32 Siehe Barbara Freitag, 2004. Vor 30 Jahren waren an die 80 Sheelas in Irland erfasst, schreiben Irenäus Eibl-Eibesfeldt u. Christa Sütterlin, 1992, S. 184.

33 Siehe auch den Beginn des Kap.: »Die drei heiligen Frauen – und die Eine«, Abb. der neolithischen »Istanbulfigurine« aus Çatal Höyük

34 Mithu M. Sanyal, 2/2009, S. 31-36; siehe auch Irenäus Eibl-Eibesfeldt u. Christa Sütterlin, 1992, Kap.: »Das weibliche Schamweisen«

Auch spätere Jahrhunderte kannten diese Wirkung noch - obwohl im Christentum das weibliche Geschlecht zunehmend negativ belegt wurde. Bei den Khoisan im Süden Afrikas gilt das Zeigen und Auseinanderziehen der Vulvalippen bis heute als Spottgeste.[35]

(l.: Einst schützte die Vulva zeigende Torhüterin die Bevölkerung von Mailand am Stadttor Porta Tosa, heute befindet sie sich im Museum Castello Sforzesco, 13. Jh. - M.: In der Illustration von Charles Eisen wird der Teufel durch das Präsentieren der Vulva abgeschreckt, 1896 - re.: Brüste und Vulva weisende Nonne, ca. 13. Jh., an der Abteikirche Saint-Radegonde in Pointiers, Frankreich, der das erste durch die heilige Radegunde gegründete Frauenkloster in Europa angeschlossen war; ein Zufluchtsort, denn Radegunde war auf der Flucht vor dem Frankenkönig Chlothar, mit dem sie zwangsverheiratet worden war.)

Für besonders Furchtsame wird das Präsentieren der Vulva zur angstbesetzten weiblichen Machtdemonstration - siehe die Angst vor der »Vagina dentata«. Einer der Stränge bewusst eingesetzter weiblicher Nacktheit führt in unserer Gegenwart zu den Femen-Aktivistinnen, die mit nacktem Oberkörper gegen Gewalt gegen Frauen protestieren. Und noch immer wird dieser Akt gefürchtet.[36]

---

35 Siehe Irenäus Eibl-Eibesfeldt u. Christa Sütterlin, 1992, S. 241f.

36 In Weißrussland wurden die Femen-Gründerinnen vom Geheimdienst verschleppt und misshandelt, in der Ukraine wurden sie vom Geheimdienst überwacht, in Frankreich erhielten sie politisches Asyl. In Deutschland gab es eine Verurteilung wegen grober Störung der Religionsausübung im Kölner Dom.

Einige der Figuren in Menschengestalt, die an und in Kirchen deutlich ihre Vulva präsentieren, halten mit ihren Händen ihre Beine hoch, wie die Sirenen ihre beiden Fischschwänze.

(l.: Bauplastik an der Stiftskirche San Pedro in Cervatos, Kantabrien/Spanien – M.: Miserikordie im Chorgestühl der Basilika St. Maternus in Walcourt, Belgien, frühes 16. Jh. – re.: Bauplastik an der romanischen Kirche in San Miguel de Cornezuelo in der Provinz Burgos/Spanien)

(Dilukai-Figur von den Karolinen, Palau/Mikronesien, 19. oder frühes 20. Jh.)

Während diese Figuren im europäischen Kontext oft als Grotesken betitelt werden, zeigen andere Kulturen ein anderes Verständnis. In der matrilinear geprägten Gesellschaft im Inselstaat Palau sind weibliche Holzfiguren, die sog. Dilukai, über den Türen der Häuptlingshäuser angebracht. Ihre Beine sind gespreizt und legen eine große Vulva frei, die Hände ruhen auf den Oberschenkeln. Diese Figuren schützen die Gesundheit und die Ernte der DorfbewohnerInnen und wehren böse Geister ab – gelten also als apotropäisch. Wer in diese Häuser hineingeht, wird aber auch darin erinnert, dass er aus dem weiblichen Schoß kommt und dass er in den großen Schoß der Göttin wieder zurückkehren wird.[37]

---

37 In Neuguinea sind solche weiblichen Figuren mit weit gespreizten Beinen als Wächterinnen oberhalb der Leiter auf dem heiligen Dachboden der Männerhäuser platziert. »Jeder Mann, der die Ritualgegenstände holen will, muss sich zwischen den Beinen der Frau hindurcharbeiten, was eine immer neue, rituelle Geburt symbolisiert«, schreibt Luisa Francia 1995, S. 71. Ihre Mythen erzählen aber auch, dass die Männer den Frauen die Symbole des spirituellen Wissens

Im italienischen Modena finden wir die Vulva zeigende Göttin und die doppelschwänzige Sirene vereint. Auf dem Dach des Domes sind (an den Seiten der Stützpfeiler) beide Motive zu sehen: eine weibliche Figur mit weit gespreizten, angewinkelten Beinen und eine Sirene, die ihre beiden Fischschwänze so zu beiden Seiten ihres Körpers hält, dass ein großes Dreieck sichtbar wird. Das Dom-Museum zeigt die originalen Metopen, die bis 1948 am Dach angebracht waren und dann durch Kopien ersetzt wurden.

(Figuren vom Dach des romanischen Doms von Modena, Italien, Dom-Museum)

Verbreitung der doppelschwänzigen Sirene in Deutschland

Die Sirena bifida ist auch in und an deutschen Kirchen anzutreffen: So in Baden-Württemberg als romanisches Relief an der Martinskirche in Stuttgart-Plieningen, wo sie nicht nur negativ gedeutet wird. Wolfgang Metzger benennt die Darstellung weiblicher Schöpfungskraft, meint, das Motiv sei hier hervorragend dazu geeignet, »den mütterlichen Schoß darzustellen«, und hält sie für eine positiv gemeinte Verkörperung der empfangenden und gebärenden Mutter Erde – aber als eine kosmische Naturmacht, die »in den Bereich der größeren göttlichen Heilsordnung« aufgenommen wurde. Verkörpert in einem dem Volk verständlichen Symbol verbleibe sie nicht länger im »Untergrund der Volksfrömmigkeit ... dem Auge der

---

gestohlen haben, so dass diese Figuren an den Männerhäusern, die Frauen nicht betreten dürfen, auch ein weiterer Übernahmeversuch weiblicher Kraft sein könnte, um die Frauen der Gemeinschaft dauerhaft zu entmachten; siehe Susanne Schröter, 1995, S. 126.

Kirche entzogen«, sondern sei dem christlichen Pantokrator untergeben.[38] In Bayern ist die Figur in Altötting am Nordportal der Stiftskirche, als Konsolenfigur in der westlichen Vorhalle des Freisinger Doms, in der Pfarrkirche St. Kastulus in Moosburg an der Isar oder im Kreuzgang des ehemaligen Augustiner-Chorherrenstifts in Berchtesgaden zu sehen. Die Sirene am Schottenkloster St. Jakob in Regensburg wurde mal für eine dem Meer entsprungene Göttin gehalten,[39] mal für ein Symbol des Todesschlafes in der Meerestiefe oder versinnbildlichte im Weltgericht den Untergang[40] – meist negativ gedeutet. Wera von Blankenburg zeigt eine doppelschwänzige Sirene von der ehemaligen Stiftskirche St. Severin in Köln.[41]

(l.: Sirene als romanische Reliefplastik an der Martinskirche in Stuttgart-Plieningen, Baden-Württemberg, in die schräge Hängeplatte des Dachgesimses eingebaut – M.l.: Romanisches Relief im Kreuzgang des ehemaligen Augustiner-Chorherrenstiftes in Berchtesgaden, Bayern – M.re.: Halb von einem Löwen verdeckt und von einem Drachen beäugt am romanischen Nordportal des ehem. Schottenklosters St. Jakob in Regensburg, Bayern – re.: Züchtig verhüllt im spätgotischen Chorgestühl, 1475, in der Pfarrkirche St. Kastulus in Moosburg an der Isar, Bayern)

In der Marienbasilika von **Wilhelmshausen** (Gemeinde Fuldatal im nordhessischen Kreis Kassel) ist die doppelschwänzige Sirene am mittelalterlichen Taufbecken zu finden (wenn auch nur noch schwer zu erkennen), zusammen mit anderen Tieren und Fabelwesen. Auch

38 Wolfgang Metzger, 1968, S. 95. Er sieht in dieser Sirene als »empfangender Erde« das weibliche Gegenüber zu einer weiteren Figur im Reliefzyklus der Kirche, der »Männleinsplastik«, die in seinen Augen den »zeugenden Himmel« darstellt (1968, S. 118).

39 Siehe Joseph Anton Endres, 1903, S. 65

40 Siehe Richard Wiebel, 1927, S. 32-35

41 Siehe Wera von Blankenburg, 1943/1975, Abb. 37 auf Bildtafel 25

hier wird sie als Negativ-Symbol gedeutet.[42] Ein ebenfalls abgebildeter Hirsch symbolisiere Jesus Christus, der die bösen Mächte in Gestalt der Fabelwesen überwinde.[43]

In der Kirche St. Valentin in **Kiedrich** im hessischen Rheingau wurde die doppelschwänzige Sirene, die hier als Konsolenfigur zu sehen ist, im Rahmen der Innensanierung der Kirche, die 2012 begann, dezent farbig angelegt. Manche sehen in ihr eine »gekrönte Frau, die zwei Fische im Arm hält« und nennen sie Meerjungfrau.[44] Für andere ist sie ein zweischwänziges Fischweib mit Krone und stellt die Wollust »Laster Luxuria« dar.[45]

(l. u. M.l.: Konsolenfigur in der Pfarrkirche St. Valentin in Kiedrich, Rheingau-Taunus-Kreis, um 1380, vor und nach der Sanierung – M.re. u. re.: Konsolenfigur in der Hospitalskapelle in Schwalmstadt-Treysa, Schwalm-Eder-Kreis, vor 1367)

Interessant ist auch die Konsolenfigur in der Hospitalskapelle in **Treysa** (Ortsteil von Schwalmstadt) im Schwalm-Eder-Kreis.[46] Hier gibt es über der nackten Sirena bifida einen Kranz aus Blättern. In der christlichen Bedeutung soll sie eine Ermahnung für die GottesdienstbesucherInnen gewesen sein, keinem sündigen Lebenswandel zu frönen.

42 Siehe Josef Mense, 2014, S. 44 (mit Foto)

43 Siehe Gemeinde Fuldatal: Eco Pfad Kulturgeschichte Knickhagen – Wilhelmshausen, »Tafel Knickhagen Wilhelmshausen Station 4« (o. v.)

44 Claudia Wels, 2003, S. 85 (o. v.)

45 Siehe Werner Kremer, 2017, S. 37

46 Siehe Bernd Raubert, 2017, S. 71

Eine weitere Sirenendarstellung in **Treysa** verdient Beachtung. Als 3er-Gruppe ist sie zu sehen an einem Pfeiler in der Ruine der Totenkirche, der ehemaligen Stadtkirche, entstanden in der Übergangszeit zwischen Romanik und Gotik.[47] Die Sirene in der Mitte hat dort, wo bei der Sirena bifida die beiden Schwänze zu sehen sind, zwei dicke Fische. Zwar wird auch die doppelschwänzige Sirene manchmal mit zwei Fischen dargestellt - die sind dann aber lang und schmal und besitzen keine Rückenflosse und schon gar nicht zwei mit Hufen versehene Vorderbeine, wie in Treysa.

(Sirenendarstellung in der Ruine der Totenkirche in Schwalmstadt-Treysa, Schwalm-Eder-Kreis, um 1260)

An der Jakobikirche in Goslar, Niedersachsen, hält die Sirene zwei Schlangen, ein altes Kulttier der Göttin, in Händen - so wie die Potnia theron, die Herrin der Tiere. An der Galluskirche in Brenz an der Brenz, Baden-Württemberg, ist sie ebenfalls in einen Bogenfries eingebettet. In der Rieterkirche St. Marien und Christophorus in Kalbensteinberg, einem Ortsteil der Marktgemeinde Absberg im mittelfränkischen Landkreis Weißenburg-Gunzenhausen, ist die doppelschwänzige Sirene überall zu sehen: am Portal, im Deckengwölbe, in Fresken im Chorraum, in den Bleiglasfenstern - denn sie ziert das Wappen der Stifterfamilie Rieter. Als Wappen dieses Patriziergeschlechts ist die gekrönte Sirene im roten Kleid auch an einer Konsole in der Sebalduskirche und in Fenstern der Stiftskirche St. Martha (beide in Nürnberg) zu sehen. Der romanische Fries im Durchgang zur Nikolauskapelle im Freiburger Münster zeigt eine Sirene mit zwei Schwänzen und zwei Beinen, die ihr Kind stillt.

47 Siehe Inge Schneider-Scholz, 2015, S. 22

(l.: Ostfenster des Chores mit gekrönter Sirene aus dem Wappen der Stifterfamilie in der Rieterkirche in Kalbensteinberg, Marktgemeinde Absberg, Bayern, 15. Jh. – M.: Auf dem romanischen Fries im Durchgang zur Nikolauskapelle im Freiburger Münster stillt die Sirene ihr Kind, um 1200 – re.: Detail mit drei zweischwänzigen Sirenen aus dem Deckengewölbe des Sommerrefektorium im Kloster Bebenhausen in Tübingen-Bebenhausen, Baden-Württemberg, um 1335)

Im Deckengewölbe des Sommerrefektoriums im Kloster Bebenhausen in Tübingen-Bebenhausen (Baden-Württemberg) zeigt sich die Sirena bifida sogar als Dreifache.[48]

Häufig erscheint die Sirene mit den zwei Schwänzen als Brunnenfigur – und auch hier ist sie gekrönt zu sehen. In Rothenburg ob der Tauber in Franken hält sie sogar ein goldenes Zepter in der Hand. Und sie erscheint in verschiedenen Orten als Zierelement an Brücken, wie z. B. in Lüneburg.

48 Dreifach erscheint die doppelschwänzige Sirene auch auf der berühmten Kirchendecke von St. Martin in Zillis (Graubünden/Schweiz) in Form dreier Instrumente spielender Sirenen. Als Nymphen-Triade wurde die Quell- und Heilgöttin Coventia von römischen Legionären am Hadrianswall in Britannien verehrt. Sie hatten ihr beim Kastell Brocolitia (Carrawburgh, Northumberland), das als wichtiges Kultzentrum gilt, ein Heiligtum errichtet. Das Nymphäum war über einer noch heute aktiven Quelle platziert. Die Surrealistin Leonora Carrington malte die drei Sirenen als Triptychon (Sueño de Sirenas, 1963) in den drei Farben der Göttin: Schwarz, Weiß und Rot.

(Doppelschwänzige Sirenen als Brunnenfiguren, l.: Am »Fräuleinsbrunnen«, 1557, in Bietigheim-Bissingen, Baden-Württemberg – M.l.: Am Herrenbrunnen in Rothenburg ob der Tauber, Bayern, 1595 – M.re.: Am Löwenbrunnen in Schwäbisch Gmünd, Baden-Württemberg, enden ihre Arme und Beine in Ranken, vermutlich 16. Jh. – re.: Mischung aus Sirena bifida und Rankenfrau an der Ilmenaubrücke, Altenbrückertorstraße, in Lüneburg, Niedersachsen)

Aber auch an öffentlichen Gebäuden ist sie zu finden, manchmal als Teil eines Wappens. Im Residenzschloss Urach in Baden-Württemberg wird die Gekrönte, die zusammen mit einer zweiten doppelschwänzigen Sirene den Ofen im Goldenen Saal trägt, als »Fischweib« tituliert.

(l.: In Bad Wildbad, Baden-Württemberg, ziert die doppelschwänzige Sirene das Rathaus – M.l.: In Halberstadt, Sachsen-Anhalt, ist die Nixe mit den zwei Schwänzen zusammen mit einem männlichen Gegenstück an der Ratslaube am Rathaus zu sehen – M.re.: Am Neuen Rathaus, Südbau, in Frankfurt a. M. legt sie die Hände in den Schoß – re.: Im Residenzschloss Urach, Baden-Württemberg, trägt sie einen Ofen)

Das gekrönte göttliche Meerwesen ist auch in die Heraldik eingegangen. Gleich drei bayerische Orte führen die doppelschwänzige Sirene im Wappen: Isen, Zusamaltheim und Kalbensteinberg (wobei das letztgenannte Wappen vom Familienwappen der Rieter von Kornburg, einer Nürnberger Patrizierfamilie, abstammt).[49]

(l.: Wappen von Isen, Kreis Erding, Bayern – M.: Wappen von Zusamaltheim, Kreis Dillingen an der Donau, Bayern – re.: ehemalige Wappen von Kalbensteinberg, Kreis Weißenburg-Gunzenhausen, Bayern)

In Hessen badet die doppelschwänzige Sirene gern

In Hessen ist die Sirene nicht so häufig zu finden – besonders nicht in Kirchen. Im Zusammenhang mit ihrem Element Wasser taucht sie einige Male auf. In Bad Nauheim ist die doppelschwänzige Sirene als Figur des Jugendstils zu bewundern. Der Brunnen im Schmuckhof von Badehaus 7 im Sprudelhof am Kurpark zeigt zwei von ihnen in voller Schönheit.
Und im Umgang des kreisrunden Wartesaals von Badehaus 3, der zu den Badezellen führt, ist die doppelschwänzige Nixe noch einmal als Brunnenfigur mit der gleichen Geste zu sehen. Christina Uslular-Thiele nennt auch sie eine »Allegorie der nährenden und lebensspendenden Natur«.[50]

---

49 Daher zeigen auch die von dieser Familie gestifteten Kirchen oder Kirchenausstattungen mehrfach dieses Symbol.
50 Hiltrud A. M. Hölzinger, Christina Uslular-Thiele, 2005, S. 79

(Doppelschwänzige Nixen als Brunnenfiguren von Heinrich Jobst im Sprudelhof in Bad Nauheim, l. u. M.: Im Schmuckhof von Badehaus 7, 1906/07 – re.: Am Ludwigsbrunnen in Badehaus 3, 1907/08)

Auch ihre Fischschwänze sind weit gegrätscht, aber mit ihren Händen halten die Jugendstil-Sirenen ihre Brüste, aus denen Wasser sprudelt. Aber auch so zeigen sie ihren göttlichen Ursprung. Denn die Göttin, die ihre Brüste hält – das ist eine schon sehr alte Darstellungsweise, in der viele Göttinnen abgebildet wurden. Die *Dea nutrix* präsentiert ihre Nahrung spendenden Brüste schon seit der Altsteinzeit.[51]

(l.: Venus von Willendorf, Österreich, ca. 27 500 v. u. Z. – M.l.: Terrakottafigur vom Tell Halaf, Syrien, frühes 5. Jt. v. u. Z. – M.: Statuette aus Hacilar, Türkei, 6. Jt. v. u. Z. – M.re.: Keramik aus Elam, Alt-Iran, ca. 1500-1100 v. u. Z. – re.: Aschera-Pfeilerfigurine, Israel, 900-700 v. u. Z.)

51 Die Venus von Willendorf ist wohl das bekannteste Beispiel dafür. Siehe auch Annine van der Meer, 2020, Kap. II.7.4: »Die Lady präsentiert ihre nährenden Brüste – die ›Dea nutrix‹«

Der Jugendstilverein Bad Nauheim schreibt zur Brunnenfigur in Badehaus 7: »Die doppelschwänzigen Nixen auf dem Zierbrunnen erinnern an antike Vorstellungen und Renaissanceallegorien einer nährenden und lebensspendenden Allnatur.«[52] Entstanden sind die Figuren 1906/07, als der Architekt Wilhelm Jost zwischen 1905 und 1911 im »Weltbad der Belle Époque« sieben Badehäuser mit Wartesälen, 264 Badezellen, 16 Innenhöfe sowie Verwaltungsgebäude errichten ließ. Bei der künstlerischen Ausgestaltung beteiligte sich die Darmstädter Künstlerkolonie von der Mathildenhöhe – die Jugendstil-Kuranlage gilt wegen ihrer Geschlossenheit als Paradebeispiel dieser Epoche. Badehaus 7 ist eines von ehemals vier sog. Fürstenbädern, in denen der Hochadel und Staatsoberhäupter kurten – wie Zarin Alexandra Feodorowna, die aus Darmstadt stammende letzte Kaiserin von Russland, oder die deutsche Kaiserin Auguste Viktoria, die ihren Witwensitz in Kronberg im Taunus genommen hatte. Inspiriert sollen die Künstler bei der Gestaltung des Schmuckhofes von Badehaus 7 u. a. von einer Italienreise gewesen sein.[53] Auch an Pfeilerkapitellen im Wartesaal von Badehaus 7 ist die Nixe mehrfach zu sehen.

(Details von der Eingangstür zum ehemaligen Badehaus 3 im Sprudelhof in Bad Nauheim, 1906/07)

Die Eingangstür vom ehemaligen Badehaus 3 schmückt die Nixe ebenfalls – umgeben von Seepferdchen und Füllhörnern. Nach Annine van der Meer sind die Seepferdchen mytholo-

52 https://jugendstilverein.de/rundgang/sprudelhof/badehaus-7/index.html
53 Hiltrud A. M. Hölzinger, Christina Uslular-Thiele, 2005, S. 132

gisch mit den Meeresdrachen, den Ur-Chaos-Drachen, verwandt.[54] Und Füllhörner sind Teil der Darstellung vieler Großer Göttinnen, etwa von Kybele, Gaia, Epona oder der niederländischen Nehalennia. Auch auf manchem Weihestein für die drei keltischen Matronen sind sie zu finden.

Interessant ist auch die Armhaltung der Nixe, die hier nicht ihre Brüste hält, sondern die angewinkelten Arme mit den Handflächen nach außen halb nach oben streckt. Diese Anbetungshaltung oder Invokation zeigen schon Darstellungen der alten Göttinnen und ihrer Priesterinnen, die die Göttin in dieser Haltung repräsentieren.

(l.: Terrakotta-Statuette, prädynastisches Ägypten, 3500-3400 v. u. Z. – M.: Göttin Isis auf einem Holz-Sarg, Ägypten, – re.: Minoische Terrakotta-Figuren aus Gazi, Kreta, 1300-1100 v. u. Z.)

Und sie ist heute noch im Gottesdienst von Pfingstgemeinden und anderen Gemeinschaften zu beobachten, die den Heiligen Geist oder göttliche Energien zu sich einladen.

---

54 Siehe Annine van der Meer, 2020, Kap. II.3.3: »Die Seeschlangen und die Meeresdrachen«, S. 408; die lateinische Bezeichnung Hippocampus erinnert an das Fabelwesen *Hippokamp* – vorne Pferd und hinten mit einem langen, fischartigen Schwanz, manchmal hat es auch Flügel und der Schwanz ähnelt einer eingerollten Schlange. Sie zogen in der griechischen und römischen Mythologie die Wagen der Meeresgottheiten und waren Poseidon bzw. Neptun als Kulttiere zugeordnet.

Auch in **Frankfurt am Main** ist die doppelschwänzige Sirene an Brunnen zu finden. Am Gerechtigkeitsbrunnen – einem Wahrzeichen der Stadt – vor dem Römer zeigt sie sich ebenfalls in der Haltung der wasserspeienden Dea nutrix. Und eine Etage tiefer wachsen Grünen Männern Füllhörner aus den Ohren. Als Relief sind zwei doppelschwänzige Sirenen am oktogonalen Becken des Herkulesbrunnen im Römerhöfchen vor dem Kaisersaal zu sehen.

(l.: Doppelschwänzige Sirenen am Gerechtigkeitsbrunnen vor dem Frankfurter Römer – re.: Relief mit doppelschwänziger Sirene am Becken des Herkulesbrunnen im Römerhöfchen vor dem Kaisersaal in Frankfurt am Main, entstanden 1904 nach einem Entwurf des Bildhauers Joseph Kowarzik)

Hobby-Historiker Richard Hackenberg erzählt bei seiner Stadtführung in **Bad Homburg vor der Höhe** (Hochtaunuskreis) zum Thema »Kultur rund um und ins ›Wasserweibchen‹« von einem beim Bau des Schlosses gefundenen Stein, auf dem ein weibliches Wesen – oben Mensch, unten doppelschwänziger Fisch – eingeritzt war. Die Sage berichtet, dass die Sirene wohl im nahen Schlossteich gelebt hat. Dort verliebte sich der Sohn des Landgrafen in das Wasserweibchen.

(Schlossteich und Weißer Turm in Bad Homburg v. d. H.)

Der Landgraf soll jedoch versucht haben, diese Liebschaft seines Sohnes zu beenden. Er ließ den Schlossteich trockenlegen, aber das nützte nichts. Dann verbannte er die Dame in den Weißen Turm, was auch nicht erfolgreich war. Schließlich ließ er den Schlossgraben zuschütten, was nur dazu führte, »dass das Schloss in Schieflage geriet und bald dem schiefen Turm von Pisa Konkurrenz machen könnte.«[55]

Christophorus und die Nixe oder die Göttin und ihr Heros

Dass die doppelschwänzige Sirene ein altes Symbol der Göttin ist, zeigt sich auch in einem Motiv, in dem die Doppelschwänzige häufig auftaucht. Denn hier ist sie mit »ihrem Partner« zu sehen – zwischen den Beinen des heiligen Christophorus. Diesen Heiligen, der meist als Riese mit Jesuskind auf seiner Schulter, das er über einen Fluss trägt, dargestellt wird, analysiert Carola Meier-Seethaler als Antiheld. Sie zeigt ihn als männlichen Kourotrophos.[56] Besonders in Südtirol, wo er manchmal einen grünen Mantel trägt und wo sein Stab oft als grünender Zweig mit Wurzeln dargestellt wird, zeige sich seine Nähe zum Grünen Mann[57]. Die christliche Lehre besagt, sein Stab, der über Nacht zu grünen beginnt, sei ein Zeichen Gottes. Erinnert das nicht an Tannhäuser, dessen Wanderstab nur grünt, wenn er bei seiner Göttin Venus ist?

Im alpenländischen Raum ist Christophorus oft mit der großen Wassermutter abgebildet. Besonders in Südtirol gibt es viele Kirchen (oft an alten Pilger- und Handelswegen sowie gefährlichen Passstraßen), deren Außen-Fresko mit dem hl. Christophorus schon von Weitem zu sehen ist.[58] Ein Blick auf so ein Bild verspricht Schutz vom Patron der Reisenden, der sicher über wildes Wasser führt und der als einer der 14 NothelferInnen auch als Sterbebegleiter und Seelengeleiter gilt. Und die alte Wassergöttin, auch eine Seelenbegleiterin, verstärkt diesen Schutz – auch wenn das »Fischweibchen« hier traditionell als Hinweis auf das trügerische Meer der Verführung gesehen wird oder als Darstellung dämonischer Mächte, denen der Heilige widersteht.[59]

---

55 Alexander Schneider: »Geschichte im Zeichen der Nixe«, in: Frankfurter Neue Presse, 10.4.2018 (o. v.)

56 Siehe Carola Meier-Seethaler, 2004, Kap.: »Der Lebensträger als Gegenbild zum patriarchalen Heldenideal«

57 Siehe Kap.: »Maikönigin und Grüner Mann«

58 Siehe Erni Kutter, 2014, Kap.: »Die Nixe und der heilige Christophorus«; siehe auch Yvonne Bittmann, 2003, Kap. VI.4: »Christophorus an Straßen, Handelswegen, Flüssen und im Pilgerwesen« (o. v.); siehe auch Carola Meier-Seethaler, 2004, Kap.: »Christophorus und die Nixe«

59 Siehe Ulrike Kindl, 2008, S. 105 u. Geoffrey Grigson, 1978, S. 214, der sie als Nachfahrin von Aphrodite sieht.

Oder verstanden die Reisenden doch noch die alte Symbolik? Und sieht diese Sirene wirklich dämonisch aus?

(Außenfresko an der Kirche St. Ägidius in Mitterolang im Pustertal in Südtirol/Italien, von Friedrich Pacher, um 1480. Zwischen den Beinen des hl. Christophorus ist die doppelschwänzige Sirene zu sehen – gekrönt, mit blonden Haaren und mit einem roten Kleid)

(Weitere Außen-Fresken vom hl. Christophorus mit der gekrönten blonden Nixe im roten Kleid inmitten von fantastischen Wasserwesen im Pustertal, Südtirol/Italien, l. u. M.l.: Pfarrkirche zum hl. Thomas in Weitental, Gemeinde Vintl, 16. Jh – M.re. u. re.: Pfarrkirche St. Wolfgang in Geiselsberg, Gemeinde Olang)

Manchmal zeigt sich die Sirena bifida mit nacktem Oberkörper, wie in Meran oder in Tisens im Eisacktal – und manchmal fehlt die Krone.

(Fresken mit hl. Christophorus u. Sirena bifida in Südtirol/Italien, l. u. M.l.: Pfarrkirche St. Nikolaus in Meran – M.re. u. re.: St.-Nikolaus-Kirche in Tisens, Marktgemeinde Kastelruth im Eisacktal, 1791)

Nicht nur auf Kirchenfassaden ist die doppelschwänzige Sirene zusammen mit dem hl. Christophorus zu finden, wie z. B. an einer Hausfassade in der Gemeinde Villnöß im Villnößtal.

(Christophorusfresko mit Sirena bifida am Malerhaus, ehemaliges Zuhaus des Fischnalhofs in St. Peter, Gemeinde Villnöß[60] *im Villnößtal, Südtirol/Italien, 17. Jh.)*

60 Carola Meier-Seethaler, 2004, zeigt ein Christophorusfresko in der Kirche St. Jakob im Joch, bei Villnöß (Farbtafel XII). Erni Kutter vermerkt, Christophorus ähnle im Villnößtal dem Wilden Mann, siehe 2014, S. 190.

Auch in anderen Regionen Italiens gesellt sich die alte Wassermutter zum Heiligen.

(l. u. M.l.: Plastische Christophorus-Darstellung mit Sirena bifida u.re. an der Frontfassade des Doms in Gemona, Provinz Udine, Friaul/Italien – M.re. u. re.: Christophorus-Darstellung in der Klosterkirche Sacra di San Michele auf dem Gipfel des Monte Pirchiriano, Piemont/Italien)

Manche der Fresken sind schon stark verblasst oder beschädigt. Viele Fresken sind am unteren Rand kaputt, so dass sich nicht mehr feststellen lässt, durch welches Wasser der Heilige watet. Zufall?

(Fresken mit hl. Christophorus u. Sirene mit den zwei Fischschwänzen in Südtirol/Italien, l. u. M.l.: Kirche St. Valentin in Villanders im Eisacktal – M.re. u. re.: Kirche St. Andreas in Antlas am Ritten)

Erni Kutter meint: »Dass ihr Bild häufig Spuren von Zerstörung aufweist, lässt vermuten, dass man immer wieder versucht hat, dieses ›heidnische‹ Symbol zu beseitigen.«[61]

Manchmal hält die Sirene ihre beiden Schwänze nicht fest, sondern schwimmt im Wasser.

(Fresken mit Christophorus u. Sirene, l. u. M.l.: Pfarrkirche in Pens im Sarntal in Südtirol/Italien – M.re. u. re.: Pfarrkirche im Bergdorf Zwickenberg in der Gemeinde Oberdrauburg, Kärnten/Österreich)

In Österreich gibt es den christlichen Heiligen und die heilige Wasserfrau oft in Kärnten.

(Außen-Fresken mit Christophorus u. Sirene in Kärnten/Österreich, l. u. M.l.: Kath. Filialkirche in Treffling, Gemeinde Mölbling, Sirene mit auffälliger Kette u. Haarschmuck – M.re. u. re.: Filialkirche Lorenziberg oberhalb von St. Veit an der Glan)

61 Erni Kutter, 2014, S. 189

Im Christophorus-Fresko an der Kirchen-Nordwand von Sankt Anna am Zackel am Südufer des Wörthersees in Kärnten oberhalb von Reifnitz (Gemeinde Maria Wörth) ist die Sirena bifida noch deutlich zu erkennen. Sie ist ganz braun gemalt zwischen den Beinen des Heiligen.

Die alte Göttin existiert in dieser Gegend noch in anderer Form, wenn auch schon stark verweltlicht. Eine Sage[62] erzählt von einer grausamen Adeligen, die einen Mönch tötet und von diesem zur Strafe in eine Schlange verwandelt wird, die nur jedes 40. Jahr ihren unterirdischen Verbannungsort verlassen kann. 120 Jahre muss sie in dieser Gestalt verbringen, bevor sie von einer reinen Jungfrau erlöst wird.

Die böse und die gute Frau. Die Schlange, einst ein Symbol für die Göttin, ist hier schon negativ besetzt – wie die Schlange bei der biblischen Eva, deren »Vergehen« durch Maria gesühnt wird.

(l. u. M.l.: Christophorus-Fresko mit brauner Sirena bifida in Sankt Anna am Zackel am Südufer des Wörthersees, Kärnten, oberhalb von Reifnitz, Gemeinde Maria Wörth – M.re. u. re.: Stark verwittertes Außen-Christophorusfresko mit deutlich sichtbarer Sirena bifida an der Südseite der Georgskirche in Lölling, Marktgemeinde Hüttenberg, Kärnten)

62 Siehe »Die Schlange von Reifnitz« in: Georg Graber, 1941 (http://www.sagen.at/texte/sagen/oesterreich/kaernten/Graber/schlange_reifnitz.html)

In Slowenien begleitet die zweischwänzige Nixe den heiligen Christophorus auch.

(Christophorus-Fresko mit doppelschwänziger Nixe von Jernej von Loka, 1525-30, an der Pfarrkirche in Breg ob Savi in der Region Oberkrain/Slowenien)

In der Schweiz findet sich die göttliche Nixe beim hl. Christophorus oft in Graubünden.

(l. u. M.l.: 7 m hohes Christophorus-Fresko mit Nixe[63]*, um 1400, in der Kirche St. Peter Mistail in Alvaschein, Gemeinde Albula/Alva, im Kanton Graubünden/Schweiz – M.re. u. re.: Monumentales Christophorusgemälde an der nordöstlichen Außenwand der reformierten Kirche Santa Maria Val Müstair in Graubünden, 1513 von einem Südtiroler Meister)*

63 Heide Göttner-Abendroth sieht in ihr die Wassergöttin Albula – ganz in der Nähe fließt die Albula, siehe Heide Göttner-Abendroth, 2016, S. 138

Und auch in Bayern ist das Paar Christophorus-Nixe mehrfach anzutreffen. Aber auch in anderen Bundesländern, wie z.B. im Konstanzer Münster oder in der Alexanderkirche in Marbach am Neckar in Baden-Württemberg.

(l. u. M.l.: Wandmalerei, um 1520, heiliger Christophorus mit Sirena bifida in der kath. Filialkirche St. Michael, heute Friedhofskirche, in Waalhaupten, Marktgemeinde Waal, im Landkreis Ostallgäu – M.re. u. re.: Christophorus-Fresko im Chor der Herrgottskirche in Creglingen, Franken, ca. 1515)

Bei Restaurierungsarbeiten in der Johanneskirche in Grabenstätt im oberbayerischen Landkreis Traunstein wurde 1969 ein monumentales gotisches Christopherus-Fresko freigelegt, das ein gesamtes Schildbogenfeld ausfüllt. Auf den Internetseiten der Erzdiözese München und Freising zu Christophorus-Kirchen im Erzbistum ist dazu zu lesen: »Auf seiner rechten Schulter sitzt das Jesuskind, mit dem er durch ein von Fischen, Nixen und weiteren Gestalten bevölkertes Gewässer schreitet. Etwa ab Mitte des 13. Jahrhunderts trifft man vermehrt auf die Darstellung des Heiligen im Fluss. Das Wasser tritt nun als bedrohliches Element in Erscheinung und wird mit Ungeheuern und mystischen Gestalten wie Sirenen besetzt.«[64] Aber wirklich bedrohlich wirken die Fische und Gestalten, die sich in Grabenstätt um die Beine des hl. Christophorus tummeln, nicht – und schon gar nicht die gekrönte doppelschwänzige Sirene, die majestätisch im Zentrum dieser Szene steht.

64 https://www.erzbistum-muenchen.de/spiritualitaet/christophorus-kirchen

(l.: Doppelschwänzige Sirene auf dem monumentalen Christophorus-Fresko in der Kirche St. Johann in Gräbenstätt, Kreis Traunstein, Bayern – M. u. re.: Christophorus-Fresko mit Nixe in der Alexanderkirche in Marbach am Neckar, Baden-Württemberg)

Nicht alle teilen die Meinung, dass der männliche Kourotrophos mit der »gekrönten Wasserfrau« an die Göttin und ihren Heros erinnern – auch wenn sich die Größenverhältnisse im christlichen Kontext umgedreht haben. So interpretiert Inge Resch-Reuter in ihrem Kelten-Buch dieses Motiv als Verdrängung der Wassergöttin: »Christophorus trägt den neuen Glauben (das Jesuskind) über die Wassergöttin hinweg.«[65] Zur Position der Kirche schreibt Carola Meier-Seethaler, dass nur von Luther die Vermutung überliefert sei, es handle sich dabei um die Gestalt weiblicher Verführung, der Christophorus widerstehen muss.[66]

Christophorus und die Nixe in Hessen

Bei den meisten Christophorus-Darstellungen in Hessen taucht der Bezug zur alten Göttin nicht mehr auf. Doch in der kleinen evangelischen Kirche von **Ballersbach,** einem Ortsteil der Gemeinde Mittenaar im mittelhessischen Lahn-Dill-Kreis, zeigt sich das Motiv. Dort wurde bei einem Anbau in den Jahren 1914-1916 unter der Tünche auf den Wänden des Kirchenschiffes ein reicher Bilderschmuck gefunden und restauriert. In der friesartigen Aufreihung

65 Siehe Inge Resch-Rauter, 1994, S. 66. Barbara Hutzl-Ronge schließt sich dieser Deutung an, siehe Barbara Hutzl-Ronge, 2002, S. 199-201

66 Siehe Carola Meier-Seethaler, 2004, S. 130

auf der Nordwand ist auch ein großer Christophorus zu sehen. Und zwischen seinen Beinen ist – ganz versteckt – eine Meerjungfrau zu erkennen.

(Zwischen den Beinen des hl. Christophorus versteckt sich in der ev. Kirche in Ballersbach, Lahn-Dill-Kreis, eine Meerjungfrau, Wandmalerei auf der Nordwand des Kirchenschiffes)

»Die Reihe schließt mit einem großen Christophorus von besonders monumentaler Auffassung mit reichem erzählendem Beiwerk, aus dem die Belebung des Flusses mit Fischen und einer Wasserjungfrau sowie die landschaftliche Umgebung hervorgehoben sei«, formulierte der für die Denkmalpflege im Regierungsbezirk Wiesbaden zuständige Ferdinand Luthmer.[67] Ob die Wasserjungfrau eine doppelschwänzige Sirene ist, ist leider nicht zu erkennen, denn das Wasserwesen versteckt sich zwischen den Beinen des Christophorus, so dass die Betrachtenden nur einen Teil des weiblichen nackten Oberköpers und den Kopf mit den langen Haaren sehen können. So ist die Frage müßig, da ihr Unterkörper nicht dargestellt wurde.
Das Alter der Wandmalereien legte Luthmer wegen ihres Gepräges und den Trachten auf die Zeit zwischen 1400 und 1450 fest. Eine Tafel des Arbeitskreises Heimatgeschichte Ballersbach informiert aber an der Kirche, die Fresken seien aus dem 16. Jahrhundert. Die Wandgemälde wurden in den 1950er-Jahren überstrichen, aber 1993 wieder restauriert.

67 Ferdinand Luthmer, 1921, S. 6 – In der Ev. Kirche Haiger (Lahn-Dill-Kreis) schreitet der Heilige über zwei sich umarmende Sirenen.

Ganz deutlich zeigt sich das Christophorus-Motiv in Begleitung der doppelschwänzigen Sirene aber in einer anderen hessischen Kirche: in der St. Michaelskirche in **Kleinenglis** (Stadtteil von Borken) im Schwalm-Eder-Kreis. Die mittelalterliche Wehrkirche hatte wahrscheinlich eine Vorgängerin, die im 8. Jahrhundert vermutlich auf einer vorchristlichen Kultstätte errichtet wurde[68] – die Gegend liegt im Missionsgebiet von Bonifatius. Die prächtige Ausmalung in Secco-Technik (also auf den trockenen Putz gemalt) zeigt an den Wänden Szenen aus der Kindheits- und Passionsgeschichte Jesu sowie Heiligendarstellungen – u. a. die hl. Katharina und die hl. Barbara – und Ranken und Blumen an der Decke. Sie entstand um 1500, wurde aber schon bald im Zuge der Reformation übertüncht. 1925 erfolgte die Freilegung der Malereien im Chorraum, 1963 die im Kirchenschiff, zu denen auch ein Christophorusbild zählt. Zwischen 1990 und 1992 wurden die Malereien im gesamten Kirchenraum umfassend restauriert. Zwischen den Beinen des Christophorus tümmelt sich allerlei Meeresgetier – darunter eine nackte doppelschwänzige Sirene, deren Brüste deutlich zu erkennen sind.

(Christophorus-Darstellung mit doppelschwänziger Sirene in der St. Michaelskirche in Borken-Kleinenglis, Schwalm-Eder-Kreis, um 1500)

68 »Die Ortsbezeichnung ›Angelgise‹ wird erstmals 775 ... erwähnt. ›Angelus‹ bedeutet Engel oder Engel des Herrn, als welcher der Heilige Michael bezeichnet wird. Die zweite Worthälfte ›Gise‹ (= Ziege) weist auf eine vorchristliche Kultstätte hin, an der germanischen Göttern geopfert wurde. Ausgrabungen aus dem Jahr 1929 lassen auf die Existenz einer solchen Kultstätte schließen.« (Kirchenführer der St. Michaelskirche Kleinenglis, Ev. Kirche von Kurhessen-Waldeck, hg. vom Kirchenvorstand, S. 2)

Auch in der Evangelischen Kirche **Erda** (Ortsteil von Hohenahr, Lahn-Dill-Kreis), die ursprünglich dem heiligen Nikolaus geweiht war, wurden bei Renovierungsarbeiten zahlreiche Wandmalereien entdeckt. An der südlichen Langhauswand sind Reste von zwei Darstellungen des heiligen Christophorus zu sehen, die übereinanderliegen: »romanisch und 14. Jahrhundert«.[69] Von der älteren Zeichnung der Christophorusfigur sind heute nur noch die Füße, die über Fische schreiten, und ein Baumstamm mit Wurzeln, den er bei sich hat, zu erkennen. Sie ist von einem Fenster durchbrochen. Auf Teilen der Figur ist links vom Fenster das Gesicht der jüngeren farbigen Malerei zu erkennen. Rechts vom Fenster sind verschiedene Fische dargestellt, außerdem ein Wassermischwesen mit menschengestaltigem Oberkörper und zwei Fischschwänzen, das in jeder Hand einen Fisch festhält und auf einem Fisch reitet – und darüber die gekrönte Sirene mit langen, rötlich-blonden Haaren. Sie hält ihre beiden seitlich in die Höhe gereckten, schuppigen Fischschwänze fest. Es ist eine große, auffällige Figur, etwas über einen halben Meter breit und ca. 42 cm hoch.

(Zwei Christophorusdarstellungen übereinander an der Langhaussüdwand, romanisch u. 14. Jh., in der Ev. Kirche in Hohenahr-Erda, Lahn-Dill-Kreis, unterhalb und rechts vom Fenster verschiedene Fische, ein »Fischreiter« und die doppelschwänzige Sirene)

69 Landesamt für Denkmalpflege Hessen (Hg.): »Evangelische Pfarrkirche, ehemals St. Nikolaus«, in: Kulturdenkmäler in Hessen (https://denkxweb.denkmalpflege-hessen.de/44723/)

Ein Heimatbuch spricht vom »gekrönten Seekönig«.[70] Doch die Brüste der Sirene, die vielleicht für weitere Schuppen gehalten wurden, sind deutlich zu erkennen. Während die auf dem Fisch reitende Figur keine Brüste aufweist und auch keine langen Haare. Auch in dieser Kirche handelt es sich bei der Sirene um eine weibliche Darstellung. Diesen Schluss legt auch die Motivgeschichte nahe. Zwar sind manche Sirenen männlich und in der griechischen Mythologie gibt es auch ein männliches gekröntes Wasserwesen – den Meeresgott Triton, halb Mann, halb Fisch, der manchmal auch mit zwei Fischschwänzen dargestellt wird –, aber beide tauchen nicht im Zusammenhang mit dem heiligen Christophorus auf.

(Gekrönte doppelschwänzige Sirene inmitten von Fischen in der Ev. Kirche in Erda)

Ein letztes Motiv zu diesem Themenkreis bietet eine Überleitung zum nächsten Kapitel. Auch in der katholischen Stadtpfarrkirche »St. Johannes der Täufer« in Rain im schwäbischen Landkreis Donau-Ries in Bayern gibt es ein Christophorus-Fresko mit Nixe. Sie schwebt in der Nähe seiner Beine und hält ihre beiden Fischschwänze in der bekannten Weise in ihren Händen. Sie trägt ein rotes Kleid und hat goldene Haare.

Links neben ihr ist ein anderes Bild ins Fresko eingefügt: die Heilige Kümmernis am Kreuz. Stadtpfarrer Johann Menzinger schreibt zu dieser Kümmernis-Darstellung: »Hier haben wir eine mittelalterliche Darstellung des modernen Problems des Feminismus.« Und fährt fort:

70 Arbeitskreis für Dorfchronik, 1971, S. 165

»Immer schon haben die Frauen – besonders die Mütter – den Glauben durch die Zeiten weitergegeben, nicht die Theologen und Gelehrten.«[71] Ist das als Lob gemeint oder stellt das für ihn ein Problem dar? Oder ist die Hl. Kümmernis das Problem? Wie auch immer. Interessant ist auf jeden Fall, dass die einst hochverehrte und heute kaum mehr bekannte Heilige hier zusammen mit der doppelschwänzigen Wassergöttin erscheint.

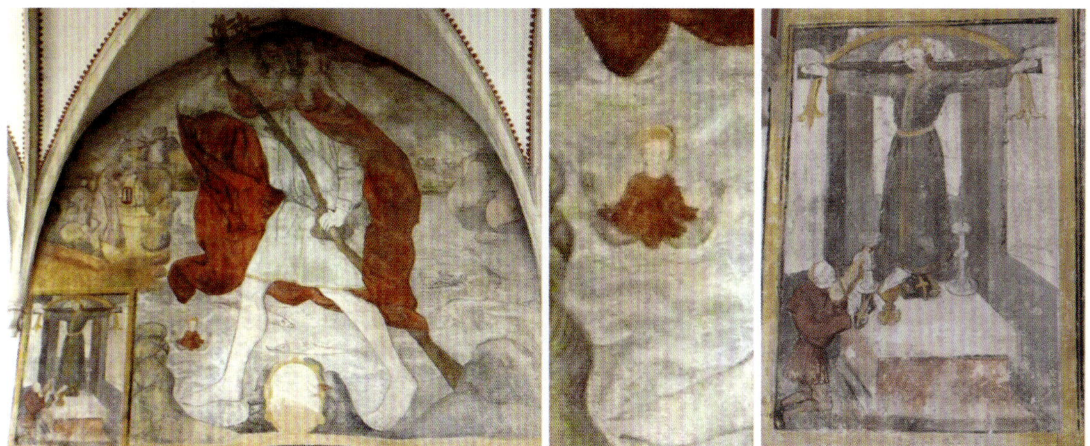

(Wandgemälde über dem südlichen Seiteneingang im Inneren der Pfarrkirche St. Johannes der Täufer in Rain, Bayern, 17. Jh.)

Was es auf sich hat mit der »problematischen Heiligen«, zeigt das nächste Kapitel.

71 »Stadtpfarrkirche ›St. Johannes der Täufer‹ zu Rain. Festschrift zum Abschluss der Renovierung der Stadtpfarrkirche St. Johannes der Täufer am 29. September 2013«, https://www.rain.de/index.php?id=1212,52

Die Heilige Kümmernis und das Göttlich-Weibliche

Seit 2014 hängt in der Kirche St. Antonius Eremita in **Rauenthal,** einem Ortsbezirk von Eltville, ein wiedergefundenes Kruzifix, das etwas Besonderes zeigt: eine Frau am Kreuz. Eine Frau, die gekreuzigt wird – wie Jesus Christus. Das irritiert. Sie trägt ein langes Kleid – und hat einen Bart.
Die Pfarrgemeinde im hessischen Rheingau-Taunus-Kreis freut sich, »dass dieses außergewöhnliche Kreuz bei uns in der Kirche einen Platz gefunden hat« – es hängt nun in der Altarnische über der Kredenz.[1]
Die Rauenthaler Figur stammt wohl aus dem 18. Jahrhundert, denn Stil und Beschaffenheit sollen darauf hindeuten, dass sie vom Mainzer Bildhauer Martin Biterich (1724 o. 1729-1789) geschaffen wurde.[2]

(Heilige Kümmernis in der Kirche St. Antonius Eremita in Eltville-Rauenthal, 18. Jh.)

Die Frau am Kreuz hat in verschiedenen Ländern unterschiedliche Namen wie Sankt Wilgefortis, Oncommer(e), Uncumber, Santa Liberata – starke Jungfrau (virgo fortis), Entkümmererin, ohne Kummer, von Kummer Befreite. In Deutschland ist sie unter der Bezeichnung »Kümmernis« (Kummernus)[3] bekannt. Diese inhaltliche Verkürzung ihres ursprünglichen Namens legt im deutschen Kontext den Schwerpunkt auf den Kummer, nicht mehr auf das

---

1 Der Dank der Pfarrgemeinde geht an die Familien Brack und Rußler für diese »besondere Gabe an die Pfarrgemeinde«, siehe Thomas Weinert, 2014, S. 3. Das Fundstück sei aus dem Antoniushof, einem Weingut, berichten Rita und Günter Brack, die es der Pfarrgemeinde geschenkt und sich außerdem an der Restaurierung des wertvollen Stücks beteiligt haben, siehe »›Kümmernis‹ in Rauenthal restauriert – KREUZ Darstellung einer bärtigen Frau«, in: Wiesbadener Tagblatt, 16.9.2014. Es befand sich im Eigentum der Familie Rußler, siehe kleines Faltblatt der Pfarrgemeinde.

2 Siehe kleines Faltblatt der Pfarrgemeinde zur Hl. Kümmernis – Im Wiesbadener Tagblatt vom 16.09.2014: »›Kümmernis‹ in Rauenthal restauriert – KREUZ Darstellung einer bärtigen Frau« wird als Bildhauer Johann Georg Biterich, der Sohn von Martin Biterich, der die Werkstatt des Vaters weiterführte, angegeben.

3 Erstmals belegt auf einem Einblattdruck, einem Holzschnitt von Hans Burgkmair, Augsburg, um 1507; siehe Martin Kraatz 2003, S. 12

von Kummer Befreit-Sein oder das Davon-Befreien. Doch genau dafür wurde sie angerufen: mit der Bitte, von Kummer zu befreien.

(Hl. Kümmernis oben auf dem Aufbau des linken Seitenaltars von Martin Biterich, 1740, in der Pfarrkirche St. Vincentius in Hattenheim, Ortsbezirk von Eltville, Rheingau-Taunus-Kreis)

Eine weitere hessische Kümmernis, die der Rauenthaler Figur sehr ähnlich sieht, befindet sich in **Hattenheim,** ebenfalls ein Ortsbezirk von Eltville. Mit langem, goldenem Gewand und Bart steht ihr Kreuz schon lange, vielleicht durchgehend,[4] und gut sichtbar oben auf dem Aufbau des linken Seitenaltars in der Pfarrkirche St. Vincentius. Die Nebenpatronin der Kirche ist die heilige Margarethe,[5] sie steht als große Statue rechts neben dem Hauptaltar. Die heilige Barbara und die heilige Katharina umrahmen Maria links und rechts auf dem rechten Nebenaltar.[6] Obenauf ist die heilige Appolonia[7] zu sehen und rechts daneben an der Wand die heilige Anna, die Maria das Lesen lehrt. Auch hier hat der Mainzer Bildhauer Martin Biterich die Aufbauten der Altäre mit ihrem kostbaren Skulpturenschmuck und alle in der Kirche verteilten Figuren geschaffen, um 1740.[8]

4 Auch Ende des 19. Jh. wird erwähnt, dass sie sich an dieser Stelle befand, siehe Johannes Zaun, 1879, S. 150f.

5 Siehe »Andacht mit Texten und Liedern zur Hl. Margareta. Hattenheim hat eine besondere Beziehung zur Hl. Margareta«, in: https://peterundpaul-rheingau.de/beitrag/andacht-mit-texten-und-liedern-zur-hl-margareta/, 6.7.2019

6 Siehe Kap. »Die drei heiligen Frauen – und die Eine«, S. 211, untere Fotos

7 Die heilige Apollonia starb im 3. Jh. als Märtyrin für ihren christlichen Glauben in Alexandria, Ägypten.

8 Siehe Faltblatt »Katholische Pfarrkirche St. Vincentius Hattenheim«, Pfarrbüro

Auch in **Eltville** selbst, in der Pfarrkirche St. Peter und Paul, hing (wahrscheinlich bis in die 1960er-Jahre)[9] eine Darstellung der Wilgefortis. Ihr Platz war an der Westempore, was noch ein altes Foto zeigt. Vermutlich in der Folge des Zweiten Vatikanischen Konzils (1962-1965) mit seiner »Bereinigung« des Heiligenkalenders oder vielleicht auch im Zuge der erneuten Freilegung der Wandmalereien an der Empore 1961[10] wanderte sie auf den Speicher. Heute hängt die barocke Darstellung wohlbehalten und in gutem Zustand im Pfarrarchiv. Sie unterscheidet sich von den Rauthaler und Hattenheimer Figuren nicht nur durch die längeren Haare und das ungegürtete Gewand, sondern auch dadurch, dass bei ihr auch die Füße die Kreuzeswunden zeigen. Und die Wölbung der Brüste ist deutlich zu erkennen. Auch diese Figur wird dem Mainzer Bildhauer Martin Biterich zugesprochen.

(l. u. M.: Wilgefortis von Martin Biterich, 18. Jh., im Pfarrarchiv der Kath. Pfarrei St. Peter und Paul in Eltville – re.: Ein altes Foto zeigt den ehemaliger Ort des Wilgefortiskreuzes an der Westempore der Kirche)

---

9 1936 ist die Wilgefortis als Ausstattung der Pfarrkirche St. Peter und Paul verzeichnet bei J. Kohl, S. 8 – 1965 ist sie nicht mehr aufgeführt bei Hans Feldtkeller, was Fritz Arens 1966, S. 416 bemängelt. Dieser Hinweis steht bei Daniela Schimmer, die WS 1996/97 eine Proseminar-Arbeit in Mittlerer und Neuerer Kirchengeschichte über »Barockfrömmigkeit am Beispiel der heiligen Wilgefortis« an der Johannes Gutenberg Universität Mainz verfasste.

10 Ein altes Foto ohne Jahresangabe aus dem Kirchenarchiv (siehe Abb.) zeigt das Wilgefortiskreuz an der Westempore hängend – ohne die Wandmalereien, die erstmals in den Jahren 1865/66 aufgedeckt, dann aber wieder übertüncht und 1961 erneut freigelegt und restauriert wurden; siehe Susanne Kern, 2013, S. 10 und Hans Kremer, 1994, Kap.: »Ankunft. Die Wandmalereien an der Empore (verfasst im Jahr ihrer Freilegung 1961)«. Die Aufnahme müsste demnach vor 1961 gemacht worden sein.

(Votivbild aus Vorarlberg oder Tirol, 1800)

Die Heilige Kümmernis ist keine offizielle Heilige, ihr Name taucht im Heiligenkalender nicht auf. Aber Wilgefortis wurde 1584/86 – als erste »Frauenheilige«, also als eine Heilige, die besonders von Frauen angerufen wurde – ins *Martyrologium Romanum*[11] aufgenommen, verzeichnet am 20. Juli.

Doch bei der Liturgie- und Kalenderreform nach dem Zweiten Vatikanischen Konzil wurde sie wieder gelöscht. Vor allem ist sie eine Volksheilige, die sich, und darin sind sich alle InterpretInnen einig, nicht auf eine historische Person zurückführen lässt. Ihre Verehrung muss einem tiefen Bedürfnis der Bevölkerung entsprungen sein. Und dies wurde auch von der katholischen Amtskirche über Jahrhunderte nicht nur geduldet, sondern mancherorts sogar sehr gefördert.

Heute steht sie der »erfundenen Heiligen« kritisch gegenüber, zahlreiche Darstellungen sind aus den Kirchen verschwunden, vielen Geistlichen ist sie nicht mehr bekannt.

Auch deshalb ist für die meisten Menschen der Anblick einer Frau am Kreuz heute ungewohnt, dabei gab es in der Geschichte der Heiligen einige gekreuzigte Frauen.[12] Dieses Martyrium erlitten die heilige Juliana von Korsika[13] und Eulalia von Barcelona[14], auch die heilige Margarethe wird manchmal am Kreuz dargestellt. Genannt werden auch die heilige Blandina von Lyon[15] und die heilige Eulalia von Mérida.[16] Und sogar im Kongo findet sich die Darstellung einer Frau am Kreuz.[17]

---

11 Verzeichnis von Märtyrern und Märtyrinnen sowie anderen Heiligen

12 Siehe Jürgen Zänker, 1998

13 Nach ihrer Legende wollte Juliana nicht an einem heidnischen Fest teilnehmen, nach ihrer Kreuzigung soll ihre Seele ihren Körper in Gestalt einer Taube verlassen haben.

14 Eulalia von Barcelona soll in der ChristInnenverfolgung unter Kaiser Diokletian um 300 im Alter von 13 oder 14 Jahren das Martyrium am Kreuz erlitten haben.

15 Die heilige Blandina ist eine frühchristliche Märtyrin, die 177 in Lyon einem Pogrom zum Opfer fiel. Ihr Martyrium bestand u. a. auch darin, an ein Kreuz aufgehängt zu werden.

16 Eulalia von Mérida soll als Zwölfjährige 304 in Mérida das Martyrium erlitten haben, weil sie gegen die Christenverfolgung protestierte. Auch sie wird manchmal am Kreuz hängend dargestellt. Bis heute ist sie eine der bekanntesten Heiligen Spaniens.

(l.: Reliefausschnitt am Sarkophag der heiligen Eulalia in der Krypta der ihr geweihten und nach ihr benannten Kathedrale von Barcelona, 14. Jh. – M.: Ausschnitt aus einem Flügel eines Margarethenaltars aus Straßburg, Museum der Schönen Künste in Dijon, Frankreich, 15. Jh. – re.: Elfenbein-Anhänger aus dem Kongo, 18. Jh., verkörpert vielleicht das Martyrium der kongolesischen Prophetin Beatriz Kimpa Vita)

Im Unterschied zu den Märtyrinnen Julia und Eulalia, die eher lokal oder national verehrt wurden, war der Kult der Heiligen Kümmernis, auch wenn sie heute viele nicht mehr kennen, seit dem Spätmittelalter bis zum 19. Jahrhundert weit verbreitet. Er ging um 1400 von den Niederlanden aus, fand großes Interesse in Flandern, wo das religiöse Leben von den Frauen der Beginenbewegung geprägt war, und verbreitete sich schnell in ganz Europa. Mehr als 1000 Kultbilder in Form von Statuen, Fresken, Gemälden, Holzschnitten, Votivbildern und Gebetszetteln sind im europäischen Raum bekannt.[18] Kirchen und Kapellen wurden nach der Kümmernis benannt. In ihnen standen Kümmernis-Altäre. Ihr zu Ehren gab es zahlreiche Wallfahrten. Ihr Antlitz fand sich genauso in großen Kirchen wie in abgeschieden Friedhofskapellen. An Wegkreuzungen und in und an Bauernhäusern. Sie war eine so bekannte Volks-

17 Vermutlich steht die weibliche Christusfigur am Kreuz in Bezug zum Martyrium der kongolesischen Adeligen und Prophetin Beatriz Kimpa Vita, die sich im 18. Jh. gegen die portugiesische Fremdherrschaft wandte und die machtvolle Bewegung der »Antonier« (bezieht sich auf den Heiligen und Kirchenlehrer Antonius von Padua) gründete. Die »afrikanische Jeanne d'Arc« wurde aber als Häretikerin und Hexe verbrannt. In ihrer Religion mischten sich Elemente des Christentums mit Bestandteilen der afrikanischen Religion, was den Missionaren missfiel.

18 Siehe Anton Dörrer, 1961, S. 3

heilige, dass sie sogar die Gebrüder Grimm bei ihren Kinder- und Hausmärchen aufnahmen: »Die heilige Frau Kummerniß«[19]

(l.: Wilgefortis als Buchmalerei in einem flämischen Stundenbuch, 1415, Gent, Universitätsbibliothek – M.l.: St Uncumber, Bildtafel am hölzernen Lettner der Kirche St Mary in Worstead/Norfolk, England, frühes 16. Jh. – M.re.: Barocke Wilgefortis-Statue, 1705, an der Straße von Ceska Lipa nach Mlada Boleslav beim Dorf Zahrádky, Tschechien – re.: Wilgefortis-Darstellung aus dem Marienwallfahrtsort Wambierzyce in Polen)

Manche Darstellungen der Hl. Kümmernis bzw. Wilgefortis zeigen einen deutlich als weiblich erkennbaren Körper, aber mit männlichen Gesichtszügen. In frühen Bildern hat die Kümmernis oft keinen Bart. Auf einem Ölgemälde im Tiroler Volkskundemuseum in Innsbruck aus dem 18. Jh. trägt die Kümmernis eine Perlenkette und hängende Perlenohrringe.[20] Manche Figur steckt in aufwändiger Frauenkleidung, besonders in der Barockzeit, bei anderen sind eher schlichte Gewänder zu sehen. Manchmal trägt sie ein rotes Kleid,[21] hat blonde Haare und ist gekrönt. Und manche Kümmernis hat keine Krone, aber einen Heiligenschein. Ein Kupferstich aus Belgien zeigt sie mit dem heiligen Geist in Form einer Taube. Manche Kümmernis ist ans Kreuz gebunden, andere tragen die Wundmale Christi an Händen und Füßen.

19 Die Legende erschien 1815 im zweiten Teil der Erstauflage der Grimm'schen Kinder- und Hausmärchen, Nr. 66 (KHM 152).

20 Siehe Ulrike Wörner, 3/2016, Abb. auf S. 200

21 Womit nach dem Dresscode der Zeit für Mode unterm Kreuz Sünderinnen dargestellt wurden, siehe Silke Geppert, 2013, zu Maria Magdalena. Doch Wilgefortis ist jungfräulich.

(l.: Hl. Kümmernis, Wallfahrtsbild aus Schwarzau am Steinfeld, Niederösterreich, Städtisches Museum Neunkirchen – M.l.: Heilige Wilgefortis in der gotischen Kirche Saint-Nicolas von Wissant, Pas-de-Calais, Frankreich – M.re.: Kupferstich einer verloren gegangenen Wilgefortisfigur, ehemals im Beginenkonvent Mechelen, Belgien – re.: Hl. Kümmernis aus dem Ursulinenkloster in Graz, Diözesanmuseum Graz-Seckau, Österreich, 2. Hälfte 18. Jh.)

An manchen Orten baten Frauen im deutschsprachigen Raum noch bis in die 1970er-Jahre an einem Kümmerniskreuz um Hilfe. Und auch im 21. Jahrhundert hält das Interesse an dieser Heiligen in unterschiedlichen Formen an.[22] So wurden z. B. in Pastetten im bayerischen Landkreis Erding 2014 ca. 30.000 Euro von der Bevölkerung für die Restaurierung einer alten Kümmerniskapelle gespendet, die nun wieder öffentlich zugänglich ist und deren Kümmerniskreuz regelmäßig kleine Votivgaben erhält.[23] Auch die Wilgefortiskapelle in Hörstein im bayerischen Landkreis Alzenau, 1548 erbaut, wurde über die Jahrhunderte mehrfach restauriert, zuletzt 2012 – auch mit Hilfe von großzügigen privaten Spenden. Hier, wo kurz hinter

22 So brachte z. B. die Polin Olga Tokarczuk (die 2019 den Literaturnobelpreis erhielt) 1999 den in ihrem Land fast vergessenen Kult um das Bild der Hl. Kümmernis mit ihrem Roman *Dom dzienny, dom nocny* (dt. Titel: *Taghaus, Nachthaus*) wieder ins kulturelle Gedächtnis ein. Was den Dramenautor und Regisseur Piotr Tomaszuk dazu anregte, »das Thema aufzugreifen und auf die Bühne des Theaters *Wierszalin* zu bringen, das das Stück im Jahre 2000 als polnischen Beitrag auf der Weltausstellung in Hannover in der deutschen Übersetzung von Kasia Noemi Pacześniowska-Renner aufführte und es anschließend auch auf der Frankfurter Buchmesse desselben Jahres, bei der Polen Gastland war, in Lesungen und Gesprächen vorstellte« (Ulrike Jekutsch, 2014, S. 129f., o. v.)

23 Siehe »Die Kümmerniskapelle und die Lourdeskapelle«, München tv (o. v.).

der hessischen Landesgrenze Wilgefortis verehrt wurde,[24] trafen sich die Leute aus dem Ort am Sonntagnachmittag besonders in der Nachkriegszeit in dieser Zufluchtsstätte, um gemeinsam Andacht zu halten.[25] Heute wird die Kapelle, vor der früher Korn und Holunder wuchsen, nur noch bei besonderen Anlässen und beim jährlich stattfindenden Bittgang durch die Weinberge geöffnet.[26]

(Kümmerniskreuz in der St. Nikolauskirche in Tutzing-Oberzeismering, Bayern, um 1600)

Und auch in Corona-Zeiten wird der Heiligen wieder gedacht: Die Pfarrei St. Joseph Tutzing (Bayern) lud am 19. Mai 2020 die Gläubigen für eine Wallfahrt zur Hl. Kümmernis auf die Ilkahöhe ein. Unter Einhaltung der Abstandsregeln fand dort im Freien vor der St. Nikolaus Kirche eine Maiandacht mit Bittgebet statt, wofür Pfarrer Brummer die Kümmernisfigur aus der Kirche ins Freie geholt hatte. »Im Mittelpunkt stand die Geschichte der Hl. Kümmernis, zu der die Menschen beten, wenn sie in Not und Bedrängnis sind.«[27]

In Lateinamerika war der Kümmerniskult, der durch Eroberung, Kolonialisierung und Missionierung auch in die sog. Neue Welt gelangte,[28] durchgehend präsent – bis heute. So z. B. in Las Tablas in Panama, wo jedes Jahr im Juli ein viertägiges Fest zu Ehren ihrer Schutzheiligen, der Santa Librada, gefeiert wird.

---

24 Siehe in diesem Kapitel S. 306, re. Abb. u. Anm. 83 sowie S. 309, mittlere Abb. u. Anm. 93

25 Siehe Irmtraud Stolzenberger, 2012, S. 10

26 Siehe Gisela Wieland, 1998, S. 147-150 sowie Doris Huhn: »Wilgefortiskapelle in neuem Glanz. Renovierung: 10 000 Euro Gesamtkosten mit Hilfe von Spenden gestemmt«, in: main-echo.de, 12.9.2013 (o. v.)

27 https://www.st-joseph-tutzing.de/wallfahrt-zur-heiligen-kuemmernis/

28 Siehe Ulrich Schoenborn, 2003, Kap.: »Santa Librada. Kultureller Kurzschluss oder konsequente Kontextualisierung?«, S. 77-97

(l.: Altar in der Pfarrkirche Santa Librada in der Stadt Las Tablas in Panama, oben in der Mitte: Santa Librada, links daneben wohl die hl. Barbara mit dem Turm – M.: Der Altarausschnitt zeigt Santa Librada am Kreuz – re.: Eine moderne Version der Schutzheiligen von Las Tablas)

Motive der Kümmernis-Legenden

Die verschiedenen Kümmernis-Legenden, die sich regional etwas unterscheiden, erzählen im Kern, dass sie die schöne christliche Tochter eines heidnischen Königs war, die beschlossen hatte, jungfräulich zu bleiben und nur dem gekreuzigten Gott anzugehören – und nicht, wie es ihr Vater wünschte, mit einem heidnischen Königssohn verheiratet werden wollte. Als sie ihr Vater wegen ihrer Weigerung einsperren ließ, bat sie Jesus Christus bzw. Gott, er möge sie so hässlich machen, dass sie kein Mann mehr begehre – und am nächsten Tag hatte sie einen Bart. Darüber wurde ihr Vater so wütend, dass er sie der Schwarzen Magie bezichtigte und kreuzigen ließ, damit sie so sterbe wie ihr himmlischer Bräutigam.[29]

Hier scheinen viele Motive auf: Zwangsheirat, Schönheit als angeblich selbstverschuldete Ursache für gewaltsame Übergriffe (die schöne Verführerin), Hässlichkeit, die angeblich gegen Übergriffe schützt – und auch Inzest und sexualisierte Gewalt, denn in einigen Legenden-

29 Siehe auch die moderne Version von Rebecca Clamp: »St. Wilgefortis« (Musikvideo, o. v.)

Varianten ist es der König selbst, der seine Tochter begehrt.[30] Dies spiegelt Gewalterfahrungen von Frauen, die sie bis heute betreffen – kein Wunder also, dass diese Volksheilige besonders von Frauen verehrt wurde. Erni Kutter erzählt, dass sich am Kreuz der Kummernus in der Kapelle der Lamprechtsburg bei Bruneck (Südtirol) an den Vorabenden großer Markttage bis Mitte des letzten Jahrhunderts manchmal 40 und mehr Frauen versammelten – Frauen, von denen vermutet wurde, dass sie in ihrer Ehe oder Familie Gewalt erfuhren.[31]
Aber nicht nur wegen Gewalterfahrungen wurde die Hl. Kümmernis angerufen, sondern auch wegen Frauenkrankheiten oder bei Kinderlosigkeit (geopfert wurden z. B. »Gebärmutterkröten«[32] aus Silber oder Wachs) und als Helferin in allen Nöten. »Die hl. Kümmernis wird in allen Herzens-, Leibes- und Seelennöten angerufen und hat eine Art Generalhilfsmacht, sodass sie auch unter den 14 Nothelfern erscheint. Außer in persönlichen Angelegenheiten, besonders in solchen leidender und hoffender Frauen, wird sie auch in Nöten und Gefahren, die die Allgemeinheit bedrohen, angerufen, z. B. bei Trockenheit und Dürre, Misswachs, Teuerung, Überschwemmung und anderer Drangsal«, ist im *Handwörterbuch des deutschen Aberglaubens* verzeichnet.[33] Sie wurde auch »Weiberleonhard«[34] genannt.
Und es gab auch Orte, wo Männerwallfahrten – vor allem von Soldaten – stattfanden, wie z. B. zur Kümmerniskapelle in Burghausen (Bayern), wo es sie heute noch gibt.[35] Denn die Kümmernis hilft allen, denen der Tod bevorsteht.

30 Das Motiv des verfolgten Mädchens, das der eigene Vater heiraten will und das sich deswegen »verändert«, ist sehr bekannt und in vielen europäischen Märchen zu finden – so in Deutschland im Märchen »Allerleirauh«. »Die Bedeutung dieses Erzählgutes im Leben des Volkes ermisst man daraus, dass, von 1200 angefangen, bis in das ausgehende Mittelalter ausführliche Gedichte, Legenden, Epen, romanhafte Darstellungen dieses Stoffes erscheinen«, schreibt Karl Spieß, 1951, S. 128. Und er merkt an: »Bezeichnend ist, dass man das unnatürliche Vorhaben des Vaters in mehreren dieser Werke durch die Angabe zu mildern sucht, der Papst habe die Erlaubnis zur Heirat gegeben.« (S. 128, Anm. 16)

31 Siehe Erni Kutter, 2014, Kap. »›... am nächsten Tag war ihr ein Bart gewachsen‹ Eine Frau am Kreuz: Kummernus – Oncommer – Wilgefortis«, S. 169f.

32 Die Kröte ist ein uraltes Kulttier der Göttin, soll aber – so berichten zumindest volkskundliche Texte – besonders im 18. und 19. Jh. mit der Vorstellung geopfert worden sein, dass sie die im Körper herumwandernde Gebärmutter symbolisiere, die Hysterie, Unterleibskrankheiten und Unfruchtbarkeit verursache; siehe Richard Andree, 1904, Kap.: »Die Opferkröten und Stachelkugeln«, S. 130, siehe auch Jutta Failing, 2003, Kap.: »EX VOTO. Die Kröte im katholischen Votivbrauchtum«

33 Hanns Bächtold-Stäubli, Bd. 5, 1932/33, Spalte 809

34 Der hl. Leonhard, der zu den 14 NothelferInnen zählt, ist der Schutzpatron der Gefangenen und gilt auch als Helfer von Wöchnerinnen.

35 Siehe Ulrike Wörner, 3/2016, S. 130ff. Hier ließ die erste Kapelle die Bäuerin Maria Hechenberger 1693 an der Stelle aus Holz errichten, wo zwischen Fichten ein Bildnis der Hl. Kümmernis hing.

Vor allem ist die Kümmernis eine Ehe-Verweigerin, wie die vielen mittelalterlichen Frauen, die es vorzogen, nicht zu heiraten und stattdessen als Beginen oder Nonnen zu leben, weil sie sich innig mit Christus verbunden fühlten.[36] Häufig waren es auch Nonnen, die den Kümmernis-Kult weiterverbreiteten.[37]

Die Macht der Haare

Haare gelten als Symbol der Stärke und des Schutzes – ursprünglich war auch das Schlangenhaupt der Gorgo Medusa (die heute vielen als scheußliches Monster gilt) ein Schutzzeichen.[38] Im Laufe der Patriarchalisierung galt das nur noch für das männliche Haar, bei Frauen symbolisieren Haare seitdem sexuelle Attraktivität, die häufig als potenziell bedrohlich dargestellt wird (siehe die »Pflicht zum Kopftuchtragen« im Islam). Inge Stephan weist darauf hin, dass die Unterwerfung der Frau häufig mit dem Abschneiden ihrer Haare einhergeht.[39] Auch wenn hier nicht vom Barthaar die Rede ist, so wird doch auch in der Kümmernis-Legende – quasi im Umkehrschluss – mit (Bart-)Haaren nicht geheiratet.

Der Bart der Kümmernis ist nicht nur eine Verunstaltung des weiblichen Gesichts, sondern auch ein Zeichen des weiblichen Widerstands. Und es gab auch andere heilige Frauen, die sich mit einem Bart gegen Übergriffe wehrten, wie Galla von Rom[40] und Paula von Avila in Spanien[41]. Sophia Kunze geht davon aus, dass eine Vielzahl der Bilder bärtiger Frauen oder Heiligen heute als Männer kanonisiert sind.[42]

---

36 Siehe Britta-Juliane Kruse, 2001, S.164f; siehe auch Ulrike Wörner, 3/2016, Kap.: »Der ›spirituelle Geschlechterwechsel‹ und die Cruzifixa als Identifikationsfigur für religiöse Frauen aller Schichten«; siehe auch Susanne Fritsch-Staar, 1998, S. 117-139.

37 So z. B. die Nonnen des Klosters Frauenchiemsee nach Tirol, siehe Ilse Friesen, 1998, S. 14. Oder die Benediktinerinnen vom Kloster Marienberg bei Boppard im Oberen Mittelrheintal, die den Kümmerniskult zum fränkischen Kloster St. Walburga in Eichstätt brachten; siehe Konrad Kunze, 2/1998, Sp. 1082

38 Siehe Ulrike Pittner & Ursa Krattiger, 2015, Kap. zu Gorgo Medusa

39 Inge Stephan, 2001, S. 31; sie zitiert einen Bibeltext zur »Eheschließung« mit einer Kriegsgefangenen: »und siehst unter den Gefangenen eine schöne Frau und gewinnst sie lieb, dass du sie zur Frau nimmst, so führe sie in dein Haus und lass sie ihr Haar abscheren« (Deuteronomium/5. Buch Moses, 21,11-12).

40 Sie war die Tochter eines gallo-römischen Senators, die im 6. Jh. als junge Witwe eine Wiederverheiratung ablehnte, ihr Leben stattdessen Christus weihte und für ihre Werke der Nächstenliebe bekannt war – als Schutz vor Nachstellungen erschien ein Bart auf ihrem Gesicht; siehe Ökumenisches Heiligenlexikon, Artikel: »Galla von Rom«

41 Siehe Elizabeth Nightlinger, 1993, S. 292, 310; siehe auch *Ausführliches Heiligen-Lexicon*, 1719, Spalte 1657f.

42 Siehe Sophia Kunze, 2019, Abschnitt: »Die Kümmernis und der weibliche Bart im Kontext des Heiligen«, S. 36

Aber der weibliche Bart hat noch mehr Aspekte. In der Frühzeit der Menschheit wurde die Göttin Aphrodite in Zypern als »Venus barbata« (bärtige Venus) verehrt – um ihre Doppelgeschlechtlichkeit zu betonen.[43] Im Altertum galten bärtige Frauen als Prophetinnen, »wobei der Bart als Zeichen von Weisheit und seherischer Kraft interpretiert wurde.«[44] Ab dem christlichen Mittelalter galt die Weisheit als männlich und weibliches Barthaar als ein Merkmal von Hexen.[45]

Regine Schweizer-Vüllers, Germanistin und Jung'sche Analytikerin und Psychotherapeutin, folgt einer anderen Spur. Sie versteht den Bart als »Ausdruck für bestimmte ekstatische Zustände, die zum mystischen Weg gehörten oder gehören konnten.«[46] Gemeint ist damit eine Art »Liebessturm«, ein brennendes, heftiges Begehren nach der Liebe Gottes als persönliche innere Erfahrung – ein spirituelles Erleben, von dem wir in den Schriften der Mystikerinnen lesen. Und zu dem auch körperliche Begleiterscheinungen gehören können.
Schweitzer-Vüllers, die in neuerer Zeit die erste größere deutschsprachige Abhandlung zur Kümmernis verfasste,[47] sieht in den Darstellungen der Heiligen den Ausdruck eines kollektiven inneren seelischen Bildes – das Bild der auf Gott bezogenen Seele der mittelalterlichen Menschen. Sie versinnbildliche einen seelischen Zustand auf dem Weg zu Gott, den schon die Mystikerin Margareta Porete (1250/60-1310) in ihrem Werk *Der Spiegel der einfachen Seelen* »ontcommert-syn« genannt habe. Die Heilige am Kreuz erzähle vom Konflikt der Zerrissenheit zwischen der Liebe zu Gott und den irdischen Begierden und Leidenschaften.[48] Und diese auf Gott bezogene Seele des Menschen, egal ob Frau oder Mann, werde als weiblich erlebt.[49]

43 Siehe Annine van der Meer, 2020, Abb. I.1.31, S. 32: »Wie die Göttinnen Inanna und Ischtar trägt sie das Leben in sich und erzeugt neue Lebenskraft von innen«, erklärt die Theologin und Symbolforscherin zur Doppelgeschlechtlichkeit der Venus barbata mit Vulva und Bart. Siehe auch Monica Sjöö u. Barbara Mor, 2/1986, S. 43: »Göttliche Bisexualität unterstrich Ihre unbeschränkte Macht.«

44 Gerlinde Volland, 1997, S. 199

45 Siehe auch die Thematik der »Wilden Frau«, die als am ganzen Körper behaart dargestellt wird.

46 Regine Schweizer-Vüllers, 2003, S. 116

47 Regine Schweizer-Vüllers, 1997, 2/1999

48 Siehe Regine Schweizer-Vüllers, 2003, S. 106-122

49 Siehe ebd., S. 111

Nähe zum Weiblich-Göttlichen

Drei Tage lang hing die Hl. Kümmernis laut der Legende am Kreuz und bat Gott, dass alle, die in Erinnerung ihres Leidens den gekreuzigten Gott anrufen, erlöst würden von Mühen, Leid und Bedrängnis des Herzens, des Körpers und des Geistes. Ihre Bitte sei erfüllt worden. So wurde sie zur Mittlerin, zur Fürbitterin und steht daher in enger Verbindung mit den 14 NothelferInnen[50] – und dort vor allem mit den drei weiblichen Heiligen. Eine Votivtafel aus der Wallfahrtskirche zu den Heiligen Drei Brunnen in Trafoi am Stilfserjoch in Südtirol von 1704 zeigt die Kümmernis bei den »14 Nothelfern« neben Katharina, Margaretha und Barbara.[51]

Auf einem Ölbild aus der Religionskundlichen Sammlung in der Philipps-Universität in **Marburg** ist die Hl. Kümmernis mit der hl. Barbara zu sehen.

(l.: Heilige Kümmernis mit heiliger Barbara auf einem Ölbild, ohne weitere Angaben, aus der Religionskundlichen Sammlung der Philipps-Universität Marburg – re.: Votivbild mit einer Bauersfrau, die in der Wilgefortiskapelle Axam, Tirol, zum Guten Hirten, zu Maria mit dem Kind und zur Hl. Kümmernis betet, 1809)

Auch mit Maria, der christlichen Nachfolgerin der einst verehrten Göttin, sind Darstellungen der Kümmernis häufig in Verbindung zu sehen, besonders auf Votivtafeln. Einige der Wallfahrten, die früher der Kümmernis galten, beziehen sich heute auf Maria, wie in Stadleck, einem Ortsteil von Kirchdorf am Inn in Bayern, wo Votivbilder noch davon künden.[52]

---

50 Zu den 14 NothelferInnen zählt auch der hl. Christopherus, der das Christuskind trägt und eine besondere Verbindung zur Göttin hat; siehe Kap.: »Die Göttin als Sirene«, Abschnitt »Christophorus und die Nixe oder die Göttin und ihr Heros«

51 Siehe Erni Kutter, 2010, S. 103; Erni Kutter, 2014, Kap. »›… am nächsten Tag war ihr ein Bart gewachsen‹ Eine Frau am Kreuz: Kummernus – Oncommer – Wilgefortis«, S. 173, Abb. 90; Ulrike Wörner, 3/2016, S. 23, Abb. 3

52 Das Landratsamt Rottal-Inn hat eine Broschüre herausgeben: Rott- und Inntaler Wallfahrtswege. Wandern auf den Spuren von Päpsten und Heiligen, die auch Kümmernisbildnisse in Wallfahrtskirchen nennt. (o. v.)

Die Verbindung zum Weiblich-Göttlichen reicht weit zurück, Spuren führen zu den drei Bethen und anderen Dreiergruppen.[53] So gibt es in der Abtei Frauenwörth im Chiemsee ein Bild, das die bärtige Kümmernis im langen, braunen Gewand mit deutlich erkennbaren Brüsten und einem Heiligenschein an einen Querbalken gefesselt zeigt. Das Besondere daran ist die Inschrift, die die Frau am Kreuz als St. Gwer, also als eine der drei Bethen benennt. Erni Kutter weist darauf hin, dass die Kleidung des Geigers und die Altartücher in den Farben Weiß, Rot und Schwarz gehalten sind.[54] In Erinnerung an die Farben der alten Göttin?

(l.: Kümmernisbild, Kopie des Originals der Abtei Frauenwörth im Chiemsee, Bayern, in der Religionskundlichen Sammlung der Universität ***Marburg,*** *1936 von Schwester Gabriela angefertigt – re.: Votivbild der drei Bethen Aubet, Cubet und Guere aus Meransen, 1730)*

Wie Erni Kutter schon in ihrem Buch zum Kult der drei Jungfrauen herausarbeitete, zeigt auch ein Votivbild aus Meransen (Südtirol), das sich heute im Diözesanmuseum Brixen befindet, eine Verbindung der Kümmernis zu den *drei Bethen.* Die nur mit einem Lendentuch bekleidete St. Guere (Quere) hängt gefesselt zwischen zwei Bäumen, während St. Aubet

53 In der Kirche in Kirmutscheid in der Südeifel hängt eine Kümmernis in der Nähe von den »drei Marien«, siehe Erni Kutter, 1997, S. 101f., S. 103-105: Auch eine Darstellung von Sophia (die Weisheit) mit zwei ihrer drei Töchter oder von Spes, Fides und Caritas gab es einst in dieser Kirche. Siehe auch Christoph Wendt, 2013, S. 30

54 Siehe Erni Kutter, 1997, S. 43

und St. Cubet ihr zu Füßen hocken und mit ihren Händen anbetende und segnende Gesten vollführen. Kutter sieht hier keine Kreuzigungsszene – wie auch bei den meisten Darstellungen der Kümmernis nicht –, sondern ein Abbild der Göttin.[55]

Amtlich belegt, wurden in Meransen bis in die Mitte des 17. Jahrhunderts heilige Bäume und Quellen verehrt.[56] Die ursprüngliche Wallfahrt galt wohl auch den drei Bethen, noch 1905 gab es einen Bittgang um Regen und bis heute werden am 16. September die Statuen der drei heiligen Jungfrauen, die in der Kirche zum Hl. Jakobus auf einem Seitenaltar stehen, in einer Prozession in und ums Dorf getragen.[57] So wie es der Schweizer Autor Otto Hellmut Lienert in einer Erzählung, die im Jahr 1945 in seinem Heimatland angesiedelt ist, auch für die Kümmernis beschreibt, deren Kruzifix am Kümmernistag bei einer Flurprozession durch die Felder getragen wird – und bei der der greise Priester (statt vom Geheimnis der heiligen Menschwerdung, von den Leiden des göttlichen Erlösers und der wunderbaren Himmelfahrt Christi zu singen) um die Früchte der Erde bittet und um Regen.[58]

Erni Kutter beanstandet, dass das »Verbundensein« mit Bäumen ein oft übersehenes und vernachlässigtes Motiv der Kümmernistradition sei.[59] 1934 schrieb Georg Schreiber über die Anwesenheit der Hl. Kümmernis in Waldkapellen, »in denen noch der Baumkult durchschimmerte.«[60] Auch hier also ein Hinweis auf vorchristliches Kultgeschehen – was der Leiter des Deutschen Instituts für Volkskunde vielleicht nur auf die germanische Mythologie bezog, doch die besondere Beziehung der Göttin zu ihren Bäumen (besonders zum Lebensbaum) zeigt sich in den unterschiedlichsten Mythologien. Britta-Juliane Kruse geht davon aus, dass sich die Kümmernis aus einer vorchristlichen Baumheiligen entwickelt hat – mit dem Kreuz als christlicher Übertragung des Lebensbaumes.[61]

Auch zu den *Matronen* gibt es Verbindungen, »besonders im Hinblick auf die beigegebenen, übereinstimmenden Symbole und auf die Notsituationen, in denen die Matronen, die drei Jungfrauen und die christliche Fürsprecherin nach damaliger Ansicht hilfreich wirken konnten.«[62]

---

55 Siehe ebd., S. 40
56 Siehe ebd., Kap.: »Die widerspenstigen Jungfrauen von Meransen«
57 Siehe Siegrid Hirsch u. Wolf Ruzicka, 2016
58 Otto Hellmut Lienert, 1949, S. 15-19, S. 109 wird die Kümmernis Sankt Onkommera genannt.
59 Siehe Erni Kutter, 1997, S. 41
60 Georg Schreiber,1934, S. XII
61 Siehe Britta-Juliane Kruse, 2001, S. 164
62 Ebd., S. 161

Schon in Stadlers *Vollständigem Heiligen-Lexikon* heißt es 1869 zur Kümmernis: »und da bekannt ist, dass die ersten Glaubensprediger bei Zerstörung der Götzenbilder an deren Stelle Heiligenbilder setzten, so wäre es allerdings möglich, dass an solchen Orten, an welchen sonst eine helfende Göttin verehrt wurde, eine christliche Heilige gesetzt ward, die auch Bekümmernis, aber auch eine besondere Gotteshilfe erfahren habe, und die daher um so mehr bereit wäre, durch ihre Fürbitte zu helfen.«[63] 1997 stellte Erni Kutter klar: »Für mich gehört der Kümmerniskult in den religionsgeschichtlichen Zusammenhang einer in ganz Mitteleuropa zu beobachtenden Rückkehr alter, heidnischer Gottheiten und damit auch des Weiblich-Göttlichen in den sakralen Raum.«[64]

Kümmernisforschung in Marburg

In der **Marburger** Stadtkirche gibt es ein Fresko von einer gekreuzigten Figur im langen Gewand an der Südwand – »das (wahrscheinlich) als eine Kümmernisdarstellung gelten muss«[65] –, mit einem Bezug zu den Beginen. Die originale Wandmalerei ist schon stark verblichen. Gut zu sehen ist das griechische Kreuz auf der gewölbten Brust, ein Bogen mit lilienartigen Endornamenten und dass die gekreuzigte Figur nur einen Schuh trägt. Der Spielmann am unteren linken Rand ist nur schwer zu erkennen.

(Fresko der Hl. Kümmernis, Stadtkirche, Marburger Oberstadt, 14. Jh.)

Beginen wohnten in der Nähe des Friedhofs, der die lutherische Stadtkirche umgab, und betreuten diesen vor allem in Pestzeiten. Die ehemalige Pfarrerin der Kirche Sigrid Glockzin-Bever sieht einen Verehrungszusammenhang und fragt: »Fanden die Frauen das Bild vor und haben es als Kümmernis verehrt oder haben sie es selbst in die Kirche gebracht?«[66]

63 Stadlers Vollständiges Heiligen-Lexikon, Bd. 3, 1869, S. 643, Eintrag »Kumernissa«. Siehe auch Wolfgang Menzel, 1854, S. 536, der von Zügen aus einem älteren heidnischen Kultus spricht.

64 Erni Kutter, 1997, S. 102

65 https://www.uni-marburg.de/de/relsamm/sammlung/besondere-exponate/heilige-kuemmernis. Ulrike Wörner, 3/2016, S. 72, zeigt das Marburger Wandgemälde allerdings bei den Volto-Santo-Darstellungen.

66 Siehe Sigrid Glockzin-Bever, 2003, S. 152

In der Nähe befindet sich die Religionskundliche Sammlung der Philipps-Universität Marburg, die - einmalig in Deutschland - einen Sammlungsschwerpunkt zur Kümmernis hat. Bei den verschiedenen Darstellungen, die zu sehen sind, handelt es sich zumeist um Kopien von Originalen, die nicht aus Hessen stammen.[67]

(l.: Blick auf die Exponate zur Hl. Kümmernis in der Religionskundlichen Sammlung der Philipps-Universität Marburg - re.: Kopie der Kronberger Kümmernis in der Religionskundlichen Sammlung der Philipps-Universität Marburg)

Aber eine Kopie zeigt eine Darstellung, die einst in Hessen beheimatet war - in der Burgkapelle in **Kronberg im Taunus.** Das Original des Freskos wurde im Zweiten Weltkrieg in der Nacht vom 18. auf den 19. November 1943 bei einem britischen Bombenangriff auf Kronberg zerstört. Auch diese Figur am Kreuz trägt ein langes, blaues Kleid und einen Bart. Deutlich ist hier ihre Krone zu sehen. Und auch ein Spielmann, der am linken unteren Bildrand Geige spielt.[68] Auch hier ist der obere Teil der Figur von einem Lilienbogen umgeben. Doch schon

67 Die Religionskundliche Sammlung befindet sich in der Landgraf-Philipp-Str. 4 in Marburg; zur Geschichte des Archivs zur Kümmernisforschung siehe https://www.uni-marburg.de/de/ub/ueber-uns/standorte/bibliothek-religionswissenschaft/geschichte-archiv-kuemmernis-forschung

68 Die Legende vom armen Spielmann, die schon seit dem 12. Jh. nachweisbar ist, erzählt, dass einst vor dem Kreuz ein in Not geratener Spielmann musizierte, wofür er von der Figur am Kreuz einen wertvollen Schuh geschenkt bekam. Doch er wurde daraufhin wegen Diebstahls angeklagt, konnte aber seine Unschuld beweisen, als er erneut vor dem Kreuz spielte und dort den zweiten Schuh zugeworfen bekam. Das sog. »Schuhwunder« inspirierte Komponisten und Schriftsteller; siehe Olimpia Goldys, 2008, S. 149-167 (o. v.). Die Legende war in unterschiedlichen Varianten bekannt und wurde verschiedenen Heiligen zugeschrieben.

1913 hatte Gustav Schnürer dieses Bild als Volto Santo definiert[69] – in der Marburger Sammlung ist unter dem Bild beides vermerkt: »Volto Santo/Kümmernis. Kopie der Kronberger Kummernus«.

Volto Santo

In der Kathedrale von Lucca in der Toskana befindet sich eine Darstellung des Gekreuzigten, die Christus nicht als Leidenden mit Dornenkranz auf dem Haupt zeigt. Vielmehr steht er – ohne Wundmale an den Füßen – als Triumphierender, mit Krone und festlichem, langem Gewand (einer gegürteten langen Ärmeltunika, Colobium) bekleidet. Wann das Kreuz entstand, ob im 13., 11., 8. oder 7. Jahrhundert oder noch früher, ist umstritten. Ebenso wo es entstand und wie es nach Lucca gelangte.[70] Der Legende nach kam es aus dem Heiligen Land. Dieses Gnadenbild, das das »wahre Anlitz« Jesu Christi zeigen soll, zählt zu den Archeiropoieten, gilt also als von Gott geschenkt.[71]

(Volto-Santo-Kreuz in der Kathedrale von Lucca, Italien, aus dem frühen 13. Jh. – l.: Das heutige Kreuz ist vermutlich eine Kopie des ursprünglichen Kreuzes – re.: Mit wertvollen Votivgaben geschmück)

---

69 Gustav Schnürer, 1913

70 Siehe die Zusammenfassung der bisherigen Forschungsdiskussion und die Aktualisierung des Forschungsstandes bei Andreas Meyer, 2003, S. 21-36, siehe auch Hans-Martin Schwarzmaier, 1972, Kap. 3: »Die geistige Welt Luccas«, S. 337ff.

71 Siehe dazu Ulrike Wörner, 3/2016, Kap. 3, Absatz: »Wer war/ist der ›Volto Santo‹?«, S. 64-66

Das Volto Santo aus Lucca wurde schnell zu einem der wichtigsten Pilgerziele des Mittelalters und machte die oberitalienische Stadt zu einem bedeutenden Wallfahrtsort. Und der Kreuzestyp des Volto Santo verbreitete sich ab dem 12. Jahrhundert in ganz Europa, wurde zum Vorbild zahlreicher Christusbilder. Doch es gibt viele dieser Darstellungen, bei denen bis heute umstritten ist, ob es sich nicht doch um eine Kümmernis bzw. Wilgefortis handelt, wie z. B. beim Wandgemälde in der Lambertuskirche in Düsseldorf.[72] Oder die selbstverständlich als solche gesehen werden, wie beim Fresko der Kirche St. Vigil in Altenburg (bei Kaltern, Südtirol), wo die Tourismuswerbung und auch die Internetseiten der Pfarrgemeinde von der Kümmernis sprechen, obwohl die Figur mit dem langen, blauen Gewand und dem Lilienbogen dem Volto Santo sehr ähnlich sieht.[73]

(Volto Santo oder Hl. Kümmernis? – l.: Wandgemälde in der Lambertuskirche in Düsseldorf, um 1460 – re.: Außenfresko auf der Westseite der Kirche St. Vigil in Altenburg bei Kaltern, Südtirol/Italien, um 1420)

72 Für ein Volto Santo votierten z. B. Schnürer/Ritz, 1934, S. 231 und in der neueren Forschung Georg Dehio, 2005, S. 292; für die Kümmernis spricht sich ein Teil der älteren Forschung aus und in neuerer Zeit z. B. Gisela Cursiefen, 2008, S. 75-77.

73 Siehe Anton Maran: »Die Legende von der Hl. Kummernus«, in: https://www.kaltern.com/de/die-legende-von-der-hl-kummernus.html (Quelle: »Kalterer Geschichten«), siehe auch https://www.pfarrei-kaltern.it/de/kirchen-in-kaltern/st-vigil-in-altenburg. Neben dem Kreuz ist auch die hl. Barbara zu finden und die schon sehr verblichenen Köpfe unter der Kreuzigungsszene zeigen die 14 NothelferInnen – Kontexte, die ebenfalls für eine Verbindung zur Kümmernis sprechen. An der Nordwand sind Reste eines großen Christophorus-Außenfreskos zu sehen.

Nur ein Missverständnis – Oder: Der Kreuzestod als männliches Privileg

In ihrem lange Zeit als Standardwerk geltenden Buch *Sankt Kümmernis und Volto Santo*[74] erklären Gustav Schnürer und Joseph M. Ritz – wie auch schon frühere Forscher –[75] die Entstehung des Kümmernis-Kultes damit, dass die Lucceser Darstellungsform des gekreuzigten Christus im langen Gewand im Laufe der Zeit nicht mehr verstanden und als weiblich interpretiert worden sei. Die Kümmernis selbst gilt ihnen als reine Dichtung, die sie mit Unverstand, Aberglauben und falscher Gelehrsamkeit verbinden.[76] Reinhard Bodner betont in seiner Analyse der Kümmernisforschung bei den Publikationen von Schnürer und Ritz, dass ihnen die Kümmernis als »Problem« erschienen sei und dass sie meinten, der Volksfrömmigkeit müsse Schranken gesetzt werden, sie müsse scharf bewacht werden.[77]

Der Interpretation, der Kümmerniskult beruhe nur auf einem Missverständnis, wird in neueren Forschungen widersprochen, so auch von der Kuratorin der Ausstellung »Frau am Kreuz – eine neu entdeckte Kultfigur« Ulrike Wörner: »Es handelt sich um zwei autonome Figuren, die eben ineinander verschmolzen sind.«[78]

Doch leider wird die Missverständnis-These immer weiter tradiert, besonders in beschreibenden Texten wie in Kirchenführern, Tourismusbroschüren, Presseartikeln. Und so fragt Wörner, warum es offensichtlich so schwierig ist, eine »Cruzifixa« als eine religiöse Kultfigur anzuerkennen, die autonomen Ursprungs ist und spezifische Glaubensaussagen transportiert.[79]

Jürgen Zänker, der das Motiv der gekreuzigten Frau kunsthistorisch verfolgt und besonders auch den voyeuristischen bis sadistischen männlichen Blick vorstellt, zeigt, worin selbst bei der Darstellung nackter gekreuzigter Frauen – von denen es durch die Jahrhunderte zahlreiche Sujets gibt – die seiner Meinung nach *tatsächliche* Provokation liegt: »Die Kreuzigung einer Frau scheint das eigentliche Tabu zu sein, gegen das hier verstoßen wird. Der Kreuzestod ist im allgemeinen Bewusstsein ein männliches ›Privilig‹, das männliche Opfer, die Erlösungstat eines Mannes, des biblischen Jesus Christus ... zum Heil der ganzen Menschheit.

74 Gustav Schnürer, Joseph M. Ritz, 1934
75 Siehe ebd., Einleitung
76 Siehe ebd., S. 23
77 Siehe Reinhard Bodner, 2004, S. 48: verweist auf Schnürers Aufsatz: »Das Kümmernis-Problem in Bayern«
78 https://tirol.orf.at/v2/news/stories/2884257/
79 Ulrike Wörner, 3/2016, S. 85

Dass dieser heroische, männliche Triumph nunmehr auf eine Frau übertragen, dass diese männliche Ausschließlichkeit mit einer Frau geteilt wird, scheint als unangemessen und als unerträglicher Angriff auf ein männliches Privileg empfunden zu werden. Damit könnten sich weitergehende männliche Verlustängste verbinden.«[80]
Bis heute provoziert eine Frau am Kreuz. Und wenn sie gar nackt ist, regt sich öffentlicher Widerstand – so geschehen in Salzburg, Ostern 2006, bei der Veranstaltung »ER-Lösung? Eine Glaubensprozession« der Arge Kultur, die mit dem Bild einer nackten Frau am Kreuz angekündigt wurde. Die ÖVP forderte ein Verbot, der Bürgermeister (SP) drohte mit der Kürzung von Subventionen, der Erzbischof sprach von einer Verhöhnung christlicher Werte. Nach tagelangen massiven Drohungen wurde die Veranstaltung mit einer Performance der polnischen Künstlerin Dorota Nieznalska schließlich aus Sicherheitsgründen von der Arge abgesagt.[81]

Gegen die Missverständnis-These sprechen zahlreiche Kümmernisdarstellungen, die eindeutig eine bloße Verwechslung ausschließen. So gibt es z. B. (nur noch fragmentarisch erhalten) in der Rostocker Nikolaikirche sowohl ein Volto-Santo-Bild als auch eine Kümmernis-Darstellung, »Sta Unkumer« genannt – was belegt, dass zumindest in der Mitte des 15. Jahrhunderts der männliche Gottessohn und die weibliche Heilige am Kreuz als verschieden erlebt und getrennt verehrt wurden.

(Wandgemälde in der Nikolaikirche in Rostock, l.: Das Kreuz aus dem Welschland, Volto Santo, 1450 – re.: Sta Unkumer, Kreuzigung der Heiligen Kümmernis, 1446/1455, fotografiert um 1910)

80 Jürgen Zänker, 1998, S. 39

81 Siehe »Heiße Zensurdebatte um ›gekreuzigte Frau‹«, in: Der Standard, 11.4.2006 (o. v.); »Keine nackte Frau am Kreuz«, in: DrehPunktKultur, 9.4.2006 (o. v.); Claudia Lagler: »Prozession mit nackter Frau abgesagt. Morddrohungen: Die Arge Kultur verzichtet auf ihre ›Glaubensprozession‹«, 12.4.2006, in: Die Presse (o. v.); »›Glaubensprozession‹ sorgt für Streit«, in: spiegel online, 12.4.2006 (o. v.)

Von 1400 an gibt es frühe Darstellungen von Wilgefortis/Oncommer, an deren Kreuz Männer stehen, die wohl ihren Vater und manchmal auch den fremden, heidnischen Königssohn darstellen. Und manche Bilder der Kümmernis zeigen neben der weiblichen Heiligen auch ein Kruzifix mit dem gekreuzigten Christus, wie auf dem Kümmernisbild in der St.-Andreas-Kirche im Ortsteil Schlechtbach der Gemeinde Gschwend, Baden-Württemberg.[82] Auf dem Holztafelbild der heiligen Wilgefortis in der Wilgefortiskapelle am Ortsrand von Hörstein, einem Stadtteil von Alzenau (Landkreis Aschaffenburg, Bayern) trägt *die* Gekreuzigte *den* Gekreuzigten an einer Kette um den Hals.[83]

(l.: Miniatur aus dem Stundenbuch der Maria von Burgund, die als Erbprinzessin mit dem späteren Kaiser Maximilian von Habsburg quasi »zwangsverheiratet« wurde, um 1477 – M.: Reproduktion eines Bildes mit dem gekreuzigten Christus zwischen den Kerzen unter der Hl. Kümmernis am Kreuz in der St.-Andreas-Kirche in Schlechtbach, Ortsteil von Gschwend, Baden-Württemberg – re.: Wilgefortis als Altarbild in der Wilgefortiskapelle bei Alzenau-Hörstein, Bayern)

82 Das Bild inspirierte 1815 den Dichter Justus Kerner zu seiner Ballade »Der Geiger von Gmünd«.

83 In der Wilgefortiskapelle in Alzenau-Hörstein gab es auch noch ein Wilgefortis-Holzkreuz, es trägt den Namen »Hl. Veränderung«. Auch hier befand sich die Kümmernis einst in weiblicher heiliger Gesellschaft: Zur Ausstattung der Kapelle gehörte bis 1954 auch eine Darstellung der Anna selbdritt; siehe Gisela Wieland, 1998, S. 147; Abb. siehe »Wein und Herrschaft. Hörstein, der Abtshof und die Wilgefortis-Kapelle«, S. 5 (o. v.)

Volto Santo oder Kümmernis in Kronberg und Seligenstadt?

Für die **Kronberger** Darstellung wird Schnürers Deutung als Volto Santo wohl zutreffen. Nicht nur wegen vieler Merkmale, die mit dem Gnadenbild aus Lucca übereinstimmen, sondern vor allem weil er in diesem Fall vermutet, dass es Beziehungen zwischen Kronberg und Lucca gegeben hat. Zwei Söhne des Stifters des Bildes studierten in Bologna, das nicht weit entfernt von Lucca liegt – ein Besuch des damals bereits sehr bekannten Wallfahrtsbildes scheint wahrscheinlich und könnte den Vater veranlasst haben, das Bild in der Burgkapelle nach dem Lucceser Vorbild anfertigen zu lassen.[84] Und wegen des Alters des Bildes, das, wie Schnürer meint, zwischen 1348 und 1386 entstand – gestiftet von Ulrich von Kronberg und seiner Gemahlin Gertrud von Bellersheim. Doch das Landesamt für Denkmalpflege Hessen benennt in seiner Beschreibung der Burg Kronberg das Fresko als Darstellung der Heiligen Kümmernis, gestiftet zwischen 1355 und 1360.[85] Der Heimatforscher Helmut Bickel schreibt: »Ausgerechnet der Bezirkskonservator Prof. Ferdinand Luthmer *vermischwechselt* dieses Bild 1905 mit der Legende um eine imaginäre Heilige namens Wilgefortis oder St. Kümmernis, sodass es als Wilgefortis- oder Kümmernisbild in zahlreiche Kunstdenkmalinventarien Einzug hält und bis heute in ebenso viele lokalhistorische Publikationen.«[86]

Und was ist mit dem Kreuz in der Einhardbasilika St. Marcellinus und Petrus in **Seligenstadt** (Landkreis Offenbach)? Es zeigt ebenfalls eine gekreuzigte Figur mit langem, allerdings goldenen Gewand, in das die Seitenwunde eingeschnitten ist. Sie trägt eine Krone und einen Bart und hat zwar stehende, aber angenagelte Füße.

---

84 Siehe Gustav Schnürer, 1913, Nr. 3, S. 88. Außerdem war Ulrich von Kronberg Landvogt im Eichsfeld (Thüringen), wo zu dieser Zeit bereits ein besonderes Gnadenbild verehrt wurde: das Hülfenskreuz, ein romanisches Kreuz, das einen »goldgekrönten, huldvoll blickenden König und Sieger über den Tod« zeige. Doch ob diese Kreuzesdarstellung dem Luccaner Kreuz nachempfunden wurde, ist nicht sicher – zumindest trägt der Gekreuzigte kein langes Gewand, sondern nur das Lendentuch, und es gibt keinen Lilienbogen. 1808 galt die Figur als Wilgefortis; siehe Johann Wolf, 1808, S. 35. Die im Wallfahrtsort ansässigen Franziskaner formulieren auf ihren Internetseiten: »vielleicht nach dem Vorbild des ›Volto Santo‹ im Dom zu Lucca entstanden«; siehe Josef Keppler: »Geschichte des Hülfensberg«, in: https://www.huelfensberg.de/huelfensberg/geschichte

85 Siehe https://denkxweb.denkmalpflege-hessen.de/737580/

86 Helmut Bickel, 2010/2011, S. 36 – der Begriff »vermischwechseln« stammt von David A. King, 2003, S. 58; siehe auch Ferdinand Luthmer, 1905, S. 96

(Frei hängendes Kreuz in der Basilika St. Marcellinus und Petrus in Seligenstadt)

Es sei ein romanisches Kruzifix, aber das genaue Alter und die Herkunft seien nicht bekannt, ist auf den Internetseiten der Basilika-Pfarrei zu erfahren. Außerdem wurden bei einer Restaurierung 1907 durch den damaligen Pfarrer Weckerle die bis zu diesem Zeitpunkt fehlenden Arme, Füße, Krone und die farbliche Fassung ergänzt. Auch der Querbalken wurde damals in Auftrag gegeben. Alexandra König schreibt zu diesen Ergänzungen: »In Seligenstadt ist das auffallende Bildwerk erst seit den 1880er Jahren nachweisbar, wo es – bereits seiner Gliedmaßen beraubt – auftauchte und auch hier seinerzeit Spekulationen über die Ikonographie auslöste, die der damalige Pfarrer mit der noch heute das Erscheinungsbild prägenden Restaurierung zu Gunsten einer Christusdarstellung entschied«[87] – und vermerkt zudem, dass Pfarrer Weckerle unsicher in Bezug auf die Ikonographie gewesen sei.[88]

Auf den Internetseiten der Basilika-Pfarrei wird wie folgt gedeutet: Christus werde nicht nur als der unter Qualen Gestorbene dargestellt, sondern zugleich als der erhöhte Herr; statt der Dornenkrone trage er eine goldene Königskrone; er sei nicht nackt, sondern sei mit einem

87 Alexandra König, 2011, S. 336. Siehe auch Georg Schäfer, 1885, S. 194: Hier wird noch spekuliert, ob es sich um den Apostel Jakobus den Größeren (Älteren) oder den hl. Sebald handelt.

88 Alexandra König, 2011, S. 337, Anm. 33 mit Verweis auf die handschriftlichen Aufzeichnungen des Pfarrers im Pfarrarchiv der Basilika Seligenstadt

kostbaren Gewand bekleidet. Hier werde noch keine Leidensmystik gezeigt (wie später in der Gotik), sondern simultan Niederlage und Sieg, Leid und dessen Überwindung, Erniedrigung und Erhöhung, Tod und Auferstehung.[89]
Diese Beschreibung ähnelt der des »Volto Santo«. In älteren Publikationen ist hingegen zu lesen, es handle sich um ein Kümmernis- bzw. Wilgefortiskreuz – und es wird eingeordnet in die Darstellungen der Kümmernis/Wilgefortis im Untermaingebiet kurz hinter der hessischen Landesgrenze: Alzenau-Hörstein (ein Holzkreuz, das einst zusammen mit einem Altarbild der hl. Wilgefortis in der Wilgefortiskapelle hing),[90] ein Gemälde von 1730 in Wörth am Main[91] und ein Exemplar im Martin-von-Wagner-Museum der Universität in Würzburg.[92]

(l.: Kümmernisbild von Johann Conrad Bechtold in der Kirche St. Nikolaus in Wörth am Main an der Rückwand rechts neben dem Haupteingang, 1730 – M.: »Hl. Veränderung« aus der Wilgefortiskapelle in Alzenau-Hörstein, heute in der Turmkapelle der Pfarrkirche Maria Himmelfahrt[93] – re.: Holzkruzifix in der Universitätssammlung in Würzburg)

89 Siehe http://www.basilika.de/start.html; siehe auch Achim Zöller u. Pfarrer Dieter Ludwig, 2001, S. 18
90 Zum Wilgefortis-Altarbild siehe in diesem Kapitel die rechte Abb. auf S. 306
91 Ursprünglich war das Bild für die St.-Wolfgang-Kirche in Auftrag gegeben worden, nach deren Profanierung 1903 verschwand es auf dem Speicher des alten Rathauses, wurde dort 1948 wiederentdeckt, kam nach einer ersten Restaurierung zunächst in die Wendelinuskapelle und wurde nach einer weiteren Überholung in die St. Nikolauskirche gehängt; siehe die Internetseiten der Pfarrgemeinde: https://nikolauswoerth.de/pfarrkirche/innere-werte/
92 Siehe Busso Peus, 1956, S. 247f.
93 Farbfoto siehe https://www.spessartprojekt.de/wordpress/wp-content/uploads/2020/05/KW_ALZ_1_T_5_Abtshof_H%C3%B6rstein_2020.pdf

Eine weitere Wilgefortis-Darstellung befindet sich – ebenfalls in der Nähe kurz hinter der hessischen Grenze – in der spätgotischen ehemaligen Wallfahrtskirche St. Hippolyt in Dettingen am Main (Ortsteil der bayerischen Gemeinde Karlstein am Main), die unter dem Mainzer Kurfürsten Dietrich von Erbach 1445 auf den Fundamenten einer Vorgängerkirche erbaut wurde. An Armen und Beinen festgebunden, hängt Wilgefortis im rautenförmigen Gewölbe-Mittelfeld des Zelebrantensitzes in einer Nische der südlichen Chorwand.[94] »Man dachte zunächst an eine Figur des hl. Philippus, der gerne in langem, gegürteten Gewand dargestellt wird und an Stricken an ein Kreuz gebunden war ... In diesem Fall ist jedoch eher an eine Darstellung der Kümmernis oder Wilgefortis zu denken ... Die Wilgefortisverehrung lässt sich in der näheren Umgebung sowohl in Seligenstadt als auch in Hörstein nachweisen«[95]

(l. u. M.: Bärtige Wilgefortis im Kreuzrippengewölbe des Zelebrantensitzes in der Kirche St. Hippolyt in Dettingen am Main, Ortsteil von Karlstadt am Main, um 1445 – re.: Das T-förmige Kreuz findet sich stilisiert als »Dettinger Kreuz« auch im Wappen der Gemeinde Karlstadt am Main, Kreis Aschaffenburg, Bayern, und war früher Teil des Wappens der ehemals selbstständigen Gemeinde Dettingen am Main)

Da das Seligenstädter Kreuz heute frei schwebend über dem Zelebrationsaltar hängt – also an dem zentralen Platz der Basilika, können wir uns nur schwer vorstellen, dass es zuvor als Kümmernisdarstellung bzw. hl. Wilgefortis verehrt worden sein könnte. Denn dort hängt normalerweise der gekreuzigte Christus. Doch dieses Kreuz hatte früher einen anderen Platz,

94 Stilmerkmale verweisen auf die von Werkmeister Madern Gerthener (um 1360-1430) begründete Frankfurter Bauhütte, siehe Faltblatt der Pfarrgemeinde. Von den alten Wandgemälden im Chor, die 14 Heilige zeigten – 5 Verputzschichten wurden im Laufe der Jahrhunderte darübergelegt, ist nur die hl. Katharina mit dem Rad in der Laibung des mittleren Chorfenster noch einigermaßen zu erkennen.

95 Clemenz Jöckle, 1995, S. 25

es hing an einer Seitenwand.[96] Eine Beschreibung der Einhard-Abtei aus dem Jahr 1973 zeigt den Chorraum noch ohne schwebendes Kreuz.[97]

Der Mainzer Einfluss – Was ist wichtig?

Ist es eigentlich wirklich wichtig, ob eine Darstellung als Volto Santo entstand oder nicht? Interessant ist doch vielmehr, ob sie als Kümmernis- bzw. Wilgefortisdarstellung verehrt wurde – ob es also ein Bedürfnis danach gab.

So wie im Mainzer Dom, einem Zentrum der Kümmernisverehrung in Deutschland, wo die Heilige nachweisbar seit 1631 verehrt wurde. Dort gab es ein – heute verschwundenes – als wundertätig verehrtes Kruzifix, das Ziel einer Wilgefortis-Wallfahrt war. Dass darunter eine Inschrift angebracht wurde, die die gekreuzigte Figur als Wilgefortis auswies, ist für Evelyn Chamrad ein Beleg für die Umdeutung eines Bildwerkes, das »vehement für eine Darstellung Christi spricht«, was sich wiederum selbst einem Nichtverstehen nicht entziehen konnte und daher durch stützende Inschriften aufrecht erhalten werden musste.[98] Heute erinnert nichts mehr im Dom an die einst so hoch verehrte Heilige, spätestens unter den Bischöfen Burg (1829-1833) und Kaiser (1834-1848) seien die allzu volkstümlichen Formen der Frömmigkeit, die Wallfahrten und Reliquienverehrungen ebenso wie der Kult der bärtigen Heiligen unterbunden worden.[99] Alexandra König kommentiert: »Die bärtige Frau, deren Nachfolge Christi so weit ging, dass sie eine geschlechtliche Angleichung bedeutete und damit die göttliche Ordnung in Frage stellte, war ungeheuerlich, beunruhigend und als Vorbild für gottgefälliges weibliches Dasein nur wenig geeignet.«[100]

Über den Verbleib des Mainzer Wilgefortis-Kreuzes gibt es verschiedene Meinungen. Eine davon ist, dass es nach Elsheim gebracht wurde, andere verneinen das, denn die Mainzer Figur soll nach einem Stich von Wilhelm Rücker gegürtet gewesen sein.[101] Außerdem sei davon auszugehen, »dass der einst in der Mainzer Domkirche anerkannte und beim Volk beliebte

96 Siehe David A. King, 2003, S. 84
97 Otto Müller, 1973, S. 25
98 Evelyn Chamrad, 2001, S. 88
99 Siehe Alexandra König, 2011, S. 335
100 Ebd., S. 335
101 Siehe ebd., S. 331-337 – König hält das Kreuz für verschollen. Für die Elsheim-These sprach sich Franz Falk aus, siehe Alois Franz Falk, 1877, S. 223

Kult sich auch in der Nachbarschaft ausbreitete.«[102] Und im von Mainz religiös und kulturell bestimmten Raum. Auch beim Seligenstädter Kreuz wird spekuliert, ob es aus dem Mainzer Dom stammen könnte.[103] Weitere Mainzer Kümmerniskreuze gab es in der Kirche St. Christoph, das im Zweiten Weltkrieg zerstört wurde, und eins im Stadtteil Ebersheim. Der Mainzer Einfluss ist auch in Eltville zu spüren, wo Mainzer Erzbischöfe ihre Sommerresidenz hatten.

(l.: Kümmernisfigur aus Ebersheim im Mainzer Dommuseum – re.: Kümmernisfigur in der heute zerstörten Mainzer Kirche St. Christoph)

Bei der Kreuzfigur im silbernen Gewand mit einem goldenen Schuh in der St.-Walburga-Kirche in Stadecken-Elsheim (Landkreis Mainz-Bingen)[104] gehen manche Forscher davon aus, dass es sich um das einst im Mainzer Dom verehrte Kreuz handelt – andere halten das für unwahrscheinlich.[105] Die etwa 1,50 m hohe Plastik landete auf dem Speicher der Kirche, wurde 1909 verkauft, 1922 zurückgeholt und in die Sakristei, später an die Emporenrückwand gehängt. 1995 wurde das Kreuz restauriert, nach gefundenen Spuren farblich neu gefasst[106] und hängt seither gut sichtbar in der Kirche.[107] Unten am Kreuzbalken steht: »Heilige Wilgefortis, bitte Gott für alle bed. Menschen in der Noth«

102 J. Kohl, 1936, S. 9
103 Siehe Alexandra König, 2011, S. 336
104 Siehe Jakob Hattemer, 1971, S. 34-42
105 Ein Holzhändler aus Mainz soll es zum Schutz vor den einrückenden französischen Soldaten nach Elsheim in Sicherheit gebracht haben. Siehe auch Anm. 99
106 Siehe *250 Jahre St. Walburga, Jubiläumsbote 2017,* S. 5 mit Farbfoto (o. v.)
107 Siehe Hans-Joachim Stenger, 2000, S. 174-176

(l.: Hl. Wilgefortis im Dom zu Mainz, Kupferstich von Wilhelm Rücker – re.: Wilgefortiskreuz in der Kirche St. Walburga, Stadecken-Elsheim, Kreis Mainz-Bingen)

In Dittelsheim-Hessloch, Landkreis Alzey-Worms, in der St.-Jakobus-Kirche, in der auch die hl. Barbara, die hl. Katharina, die hl. Margarethe und weitere Märtyrerinnen zu sehen sind, ist eine Kreuzfigur im langen Gewand im Eingangsbereich zu sehen. Sie stammt aus dem 18. Jahrhundert[108] und kommt vermutlich aus der 1806 abgebrochenen Hospitalskapelle.[109] Auf ihrem Kreuz steht die Inschrift »INRI« und die »Seitenwunde Christi« ist deutlich zu erkennen – trotzdem wird hier auf den Internetseiten der Pfarrgemeinde von einer Kümmernisfigur gesprochen.[110] Und es gibt weitere Wilgefortiskreuze in Rheinhessen.[111]

108 Siehe Georg Dehio, 2/1984, S. 369

109 Siehe https://www.regionalgeschichte.net/rheinhessen/hessloch/kulturdenkmaeler/st-jakob-kath-pfarrkirche.html?L=0#cLL2 und Karl Faustmann, 1910, S. 11

110 Siehe http://www.sankt-jakobus-kirche.de/Sankt-Jakobus/sankt-jakobus.html (mit Foto)

111 In der Kirche in *Partenheim* (Kreis Alzey-Worms, Rheinland-Pfalz), das in Privatbesitz ging, siehe Franz Alois Falk, 1877, S. 224; in *Bingen* im Pfarrhaus von St. Martin, seit dem Zweiten Weltkrieg verschollen, Abb. in J. Kohl, 1936, S. 8; in *Ockenheim* (Kreis Mainz-Bingen, Rheinland-Pfalz) in der Kirche und als Wegekreuz, siehe Alexandra König, 2011, 337, Anm. 4; in *Niederheimbach* (ebenfalls Landkreis Mainz-Bingen), siehe J. Kohl, 1936, S. 9. Die Freskomalerei der gekrönten gekreuzigten Figur im langen, blauen Gewand an der Südempore der Peterskirche im nicht weit entfernten Bacharach (auch Landkreis Mainz-Bingen) gilt als Volto Santo.

Auch in Bingen-Dietersheim im Kreis Mainz-Bingen (Rheinland-Pfalz) gibt es eine Wilgefortisdarstellung, Sie trägt ein goldenes Gewand und hängt gleich links nach dem Eingang des Hauptportals in der neuen Pfarrkirche St. Gordianus und Epimachus (Bistum Mainz). Doch früher stand dieses Kreuz im Zentrum der Aufmerksamkeit in Dietersheim. Laut Pfarrer Franz Alois Como ist die 86 cm hohe Figur wohl Anfang des 18. Jahrhunderts entstanden.[112] Deutlich wölben sich ihre Brüste unter dem langen Gewand, das nicht gegürtet ist. Ihr Bart ist auch gut zu erkennen und an ihrem rechten Fuß fehlt der Schuh. Ihre Hände sind dort angenagelt, wo der Rundbogen auf den Querbalken trifft.

(Wilgefortis in Bingen-Dietersheim, Rheinland-Pfalz, in der neuen Pfarrkirche St. Gordianus und Epimachus)

Sie trägt keine Krone – doch ein Foto aus dem Jahr 1934 zeigt die Figur mit Krone und mit einer langen Kette geschmückt. Deutlich ist damals auf dem Rundbogen zu lesen: Sankt Hülferin, bitte für uns![113] »Diese Heilige wurde in früheren Zeiten in Dietersheim sehr verehrt, ja aus der ganzen Gegend kamen die jungen Mütter und pflegten Kleidungsstücke und Wäsche der Kinder an dem Bild der Heiligen anzustreichen in der glaubensvollen Zuversicht, dass dann

112 Siehe Franz Alois Como, 1949, S. 6

113 Siehe Alexandra König, 2011, S. 336, Abb. 7. Gekrönt, mit deutlich zu erkennenden Brüsten und im goldenen Gewand erscheint die Kümmernis z. B. auch in der Pfarrkirche Maria Himmelfahrt in Forchtenstein im Burgenland, Österreich.

ihre Kinder, für die diese Wäsche bestimmt war, von Krankheiten und jeglichem Ungemach bewahrt würden«, schrieb Pfarrer Como 1949.[114] Kinder wurden auf den Namen Wilgefortis getauft, noch in der 2. Hälfte des 19. Jahrhunderts wurden heilige Messen und Ämter ihr zu Ehren bestellt und in der Sakristei wurde ein Schuh aus Porzellan aufbewahrt, mit welchem die Pilgernden aus dem Wilgefortisbrünnlein an der Nahe Wasser schöpften und davon tranken. Letzte Spuren eines ehemaligen Wasserkultes? Heute ist dieser Brunnen infolge eines Dammbaus verschwunden.

Früher hing die Gekreuzigte an der Nordwand der alten Kirche. Das Bischöfliche Ordinariat in Mainz wünschte kein Wiederaufleben des St.-Wilgefortis-Kultes, doch als die neue Kirche in Dietersheim gebaut wurde (1910-1912), wurde das Wilgefortis-Kreuz restauriert und in die neue Kirche überführt.[115] Und auch hier wurde es noch bis in die 1970er-Jahre verehrt.

»Oder die Figur wandert wieder zurück auf den Dachboden« – Im Taunus

Dieses Zitat aus der *Schwalbacher Zeitung*[116] verweist auf ein Kruzifix im Taunus, das als Wilgefortisdarstellung anerkannt ist – und das den bisher gezeigten Kreuzen aus dem Mainzer Einflussbereich sehr ähnlich sieht. Was Erni Kutter für Tirol prophezeite – dass sich die Anzahl der Kümmernisbildnisse erhöht, weil in Abstellkammern oder auf Dachböden alter Kirchen immer wieder längst vergessene Figuren oder Gemälde entdeckt werden –[117] ist auch in **Schwalbach am Taunus** im Main-Taunus-Kreis passiert. Diese mit deutlich erkennbaren Brüsten sowie einem Bart ausgestattete Wilgefortis entstand 1749. Ihr fehlt der linke Schuh, was auf die Spielmann-Legende verweist,[118] der rechte Fuß steckt in einem goldenen Schuh. Sie trägt ein ungegürtetes langes Gewand und ein Bein schaut aus dem Übergewand heraus – ähnlich wie

(Wilgefortiskreuz von 1749, wie es 1937 in der Schwalbacher Pfarrkirche hing)

114 Franz Alois Como, 1949, S. 20
115 Siehe ebd., S. 22
116 Schwalbacher Zeitung, Jg. 42, Nr. 44, 28. Oktober 2015, S. 2: »Die ›Heilige‹ mit dem Vollbart«
117 Erni Kutter, 2014, S. 164f.
118 Siehe Anm. 68

bei den drei zuvor gezeigten Kruzifixen in Elsheim, Ebersheim und in der Mainzer Kirche St. Christoph. Im Jahr 1937 wurde sie so auf dem Kirchenboden der St. Pankratiuskirche in Schwalbach gefunden[119] – ob sie zuvor in der Kirche hing oder wo sie sich in der Zwischenzeit befand, ist unbekannt. Die Figur wurde neu gefasst (dabei das Kreuzholz erneuert, aber die alte Beschriftung übernommen) und fand ihren Platz unter der Empore rechts vom Eingang der Kirche. Doch recht schnell wurde die Holzfigur – auf heftigen Protest der Frauen der Gemeinde »über eine Frau am Kreuze«, wie sich eine Zeitzeugin erinnerte –[120] wieder abgehängt und verschwand aus der Kirche.[121] Irgendwann wurde sie weiß und gelb angestrichen,[122] teils beschädigt und geriet irgendwie auf den Dachboden des Pfarrhauses – und wurde erneut vergessen. Bis sich Pfarrer Hermann-Josef Kändler an die Kümmernis erinnerte und Wolfgang Küper und der Kümmernisforscher Manfred Bickel sie 2015 vom Kirchboden herunterholten und zur Kirchweih der Gemeinde präsentierten.[123] Küper möchte das Kreuz nach einer notwendigen Restaurierung angemessen präsentiert sehen – vielleicht in einem Museum. Doch die Zukunft des Kunstwerks ist weiterhin ungewiss – in die Kirche zurück darf Wilgefortis jedenfalls nicht.

In **Fischbach im Taunus,** Stadtteil von Kelkheim (Main-Taunus-Kreis), gab es ebenfalls ein Kümmerniskreuz in der Pfarrkirche.[124] Laut Ludwig Baron Döry sei die 77,5 cm große, vollplastische Holzfigur, die nach den Kleidersäumen an Hals, Ärmel und am unteren Gewandende aus dem Rokoko (um 1750-1770) stamme, im 19. Jahrhundert vergessen worden, dann 1903 anlässlich einer Restaurierung der Kirche vom Speicher geholt und als »gothischer Königschristus« auf den Giebel des Seitenaltars der Evangelienseite gestellt worden.[125] Eine alte Postkarte, noch 1928 verkauft, zeigt das Kreuz mit der Benennung »Tausendjähriges Kreuz«.[126]

---

119 Siehe Busso Peus, 1956, S. 247

120 Siehe Wolfgang Küper, 2019, S. 113

121 Busso Peus vermerkt aber noch 1956, dass das wiedergegebene Kreuz in der Pfarrkirche zu Schwalbach hängt (S. 247).

122 Siehe Wolfgang Küper, 2019, S. 114: Foto der verunstalteten Figur

123 Siehe ebd., S. 113f.

124 So benannt in Busso Peus, 1956, S. 248

125 Ludwig Baron Döry, 1981, S. 15-37. Eine Abbildung im Kirchenführer von Hugo Beyer u. Franz Pabst, 1959, S. 4, die das Innere der Kirche nach ihrer Renovierung in den Jahren 1896-1906 zeigt, zeigt auch – etwas schwer zu erkennen – das Kümmerniskreuz bzw. den »gothischen Königschristus« auf dem Giebel des linken Seitenaltars.

126 Die Postkarte ist von der Firma Harz, Höchst, o.J. – auf der Rückseite ist handschriftlich vermerkt: Von einem Ausflug ... nach Fischbach, 8.5.1928.

(l.: »Tausendjähriges Kreuz« in der Wallfahrtskirche Hl. Dreifaltigkeit in Fischbach i.Ts., alte Postkarte – M. u. re.: Heilige Kümmernis im Pfarrbüro der Gemeinde in Kelkheim-Fischbach, 2021)

In einem Kirchenführer von 1959 hieß die Figur dann »Wilgefortis, auch Kümmernis genannt«[127] und war in die Sakristei der Kirche verbannt worden. Beim Kirchenumbau 1953-56 war eine völlige Neugestaltung des Inneren der Kirche vorgenommen worden, wobei auch auf die barocken Nebenaltäre verzichtet worden war. Ob die Kümmernis im Zuge dieser Umbauarbeiten weggeräumt wurde? Die Wallfahrt, die bis heute von Kostheim (Mainz) seit 575 Jahren zur Fischbacher Kirche stattfindet, galt jedenfalls nie dem Kümmerniskreuz, sondern einem Gnadenbild, das die heilige Dreifaltigkeit zeigt. Als Pfarrer Josef Peters 1988 nach Fischbach kam, holte er das Kümmerniskreuz in sein Pfarrbüro, wo es bis heute hängt – etwas restaurierungsbedürftig, aber geschützt.

Die Umgestaltung romanischer Christus-Kreuze

Die wichtigste Stätte des Wilgefortis-Kultes im süddeutschen Raum war die Wallfahrtskirche St. Wilgefortis in Neufahrn bei Freising. Dort gibt es eine eigene Wilgefortis-Legende.[128] Die Wallfahrt zum 1,46 m großen Gnadenbild aus Holz, das das Mittelstück des Hochaltars bil-

127 Hugo Beyer u. Franz Pabst, 1959, S. 13

128 Zu Beginn des 16. Jh. (oder zu Beginn des 15. Jh. oder 1397 – die Angaben schwanken) bargen laut der Legende zwei Holzfäller das Kreuz mit der Heiligenfigur, das heute das Mittelstück des Hochaltares bildet. Es schwamm gegen die Stromrichtung auf der Isar und als sie die Figur bei der Bergung leicht beschädigten, blutete sie. Außerdem geschahen, nachdem sie aufgestellt worden war, Heilungs-Wunder.

det,[129] hatte ihren Höhepunkt im 17. und 18. Jh. – bis zu 60 Gruppen pilgerten alljährlich nach Neufahrn – und endete zu Beginn des 19. Jahrhunderts. Heute ist das offizielle Interesse an dieser Vergangenheit dort nicht mehr sehr groß. Auch hier wird sich auf die These berufen, dass Wilgefortis statt Christus angebetet wurde – so wie es bis heute am Kruzifix zu lesen ist –, sei einem Missverständnis geschuldet.[130]

Soweit der offizielle Standpunkt der katholischen Kirche. Doch bei den Gläubigen kann das anders aussehen. So berichtet Britta-Juliane Kruse, die ihren Aufsatz über die Kümmernis 2001 veröffentlichte, von einem Gespräch mit einer alten Frau in der Neufahrner Kirche, die auf ihre Frage, wer denn hier verehrt werde, antwortete: »unsere Christkönigin«, sich dann aber verschämt korrigierte und die offizielle Darstellung wiedergab: »unser Christkönig«.[131] Und eine Votivtafel mit einer Bitte an die Heilige ist dort zu finden, die während des Zweiten Weltkrieges gestiftet wurde.[132]

Ulrike Wörner erläutert, dass das ursprüngliche Kreuzbild in Neufahrn im Stil des Volto Santo gearbeitet und später umgebildet worden sei als »bewusste geistige Umgestaltung im Sinne eines spirituell motivierten Geschlechterwechsels«[133] – wie bei vielen Kreuzesfiguren, die weiblicher werden sollten. Wörner spricht von einer gängigen Praxis im Alpenraum: So wurden Kruzifix-Figuren z. B. mit Brüsten versehen und/oder erhielten eine weibliche Bekleidung (wie in der Kümmerniskapelle in Schwyz, Schweiz,[134] oder in der Kirche der Lamprechtsburg bei Bruneck, Südtirol), manchmal wurde zuvor das Lendentuch entfernt.[135] Zu dieser Praxis kommentiert die Journalistin Sabine Schleiden-Hecking: »Die Kümmernis war Ausdruck dessen, was Frauen (und vielleicht auch Männer) in dem von Bibel und Tradition männlich überzeichneten Gottesbild vermissten: die weibliche Seite Gottes.«[136]

---

129 Der rechte Seitenaltar wurde den drei Jungfrauen St. Katharina, St. Barbara und St. Ursula geweiht.

130 Immerhin war es der Benefiziat Hörll, der berichtete, er habe in 15 Jahren selbst 45 Mirakel in Neufahrn erlebt. Und der Freisinger Fürstbischof Veit Adam pilgerte im 30-jährigen Krieg persönlich dreimal nach Neufahrn; siehe https://www.erzbistum-muenchen.de/pfarrei/st-franziskus-neufahrn/pfarrgemeinde/kirchen/st-wilgefortis.

131 Siehe Britta-Juliane Kruse, 2001, S. 167

132 Siehe ebd., S. 166 u. S. 190, Abb. 17

133 Siehe Ulrike Wörner, 3/2016, S. 106

134 Wo die Kirchengemeinde auf ihren Internetseiten einen Text zur Kapelle präsentiert, der die Heilige nicht einmal erwähnt, siehe https://www.kirchgemeinde-schwyz.ch/pfarrei/schwyz/schwyz-kuemmerniskapelle

135 Siehe Ulrike Wörner, 3/2016, Kap. 4, Absatz: »Hintergründe des Gestaltwandels romanischer Cruzifixe in weibliche Kreuzes-Figuren« und »Die Umgestaltung romanischer Kreuzes-Figuren zur Figur der heiligen Kümmernis«

136 Sabine Schleiden-Hecking, 2019

(Christus am Kreuz, Köln um 1050, in späterer Zeit als hl. Wilgefortis umgedeutet, Liebieghaus in Frankfurt am Main – re.: Später entstandene Inschrift mit der Bezeichnung: WILGEFORTIS OdER KOMMERNUS

Auch in der Skulpturensammlung des Liebieghauses in **Frankfurt a. M.** befindet sich ein Christus-Kruzifix mit Lendentuch aus der Zeit um 1050, von dessen 6-zeiliger Inschrift, die später entstanden ist als die Figur, noch die letzten Worte zu entziffern sind: WILGEFORTIS OdER KOMMERNUS. »Sie zeugen von einer Umwidmung des Kruzifixes zum Heiligenbild der seit dem 14. Jahrhundert volkstümlich verehrten heiligen Kümmernis oder Wilgefortis«, erklärt das Museum.[137]

Nicht das Bartwunder ist der interessante Geschlechterwechsel (wobei das ja kein wirklicher ist, denn die Kümmernis bleibt ja weiblich), sondern dass eine weibliche statt einer männlichen Figur am Kreuz hängt. Katharina Boll hat beim Vergleich der verschiedenen Legendenfassungen herausgearbeitet, dass die Heilige in den niederländischen Fassungen zum »weiblichen Christus« stilisiert werde. In den deutschsprachigen Versionen werde sie Gott ebenbildlich gemacht.[138] »Die Heilige erhält ein männliches Attribut und wird durch ihr männliches Aussehen demjenigen, der sie geschaffen hat – nämlich Gott – gleich gemacht. Sie ist, so die Botschaft der deutschen Texte, als Frau, die sie auch am Kreuz immer noch bleibt, imago Dei.«[139]

137 https://www.liebieghaus.de/de/mittelalter/christus-am-kreuz – Das Kreuz soll aus Köln stammen.
138 Siehe Katharina Boll, 2011, S. 168, 173
139 Ebd., S. 174

Eine Ikone der LGBTIQ-Bewegung

Die bärtige Kümmernis ist wieder in Mode gekommen – im 21. Jahrhundert interessiert besonders das Motiv des »Geschlechterwechsels«, der Transsexualität, das Aufweichen starrer Geschlechtergrenzen. Theologinnen, die nicht länger nur frauenspezifische Aspekte untersucht sehen möchten und wegkommen wollen vom angeblich »retrospektiven Ideal der Göttin«, beschäftigen sich mit dem »spirituellen Gendercrossing« und betonen den »intersexuellen Körper« der Kümmernis.[140]

2019 wurde im Berliner Bode-Museum das weltweit erste dauerhafte LGBTIQ-Projekt »Der zweite Blick« verwirklicht, mit neuen Routen durch die Dauerausstellung, die die lesbischen, schwulen, bi-, trans- oder intersexuellen Komponenten der gezeigten Exponate hervorheben.[141] Unter ihnen ist auch eine Kümmernisdarstellung – mit der Fragestellung, inwieweit die Zuordnung zu einem Geschlecht sich immer aufrechterhalten lässt.[142] Es wird kritisch zu beobachten sein, inwiefern sich dieser »neue Blick« erneut verengt – denn nach Tilman Krause, Chef-Feuilletonist der *Welt,* der das Berliner Konzept positiv besprach, sei speziell die Rolle der Homosexualität und der homosexuellen Männer, die in unseren Breiten Geschichte machten, noch immer unterbelichtet. Während ihn die Kümmernis, eine Holzskulptur aus Osnabrück (um 1520), vor allem unter dem Aspekt des Übersteigens der Gendergrenzen interessierte.[143] Vorsicht ist geboten, dass sich nicht erneut ein Konzept von Androgynität durchsetzt, das eigentlich die Angleichung des Weiblichen an Männlichkeit meint.

---

140 Siehe Stefanie Schäfer-Bossert, 2000, S. 94-117; siehe auch Stefanie Schäfer-Bossert, 2006, S. 59 u. 67

141 »Das Bode-Museum in Berlin wagt ab September 2019 einen queeren Blick auf die eigene Sammlung«, ist auf den Interseiten des SMU Berlin zu lesen – Der erste Teil der Reihe (»Spielarten der Liebe«) wurde in Kooperation mit dem Schwulen Museum entwickelt; https://www.schwulesmuseum.de/presseaktuell/smubode-museum-der-zweite-blick-spielarten-der-liebe/

142 Die Hl. Kümmernis wird im Bode-Museum gezeigt auf »Route 5 – Grenzüberschreitungen«, siehe https://www.smb.museum/museen-einrichtungen/bode-museum/ausstellungen/der-zweite-blick/spielarten-der-liebe/route-5-grenzueberschreitungen/

143 Tilman Krause, 2019 (o. v.). Drei von den fünf Routen beschäftigen sich mit männlicher Homosexualität: Route 1 zeigt Darstellungen des heroischen Soldaten und die Grenzen zwischen männlicher Kühnheit und Bisexualität; Route 2 befasst sich mit Werken, die von männlichen Künstlern geschaffen wurden, die homosexuell waren oder zumindest dieser Gruppe nahestanden; Route 3 beschäftigt sich mit männlichen Sammlern, die bekanntermaßen homosexuell waren; die 4. Route, die Darstellungen von weiblicher Intimität und erotischer Liebe unter Frauen zeigt, ist betitelt: »Heldinnen der Tugend«.

Als der Österreichische Beitrag zum Eurovision Song Contest 2014 mit Conchita Wurst gewann, wurde beim Österreichischen Rundfunk schon mal getitelt: »Sankt Kümmernis: Die Conchita des Mittelalters«[144])

Rechtzeitig vorher brachte das Diözesanmuseum Graz eine Postkarte und eine Briefmarke heraus, die die dort beheimatete Darstellung der Heiligen Kümmernis zeigen.[145]

(Skulptur »Conchita Wurst auf der Mondsichel« von Gerhard Goder im Museum Europäischer Kulturen Berlin, 2014)

Eine Skulptur des österreichischen Künstlers Gerhard Goder kann schon seit 2015 im Museum Europäischer Kulturen in Berlin bewundert werden. Das Kunstwerk erinnert die Direktorin des Museums u. a. an die Heilige Kümmernis – und auch sie bezieht sich bei der »Begründung« für den Erwerb explizit auf die LGBTIQ-Commmunities.[146]

Die Skulptur zeigt Conchita fast lebensgroß als gekrönte Madonna auf der Mondsichel – sie ist also wieder zur Göttin geworden. Der Kreis schließt sich.[147]

---

144 Michael Weiß, religion.ORF.at, 3.6.2014 (o. V.). Der Wiener Pastoraltheologe Paul Zulehner nannte den Auftritt von Conchita Wurst eine »religiös anmutende Inszenierung«. Ihr Outfit erinnere ihn aber an die romantisierenden Jesus-Darstellungen der Nazarener-Künstler im 19. Jahrhundert; siehe Adolf Stock, 2016 (o. v.)

145 Siehe in diesem Kapitel die rechte Abb. auf S. 291

146 »Im weiteren Sinne zeigt die Plastik eine ganze Reihe von Konnotationen und Anlehnungen an traditionelle Formen des Religiösen, insbesondere der katholischen Heiligendarstellungen, wie z. B. die der ›Heiligen Kümmernis‹« (Elisabeth Tietmeyer, 3/2015, o. v.). Das Werk reflektiere unsere plurale Gesellschaft, die heute mehr denn je aus Menschen bzw. Gemeinschaften unterschiedlicher Kultur, Herkunft, Bekenntnisse, Hautfarbe, sexueller Orientierung etc. bestehe. Diesen unterschiedlichen Interessensgruppen solle ein Forum, ein Ort zur Selbstvergewisserung geboten werden – dies gelte im Fall der Skulptur insbesondere für die LGBTIQ-Commmunities, die zudem einen hohen Fananteil beim Eurovision Song Contest hätten.

147 Bereits 1981 zeigte die Filmemacherin Ulrike Ottinger in ihrem Film »Freak Orlando« sowohl die hl. Wilgefortis (ihr Kreuz umgibt eine Lichterkette) als auch eine »gekreuzigte Baumnymphe«.

Die Göttin und ihr heiliger Hirsch – Zur Symbolgeschichte

Abbildungen von Hirschen finden sich schon in steinzeitlichen Höhlen (z. B. in Lascaux und Chauvet/Frankreich, Altamira/Spanien oder in Sibirien), sie gehören zu den ältesten Bildwerken der Menschheit.

(Steinzeitliche Felszeichnung von Hirschen, l.: in der Höhle von Lascaux – re.: in der Höhle von Chauvet)

Dass unsere AhnInnen da nicht nur oder gar keine Jagdobjekte zeichneten, belegen u. a. die in Höhlen gefundenen steinzeitlichen gravierten Geweihstangen[1] oder Hirschgeweihmasken,[2] die auf eine frühe rituelle Verwendung verweisen. Und auch die Felszeichnungen selbst

1 In der Magdalénien-Schicht der spanischen Höhle El Juyo (östlich der Altamira-Höhle, Kantabrien) wurden Anhaltspunkte für einen Hirschkult gefunden: Neben Rotwildknochen lagen geschnitzte Hirschgeweihe in einer künstlich angelegten und mit einer Mauer umgebenen Grube, in der auch große Mengen von feingeriebenem rotem Ocker entdeckt wurden, wie in vielen steinzeitlichen Gräbern. Auch die Grotte Tito Bustillo in Asturien, Nordspanien, könnte eine Hirsch-Kultstätte gewesen sein; siehe Marija Gimbutas, 1995, S. 113.

2 Die Hirschgeweihmasken von Bedburg-Königshoven (Nordrhein-Westfalen) aus der Mittelsteinzeit gelten als einer der ältesten Hinweise auf Schamanismus. Auch im mesolithischen Wohnplatz Hohen Viecheln und in Plau (Mecklenburg-Vorpommern) sowie in Star Carr (Ost-England) wurden Hischmasken gefunden. Zu nennen ist auch noch der Fundort Berlin-Biesdorf.

werden heute nicht mehr einheitlich als Jagdmagie gedeutet, diese These wird vielmehr zunehmend kritisiert.[3]

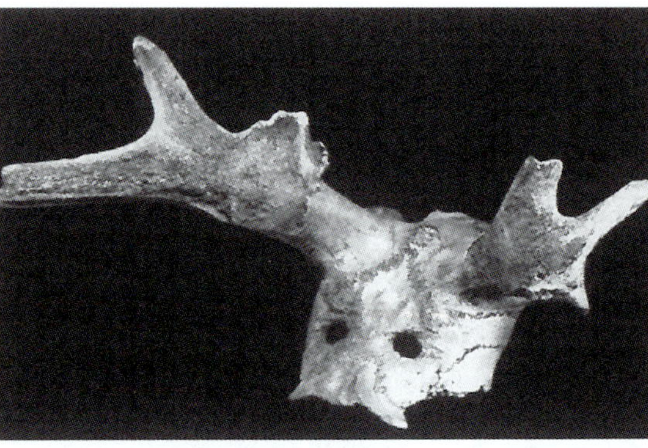

(l.: Durchlochte Hirschgeweihstange mit eingraviertem Hirsch aus der El-Castillo-Höhle im spanischen Kantabrien, Magdalénien – M.: Mesolithische Hirschgeweihmaske aus Star Carr/Ostengland – re.: Zeichnung vom sog. »tanzenden Schamanen« mit Hirschmaske, Felszeichnung in der Grotte des Trois-Frères/Südfrankreich aus dem Magdalénien)

Durch das jährliche Abwerfen und Nachwachsen seines Geweihes stand der Hirsch in vielen Kulturen für zyklische Naturabläufe der Erneuerung, Fruchtbarkeit und für die Wiedergeburt. So sind wohl auch die Hirschgeweihstangen und Hirschgrandeln (Eckzähne)[4], die in steinzeitlichen Gräbern als Beigaben gefunden wurden, in diesem Kontext zu sehen.

Der Archäologe James Mellaart, der in Anatolien in den 1960er-Jahren Çatal Höyük ausgrub – eine der ersten neolithische Städte (7500-5700 v. u. Z.) –, interpretierte Funde von Wandmalereien, die Hirsche und Menschen mit Pfeilen zeigen, nicht als Illustrationen von stein-

3 Siehe Siegfried Vierzig, 2009, S. 47; Gerda Weiler, 1994, S. 164f.; Doris Wolf, 2017, S. 184f.

4 Angela von den Driesch, die bei den in Frauengräbern gefundenen Grandeln von Fruchtbarkeitssymbolen ausgeht, schreibt: »Die Grandel hat die Gestalt einer weiblichen Brust. Zwei Grandeln an der flachen Seite zusammengelegt entsprechen der Form der milchprallen, herunterhängenden Brüste der Venusfigürchen des Paläolithikums.« (1992, S. 48) Barbara Obermüller kommentiert: »Möglicherweise waren die Grandeln für die Frauen der Jungsteinzeit ein Symbol für die Leben spendende Göttin und den weiblichen Zyklus, mit Schwangerschaft, Geburt und dem Nähren eines Säuglings.« (2014, S. 238)

zeitlichen Beutezügen, sondern als die Darstellung eines sakralen Geschehens. Er sprach von Priestern und Opfertieren.[5]

Neben Tierdarstellungen fand Mellaart in Çatal Höyük nahezu ausschließlich weibliche Figurinen oder Fresken, die er als Darstellungen der dort verehrten Großen Göttin deutete.

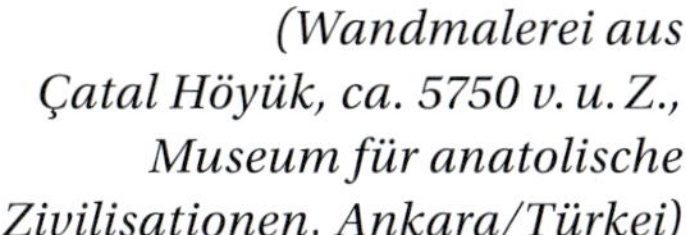

(Wandmalerei aus Çatal Höyük, ca. 5750 v. u. Z., Museum für anatolische Zivilisationen, Ankara/Türkei)

Das heilige Tier der Göttin

Wie Schlange, Schwein, Kröte und zahlreiche andere Geschöpfe zählten Hirsch und Hirschkuh zu den heiligen Tieren der Göttin. In der spirituellen Vorstellungswelt der frühen matriarchalen Gesellschaften standen sie in Verbindung mit der kosmischen Ur-Mutter, symbolisierten die, die alles erschuf und im ewigen Zyklus von Leben und Sterben erhielt. Die Urgeschichtsforscherin und Archäologin Marija Gimbutas schreibt unter der Überschrift »Die Göttin als Lebensspenderin«: »In diesem Leben schaffenden und Leben schützenden Funktionen erscheint sie in den Tiergestalten von Widder und Hirsch, Bärin und Schlange.«[6] Sie meint, dass der Hirsch bzw. die Hirschkuh das heilige Tier der Göttin als Gebärerin war. So wurde z. B. in Bulgarien eine Lampe in Form eines Hirsches gefunden, die im frühen 6. Jahrtausend v. u. Z. entstand und wohl bei Geburtsritualen benutzt wurde. Verziert mit Dreifachbändern, Zickzack- und Schlangenlinien stellt das Gefäß einen Symbolzusammen-

5 Siehe James Mellaart, 1967, S. 201
6 Marija Gimbutas, 1995, S. 3

hang zwischen dem Hirsch, den uralten Zeichen für Wasser und der dreifaltigen Göttin mit ihrer Leben spendenden Kraft her.[7]

(l.: 53 cm hohes Gefäß, um 5800 v. u. Z., Muldava, Zentralbulgarien – re.: Copper Fries vom Tempel der Ninhursag in Tell al-'Ubaid nahe der Stadt Ur, Südirak, ca. 2600-2400 v. u. Z., seltene Metallarbeit. Zwischen den Hirschen zeigt der Fries den löwenköpfigen Adler Imdugud, Symbol des Gottes Ningirsu)

Den Tempel der sumerischen Göttin Ninhursag – eine der führenden weiblichen Gottheiten, auch »Mutter der Götter« genannt – in El-Ubaid am Euphrat in Mesopotamien bewachten im 3. Jahrtausend v. u. Z. Hirsche.

(Zeichnung einer Tonscherbe aus der historischen Stadt Harappa, Bronzezeit)

Auf einer Tonscherbe von Ausgrabungen in der historischen Stadt Harappa im heutigen Pakistan, die von ca. 2600 bis 1800 v. u. Z. ein Zentrum der Indus- oder Harappa-Kultur war, sind tanzende Frauen (vielleicht Priesterinnen) und stilisierte Hirsche zu sehen. Auch hier wurden in verschiedenen Ausgrabungs-Stätten dieser bronzezeitlichen Kultur viele weibliche Figurinen gefunden, die eingeordnet werden können in das weltweite spirituelle Zeichensystem der Göttin.[8]

7 Siehe Marija Gimbutas, 1996, S. 225, Text zu Abb. 7.3

8 Siehe Annine van der Meer, 2020, Kap. I.8.4.2, Absatz: »Urhistorische Kulturen in Indien und Pakistan«

Die Sonnengöttin von Arinna hatte den Hirsch als heiliges Tier. Dieser höchsten Gottheit des hethitischen Reiches (2. Jahrtausend v. u. Z.) wurden Kultgefäße in Hirschform verehrt.[9] Die Göttin war hattischen Ursprungs, wurde also aus der Kultur eines vor-hethitischen, nicht-indogermanischen Volkes übernommen – aus der Glaubenswelt der Urbevölkerung Anatoliens. Dort hieß die Göttermutter Eštan[10] und hatte – anders als später bei den HethiterInnen – noch keinen Gemahl. Diesem Volk werden die reich ausgestatteten sog. Fürstengräber von Alaca Höyük[11] zugeordnet. In ihnen wurden Bronzestandarten mit Hirschdarstellungen gefunden[12] – vermutlich Kultgegenstände.

(l. u. M.: Bronzestandarten aus den Fürstengräbern von Alaca Höyük/Anatolien, frühe Bronzezeit, l.: Mit Kreisen und Zickzacklinien verziert – re.: große Nachbildung einer der hattischen Standarten auf dem Sihhiye-Platz in Ankara, gestaltet von der türkischen Bildhauerin Nusret Suman, 1978 errichtet)

---

9 Puduḫepa, eine hethitische Großkönigin des 13. Jh.s v. u. Z. und Priesterin von Arinna, versprach, ihr mehrere Hirschstatuetten zu stiften. Sie siegelte gemeinsam mit ihrem Ehemann, dem Großkönig Hatusilli III., den ersten völkerrechtlichen Friedensvertrag der Menschheitsgeschichte, dem zwischen den Großmächten Ägypten und dem Reich der HethiterInnen.

10 Ihr Beiname lautete Wurunšemu (Landesmutter).

11 Dort wurden sowohl Männer als auch Frauen einzeln oder paarweise bestattet.

12 Sie stammen aus dem 3. Jt. v. u. Z. – die genaue Datierung ist noch strittig – und sind heute im Museum für anatolische Zivilisationen in Ankara und zum Teil im lokalen Museum von Alaca Höyük ausgestellt. Carola Meier-Seethaler macht darauf aufmerksam, dass ein zweites Kulttier der Göttin vorhanden ist: eine riesige Schlange, die sich um die Hirschfigur windet. Sie deutet sie als das umfassende Runde der weiblichen Gottheit, die den im Hirsch symbolisierten Sakral-König einhülle; siehe Meier-Seethaler, 1993, S. 212

Der Geograf und Archäologe Michael Dames zeigte durch seine Forschungen zu britischen Steinzeitmonumenten, dass »die Bewohner Südwestenglands um 2000 v. Chr. im Hirschen ebenfalls das Symbol der großen Muttergöttin sahen.«[13] In Silbury Hill, dem größten urgeschichtlichen künstlichen Hügel Europas – »einer Monumentallandschaftsskulptur der Großen Mutter« –, wurde ein Hirschgeweih an zentraler Stelle gefunden.[14]

(Früheste bekannte Darstellung eines sibirischen Schamanen, Illustration des Niederländers Nicolaes Witsen, der 1692 eine Forschungsreise durch Russland unternahm)

Die Ewenken – ein indigenes Volk, das in Sibirien, der Mongolei und in China lebt und von dem der Begriff Schamanentum abstammt (sie kennen sowohl Schamanen als auch Schamaninnen) – stellten sich einst die Weltmutter Bugady als Hirsch- oder Rentierkuh vor.[15] Und bei den Rentieren tragen auch die weiblichen Tiere Geweihe.

»Die Mythen sprechen von Frauen, die über die kosmischen Welten gebieten und Hirschen gleichen: gänzlich von Haar bedeckt und mit verzweigten Hirschgeweihen auf ihren Häuptern ... Im jüngeren Paläolithikum waren ähnliche Vorstellungen möglicherweise in ganz Europa verbreitet«, meint Gimbutas.[16]

---

13 Sylvia und Paul F. Botheroyd, 1992, S. 160

14 Ebd. Auch Heide Göttner-Abendroth nennt Silbury Hill eine Form der Umsetzung des Prinzips, Göttinnen als Bauwerke darzustellen, die durch eine Erdformung in die Landschaft hinein verlängert wurden; siehe Heide Göttner-Abendroth, 2002; siehe auch Heide Göttner-Abendroth, 1998, S. 105f.

15 Siehe Marija Gimbutas, 1996, S. 225 u. 1995, S. 113

16 Siehe Marija Gimbutas, 2010, S. 172 (mit Verweis auf A.F. Anisimov: Kosmogonicheskie predstavlenija naradov severa, Moskau u. Leningrad 1959, S. 28 u. 49ff. sowie B.A. Rybakov: Cosmogony, 1965, 2, S. 35)

(Hirschsteine in der nördlichen Mongolei bei Mörön aus der Bronzezeit, sie stehen in einer Art Steinkreis.)

Viele Felsritzungen und sogenannte Hirschsteine (hoch aufgerichtete Granitplatten mit Hirschgravuren) finden sich in den von ewenkischen Clans besiedelten Gebieten. Allein in der Mongolei wurden an 85 Orten über 450 Stelen gefunden, sie zählen zu den häufigsten Elementen der eurasischen Steppenkulturen. Zeitlich verortet werden sie um 1000 v. u. Z. als Zeugnisse der Bronzezeit. Interessanterweise ist die Hirsch-Stele, die in der Steppe von Iwolginsk in der Baikalregion gefunden wurde (aber auch andere Hirsch-Steine), neben den Hirschen völlig mit Darstellungen bedeckt, die wie Wellen oder Spiralen aussehen.[17]

Auch die Felsritzung eines Hirsches aus Sakatschi-Aljan im Amur-Gebiet, Sibirien, weist Spiralen auf – Symbole, die vermehrt seit der Jungsteinzeit »von Westeuropa bis nach Russland, von Nordeuropa bis in den Mittelmeerraum«, wie Carola Meier-Seethaler formuliert,[18] auf Steinen, Kult- und Gebrauchsgegenständen zu finden sind.

Marija Gimbutas meint, Spiralen symbolisieren die Lebensquelle, spricht von »Stimulatoren der Lebensenergie«, »die dem Körper der lebensspenden und lebenserhaltenden Göttin entströmt.«[19]

Der russische Archäologe A.P. Okladnikow äußert, dass die Spiralen in den Felsbildern der Amur-Ornamentik auf Seelendarstellungen schließen lassen.[20]

(Felsritzung eines Hirsches, Sakatschi-Aljan, Sibirien)

17 Siehe Aleksej Pawlowitsch Okladnikow, 1972, S. 115
18 Carola Meier-Seethaler, 2011, S. 68
19 Marija Gimbutas, 1996, S. 297, 1995, S. 97
20 Siehe Aleksej Pawlowitsch Okladnikow, 1974, S. 139

Ebenso ist die Schlange bei den sibirischen Felsritzungen im Umfeld der Hirsche vertreten – auch sie, die sich immer wieder häutet, steht für die ewige Erneuerung des Lebens und war ein heiliges Tier der Göttin, wie es Zeichnungen auf neolithischen Figurinen oder die Göttinnendarstellungen der minoischen Kultur auf Kreta deutlich zeigen.

(Zeichnung vom Hirsch-Tattoo auf der Mumie der »Prinzessin vom Ukok-Plateau«)

Auch bei der 1993 ausgegrabenen skythischen[21] »Prinzessin vom Ukok-Plateau«, die vor rund 2500 Jahren mit zwölf Pferden im Altai-Hochland bestattet worden war, wurden Hirschsymbole gefunden. So weist die Haut der Mumie u. a. Hirschgeweih-Tätowierungen auf. Und die Rückseite eines bei ihr gefundenen Spiegels[22] sowie ihren auffälligen Kopfschmuck – alles durch den Permafrost gut erhalten – zieren vergoldete Hirschfiguren.[23]

In der russischen autonomen Republik Tuwa befinden sich Hirsch-Stelen in einem Gebiet, wo es auch viele Plattengräber gibt.[24] Vielleicht symbolisierten sie im Rahmen von Begräbnisriten den Übergang in die jenseitige Welt. Ähnlich wie in der keltischen Mythologie, wo der Hirsch auch als Führer in die Anderswelt

21 Bertha Eckstein-Diener berichtete unter ihren Pseudonym Sir Galahad schon 1932 über die SkythInnen – berittene nomadisch lebende Völker, die vom 8. Jh. v. u. Z. bis ins 3. Jh. nach der Zeitenwende in den eurasischen Steppen lebten –, dass sie von Königinnen regiert wurden und ein orgiastisches Weihefest kannten, das an die Heilige Hochzeit erinnerte; siehe S. 355f.

22 Der Spiegel weist sie ebenfalls als hochstehende Persönlichkeit, vielleicht als Schamanin aus. Bronzespiegel wurden auch in den Gräbern von Keltenprinzessinnen gefunden (siehe Barbara Obermüller, 2014, S. 281); Carola Meier-Seethaler hält sie für ein Attribut von Priesterinnen (siehe 2011, S. 76).

23 Siehe http://www.sarmaten-steppenkultur.de/index.php/ausstattung/ausstattung-ukok-prinzessin/ – auch von den Tattoos auf der Mumie finden sich Bilder im Internet.

24 Die Anordnung der Plattengräber ließ Aleksej Pawlowitsch Okladnikow, der urgeschichtliche Felsbilder in Sibirien untersuchte, an die Bestattungsfelder der in mütterlicher Sippenordnung lebenden IrokesInnen denken. Doch er meinte, dass die bronzezeitlichen Menschen in Tuwa nicht mehr wie ihre Vorfahren in der Steinzeit lebten: »Wahrscheinlich trat ein Übergang von der frühen mütterlichen Sippengemeinschaft zu der väterlichen ein.« (1972, S. 117)

galt.[25] Wozu passt, dass sich mitteleuropäische Hirschdarstellungen in der frühen Eisenzeit und der Latènezeit (beide sind keltisch geprägt) vorwiegend im Zusammenhang mit Gräberfeldern finden.[26]

(Kultwagen von Strettweg/Österreich, 7. Jh. v. u. Z.)

Auf dem bronzenen Kultwagen von Strettweg, einer Grabbeigabe aus einem keltischen Fürstengrab in Österreich, wird die Große Göttin – mit rund 32 cm überragt sie alle anderen Figuren[27] – von zwei Hirschen begleitet. Gehalten von jeweils zwei Mädchen, scheinen sie eine

---

25 Das zeigt sich auch noch in Harry Potters »Patronus«, dem stärksten Zauberspruch, den Harry kennt und der ihn aus den bedrohlichsten Situationen in Form eines magischen Hirsches rettet. Harry Potter, der jugendliche Zauberer – ein moderner Schamane mit seinem Krafttier, das für Schutz, Lebenskraft und auch für die Verbindung mit den Vorfahren (seinen bereits verstorbenen Eltern) steht, für die Verbindung mit dem Reich der Toten, mit der anderen Seite. Dass dies weltweit verstanden wird, hat eben auch damit zu tun, dass der Hirsch als heiliges Tier in den Symbolwelten der unterschiedlichsten Kulturen vorhanden ist.
Interessanterweise knüpft sich an Hügelgräber immer mal wieder die Sage vom springenden Hirsch, in der die Funktion des Hirsches als Seelenführer ins Gegenteil verkehrt wird. So auch im Odenwald bei den Hügelgräbern auf der **Mönchshöhe** zwischen Mümling-Grumbach und Ober-Kinzig. Im größten Grab liege ein heidnischer Häuptling, der wild und herrschsüchtig gewesen sei und nun keine Ruhe finde. In Gestalt eines Hirsches irre er in dunklen Nächten durch den Wald und verfolge einsame Wanderer mit seinem Geweih; siehe Friedrich Höreth, 1996, S. 8f.

26 Siehe Barbara Fath, 2011, S. 41 (o. v.)

27 Herbert Kirnbauer zeigt in seinem Buch zum Kultwagen von Strettweg an vielen Einzelheiten, wie z. B. dem Gürtel mit den dreifachen Ringen, warum auch er bei der Figur von der kosmischen dreifaltigen Göttin ausgeht.

Art Prozession anzuführen, in deren Zentrum die ihren riesigen Kessel tragende Göttin steht. Der Kessel symbolisierte den Schoß der alles erschaffenden kosmischen Göttin, den mütterlichen Schoß, die Gebärmutter der Frau.[28] Die Ecken des Wagens sind mit Köpfen von Hirschkühen geschmückt.

Zu Lichtmess bzw. dem keltischen Fest der Brigid, auch Imbolc genannt, ritt die große keltische Göttin auf einem weißen Hirsch und weckte die Natur. Fürs schottische Hochland berichtet J.G. McKay, dass zwei vor-keltische Kulte existierten: ein Hirschkult und ein Kult der Hirschgöttin, und der letztere sei ausschließlich von Frauen geleitet worden. »Beide Kulte entstanden in einer Zeit, als die Frau eine zentrale Rolle innehatte« in einer JägerInnen- und SammlerInnengesellschaft.[29] »Niemand aus einer patriarchalen Zeit würde eine weibliche Jagdgöttin erfinden. Die alte keltische und vermutlich auch vorkeltische Welt war ausschließlich in den Händen der Frauen.«[30] McKay erzählt von riesenhaften alten Frauen, die meist einen regionalen Bezug haben und in ihrem Gebiet die Hirsche hüten oder melken, und meint: »Rotwild ist eng mit den Feen und Zauberinnen verknüpft ..., dass alle als *bean-she* oder übernatürliche Frauen bezeichnet werden, reicht eigentlich aus, sie als Hirschgöttinnen zu betrachten.«[31] Der Name der irischen Hirschgöttin war *An Chailleach Bhéarach* oder die Alte Frau von Beare, »eine komplexe Figur: Muttergöttin, Erdgöttin, Hirsch- und Totengöttin in einem. Dies macht es wahrscheinlich, dass ihre Figur aus der Verschmelzung verschiedener Göttinnen aus prähistorischer Zeit entstanden ist.«[32] Wie alte irische Sagen erzählen, konnte sie sich in eine Hirschkuh verwandeln – so wie das wahrscheinlich alle Hirschgöttinnen konnten; manche in Hirsche, andere in Hirschkühe. (Nach McKay ist der gälisch-keltische männliche Gott Cernunnos, der meist mit Hirschgeweih und untergeschlagenen Beinen

---

28 Siehe Barbara G. Walker, 1997 u. 1999, Art.: »Kessel« – Seine sakrale Bedeutung war so stark, dass er bereits in der griechisch-römischen Mythologie uminterpretiert wurde zur angeblich gefährlichen Büchse der Pandora (siehe Ulrike Pittner und Ursa Krattiger, 2015, Kap.: »Pandora: Unheils-Büchse oder Segens-Gral?«) und später auch ins Christentum übernommen wurde – als Kelch Christi, als der heilige Gral (siehe Heide Göttner-Abendroth, 2005a, Kap.: »Die Geschichte vom Gral«).

29 J.G. McKay, 1932/2013, S. 135

30 Ebd., S. 140

31 Ebd., S. 135f.

32 Ebd., S. 138

dargestellt wurde, eine spätere Erscheinung. Vermutlich sei seine Gefährtin einst eine Göttin von großer Bedeutung gewesen.[33])

Und es gibt in der keltischen Mythologie auch eine Göttin, deren Wagen von wilden Hirschen gezogen wurde: Flidais, von der im Lexikon der keltischen Mythologie zu lesen ist, dass »eine Göttin vermutet werden darf, wie sie der Kultwagen von Strettweg präsentiert«, dass sie im Grunde niemand anderes sei als die »Große Mutter der neueren Steinzeit.«[34] Monaghan schreibt in ihrem Göttinnen-Lexikon: »Fast jede alte europäische Kultur hatte eine Göttin, die durch die Wälder streifte, der alle Tiere gehörten und die die Fruchtbarkeit und Freiheit der Wildnis verkörperte. Von den Iren wurde sie Flidais genannt.«[35]

In Griechenland war ihre Bezeichnung: »Herrin der wilden Tiere« – Potnia theron. Dargestellt wurde sie als geflügelte Göttin, die wild lebende Tiere in ihren Händen hält – manchmal ist ein Hirsch dabei. Homer setzte sie in der *Ilias* mit der Göttin Artemis gleich.

(Henkel der sog. François-vase, griechische Vasenmalerei, um 570 v. u. Z., aus Athen vom Vasenmaler Klitias, gefunden in einem Grab bei Chiusi in Etrurien, heute im Archäologischen Nationalmuseum in Florenz – re.: Schwarzweißzeichnung von Karl Reichhold)

33 Siehe ebd., S. 142; dargestellt werde diese Gefährtin mit Füllhorn auf einer Steinfigur in der französischen Stadt Saintes. Sie sitzt auf einem Stuhl (oder Thron?), während Cernunnos, von dem der Kopf nicht mehr erhalten ist, neben ihr im Schneidersitz auf dem Boden hockt.

34 Sylvia und Paul F. Botheroyd, 1992, S. 127 u. 163

35 Patricia Monaghan, 1999, S. 99

Auch Artemis konnte sich in eine Hirschkuh, in der griechischen Mythologie Hindin genannt, verwandeln. In vielen Kunstwerken wird Artemis als Göttin der Jagd bis heute mit einem Hirsch dargestellt. Doch das muss nicht unbedingt ein männliches Tier sein,[36] die Kerynitische Hirschkuh z. B. trug ein goldenes Geweih. Nach einer Version des Mythos war sie die von Artemis zum Schutz vor den Nachstellungen von Göttervater Zeus verwandelte Nymphe Taygete, die sie beim Jagen häufig begleitete. Buffie Johnson stellt klar: »Es ist kaum anzunehmen, dass ein männliches Tier zum Symbol einer weiblichen Gottheit hätte werden können; in einer traditionellen Symbolik kommen keine derartigen Diskrepanzen vor. Das gesamte Gewebe der Zivilisation, das von einer stabilen Mutterkultur getragen wurde, bildete ein festes, in sich stimmiges Netz, bis es von den berittenen Hirten aus der Schwarzmeergegend gewaltsam zerrissen wurde. Der logische Widersinn, einen männlichen Rothirsch zum Symbol der Artemis (der Geburtsgöttin) zu machen, ist ein Beispiel für diese Verwirrung der Geschlechter.«[37] In der hellenistischen Zeit war dies also schon möglich.

Einstige Hirsch-Heiligtümer

Viele Hirsch-Heiligtümer verschwanden in Europa durch die Christianisierung. Wie viele frühe heilige Orte wurden sie häufig mit Kirchen überbaut. Barbara G. Walker berichtet z. B., dass die Kathedrale von Durham im Nordosten Englands an einem Ort erbaut wurde, an dem ein Hirschheiligtum namens Duirholm oder »Wiese des Hirschen« gestanden habe: »Es war seit mindestens 400 Jahren vor der Christianisierung und Überbauung ein heidnisches Pilgerzentrum.«[38]

Bei einigen Überbauungen mit Kirchen und Klöstern erinnern deren Gründungslegenden noch an den Hirsch, wenn auch meist in christliche Motive eingebettet – hinter denen aber immer mal wieder bis heute Vorchristliches hervorschimmert.

36 Zum Hirsch als Heros der Göttin siehe in diesem Kapitel den Schluss von Abschnitt »Ein Hirsch-Heiligtum im Rhein-Main-Gebiet« zu Diana.

37 Buffie Johnson, 1990, S. 235

38 Barbara G. Walker, 1997, S. 499; die Kathedrale diente als Drehort für Hogwarts, die Schule für Hexerei und Zauberei aus den Harry-Potter-Filmen.

Ein deutsches Beispiel hierfür ist die ehemalige Augustiner Kloster- und Marien-Wallfahrtskirche **Hirzenhain** im hessischen Wetteraukreis: Die Gründungslegende erzählt, dass die Jungfrau Maria einem Mönch den Auftrag erteilt habe, dort ein Kloster zu gründen, wo er auf seinen Wegen eine äsende Hirschkuh auf einer Wiese am Bach sehe. Der Mönch habe getan, wie ihm geheißen wurde, und diesen Ort Hirzenhain, also Hirschwald genannt. So erklärt sich auch das letzte Rundbild im Lettner der Kirche, das Maria, einen Hirsch, den hl. Augustinus und einen knienden Mönch zeigt.

(l.: Das 10. Rundrelief ganz rechts am Sandstein-Lettner, 1440-48, der Ev. Kirche und ehem. Augustiner-Klosterkirche Hirzenhain versinnbildlicht die Gründungslegende, an der Maria und ein Hirsch Anteil hatten – re.: Auch ein Schlussstein im Gewölbe der Kirche zeigt den Hirsch, hier mit dem goldenen Kreuz im Geweih als Symbol für Christus)

Auf der Homepage der Evangelischen Kirchengemeinde ist zur »Geschichte der Ev. Kirche Hirzenhain« zu lesen: »Naheliegend ist die These, dass diese Symbole auf ein älteres, vorchristliches, keltisches Hirschheiligtum verweisen«.[39]

Auch der Bau der Totenkirche auf dem Totenköppel bei **Meiches** im Vogelsberg verdankt sich Hirschen. Die Legende besagt: »Als das Christentum im Vogelsberg ausgebreitet wurde, sollte auch in der Gegend von Meiches eine Kirche erbaut werden. Jeden Morgen aber fand man die

39 Siehe http://www.hirzenhain-evang.de/hbk/home/home.php

Steine und Holzstämme, die dazu herbeigeschafft waren, auf dem Platze der heutigen Totenkirche liegen. Um hinter das Geheimnis zu kommen, wachte ein Mann bei den Sachen. Da kamen in der Mitternacht heimlich zwölf weiße Hirsche, die trugen stillschweigens das ganze Baumaterial auf ihren Geweihen die Höhe hinauf. Man sah dies als Fingerzeig der Gottheit an und baute an den gewiesenen Platz das Heiligtum.«[40] Früher soll der Totenköppel eine Kultstätte der ChattInnen gewesen sein – weshalb Bonifatius, so eine andere Sage, auf seinem Weg vom Kloster Amöneburg nach Fulda auf dem Totenköppel gewesen sei und dort gepredigt habe.[41]

(l.: Das Wappen der Gemeinde Hirzenhain im hessischen Wetteraukreis zeigt bis heute ein Hirschgeweih – M.: Die Gemeinde Kloster Lehnin in Brandenburg zeigt Hirsch und Eiche in ihrem Wappen – re.: Auf dem Wappen von Herzfeld, Gemeinde Lippetal, in Nordrhein-Westfalen ist der Hirsch zu sehen, wie er die Lippe überquert, um Schutz zu suchen)

Beim Hirsch in der Gründungslegende von Kloster Lehnin mit der Kirche St. Marien zeigt sich ein noch deutlicherer vorchristlicher Zusammenhang, denn das südwestlich von Potsdam gelegene Kloster war im Jahr 1180 das erste in der Mark Brandenburg und widmete sich der Missionierung der noch immer »heidnischen« Wenden.[42] Marktgraf Otto I. soll sich bei einer Jagd verirrt und anschließend unter einem Baum eingeschlafen sein. Im Traum sei ihm

40 Theodor Bindewald, 1873/1980, S. 191f.: »Weiße Hirsche«

41 Siehe https://www.lautertal-vogelsberg.de/gemeinde/ortsteile/meiches.html

42 Eingelassen in die Altarstufen der Klosterkirche ist bis heute ein versteinerter Eichenblock zu sehen, der aus der Zeit der Klostergründung stammen soll und von dem angenommen wird, dass es sich bei dem Baum ursprünglich um ein slawisches Naturheiligtum gehandelt haben könnte. Ob Marktgraf Otto I. hier ähnlich wie Bonifatius bei der Donareiche der hessischen Chatten handelte und dann die gefällte Eiche gut sichtbar in der Kirche »ausstellen« ließ?

dann ein weißer, verwundeter Hirsch erschienen, der ihn angegriffen habe und den er nicht habe abwehren können. Weil sein Stoßgebet im Traum erhört worden sei, habe er das Gelübde abgelegt, an dieser Stelle ein Kloster zu errichten, um die Wenden zu bekehren – denn dieser Hirsch habe für ihn die »heidnischen« Wenden verkörpert.[43]

Bei der heiligen Ida von Herzfeld – vielleicht eine Enkelin bzw. Urenkelin Karl Martells und Nichte oder Großnichte Karls des Großen – steht der Hirsch, mit dem sie meist abgebildet wird, für die (heidnischen) Sachsen, gegen die Karl der Große über 30 Jahre Krieg führte. Nach ihrer Vermählung mit dem Sachsenherzog Egbert zog sie im Jahr 786 nach Westfalen. Als sie die Lippe auf einer Furt bei Hirutveldun (altsächsisch: Hirschfelder), heute Herzfeld, überquerten, erhielt Ida im Traum von einem Engel den Auftrag, dort eine Kirche zu bauen. Daraufhin stiftete sie die erste Kirche im Münsterland. Ob es auch hier ein früheres Hirschheiligtum gab? Die Gemeinde Herzfeld führt jedenfalls den Hirsch im Wappen.

(l.: Die heilige Ida von Herzfeld mit ihrem Hirsch in einem Glasfenster des Ludgerus-Doms in Billerbeck im Bistum Münster, Nordrhein-Westfalen – re.: Die sogenannte »Idenrast« über dem Treppenabgang zur Grabstätte in der St. Ida Wallfahrtsbasilika in Herzfeld, Gemeinde Lippetal, Nordrhein-Westfalen)

Auf den Internetseiten der St. Ida Wallfahrtsbasilika wird berichtet: »Die Legende erzählt, dass ein Hirsch (Sinnbild der Sachsen) vor seinen Jägern zur hl. Ida flüchtete und bei ihr

43 Bei dem märkischen Romancier Willibald Alexis, der die Gründungslegende in seinen Roman »Die Hosen des Herrn von Bredow« (1846) einbaute, wird dieser Hirsch zum Sinnbild des Satans.

Rettung fand. Er wich nie mehr von Idas Seite, folgte ihr auch durch die Lippe und trug auf seinem Rücken behauene Steine über den Grünen Weg zum Kirchbau heran.«[44]

Bis heute gilt die »Stammmutter des sächsischen Königshauses«[45], die in der St. Ida Wallfahrtsbasilika in Herzfeld, Gemeinde Lippetal, Nordrhein-Westfalen, mehrfach mit ihrem Hirsch präsent ist, als Schutzpatronin der Schwangeren, Armen und Schwachen.[46]

Auch die Neugründung des Doberaner Münsters – der erste Bau war (kurz nachdem der slawische Fürst Pribislaw 1164 den christlichen Glauben angenommen hatte) das erste mecklenburgische Kloster –, hat mit einem Hirsch zu tun. Und mit Missionierung. Bei seiner Suche nach einem neuen Standort – das erste Kloster wurde nach dem Tod von Pribislaw zerstört – habe Fürst Nikolaus von Rostock bestimmt, der Platz solle durch den ersten während der Jagd erlegten Hirsch angezeigt werden.[47] Ob der Hirsch hier auch die »Heiden« symbolisierte?[48] Bis heute hängt im Münster in einem Seitenschiff ein Hirschgeweih an einem Pfeiler.

---

44 »Der ›Idenpatt‹ und die Legende«, in: https://www.sanktida.de/die-heilige-ida/die-heilige-ida/

45 https://www.lippetal.de/tourismus_freizeit/tourismus/wallfahrt/wallfahrt.php

46 Der Gewölbeschlussstein der Ida-Kapelle, der Taufbrunnen, die »Idenrast« sowie ihr Schrein zeigen sie mit ihrem Hirsch. Jedes Jahr wird in Herzfeld (dem ältesten Wallfahrtsort in Westfalen; seit 825 pilgern Menschen zum Grab der heiligen Ida und bis heute finden Wallfahrten zum Ida-Schrein statt) im September die Ida-Woche gefeiert, wo im Rahmen der sogenannten »Identracht« die Gebeine der Heiligen in einer feierlichen Prozession durch den Ort getragen werden und anschließend der Ida-Segen erteilt wird. Der geweihte »Ida-Gürtel« hilft Schwangeren. Schwangerschaftsgürtel und Geburtsschnüre sind schon an den steinzeitlichen Göttinnenfigurinen zu sehen, sie haben auch eine sakrale Bedeutung, symbolisieren Geburt und Wiedergeburt; siehe Annine van der Meer, 2020, S. 106.

47 Siehe die Gründungslegende auf den Internetseiten des Doberaner Münsters unter »Impressionen« im Download-Flyer »Rundgang und Führung« in Punkt 25 zur Grabanlage des Samuel von Behr – Foto vom Hirschgeweih in der Bildergalerie »Nachklösterliche Ausstattung«

48 Auch den Gründern des Trinitarierordens, Felix von Valois und Johann von Matha, soll Ende des 12. Jh.s ein Hirsch (mit einem blau-roten Kreuz im Geweih – das später zum Symbol für den Orden wurde) am Ort ihrer Klostergründung in Cerfroid bei Paris erschienen sein. Seine Aufgabe sieht der Orden bis heute darin, verfolgte Christen und Christinnen in aller Welt beizustehen. Dem heiligen Meinolfus soll 836 ebenfalls ein Hirsch mit einem Kreuz im Geweih gezeigt haben, wohin er ein Kloster bauen solle – dargestellt am Torhaus des ehemaligen Frauenstifts und heutigen Gut Böddeken bei Büren im Kreis Paderborn, Nordrhein-Westfalen. Interessanterweise war Meinolf zuvor von Lichterscheinungen und einer Herde Hirschkühe berichtet worden, die an diesem Ort bald auf der Stelle getreten, bald im Kreis gelaufen seien. Auch als er beides selbst sah, genügte dieses Zeichen weder ihm noch seinem Bischof, der ein teuflisches Blendwerk befürchtete. Erst das Kreuz im Geweih des männlichen Tieres beruhigte ihn. Die Hirschkühe sollen übrigens bereits auf die künftigen Bewohnerinnen des Damenstifts hingewiesen haben; siehe Leonie Franz, 2009, S. 274ff.

Die Gründungslegende der Johanniskirche[49] in Schwäbisch Gmünd in Baden-Württemberg erzählt ebenfalls von einer Art Gelübde, doch es ist kein »christlich-göttlicher Auftrag« zu erkennen: Agnes von Waiblingen, Tochter des Salier-Kaisers Heinrich IV. und der Bertha von Turin und durch ihre erste Ehe mit dem Herzog Friedrich von Staufen die Stamm-Mutter des Staufergeschlechts[50], verlor auf einer Jagd ihren Ehering. Wo er gefunden werde, solle eine Kirche errichtet werden, war das Versprechen – ob es Agnes oder ihr Mann gelobte, wird verschieden erzählt. Der Ring fand sich im Geweih eines erlegten Hirsches.

(Das Relief mit einer Hirschjagd auf der Johanniskirche in Schwäbisch Gmünd, Baden Württemberg, soll die Ring-Legende darstellen.[51])

Indirekt hat demnach auch für diesen Kirchenbau ein Hirsch den Ort gewiesen. Besonders interessant finde ich, dass sich etwas Ähnliches auch in der zweiten Ehe von Agnes von Waiblingen wiederholte. Bei ihrer Hochzeit mit dem später heiliggesprochenen Leopold III. von Österreich verlor sie ihren Brautschleier – und der wurde laut der Sage neun Jahre später unversehrt auf einem blühenden Holunderbaum wiedergefunden. An dieser Stelle wurde das Chorherrenstift Klosterneuburg in der Nähe von Wien gebaut. Zwei Kirchen, zwei Symbole der Göttin – denn der Holunder gehört in den Symbolkreis der Großen Göttin Holle.[52] Spä-

49 Ein bedeutendes Bauwerk der schwäbischen Spätromanik mit reicher Ornamentik.

50 Sie begründeten den Anspruch auf die deutsche Königskrone mit der Abstammung von den SalierInnen.

51 Siehe Wilhelm Muschka, 2012, S. 105. Walter Klein meint zur Tierornamentik der Johanniskirche: »Gerade die Plastiken am Turme bestärken in ihrem völlig heidnischen Sinne, dass wir es offensichtlich mit uralten Vorstellungen zu tun haben, die Jahrhunderte fortwirkend in christlichem Sinne ihre Umdeutung erfuhren« (1928, S. 124).

52 Wie schon die Sage »Holunder tut Wunder« erzählt, siehe Karl Paetow, 1962, S. 92f. Holundersträucher wurden früher nicht gefällt, weil sich die Göttin Holle darin aufhielt. Wie die Göttin begleitete der Holunder von der Geburt bis zum Tod. Die Nachgeburt wurde unter dem Strauch vergraben. Und das Maßnehmen für den Sarg geschah mit einem Holunderzweig. Sonja Rüttner-Cova, 3/1993, S. 96: » Der Holler als Attribut der Göttin offenbart ihr zyklisches Wesen … Er symbolisiert Tod und ist zugleich die Vorbedingung für Wiedergeburt.« Siehe auch Gerda Buchberger u. Eva-Maria Rapp, 2013, Kap.: »Der Holunder« und Christian Rätsch, 2010, Abschnitt »Achtern Hollerbusch …« – Übrigens: Auch der »Elderstab«, der mächtigste Zauberstab aus den Harry-Potter-Bänden, ist aus Holunderholz.

tere Jahrhunderte fügten der zweiten Klostergründung dann eine Marienerscheinung beim Holunderbaum bei.[53]

(Fresko zur Gründungslegende im Kreuzgang vom Zürcher Fraumünster von Paul Bodmer, 1924–34)

Die Gründungslegende von Kloster Fraumünster[54] in Zürich erzählt, dass im 9. Jahrhundert ein Hirsch den Schwestern Hildegard und Bertha, Töchter des ostfränkischen Königs Ludwig des Deutschen, die Stelle bei der Limmat gezeigt haben soll, wo sie eine Kirche errichten sollten, in der sie später nacheinander Äbtissinnen wurden. Sein Geweih habe weiß geleuchtet und den beiden Frauen, die ihr Leben dem christlichen Gott geweiht hatten, so den Weg durch den Wald gewiesen.[55]

---

53 Auch auf dem Gemälde von Johann Georg Heberle zur Ringlegende und Stadtgründung links im Chor der Johanniskirche, das die Gmünder Bürgerin Margaretha Straubenmüller 1714 in Auftrag gab, wacht die Himmelskönigin Maria über das Geschehen.

54 Der Name Fraumünster bezieht sich nicht wie die zahlreichen »Kirchen unsrer lieben Frau« auf die Jungfrau Maria, sondern meint »Kirche der Frauen« – auch im Unterschied zum großen Münster in Zürich, dem Chorherrenstift jenseits des Flusses. Wobei Frau im Mittelalter eine Dame von hohem Stand meinte. Erst nach der Reformation wurde Fraumünster eine von Männern geführte Predigtkirche; siehe dazu Ursula Walser-Biffiger, 1998, S. 125

55 Ein weißer Hirsch mit drei Leuchten ziert heute die Flagge der Gesellschaft zu Fraumünster. Die erste Zürcher Frauenzunft, die 1989 gegründet wurde, erinnert an die Frauengeschichte in Zürich und ehrt alljährlich beim Sechseläuten – dem traditionellen Zürcher Frühlingsfest zur Zeit der Tagundnachtgleiche, bei dem der Winter durch das Verbrennen eines riesigen ausgestopften Schneemanns (früher großer Strohpuppen) ausgetrieben wird – eine besondere Zürcherin mit einer Gedenktafel.

Ursula Walser-Biffiger geht davon aus, dass diese Stelle, wo die Limmat den See verlässt, ein Kraftort ist. Sie schreibt: »Und selbst nüchterne Historiker schliessen nicht aus, dass in dieser Gegend schon seit Urzeiten eine Kultstätte war«,[56] und erinnert daran, dass hier urzeitliche Gefäße mit plastischen Brüsten gefunden wurden[57] – eine Form, die nach Marija Gimbutas die Große Göttin darstellt.[58] Unter der Überschrift »Den Weg des Hirsches gehen: eine Wanderung zur Frühlings-Tagundnachtgleiche« denkt die Schweizer Autorin zudem an den Genfer Archäologen Alfred Boissier, der schon 1916 meinte, dass die Fraumünsterlegende wohl aus dem helvetischen Diana-Kult hervorgegangen sei – eine Interpretation, die seine Kollegen als allzu fantasievoll verspottet hatten.[59]

Die Autorin und Astrologin Barbara Hutzl-Ronge, die schon seit vielen Jahren Kraftorte im Alpenraum erforscht, meint, dass wir im heutigen Sprachgebrauch »den Hirsch wohl als Krafttier der beiden Königstöchter und ihre Erfahrungen als Initiationsreise bezeichnen« würden. Sie macht auf die heilige Zahl Drei in der Legende aufmerksam: »Damit keine Zweifel an seiner Führung aufkommen, wird die göttliche Zahl Drei ins Spiel gebracht. Dreimal erscheint er ihnen auf unterschiedliche Weise ... Beim dritten Mal folgen sie ihm.«[60]

Der Schweizer Landschaftsmythologe Kurt Derungs sieht die beiden Schwestern als halb historische und halb mythische Gestalten. Er bezieht sich darauf, dass die Legende außerdem erzählt, dass ein grünes Seil vom Himmel herab gesandt wurde, das sich in einen Kreis legte und so den genauen Ort für die zu errichtende Kirche zeigte. Derungs erklärt dies als heilige Kreisanlage, in deren Mitte es eine Verbindung zwischen Himmel und Erde gab. Er meint, Hildegard und Bertha hätten wahrscheinlich die seherische Gabe besessen und an einem alten Platz der Frauenspiritualität schamanisiert – denn in der schamanischen Mythologie

---

56 Ursula Walser-Biffiger, 1998, S. 105. Sie verweist auf eine Publikation von Sigmund Widmer: Zürich. Eine Kulturgeschichte, Zürich 1976, Bd. 2, S. 29

57 Siehe Ursula Walser-Biffiger, 1998, S. 107. Ein im Kreis Zürich gefundener großer Krug mit Brustapplikationen wird auf die Zeit von 3900-3700 v. u. Z. datiert. Siehe auch Kurt Derungs, 2004, Kap.: »Eine Göttinnenkultur am Seeufer«

58 Siehe Marija Gimbutas, 1995, S. 39

59 Siehe Ursula Walser-Biffiger, 1998, S. 110. Zur Bedeutung der Göttin Dianas siehe die nächsten beiden Kapitel »Ein Hirsch-Heiligtum im Rhein-Main-Gebiet« und »Kultischer Hirschtanz und ›Wilde Jagd‹«.

60 Barbara Hutzl-Ronge, 2/2006, S. 63

steigen Schamanen am »Himmelsseil«, der »Weltenschlange« o.Ä. zum Himmel empor.[61] Derungs deutet, dass sie Priesterinnen der Landschaftsgöttin der Region, der Großen Göttin Verena, gewesen sein könnten und dann zu frommen Beterinnen wurden.[62]

(Bildtafel im Zürcher Fraumünster, die rechts die Gründungslegende der Kirche mit Hirsch und links die Überführung der Reliquien der Zürcher Schutzheiligen Regula und Felix zeigt)

Eine weitere Legende erzählt, dass auch beim Bau des Zürcher Grossmünsters ein Hirsch beteiligt war. Karl der Große soll von Köln aus (manchmal auch von Aachen oder in der Umgebung von Zürich) auf die Jagd geritten sein und einen sehr großen schönen Hirsch verfolgt haben. Das Tier führte ihn durch Berg und Tal bis nach Zürich. An der Stelle, wo der Hirsch sich niederließ, ließ Karl der Große später das Grossmünster errichten. Zwei Einsiedler aus der Gegend hatten ihm erzählt, dass dort Heilige begraben seien, die den Märtyrer-

61 Monica Sjöö und Barbara Mor machen darauf aufmerksam, dass die »Reise in den Himmel« bereits als eine patriarchalisierte Form der schamanischen Reise gesehen werden kann, während die Reise in die Unterwelt, die in früheren Zeiten ganz gebräuchlich gewesen sei, nach Mircea Eliade nur noch selten unternommen werde. Die Autorinnen schreiben: »Heute macht die Sphäre der lebendigen Toten offensichtlich Angst, weil sie der dunklen, unheimlichen Mutter zugeordnet wird, wohingegen die ›Reise in den Himmel‹ dem Schamanen zu besonderem Ansehen verhilft, weil sie als Ausflug in das Reich der himmlischen Patriarchen positiv bewertet wird.« (2/1986, S. 73) Der rumänische Religionswissenschaftler Mircea Eliade beschreibt in seiner weltweiten Untersuchung schamanischer Riten immer wieder die Himmelfahrt. Wesentlich seltener sei ihr »Gegenstück«, der »Abstieg in die Unterwelt«, zu beobachten, der als schwieriger beschrieben werde; siehe 1975, S. 195ff. Eliade meint zwar, dass die Unterweltgottheiten nicht notwendig böse oder teuflisch seien, aber deutlich ist in seiner Beschreibung dennoch eine klare Wertung spürbar. Umso interessanter ist, dass im altaischen Schamanentum, das Männer und Frauen kennt und wo laut Eliade zwischen Weiß und Schwarz unterschieden wird, die Schamaninnen immer »schwarz« seien, denn sie machten keine Himmelsreisen; siehe 1975, S. 184. Demnach sind sie wohl (nach wie vor) für die Unterwelt zuständig.

62 Siehe Kurt Derungs, 2004, S. 157ff.

tod starben: Regula und ihr Bruder Felix (und manche nennen noch den Heiligen Exuperantius).[63] Hutzl-Ronge sieht vor allem in der Krypta des Münsters einen Kraftort.[64]

In der Gründungslegende vom Stift Kremsmünster in Oberösterreich, in der der Hirsch noch deutlicher christlich konnotiert ist, erscheint auch noch ein zweites einst heiliges Tier der Göttin: das Schwein. Herzog Tassilo, dessen Sohn auf der Jagd verstarb, soll bei der Totenwache ein weißer Hirsch an der Bahre seines Sohnes erschienen sein – und dieser starb beim Erlegen einer riesigen Wildsau. Daraufhin ließ der Herzog, der das Erscheinen des Hirsches als Zeichen Gottes deutete, in der Nähe im Jahr 777 das Stift errichten. Spiegelt sich hier, mythologisch betrachtet, der Triumph des neuen christlichen Gottes über die besiegte alte Göttin?

Klar christlich gestaltet sei das Motiv der Hirschjagd in der Gründungslegende des Klosters Fécamp in der Normandie, die mit dem Sieg des makellos weißen Tieres endet. Leonie Franz deutet dies als »Allegorie der Christianisierung des ehemals heidnischen Gebiets an der Normandieküste.«[65] Die wilden Wälder, in denen sich die Jagd laut Legende ereignete, stehen für die heidnischen Völker, so wie auch die hetzenden Hunde die Ungläubigen symbolisieren.

Ein Hirsch-Heiligtum im Rhein-Main-Gebiet

Andere Orte, die einst Hirsch-Heiligtümer waren, gerieten ganz in Vergessenheit und werden auch nicht mehr der Göttin zugeordnet. Auf einen dieser Orte soll hier näher eingegangen werden: auf ein Hirsch-Heiligtum aus dem 3. Jahrhundert, das im hessischen **Kelsterbach** im Rhein-Main-Gebiet entdeckt wurde.[66] In einem Brunnenschacht unter dem Fundament eines ehemaligen römischen Hauses hatten Studierende unter der Leitung von Professor Alexander Heising von der Uni Frankfurt bei archäologischen Grabungen 2004 zerschlagene Töpfe und

63 Die Zürcher Schutzheiligen Regula und Felix sollen nach frühmittelalterlichen Legenden unter Kaiser Maximian (286-305) wegen ihres christlichen Glaubens, den sie nicht nur lebten, sondern auch verkündeten, hingerichtet worden sein. Legenden über Exuperantius stammten dagegen erst aus dem 13. Jh.

64 Siehe Barbara Hutzl-Ronge, 2/2006, S. 39f.

65 Leonie Franz, 2009, S. 273

66 Es liegt auf freiem Feld am Ortsausgang von Kelsterbach, Richtung Frankfurt-Schwanheim, nahe der Schwanheimer Straße.

Hirschgeweihe gefunden.[67] Zwei davon, komplett erhalten, waren so innerhalb des Schachts platziert, dass ihre Stangen einen exakten Kreis bildeten.[68]
Heising vermutet, dass es sich um einen Kult mit Privatcharakter handelte, also ohne großen Tempelbau und mit wenigen rituellen Handlungen. Wahrscheinlich wurden die Geweihe nach der rituellen Opferung des Hirsches und einem Kultmahl zunächst über längere Zeit an einer Wand im Inneren des Hauses im Rahmen eines Kultes präsentiert. Erst mit der Aufgabe des Gebäudes (vielleicht im Zusammenhang mit dem Limesfall) wurden sie dann gemeinsam mit anderen Kultgegenständen sorgfältig im Brunnen deponiert.

(Die Kelsterbacher Fundstelle »Auf der Steinmauer« mit dem Römerbrunnen, in dem die Hirschgeweihe gefunden wurden, den markierten Ausmaßen des römischen Gebäudes und dem Bodenmosaik von Hubert Schöggl, der in seiner Gestaltung auf die heilige Zahl 3 einging.[69])

---

67 Erste Untersuchungen des Geländes gab es bereits 1974 (siehe dazu Siegfried Roscher, 1990) und 2001. In Brunnenschächten deponierte Hirschgeweihe wurden auch an anderen Orten gefunden, so z. B. in Wiesbaden-Schierstein (dort zusammen mit einer Jupiter-Säule). Nicole Albrecht spricht in ihrer Dissertation über römerzeitliche Brunnen sogar von einer auffälligen Häufung von Geweihfunden in Brunnen (siehe 2014, S. 171).

68 Siehe Alexander Heising, 2013, Abb. 4 u. 5a (o.v.)

69 Siehe »Auf der Steinmauer rasten«, in: Freitags-Anzeiger vom 18.6.2014 (o. v.) – Schöggl gestaltete das Bodenmosaik dreieckig und die Begrenzungsmauer hat 3 x 3 Steine. Auch alle im Brunnenschacht gefundenen Geweihstangen hatten drei Enden. Zur Bedeutung der Zahl Drei siehe Kap.: »Die drei heiligen Frauen – und die Eine«

Geweihe in einem kultischen Zusammenhang aufzuhängen, war ein weit verbreiteter Brauch – und in den meisten Fällen scheint es sich »um Opfergaben an die jeweils verehrte Gottheit gehandelt zu haben, was wohl auch für die Kelsterbacher Stücke anzunehmen ist«, wie Heising meint.[70] Doch um welche Gottheit es sich handelte, kann aus dem Befund heraus nicht eindeutig bestimmt werden.[71] Auf einer Tafel des Regionalparks Rhein-Main[72] ist von einem »kultisch genutzten Gebäude« zu lesen, die Hirschgeweihe werden aber leider nicht erwähnt. »Vermutlich diente das Gebäude einem regionalen keltisch/römischen Kultus um den Hirschgott ›Cernunnos‹ (der Gehörnte)«, ist auf den Informationsseiten des Kelsterbacher Volksbildungswerkes im Internet zu lesen.[73] Sicherlich wurde dieser keltische Gott einst verehrt, vor allem im ehemaligen Gallien. Doch auch wenn die KeltInnen, die im Gefolge der römischen Truppen (die Römerzeit in Kelsterbach dauerte von 70 bis 260 nach der Zeitenwende) über den Rhein zogen, aus Gallien kamen,[74] wurden die Hirschgeweihe von Kelsterbach doch im Brunnen eines römischen Gebäudes gefunden. Da ist es naheliegend, nach der römischen Vorstellungswelt zu fragen – und in dieser war der Hirsch mit einer *Göttin* verbunden: mit Diana, einer der höchsten Gottheiten im römischen Imperium. Auch Heising verweist im Zusammenhang mit dem Aufhängen der Geweihstangen darauf, dass in der griechisch-römischen Mythologie Hirschgeweihe als Opfer für Diana aufgehängt wurden.[75] Wie vielleicht auch in Kelsterbach?

Nachweislich wurde Diana, deren Kult weit verbreitet war, auch in der Rhein-Main-Region verehrt. Davon zeugen Statuetten der Göttin, die z. B. in der römischen Stadt Nida, die heute den Namen **Frankfurt-Heddernheim** trägt, gefunden wurden, und Weihesteine zu Ehren von Diana, wie der Altarstein, der bei **Steinbach** im Odenwald entdeckt wurde,[76] oder der aus dem Römerkastell **Seligenstadt.**

70 Alexander Heising, 2013, S. 309 (o.v.)
71 Siehe ebd., S. 308
72 Die Fundstelle »Auf der Steinmauer« wurde 2014 in die Regionalpark-Route Rhein-Main eingebunden, die Fundstücke sind im Kelsterbacher Stadtmuseum zu sehen.
73 https://www.vbw-kelsterbach.de/fundstellen/auf-der-steinmauer/
74 Siehe Alexander Heising, 2008, S. 15f.
75 Siehe Alexander Heising, 2013, S. 309 (o.v.)
76 Gefunden wurde der Weihestein 1881 im Waldbezirk »Gebrannter Wald« oberhalb von Michelstadt-Steinbach. Er stand in der Nähe des ehemaligen Forsthauses Acht Buchen, siehe Gerd Waßner, 2006, S. 3.

(l.: Diana-Altar[77] aus Michelstadt-Steinbach im hessischen Odenwald, Stadtmuseum ***Michelstadt*** *– re.: Großer Diana-Altar aus dem Römerkastell Seligenstadt, RegioMuseum im Kloster Seligenstadt)*

Auf dem Diana-Weihestein aus Seligenstadt, der 204 errichtet wurde und sich heute im Regio-Museum im Kloster Seligenstadt befindet, sind an den Seiten Hirsche dargestellt, weibliche und männliche Tiere – ein springender Hirsch und eine Hirschkuh, die ihr Kalb säugt.

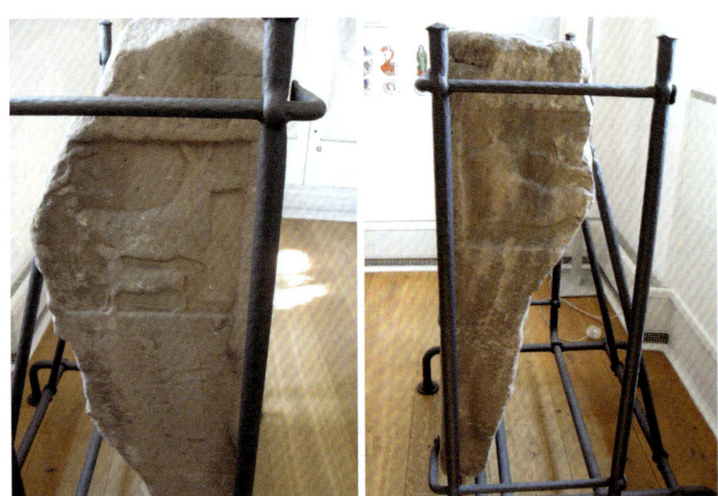

(Seitenansichten des Diana-Altars aus dem Römerkastell in Seligenstadt)

77 Die Weihe-Inschrift lautet übersetzt: »Der Diana erfüllt Vitalis das Gelübde für sich und die Seinen. Er hat das Gelübde gern und freudig erfüllt.«

Bei Bollendorf in der Südeifel steht noch heute ein Denkmal,[78] das einst die Göttin Diana zeigte.[79] Es stammt aus dem 2. Jahrhundert, also aus der Zeit, aus der auch die Kelsterbacher Funde stammen. Es war wohl der hl. Willibrord, der im Zuge der Christianisierung den oberen Teil abschlagen ließ – denn in dieser »heidnischen Göttin« sahen viele christliche Priester und Missionare die Hauptrivalin ihres Gottes. Eine Tafel beim Denkmal verkündet, Diana, die Göttin des Waldes, werde von einem Hund oder Hirsch begleitet – was heute leider nicht mehr zu erkennen ist.

(Diana-Denkmal bei Bollendorf, Süd-Eifel, l.: So malte Johann Anton Ramboux 1825 das abgeschlagene römische Weihedenkmal. – M.: So sieht es heute aus. – re.: Eine Tafel zeigt einen Rekonstruktionsversuch.)

Im Jahre 431 versuchte das Konzil von Ephesos die Verehrung von Diana zu verbieten. Doch noch im Mittelalter, wo sie die christliche Kirche als »Königin der Hexen« titulierte, kämpfte die Inquisition gegen die Verehrung dieser Großen Göttin. So erklärte der spanische Großinquisitor Torquemada sie zur Teufelin, wie Barbara G. Walker erzählt.[80] Und um 900 gab Abt

78 Am Waldrand in der Neubausiedlung Weilerbach in der Nähe der Dianastraße. In der Schlossstraße gibt es einen kleinen Parkplatz, von dem aus Stufen zu einem schmalen Pfad führen, der am Denkmal endet.

79 Ein nahe gelegenes Naturdenkmal, wohl eine ehemalige Kultstätte, trägt den Namen »Bärenstein«. Auch der Bär ist ein heiliges Tier der Artemis – der griechischen Version der Göttin Diana.

80 Barbara G. Walker, 5/1999, S. 167

Regino von Prüm (Eifel) eine Sammlung von Anweisungen heraus, die Frauen, die die Göttin Diana anbeteten, als vom Satan Verfolgte verurteilte.

Diana – anfänglich eine eigenständige Göttin, die schon früh und fast vollständig mit der griechischen Artemis identifiziert wurde – stammt ursprünglich nicht aus der griechisch-römischen Antike, sondern aus der Zeit, als die Menschen in matriarchal organisierten Gesellschaften lebten. So verortet die klassische Archäologin Erika Simon die Herkunft beider Göttinnen in der Jungsteinzeit.[81] Und sie war auch nicht nur die Göttin der Jagd, wie sie heute häufig dargestellt wird – vielmehr war Diana bzw. Artemis eine große, dreifache Göttin:[82] die jungfräuliche Jägerin (die nicht für die keusche, sondern für die unüberwindbare, unabhängige junge Frau stand), die mütterlich beschützende Göttin der ursprünglichen Natur und der wilden Tiere (auch eine Göttin der Fruchtbarkeit) und die alte Göttin des Übergangs (die sowohl den Tod bringen konnte als auch bei der Geburt beistand).

*(Mosaikmedaillon der Diana im Foyer des **Wiesbadener** Kurhauses)*

Eines der wichtigsten Kulttiere dieser Schutzgöttin der Frauen, die auch als Mondgöttin verehrt wurde, war der Hirsch, mit dem sie oft abgebildet wird. Ihr goldener Wagen, der Diana/Artemis ebenfalls als Große Göttin ausweist, wurde von Hirschen gezogen. Aber vermutlich waren es keine männlichen Tiere. Laut Heide Göttner-Abendroth zogen den Wagen der Artemis weiße gehörnte Hirschkühe.[83] Sie schreibt: »Viele Große Göttinnen fahren auf Wagen, die wie ein Thron der Ausdruck ihrer Hoheit und Macht sind. Im Gegensatz zum Kriegswagen, der erst in patriarchaler Zeit aufkommt, handelt es sich bei diesen Wagen immer um Kultwagen, auf denen das Standbild der Göttin

81 »Beide stammen aus der neolithischen Epoche der Jäger und Sammler.« (Erika Simon, 1990, S. 51)

82 Ulrike Pittner und Ursa Krattiger zeigen Artemis in ihrer vorpatriarchalen Ganzheit als alles umfassende, dreifaltige Himmelsgöttin, siehe 2015, S. 217-236.

83 Siehe Heide Göttner-Abendroth, 6/1984, S. 26

oder der Stein, der sie symbolisierte, bei Flurprozessionen umhergefahren wurde. Dabei ist es in der Regel ihr heiliges Symboltier, das den Wagen der Göttin zieht.«[84]

Hirsche und andere Tiere des Waldes beaufsichtigte die jagende Diana. »Jedes frevelhafte, außerhalb des Ritus stehende Töten wurde von ihr gerächt«, berichtet Erika Simon.[85] Und vor allem spielte der Hirsch bei ihrer Heiligen Hochzeit, in der sich die Göttin einst symbolisch mit dem Menschengeschlecht vereinte (bzw. der König mit seiner Göttin), eine zentrale Rolle. Denn der von Diana/Artemis zum Hirsch verwandelte Prinz Aktaion wurde zwar laut der griechisch-römischen Mythologie von der Göttin getötet, weil er sie verbotenerweise nackt baden gesehen hatte – dem älteren Kultdrama entsprechend war er aber vielmehr ihr im Herbst geopferter Sakralkönig.[86] Zum Ende des Vegetationsjahres, damit es im Frühjahr wieder neu beginnen konnte.

Die entlaufenen Sklaven, die das Heiligtum der Diana Nemorensis im Hain von Aricia (unterhalb des Ortes Nemi in der Nähe von Rom) in der Antike als Asyl nutzten, wurden Hirsche (servi) genannt. Um zum Priester Dianas zu werden, zum »Hain-König«, mussten sie ihren Vorgänger töten.[87]

Es spricht also viel dafür, dass auch im Hirschheiligtum in Kelsterbach einst Diana verehrt wurde – und vielleicht nicht nur von den römischen SiedlerInnen,[88] die ihre Göttin mit in die eroberten Gebiete gebracht hatten. Denn auch der einheimischen Bevölkerung war eine Große Göttin, die mit Hirschen in Verbindung stand, vielleicht noch vertraut.

Kultischer Hirschtanz und »Wilde Jagd«

Auch als kultischer Tanz ist das Symboltier Hirsch bis heute präsent, so in Indien und Japan, in Mexiko und den USA. In Neu Mexiko wurde Felicitas Goodman (die über Körperhaltungen forschte, die schon seit der Altsteinzeit überliefert sind) bei ihren Studien zu Trancezuständen besonders vom »Hirschtanz« der Pueblo-IndianerInnen beeinflusst.

---

84 Heide Göttner-Abendroth, 2005b, S. 152f.
85 Erika Simon, 1990, S. 51
86 Siehe Heide Göttner-Abendroth, 6/1984, S. 26, siehe auch Barbara G. Walker, 5/1999, Art.: »Artemis«, S. 61f.
87 Siehe Erika Simon, 1990, S. 52
88 Römisches Militär ist bisher in Kelsterbach nicht nachzuweisen, siehe Alexander Heising, 2008, S. 16

Für Europa vermerkt Gimbutas: »In England, Rumänien und Deutschland veranstalteten Männer in Frauenkleidern in der Zeit um Neujahr Hirschtänze, möglicherweise zu Ehren einer weiblichen Gottheit.«[89]

Verbürgt ist dieses Ritual in der Zeit der Rauhnächte auch von anderer Seite: Erzbischof Caesarius von Arles warnte im 6. Jahrhundert in Predigten vor diesem »abergläubischen Neujahrsbrauch«: »Wer also zu Neujahr in irgendeiner Weise solchen elenden Menschen eine Vergünstigung zuteilwerden lässt, die nach gotteslästerlichem Brauch mehr rasen als spielen, der möge wissen, dass er mehr Dämonen als Menschen begünstigt. Wenn ihr deshalb nicht an ihren Sünden teilhaben wollt, so lasst nicht zu, dass ein ›Hirsch‹ oder eine ›Kuh‹ oder dergleichen abenteuerliche Scheusale vor eure Türen kommen, sondern tadelt und scheltet solches vielmehr, und wenn es euch möglich ist, zerstört den ganzen Spuk.«[90] Der Hl. Pirmin (gest. 753), ein wahrscheinlich aus Irland stammender Wandermönch, der im fränkischen Reich das Christentum verkündete und in Südwestdeutschland sowie im Elsass zahlreiche Kloster gründete, verbot in seinem Pastoralbüchlein das Umgehen als Hirsche und alte Weiber und verurteilte den Geschlechtertausch durch Verkleidung.[91] »Auch der heilige Eligius († 659) erhob sich gegen die schändlichen und lächerlichen Neujarslarven in Kalbs- und Hirschgestalt. Darum sah sich auch das trullanische Konzil von 692 genötigt, in seinem 62. Kanon gegen die Maskeraden und den Kleidertausch der Geschlechter an den Brumalien, den Januarkalenden und am ersten Merz einzuschreiten. Hauptsächlich enthalten gallikanische Beichtbücher Bußsätze für die Hirsch- und Kalbslarven«, schrieb Karl Weinhold, Professor für deutsche Sprache und Literatur, 1853.[92]

Doch dieser Volksbrauch hat überlebt: In Süddeutschland und im gesamten Alpenraum ziehen im Dezember, häufig in den zwölf Nächten um den Jahreswechsel, die Rauhnächte

89 Marija Gimbutas, 1995, S. 115

90 Caesarius von Arles, Homilie 130, zit. n. Jörg Kraus, 1998, S. 163f.

91 Siehe Jörg Kraus, 1998, S. 179. Pirmin galt übrigens auch als Beschützer vor Schlangen (ein Nürnberger Holzschnitt von 1475 zeigt ihn als Schlangenvertreiber; siehe Wikipedia-Artikel zu Pirminius).

92 Karl Weinhold, 1853, S. 23

genannt werden,[93] bis heute z.T. als weibliche Wesen verkleidete Männer mit gehörnten Masken umher.[94] Diese traditionellen Perchten-Umzüge stehen in enger Verbindung mit der sog. »Wilden Jagd«. Perchta oder Frau Percht, die alpenländische Variante der Göttin Holle, fegte wie diese im Winter mit ihrer wilden Jagd durchs Land, wie viele Sagen bezeugen.[95] Es heißt: »Frau Holle im Norden und in Mitteldeutschland und Frau Perchta im Süden führen ihre Geisterheere an.«[96] Die Wilde Jagd der Göttinnen ist aber, was leider immer wieder geschieht, nicht gleichzusetzen mit der Vorstellung von der Wilden Jagd als lärmendem, gruseligem Geisterzug der Verstorbenen, einem »Wilden Heer«, angeführt vom Göttervater Wotan[97] – denn diese Vorstellung ist jüngeren Datums. Heide Göttner-Abendroth erklärt: »Als Kriegsgott wurde Wotan auch zum Gott der Toten in der Unterwelt, zunächst für die in der Schlacht Gefallenen. Mit diesem grölenden Totenheer soll er in den Herbststürmen als ›Wilde Jagd‹ daherbrausen. Diese Zuschreibung ist eine patriarchale Vereinnahmung und Verzerrung des Themas der ›Wilden Jagd‹, denn diese stellte ursprünglich ein Ereignis im Zyklus der Natur und des Lebens dar und wurde von der Göttin angeführt.«[98] In manchen Gegenden wird auch tradiert, wen Wotan jagte. In der Sage von Wotan auf Rügen wird er auch »Hexenjäger« genannt. Göttner-Abendroth schlussfolgert: »... damit wird die Stoßrichtung dieser Eroberung deutlich. Sie ist gegen die Göttinkultur gerichtet, denn diejenigen, die in patriarchaler Zeit ›Hexen‹ genannt werden, waren die Priesterinnen der Göttin in Alteuropa ... Dies geschieht in ganz Mitteleuropa, angefangen bei den ›Witten Wivern‹ auf Rügen ... bis zu den ›Saligen‹ in den Alpen«.[99] In der spirituellen Vorstellungswelt umfasste der Zug der Göttin Holle einst die

93 Gemeint sind (meist) die Nächte vom 25. Dezember bis zum 6. Januar.

94 Die Hörner der Perchtenmasken erinnern heute aber eher an Steinböcke, Gemsen oder Ziegen.

95 Siehe dazu z. B. Renate Fuchs-Haberl, 2015

96 Hedi Lehmann, 1964, S. 152

97 Siehe Karl Lyncker, 1854, S. 17, der meint, Frau Holle fahre an der Spitze des »wütenden Heeres« durch den Wald. Johann Wilhelm Wolf hingegen war es 1857 noch wichtig, die wilde Jagd vom wütenden Heer zu trennen: »Wenn auch die Sage beides mischt, wenn auch beide, wie es den Anschein hat, zur selben Zeit umziehen, so sind sie doch innerlich ganz geschieden und die beiden handelnd auftretenden Personen keineswegs dieselben« (S. 128) – Auch der Hirschjagd-Fries auf der Südfassade von St. Johannis in Schwäbisch Gmünd, Baden Württemberg, (siehe in diesem Kapitel Abb. auf S. 339) wurde als wilde Jagd unter der Führung von Odin interpretiert – dieser Meinung ist Wera von Blankenburg, die ihr Buch zuerst 1943 veröffentlichte; siehe 2/1975, S. 124f.

98 Heide Göttner-Abendroth, 2005b, S. 158. Die zweite Phase der Verdrängung der Göttin ist die christliche, in ihr wurde die »Wilde Jagd« dämonisiert.

99 Heide Göttner-Abendroth, 2005b, S. 159

Seelchen der Verstorbenen, die eine neue Mutter suchen,[100] und die Göttin segnete auf ihrer Fahrt auch die Felder und Tiere.[101]

Und sie brauste auch genauso oft »mit ihren wilden, jungen, amazonischen Frauen durch die Lüfte ... diese kommen insbesondere mit den lebenserweckenden Frühlingsstürmen.«[102] Noch im 15. Jh. hieß es im Volksglauben, »dass die Göttin Diana ... in den zwölf Nächten mit ihrem Heere fahre.«[103] Das findet sich auch in den Predigten des Regensburger Dominikaners Johannes Herolt, die bis 1500 aufgelegt wurden: Dort wird von abergläubischen Personen gesprochen, die glauben, dass »Diana, in der Volkssprache *Unholde* oder die *selige Frawn* genannt, in der Nacht mit ihrem Heer umgeht und sie große Distanzen zurücklegen.«[104] Erni Kutter meint zwar, es könne daraus, dass in einigen Quellen Frauen, die von Flugerlebnissen berichteten, als »societas Dianae«, also als »Dianas Gesellschaft oder Gefolge« bezeichnet wurden, nicht unbedingt geschlossen werden, dass der Name der römisch-griechischen Göttin auch im Volk gebräuchlich war.[105] Dass es vielmehr den Anschein habe, das gelehrte Kirchenmänner die Bezeichnung für verschiedene meist weibliche Dämonen mit »amazonisch, jungfräulich-wildem Wesen« benutzten, denn in »der Anschauung des Volkes durchstreiften die ›Nachtfahrenden‹ seit alters her mit heidnischen Göttinnen des Nachts die Wälder«.[106]

---

100 Im Volksglauben haben sich Elemente aus allen Tradierungs-Schichten erhalten und so mischen sie sich bis heute in den Darstellungen. In der Informationsbroschüre des Naturparks Meißner-Kaufunger Wald: »Geheimnisvolle Frau Holle ... weltberühmt und doch unbekannt. Frau Holle – Märchen, Sagen, Mythos & Orte« (Redaktion: Hanna Wallbraun, 2011) ist zu lesen: »In den 12 ›Rauhnächten‹ zwischen Weihnachten und Dreikönigstag zieht Frau Holle umher. Dann erhält jedes Knistern und Raunen in den Zweigen gleich noch mehr Bedeutung, denn an der Spitze der ›Wilden Jagd‹ soll sie an Wotans/Odins Seite die Seelen der Verstorbenen des vergangenen Jahres unter den Frau-Holle-Teich begleiten, so dass am Frau-Holle-Teich Werden und Vergehen zusammentreffen.« (S. 13) Bei Heide Göttner-Abendroth hat dieser Seelenzug nichts Bedrohliches; siehe 2005b, S. 57-64 u. S. 153-155. Siehe auch Kap.: »Das Christkind, sein Esel und deren AhnInnen«, Abschnitt »Wer noch in den heiligen Nächten verköstigt wird«

101 Heide Göttner-Abendroth schreibt: »Das Segnen des Landes, wann immer sie umhergeht oder umherfährt, ist typisch für die Göttin Holle/Holda« (2014, S. 81)

102 Ebd.

103 http://kunstmuseum-hamburg.de/tag/goettin-diana/

104 Ausgabe Köln 1474, zit. n. Carlo Ginzburg, 1990, S. 101

105 Auch Jacob Grimm schrieb schon: »Da Frau Holda in Thüringen, Franken und Hessen vorzugsweise fortlebt, so ist nicht unglaublich, dass schon im 7. Jh. unter Diana in der Gegend von Würzburg keine andere als sie gemeint wurde.« (1835, Kap. 13: Göttinnen)

106 Erni Kutter, 1997, S. 268f. »Mit der Verteufelung und Ausrottung der ›Nachtfahrenden‹ glaubte die Kirche, auch deren Göttin endgültig zur ›Hölle‹ geschickt zu haben« (Ebd., S. 270)

Diana/Artemis galt ja auch als Göttin der Amazonen.[107] Doch es ist nicht so wichtig, welchen Namen die alte Große Göttin trug. Ein Deckenfresko im Altenburger Schloss in Thüringen aus dem 18. Jahrhundert zeigt jedenfalls Diana in wilder Fahrt durch die Wolken – und zwar mit ihrem Hirschwagen.

(Diana mit dem Hirschgespann im Altenburger Schloss, Thüringen, Teil der Deckendekoration des Schlafzimmers, Raum 15, von Johann Heinrich Ritter, um 1724/1732)

Auch den Wagen der Göttin Holle lässt Heide Göttner-Abendroth in ihrer Nacherzählung der Großen Göttinnenmythen Mitteleuropas von Hirschen ziehen, wenn sie mit ihm im Winter durch den nächtlichen Himmel braust – und zwar von weißen Hirschen mit goldenen Hufen.[108] Damit korrigiert sie die bereits patriarchal verfärbte Überlieferung, denn in der Sage »Der Frauenwagen«, die Karl Paetow in seine Sammlung der Volkssagen und Märchen um Frau Holle aufnahm, sind es noch weiße Pferde.[109] Göttner-Abendroth erklärt: »Schimmel kannten matriarchale Völker jedoch nicht, das Pferd war ihnen unbekannt. Es wurde erst von

107 Die mythische Amazonenkönigin Otrere wird als Erbauerin des Tempels der Artemis in Ephesos genannt.
108 Siehe Heide Göttner-Abendroth, 2005b, S. 55f.
109 Siehe Karl Paetow, 1962, S. 94-98

den erobernden Völkern der Eisenzeit,[110] so auch von Kelten und Germanen, als strategische Waffe benutzt. Der Pferdewagen der Frau Holle stellt deshalb bereits eine Germanisierung dar. Der ursprüngliche Wagen der winterlichen, gabenbringenden Göttin ist der Hirschwagen mit vier weißen Hirschen davor«.[111]
Und Göttner-Abendroth führt den Faden der Erinnerung an die Göttin Diana in die Gegenwart, wenn sie über diesen Hirschwagen sagt: »wie er in England noch heute als der Hirschwagen von ›Santa Claus‹ bekannt ist. Auf ihm saß einst die Weiße Göttin Artemis oder Diana, die Göttin der Wiedergeburt und Schützerin der Kinder, deren heiliges Tier der Hirsch ist. Sie reiste mit dem Hirschwagen durch die Lüfte und warf die Gaben durch den Schornstein, das ›Seelenloch‹ des Hauses, hinunter in den offenen Kamin.«[112]

In England sei die Artemis-Verehrung noch lange so stark gewesen, dass ihre Verchristlichung hier nicht zur hl. Ursula[113] mit ihrem »Heer von elftausend Jungfrauen« – wobei es zunächst wohl nur 11 waren[114] – geführt habe, sondern »die christliche Maria sei an die

110 In anderen Teilen der Welt taten das auch schon die erobernden Steppenvölker der Bronzezeit, wie Marija Gimbutas mit ihrer Kurganthese erklärt, und neuerdings David W. Anthony, 2007

111 Heide Göttner-Abendroth, 2005b, S. 152

112 Ebd.

113 Die Heilige, die sich schon in jungen Jahren der ewigen Jungfräulichkeit verschrieb, sich gegen ihre Verheiratung wehrte und stattdessen mit einer Frauenschar durchs Land zog, ähnelt Diana. Erni Kutter meint: »Mich erinnert die Geschichte von den 11.000 Jungfrauen und ihrer unerschrockenen Anführerin Ursula, ›der Bärin‹, stark an das wehrhafte ›Volk der Jungfrauen‹, die Amazonen und ihre Herrin Artemis, die auch eine Bärengöttin war.« (1997, S. 277) Ursula ist eine Verkleinerungsform zum lateinischen »ursa« (»die Bärin«) – Artemis hatte auch die Bärin als Kulttier und war als Artemis Kallistro mit dem Sternbild Ursa Major, der großen Bärin, verbunden. Außerdem zieht Erni Kutter Verbindungslinien zur Göttin Holle und zur »Wilden Jagd«, wenn sie vermerkt, dass Südtiroler Varianten der Ursula-Legende nicht von 11.000 Jungfrauen, sondern von Hulden oder Hollenweibern sprechen, die eng verwandt seien mit den Saligen Frauen und Wildfrauen; siehe 1997, S. 273. Sonja Rüttner-Cova erläutert, dass die »guten Holden«, die die Göttin Holle begleiteten, im Christentum in gute und böse Wesen aufgespalten worden seien, in fromme Jungfrauen und böse Hexen – so habe sich Hollas Umzug in die Heiligenlegende der Heiligen Ursula verwandelt; siehe 3/1993, S. 112.

114 Joachim Schäfer vermerkt im Ökumenischen Heiligenlexikon: »Die Rede von 11.000 Leidensgenossinnen beruht wohl auf einer versehentlichen Multiplikation der tatsächlichen Zahl mit dem Faktor Tausend.« (https://www.heiligenlexikon.de/BiographienU/Ursula_von_Koeln.htm) Das Erzbistum Köln informiert auf seinen Internetseiten zum Thema: »Erst ab dem 10. Jahrhundert spricht man von 11.000 Jungfrauen. Diese ›wundersame Vermehrung‹ geht vermutlich auf einen Lesefehler zurück.« (http://thema.erzbistum-koeln.de/heilige/heilige-ursula/Legende/Ursulas_Begleiterinnen.html)

Stelle der matriarchalen Göttin gesetzt« worden.[115] Die Verbindung der drei zeigt Göttner-Abendroth an einem englischen Altarbild, das Maria mit 11 Engeln[116] zeigt.

(Altarbild des Wilton-Diptychon, ca. 1395, National Gallery, London – re.: Ausschnitt)

Sie sind deutlich als junge Frauen gestaltet »mit weißen Blumen bekränzt wie Jungfrauen« und tragen auf ihren Gewändern alle das Emblem eines weißen Hirsches (der kein Kreuz im Geweih hat). Er erinnert an das heilige Tier der Artemis. Maria als »verkappte Artemis mit ihrer wilden Jungfrauenschar«.[117]

Den Hirschtanz gibt es auch noch heute in Europa: In England lockt der »Horn Dance« jeden ersten Montag im September (also im Monat der Erntefeiern) Besucherströme nach Abbots Bromley in Staffordshire, wo die Hirschtänzer einen ganzen Tag lang im Ort und in der

115 Siehe Heide Göttner-Abendroth, 2014, S. 82
116 Nicht mit 10 Engeln, wie Göttner-Abendroth schreibt; siehe ebd.
117 Ebd., S. 84

(»Horne Dance« in Abbots Bromley, Staffordshire/England)

Umgebung ihren Tanz aufführen. Dabei tragen sie große Geweihe, die das ganze Jahr über gut sichtbar in der Kirche aufbewahrt werden.[118]

Der »Horn Dance« soll bereits im Mittelalter getanzt worden sein, aber die Wurzeln dieser Tradition sind wohl erheblich älter. Das Forscher-Ehepaar Botheroyd meint, dass »in direkter Nachfolge neolithischer Erntefeierlichkeiten« tänzerische Figuren ausgeführt werden.[119] Und die Keltologin Sabine Heinz spricht von europäischen Fruchtbarkeitsbräuchen

118 Dass das Verhältnis der Kirche zum Hirschkult auch in England nicht immer so einvernehmlich war, zeigt auch die folgende Episode, die wieder zur Göttin Diana zurückführt. Ein Londoner Pfarrer schalt einst über eine traditionelle Prozession, bei der ein Hirschkopf in die St. Paul's Kathedrale getragen wurde: »wobei die ganze Gesellschaft auf's scheußlichste in Jagdhörner bläst. Und unter diesem primitiven Pomp schreiten sie bis an den Hochaltar und bringen ihr Opfer dar. Sie alle benehmen sich wie die verrückten Jäger der Diana.« (Walker, 5/1999, S. 167)

119 Sylvia u. Paul F. Botheroyd, 1992, S. 160

und glaubensgebundenen Feierlichkeiten, die bis heute mit der Hirschsymbolik verbunden seien, wie z. B. in Abbots Bromley.[120]

Ob auch beim Hirsch-Tanz Verbindungen zur Heiligen Hochzeit bestehen, wurde wohl noch nicht erforscht, doch der englische Begriff für Junggesellenabschied lautet *stag night* (Hirsch-Nacht)[121] – und für dieses Ritual werden heute als Scherzartikel stilisierte Hirschgeweihe zum Aufsetzen aus Polyester angeboten.

Der verchristlichte Hirsch

Im Christentum symbolisiert der Hirsch, wie die Psalmen verkünden, die nach Heil dürstende und durch die Taufe gerettete Seele.[122] So ist er z. B. im ältesten Baptisterium der Christenheit in der Lateranbasilika in Rom zu sehen, für die Kaiser Konstantin sieben[123] silberne Hirsche stiftete.[124]
An der Fassade der Erlöserkirche im hessischen **Bad Homburg vor der Höhe** (Hochtaunuskreis) wurde das Thema durch Hirsche versinnbildlicht, die sich an der heiligen Quelle laben. Der Bau der Kirche wurde vom deutschen Kaiserpaar Auguste Viktoria und Wilhelm II. (dessen Vorbild Kaiser Konstantin war) stark gefördert.

Doch Quellen sind nicht erst seit dem Christentum sakrale Orte …[125]

---

120 Siehe Sabine Heinz, 3/2001, S. 51

121 In der englischen Krimiserie Inspector Barnaby thematisiert die Folge »The Night of the Stag« (2011; dt. Titel: Das Biest muss sterben) als Nebenhandlung einen »alten Brauch«: In der Nacht der Junggesellen gehen die Männer des Ortes, geschmückt mit Hirschgeweihen, auf Frauenjagd im Nachbarort – angeblich um den Genpool aufzufrischen. Es ist interessant zu sehen, wie nah der Film dem Thema der Heiligen Hochzeit kommt und gleichzeitig deren Pervertierung zeigt. Denn nur von einigen Frauen werden die Männer durchaus erwartet (so wie einst das Volk in der Nacht, in der ihre Priesterin die Heilige Hochzeit vollzog, auch selbst feierte), andere müssen sich jedoch vor Vergewaltigung fürchten.

122 Psalm 42,2: »Wie der Hirsch schreit nach frischem Wasser, so schreit meine Seele, Gott, zu dir.« Und durstig ist der Hirsch, weil er Schlangen frisst, wie der »Physiologus«, der im Mittelalter als bekanntestes Buch Tiere und ihre Symbolik erklärte, mitteilt.

123 Die Sieben ist eine heilige Zahl der Göttin; siehe Annine van der Meer, 2020, Kap.: »Die weibliche Seite der Sieben«. Über Konstantins Verhältnis zum Christentum und seine Konversion gehen die Forschungsmeinungen stark auseinander.

124 Heinrich u. Margarethe Schmidt, 5/1995, S. 67

125 Siehe Annine van der Meer, 2020, Kap.: »Quellen und Flüsse«

(l.: Hirsche, die an der »heiligen Quelle« trinken, sind an der Nord- und Südfassade der Erlöserkirche in Bad Homburg v. d. H. zu sehen, 1903-1908 – re.: Romanisches Steinrelief mit Hirschjagd in St. Peter auf dem Petersberg bei Fulda, dort senkrecht aufgehängt)

Wie der Hase stellt der Hirsch auch die vom Teufel bedrängte Seele dar – wie z. B. in St. Peter, der Grabeskirche der hl. Lioba, in **Petersberg** bei Fulda, wo an der Wand unterhalb der Kanzel ein romanisches Steinrelief aus dem 12. Jahrhundert zu sehen ist, welches solch eine symbolische Hirschjagd zeigt.[126] Die Kath. Pfarrgemeinde St. Peter schreibt auf ihren Internetseiten, dass das Relief die von der Versuchung verfolgte Unschuld versinnbildliche.

Doch das bekannteste Motiv des »verchristlichten Hirsches« zeigt, welche Stärke das Symbol des Hirsches als heiliges Tier der Göttin hatte: Bei der Verdrängung der ursprünglich verehrten Göttin durch den »neuen Gott« mutierte der Hirsch mit einem weißen Kreuz oder mit dem Gekreuzigten selbst im Geweih zu nichts »Geringerem« als zum Zeichen für Jesus Christus.[127] (Wobei es sehr interessant ist, dass es auch für diese Darstellungsweise ein früheres archaisches »Vorbild« gibt, das vermutlich auf die Göttin verweist.)[128]

---

126 Der Stein wurde erst 1889 aus dem Mauerwerk eines Schweinestalles entfernt und unterhalb der Kanzel angebracht – das Seilornament, das die Szene umrahmt, verweise jedoch darauf, dass er ursprünglich zum Petersberg gehörte; siehe http://www.st-peter.de/229_Historie_Historisches.html#St_Peter

127 Siehe die christlichen Legenden um den Heiligen Eustachius und den Heiligen Hubertus. Auch in anderen Religionen hat der Hirsch eine hohe Stellung behalten, so gilt dieses Tier im Shintoismus als heiliger Götterbote; die mehr als tausend frei in der einstigen japanischen Hauptstadt Nara lebenden Sikahirsche haben den Status eines Nationalheiligtums – und sind eine Touristenattraktion.

128 Marija Gimbutas teilt im Rahmen ihrer Ausführungen zum Kult der Hirschgöttin mit, dass in einem rumänischen Weihnachtslied (einer Colinda), das noch archaische Elemente enthält, ein Hirsch vorkommt, der einen Fluss durchquert und in seinem Geweih eine Wiege trägt, in der ein schönes Mädchen liegt, das mit Sticken beschäftigt ist; siehe Gimbutas 1995, S. 115. Ein Bild der Göttin, die sich von ihrem Symboltier tragen lässt?

Und die Stärke des ursprünglichen Symbols zeigt sich auch darin, dass der Hirsch nach seiner christlichen Verwandlung zum erbitterten Gegner der Schlange werden musste – einem einst heiligen Tier der Göttin, das bei ihrer »Entmachtung« durch Christentum und Patriarchat nicht vereinnahmt, sondern verteufelt wurde. Vom verchristlichten Hirsch als Sinnbild Christi wird sie zertreten bzw. gefressen.[129]

Aber auch dem christlichen Hirsch wurde übel mitgespielt – schließlich macht er inzwischen samt strahlendem Kreuz im mächtigen Geweih Werbung für einen Kräuterlikör.[130]

129 Siehe Leonie Franz, 2009, S. 271f.
130 Das »Jägermeister«-Firmenlogo bezieht sich auf den hl. Hubertus, der auch der Schutzpatron der Jagd war.

Das Christkind, sein Esel und deren AhnInnen

Im Riedstädter Stadtteil **Leeheim** im südhessischen Kreis Groß-Gerau gibt es zu Weihnachten eine Tradition, die seit mindestens 150 Jahren in diesem Ort im südlichen Rhein-Main-Gebiet gepflegt wird – deren Ursprung den Beteiligten aber unbekannt ist.[1] Am 24. Dezember tragen die Kinder aus dem Ort kleine Heubündel zu ihren Großeltern und Paten, Onkeln und Tanten, die diese dann an die Außenwand ihres Hauses oder an die Tür hängen – als symbolisches Futter für den Esel des Christkindes, der den Schlitten mit den Geschenken zieht. Durch die rückläufige Viehwirtschaft und die damit schwindende Heuproduktion drohte der Brauch in der 2. Hälfte des letzten Jahrhunderts einzuschlafen. Um dem entgegenzuwirken, begann der Heimat- und Geschichtsverein Leeheim (HGV) in Zusammenarbeit mit einem heimischen Landwirt im Jahr 1984, Heubündel vorzubereiten und am Vormittag des 24. Dezembers im Hof des Heimatmuseums auszugeben.[2]

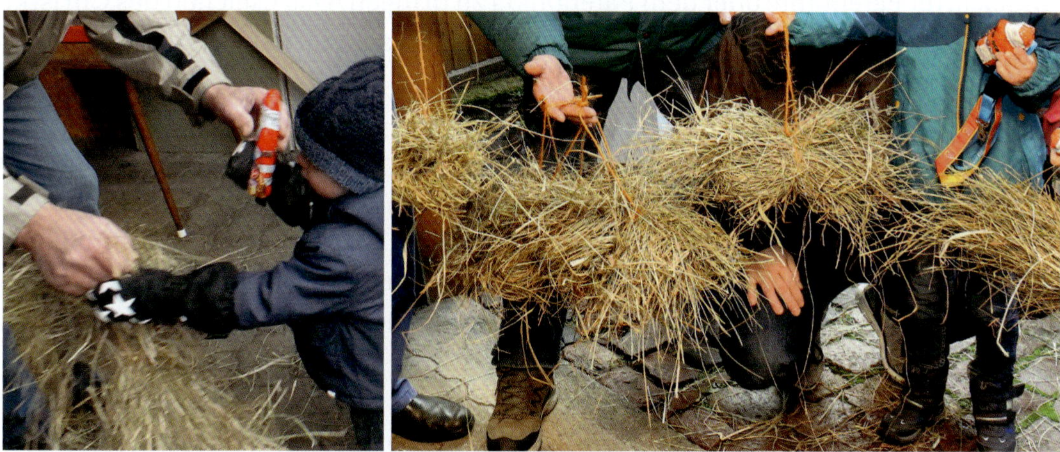

(Heubündelausgabe an die Kinder auf dem Hof des Leeheimer Heimatmuseums, Kreis Groß-Gerau, am Vormittag von Heiligabend, 2017 u. 2016)

---

1 Vermutet wird, dass der Brauch schon im Jahr 1705 oder 1706 durch einen Maurergesellen aus Tirol nach Leeheim gekommen ist. Dort stehe in der Kirche einer Gemeinde im Lechtal ein Esel, der Heubündel auf dem Rücken trägt. Siehe Kirstin Gründel: »Ein alter Brauch: Heubündeltragen«, in: echo-online.de, 27.12.2018 (o. v.)

2 So informiert der Heimat- und Geschichtsverein Leeheim auf seinen Internetseiten.

(Heubündelaustragen in Leeheim am Nachmittag von Heiligabend, 1981)

Das wurde von der Bevölkerung gut angenommen. Inzwischen werden jedes Jahr zwischen 300 und 400 Heubündel verteilt. Das morgendliche Treffen ab 10 Uhr beim Museum ist bei vielen großen und kleinen LeeheimerInnen fest in die Weihnachtsvorbereitungen eingeplant. Nachmittags gegen 16 Uhr, wenn die Kirchenglocken läuten, bringen die Kinder die Heubündel zu ihren Verwandten. Und dann beginnt das Warten aufs Christkind …

Auch in Pünderich an der Mittelmosel wurde dieser Brauch wieder belebt. Auf den Internetseiten der Gemeinde ist unter »Sitten und Brauchtümer« zu lesen: »Pünktlich um 14.00 Uhr begann früher das Weihnachtsdengel am Heiligenabend. Für die Kinder war das immer das Zeichen, ›ihr Bärdje‹, ein Heubündel, ihrer Patentante oder dem Patenonkel zu bringen. Das Eselchen des Christkindes sollte in dieser Nacht nicht an Hunger leiden, so wurde es den Kindern erklärt. Ein schöner Brauch, den es seit dem Jahre 2000 wieder gibt.«[3]

Besondere Bräuche verbinden sich schon immer mit dem »Heiligen Abend«. In manchen Gegenden gehört z. B. das Räuchern des Hauses (früher nicht nur auf dem Land, sondern auch in der Stadt)[4] und des Stalles dazu – wofür u.a. der am 15. August zu Maria Himmelfahrt geweihte Kräuterbuschen verwendet wird. Und das Vieh erhält eine besondere Speise: geweihtes Brot. Nicht nur in der Volksfrömmigkeit der Alpenregion zeigen sich bis heute Elemente, die älter sind als das Christentum, aber in die christliche Lehre eingewoben wurden – oder nebeneinanderher existieren. In nördlichen Ländern wie Dänemark oder Island werden am Vorabend von Weihnachten für Wichtel und Trolle Schalen mit Milchreis vor die Tür gestellt.

---

3 https://www.puenderich.de/puenderich/dorfchronik-und-geschichte/sitten-und-brauchtuemer/

4 Noch zu Beginn des 20. Jahrhunderts war dieser Brauch auch beim städtischen Bürgertum sehr verbreitet: »Der Brauch des ›Räucherns‹ ist so eingebürgert, dass er selbst in der Stadt bei Bürgersfamilien, die, wie zu sagen pflegt, noch etwas auf christlichen Sinn halten, fast allgemein geübt wird.« (Ludwig von Hörmann, 1909; http://www.sagen.at/doku/volksleben/christabend.html)

Das *Lexikon der Bräuche und Feste* berichtet, dass der letzte Rest der Getränke des Mettenmahles an die Bäume und Sträucher gegossen wurde, »damit auch diese an der Weihnacht teilhatten«.[5] Unter dem Stichwort »Lüttenweihnacht« steht dort: »Im Mittelalter legte man in der Weihnachtsnacht Hafer aufs Dach und gab ihn am Weihnachtstag den Tieren zu fressen. Noch heute werden die Haustiere zu Weihnachten besonders gut verpflegt. Bauern in Bayern legen vor dem Gang zur Mette ein Bündel Heu ins Freie, das so genannte Mettenheu, das sie nach der Mette den Tieren geben«.[6] »Kinder sammelten früher in den Dörfern Getreidebüschel ein, die aus der aufbewahrten letzten Garbe bestanden. Die gesammelten Ähren wurden zu einer Garbe zusammengebunden und als Weihnachtsgarbe für die Vögel auf einer Stange - oft vor der Kirche - aufgesteckt.«[7] In Norwegen und Schweden gibt es diesen Brauch, am Weihnachtsabend eine Garbe Hafer für die Vögel an einen Pfahl zu stecken (»Julenek«), heute noch.[8]

(Julenek, l.: Illustration von Adolph Tidemand, 1854 - M.: Oslo Weihnachten 2012 - re.: Weihnachtspostkarte von Jenny Nyström, Schweden, vor 1946)

5 Manfred Becker-Huberti, 4/2007, S. 262

6 Ebd., S. 228

7 Ebd., S. 424

8 »Skikken er veldig gammel, både i Norge og Sverige ... Prester på 1700-tallet fordømte skikken med julenek som hedensk ... Skikken med julenek har i motsetning til mange andre juletradisjoner på landsbygda overlevd. Og er i dag like utbredt i bystrøk som på landet.« (Der Brauch ist sehr alt, sowohl in Norwegen als auch in Schweden ... Priester verurteilten die Sitte der Weihnachtskrone im 17. Jahrhundert als Heidentum ... Im Gegensatz zu vielen anderen Weihnachtstraditionen in ländlichen Gebieten hat die Sitte der Weihnachtskrone überlebt. Und ist heute in Städten wie auf dem Land üblich.) Øyvind Brostrøm: »Dette visste du ikke om julenek« (Das wussten Sie nicht über Weihnachten), in: Sør-Trøndelag, 27.12.2014; http://www.avisa-st.no/nyheter/article10490749.ece

Die Fütterung des Tieres, das die begleitet, die in der Weihnachtszeit die Gaben bringen, ist auch in anderen Ländern bekannt – und nicht immer ist es ein Esel. In Polen legen manche Familien an Heiligabend ein kleines Heubündel für den Esel des Christkindes unter den weihnachtlichen Esstisch (und um an die Geburtsstätte von Jesus in einem Stall zu erinnern). In den Niederlanden und in Belgien ist es das Pferd des Sinterklaas, für das in der Nacht vom 5. Dezember neben Wasser, einer Mohrrübe oder Zucker etwas Heu bereitgestellt wird.

Esel oder Bock?

Im eher protestantisch geprägten Hessen, wo heute zumeist der Weihnachtsmann am 24. Dezember erscheint, war mancherorts noch bis in die 2. Hälfte des letzten Jahrhunderts am Heiligen Abend das Christkind anzutreffen. Wie Sankt Nikolaus in der Nacht zum 6. Dezember zog es auf einem Esel reitend von Haus zu Haus – manchmal auch zu Fuß. So wird es auch vom Odenwälder Weihnachtsbrauchtum berichtet. Zuweilen wurde das Christkind dort vom Belznickel[9] und weiteren maskierten Figuren wie einer Bockgestalt begleitet.[10] Inzwischen ist diese Tradition im privaten Raum verschwunden,[11] doch dem **Lindenfelser** Weihnachtsmarkt statten die von der Stadt im Vorderen Odenwald wiedererweckten Brauchtumsfiguren seit einigen Jahren einen Besuch ab.[12]

9 Auch Pelznickel, Nickel, Benznickel, Strohnickel, Storrnickel, Hörnernickel genannt. Er ist dem Knecht Ruprecht verwandt. Siehe auch das Kapitel »Mittwinter, Lichtfest, Lichtmess, Fastnacht – überall tanzen die Strohbären«, Abschnitt »Verchristlichung und das mittwinterliche Paar«

10 Bilder aus dem Nachlass des Heimatforschers Heinrich Winter zeigen die weihnachtlichen Umzüge mit Christkind, Nickelfigur, Stoppelgans, Mehlweibchen und Bolischbock (verkörpert von der Dorfjugend), die er in den 1930er-, 1940er- und 1950er-Jahren im Odenwald aufnahm; siehe Helmut Seebach, 2002. Auch die Stadt **Breuberg** zeigt auf ihren Internetseiten historische Bilder vom Christkind mit dreibeinigem Eselchen, Belznickel und anderen Gestalten wie dem Mehlweibchen und der Stoppelgans; siehe http://www.stadt-breuberg.de/sagen.htm; siehe auch die Internetseiten der Odenwälder Trachtengruppe Hans-von-der-Au, Erbach zum Odenwälder Weihnachtsbrauch: http://www.hans-von-der-au.de/cms2/index.php?option=com_content&view=article&id=44&Itemid=124

11 »Der Weihnachtsesel hat ausgedient: Im Odenwald werden noch alte Neujahrsbräuche am Leben erhalten, doch etliche sind verschwunden« (Elisabeth Murr-Brück: »Im Odenwald werden noch einige alte Neujahrsbräuche gepflegt«, in: Rhein-Neckar-Zeitung, 1.1.2016, o. v.)

12 »Schreckgestalten zwischen festlichen Buden«, in: Bergsträßer Anzeiger, 4.12.2015 (o. v.) – Siehe auch das Foto in diesem Kapitel auf S. 372

In einem Ort im Taunus ist das Christkind mit seinem Esel bei seinem Zug von Haus zu Haus auch heute noch anzutreffen: »Konfirmanden setzen in **Grävenwiesbach** einen Brauch fort, bei dem ein hölzerner Weihnachtsesel zusammen mit dem Christkind die Familien besucht.«[13] Dieser Umzugsbrauch an Heiligabend nach der kirchlichen Feier, der sich nur noch in diesem Ortsteil der nördlichsten Gemeinde im Hochtaunuskreis erhalten hat,[14] sei eine »sehr alte und ganz lokale Sitte«, sagt Karl Moses vom Grävenwiesbacher Heimat- und Geschichtsverein.[15]

Zum ersten Mal beschrieben und als wesentlich älter eingeschätzt wurde der Brauch bereits 1910.[16] Besondere Aufmerksamkeit verdient er, weil er keinen friedlichen Esel zeigt, der das Christkind geduldig von Haus zu Haus trägt, wie einst die hochschwangere Maria auf der Suche nach einer Herberge, sondern einen Esel, »Hans« genannt, der mit seinem klappernd Krach machenden Maul versucht zuzuschnappen und zumindest früher Furcht einflößte.

(Grävenwiesbacher Weihnachtsesel, Hochtaunuskreis)

Der mit ins Haus kommt und den das Christkind, wenn er sich zu arg gebärdet, mit seiner Gerte zähmen muss.[17] Die Grävenwiesbacherin Doris Schneweis, die sich lange mit dem The-

13 »In Grävenwiesbach klappert der Weihnachtsesel«, in: Usinger Anzeiger, 24.12.2018 (o. v.); siehe auch Eugen Ernst, 2007, S. 33-35 (Foto auf S. 33)

14 Nach der Beschreibung von Friedrich Mößinger sei sich in **Neuweilnau** und **Rod a. d. Weil** (Gemeinde Weilrod, Hochtaunuskreis) dunkel an den Esel als Begleiter des Christkindes erinnert worden. Auch in **Anspach** (Stadtteil von Neu-Anspach, Hochtaunuskreis). Zu nennen sind auch die Grävenwiesbacher Ortsteile **Hundstadt, Laubach** und **Naunstadt,** außerdem **Hasselborn** (Ortsteil der Gemeinde Waldsolms, Lahn-Dill-Kreis), wo der Brauch des Weihnachtsesels meist schon Ende des 19. Jh.s verboten wurde; siehe Friedrich Mößinger, 1937a, S. 317-319 sowie Wolfgang Ettig, 2015

15 Olaf Velte: »Wo der wilde Esel tobt«, in: Frankfurter Rundschau, 15.12.2010 (o. v.)

16 Siehe Julius Hartmanshenn, 1910, S. 415

17 Siehe Heimatverein Grävenwiesbach e.V. (Hg.), 2002, S. 495ff.

ma beschäftigt hat, meint, dass in diesem evangelischen Bezirk der Esel wohl den Ruprecht der Katholiken ersetzt habe.[18]

Der Heimatforscher Heinrich Winter sah als Erster eine Verbindung zum Bock. Er hatte in **Biblis** (Kreis Bergstraße) einen Weihnachtsesel gefunden und meinte, dass diese Figur, weil sie wie die Odenwälder Bockgestalt gebaut war, früher wohl ebenfalls einen Bock darstellte. »Dadurch, dass man ihn aber zum Esel machte, konnte er mit dem Christkind in eine glaubhaftere Verbindung treten und sich wohl deshalb bis heute noch so lebendig erhalten.«[19]

(Historische Aufnahmen der Brauchtumsgestalten, deren Aussehen sich bis heute kaum verändert hat, l.: »Bohligbock« aus Mittershausen im Odenwald – M.l.: »Weihnachtsesel« in Biblis, Kreis Bergstraße – M.re.: »Weihnachtsesel« in Grävenwiesbach, 1936 – re.: »Klappermaul« mit Christkind in Hasselborn, Lahn-Dill-Kreis)

Eugen Ernst, erster Leiter des Freilichtmuseum Hessenpark, meint, der Grävenwiesbacher Esel erinnere an den altgermanischen Julbock, Thors Ziegenbock, der heute noch das strohgeflochtene, gabenbringende Weihnachtstier in Schweden ist.[20] »Damit könnte zusammenhängen, dass die Pfarrer des Kirchspiels den alten Brauch nicht dulden wollten«[21], was durch den kollektiven Widerstand der Bevölkerung verhindert wurde.[22]

---

18 Siehe Olaf Velte: »Wo der wilde Esel tobt«, in: Frankfurter Rundschau, 15.12.2010 (o. v.)
19 Heinrich Winter, 1937b, S. 24
20 Eugen Ernst, 2007, S. 34
21 Olaf Velte: »Wo der wilde Esel tobt«, in: Frankfurter Rundschau, 15.12.2010 (o. v.)
22 Siehe Wolfgang Ettig, 2015, S. 7f. (o. v.)

Auch das *Wörterbuch der Deutschen Volkskunde* verzeichnet unter dem Stichwort »Esel« u.a.: »Als schnappende Maske mit eisernen Zähnen im Advent und in der Zwölftenzeit vermischt sich seine Gestalt mit dem Schimmelreiter, mit Klapperbock oder Schnabbuck«.[23] Und auch der Schnabbuck ist eine hölzerne, ziegenhafte Tiermaske mit beweglichem Unterkiefer zum Klappern und Zuschnappen.

Das Christkind mit dem Bock – das erinnert doch sehr an die auf ihrem Bock reitende Göttin. An ihr altes Kulttier, das zunehmend verteufelt wurde.[24] Bereits seit dem 7. Jt. v. u. Z. taucht der Widder als Kulttier der Göttin auf.[25] Steinböcke, Kulttiere der Himmelsgöttin, fressen von Lebensbäumen, die für die Schöpfungskraft der Göttin stehen, dargestellt auf altorientalischen Rollsiegeln oder auch auf Vasen aus dem alten Israel.[26] In der griechischen Antike reitet Aphrodite epitragia auf einem Bock. Der Hirtengott Pan, einer der ältesten Götter Griechenlands (versehen mit Hörnern und Hufen), vermählt sich nach alter Sitte mit etlichen Großen Göttinnen wie der Mondgöttin Selene und musiziert bei den ekstatischen Feiern der Dionysos-AnhängerInnen.

(l.: Ziegen fütternde Göttin aus Minet el Beida, Ugarit/Syrien, ca. 1250 v. u. Z. – M.l.: Widder am Lebensbaum, 45,7 cm hoch, Opfergabe im Grab der Königin von Ur, Irak, 2500 v. u. Z. – M.re.: Achat-Onyx-Kamee der Aphrodite epitragia, um 100 v. u. Z., im Archäologischen Nationalmuseum Neapel – re.: Detail aus »Hexensabbat« von Hans Baldung Grin, 1510)

---

23 Oswald A. Erich und Richard Beitl, 3/1974, S. 184. In Ostpreußen und Pommern begleitete den hl. Nikolaus als Verkörperung des Bösen nicht Knecht Rupprecht, sondern der Schimmelreiter.

24 Siehe Gerda Weiler, 1997, Kap.: »Die Göttin und der Bock – zur Kulturgeschichte eines Symbols«, S. 32-88

25 Siehe Marija Gimbutas, 1995, Kap.: »Der Widder, das Tier der Vogelgöttin«

26 Siehe Annine van der Meer, 2020, S. 476-478 und Buffie Johnson, 1990, Kap.: »Das Mutterschaf und der Widder«

Als das Judentum in der christlichen Kunst als Frau mit einem Ziegenbock dargestellt wurde, war das bereits nicht mehr positiv gemeint. Im christlichen Mittelalter wird der Ziegenbock dann zum Vorbild für den gehörnten Teufel. Auf dem Bock, der nun für Unkeuschheit bzw. Wollust (eine der sieben Totsünden) steht, reiten jetzt die Hexen. Und der hessische »Weihnachtsesel«, der vielleicht nur ein verwandelter Bock ist, ist zumindest eine Schreckgestalt – wenn nicht gar ein gezähmter Höllengeist.[27]

Das Christkind und seine Ahninnen

Das Christkind ist eine relativ spät ins Christentum eingeführte Figur, ebenso wie das Ritual der Bescherung an Heiligabend – beides gibt es erst seit dem 16. Jahrhundert. Martin Luther gilt als »Erfinder« des Christkindes, weil er dem hl. Nikolaus eine ebenbürtige Figur entgegensetzen wollte.[28] Ob er sich einen blondgelockten Engel mit mädchenhaften Zügen, von einem Mädchen verkörpert, vorgestellt hat?[29] Wohl kaum. Ingeborg Weber-Kellermann meint, dass Luthers zunächst jeder bildhaften Vorstellung entkleidete »Heilige Christ« als »blutleerer und gesichtsloser Anonymos« die nach Darstellung drängende Volksfantasie nicht befriedigen konnte. »Aus dem ›Heiligen Christ‹ wurde ein mädchenhaftes ›Christkind‹, eine entdämonisierte, gereinigte frommgewordene schöne Percht«.[30] Die alpenländische Variante der Göttin Holle – als doppelgesichtige Maske, als Schön- und hässliche Schiach-Percht, die die »gute« und die »böse« Seite der Percht symbolisiert, ist sie in den mittwinterlichen Umzügen im Alpenraum bis heute zu finden.

Der Vergleich der Volkskundlerin zeigt bereits, dass die Wurzeln einer mythischen, gegen Ende des Jahres Gaben bringenden weiblichen Figur wesentlich älter sind als der Protestantismus. Hier hat sich eine alte spirituelle Vorstellung durchgesetzt, die Heiligabend mit einer weiblichen Gestalt verbindet. Da ist die Mutter Maria, die in der Heiligen Nacht ein

---

27 Die weihnachtlichen tierischen Begleiter werden als »gezähmte Höllengeister« gesehen, die die »Präsenz des Bösen« übernehmen, oder als mittelalterliche Allegorien, die menschliche Laster verkörpern; siehe Wolfgang Ettig, 2015, S. 5 (o. v.)

28 Interessanterweise ist das Christkind als Gabenbringerin heute eher in überwiegend katholischen Gegenden präsent.

29 »Zeitgenössische Abbildungen zeigen immer ein (eher weibliches als männliches) Kind von 10 bis 15 Jahren, das meist mit Engelsflügeln ausgestattet ist. Das Mysterium, wer oder was das Christkind nun eigentlich sei, ist nie aufgeklärt worden.« (Manfred Becker-Huberti, 4/2007, S. 56)

30 Ingeborg Weber-Kellermann, 1960, S. 97

Kind gebar. Aber auch sie ruht auf älteren Vorstellungen. Vom angelsächsischen Mönch Beda (672/73-735) kennen wir die Bezeichnung: »Modranicht«[31] – »Modranect« war der alte sächsische Name.[32] Im *Wörterbuch der Deutschen Volkskunde* ist zu lesen: »Die mittwinterliche Umgangszeit weiblicher Schutzgeister führte zur germanischen Bezeichnung ›Mutternacht‹ für die Weihnacht.«[33] Auch in Nordwestböhmen gilt der Heilige Abend als die Mutternacht.[34] Schon Jacob Grimm erklärte in seiner *Deutschen Mythologie* im Kapitel »Göttinnen«, wer die »weiblichen Schutzgeister« waren: Frau Holle, die auf einem Wagen umherfährt, und deren jährlicher Umzug, »der wie bei Herke[35] und Berhta[36] auf weihnachten in die sogenannten zwölften verlegt wird«, dem Land Fruchtbarkeit bringt.[37] Und an anderer Stelle betont er: »Wir werden sehen, dass um dieselbe Weihnachtszeit Frau Holda oder Berhta umziehen und nach Pflug oder Spindel schauen: mütterliche Göttinnen statt des Gottes.«[38]

In einem Vortrag über Frau Holle – die einst als Große Göttin in Mitteleuropa verehrt wurde und deren Spuren besonders noch in Hessen und Thüringen zu finden sind – erklärt die Matriarchatsforscherin Heide Göttner-Abendroth: »Viele Bräuche in der Vorweihnachtszeit verweisen auf die Göttin und wurden später mühsam christianisiert. So buken die Frauen aus Kuchenteig Gebilde, welche die Göttin darstellen oder symbolisieren,[39] ein in ganz Europa, dem Mittelmeerraum und dem Vorderen Orient verbreiteter Brauch ... Später ist es der christliche Nikolaus oder sogar das ›Christkind‹ selber, welche die Göttin als Gabenbringerin verdrängt haben. Jedoch ist sie die ursprüngliche Gabenbringerin, und dies hat mit ihrem Charakter als Erdgöttin zu tun, denn der schenkenden Erde verdanken die Menschen alle

---

31 Siehe Beda Venerabilis: De Temporum Ratione, Kap. 15: »De Mensibus Anglorum« (Die englischen Monate)
32 Barbara G. Walker, 5/1999, S. 732
33 Oswald A. Erich und Richard Beitl, 3/1974, S. 580
34 Siehe Sonja Rüttner-Cova, 3/1993, S. 119
35 Frau Herke war der Name der Göttin in Norddeutschland.
36 Gemeint ist wohl »Berchta«, eine Namensvariante zu Percht, wie die Göttin in Süddeutschland und im gesamten Alpenraum genannt wird.
37 Jacob Grimm, 2/1844, Bd. 1, S. 246
38 Jacob Grimm, 1835, S. 139 – Gemeint ist der germanische Gott Freyr.
39 Angelika Jakob erzählt von der Überlieferung aus dem thüringischen Eisenach, dass dort früher zu Weihnachten Pfefferkuchen gebacken worden seien, auf welchen Frau Holle mit dem Spinnrad oder Spinnrocken abgebildet war. Im nur 45 km entfernten Arnstadt stieß sie auf vier solcher Backmodeln und meint: »Auf den Arnstädter Backmodeln ist wahrscheinlich tatsächlich Frau Holle dargestellt worden.« (Andrea Jakob, 2009 / 2010, o. v.)

Gaben, mit denen sie den Winter überleben. Sie ist die eigentliche schenkende Frau. So sehen wir Frau Holle in den Mythen zu dieser Jahreszeit umherfahren und ihre Menschenkinder, die kleinen und die großen, beschenken«.[40] Die Sage »Der Bergmann und sein Weib« hat Karl Paetow in sein Holle-Buch aufgenommen. Sie beginnt mit folgenden Sätzen: »Diese Geschichte geschah in jenen Tagen, da noch Frau Holle in die Häuser der Menschen kam. Das ist noch gar nicht so lange her, und mancher biedere Altbauer hat noch aus Kindheitstagen das verheißungsvolle Schnippen ihrer Peitsche im Ohr, wenn sie dann, auf ihrem Gabenwagen sitzend, ins weihnachtliche Dorf fuhr. So kam sie denn auch einmal vor die Tür eines armen Bergmanns. Hier hatten sieben Kinder ihre Schühchen vor das Fenster gestellt, denn sie hofften in dieser Nacht auf Holles Gaben.«[41]
Die Historikerin und Matriarchatsforscherin Annette Rath-Beckmann verweist auf drei Weihnachtslieder, die sich im bislang nicht veröffentlichten Nachlass von Karl Paetow befinden und die Frau Holle ebenfalls eindeutig als Weihnachtsfrau thematisieren. Dazu zitiert sie Paetow: »Überall in der Weihnacht, da sitzt Frau Holle am Borne des Lebens und wirkt das Schicksal der Welt und sinnt in der Mutternacht.«[42]

Christkind oder Holle?

Nicht in allen Gegenden Deutschlands hatte das Christkind die alte Göttin Holle als Gabenbringerin zur Weihnachtszeit verdrängt – auch nicht in Hessen.[43] Die erste Erzählung, die die Darmstädter Schriftstellerin und Frauenrechtlerin Luise Büchner (1821-1877) für ihr Buch *Weihnachtsmärchen für Kinder* auswählte, beginnt mit den Worten: »Vor ganz undenklich langer Zeit, da gab es noch gar kein Christkindchen, sondern nur eine Frau Holle, die wohnte

40 Heide Göttner-Abendroth, 12.10.2017 (o. v.)
41 Karl Paetow, 1962, S. 98
42 http://www.goettin-holle.de/Holle-die-Gabenbringerin-als-Weihnachtsfrau.html
43 Dieser Verdrängungsmechanismus lässt sich auch an alten Stätten zeigen. Der Pfungstädter Pfarrer und Heimatforscher H. Zinn erklärte, dass manche Orte wie Felsgruppen, Höhlen, Teiche oder Brunnen, an denen einst Holle verehrt worden sei, im Volksglauben christlich umgetauft wurden. So sei der »Wilde Stein« auf dem Winterberg bei **Freiensteinau** im Vogelsbergkreis zur »Christkindcheswiege« für die Jungfrau Maria geworden und im »Wilden Haus« am Steigersberg bei **Dirlammen** (einem Ortsteil von Lautertal) wohne nun das Christkind. »Wir dürfen sicher sein, dass überall, wo heute die Maria in geheimnisvollem Bergwald wohnt und das Christkind, statt vom Himmel, aus urzeitlichen Felsgrotten kommt, ehemals nach dem Glauben unserer Vorfahren die Frau Holle gewohnt hat« (H. Zinn, 1926, S. 7)

nicht weit von uns auf der höchsten Spitze der Odenwaldberge, auf der kalten, windigen Böllsteiner Höhe.«[44] In den weiteren Erzählungen wird das Christkind als das Kind von Frau Holle vorgestellt, das ihr der Storch gebracht hat. Und Knecht Nikolaus, der eigentlich ein Odenwälder Lebkuchenbäcker und Besen- bzw. Rutenbinder ist, als dessen Beschützer,[45] wenn das Christkind in der Weihnacht den Menschen schöne Gaben bringt und schimmernde Kerzen an grünen Bäumen anzündet, damit ihnen die lange Winternacht hell und freudig werde.
Für den Heimatforscher Heinrich Winter war in den 1930er-Jahren klar: »Es steht wohl außer allem Zweifel, dass die Christkindgestalt, die an Weihnachten zu unseren Kindern kommt und ihnen Geschenke und auch Rutenschläge gibt, ursprünglich mit dem Christentum nichts zu tun hat. Das Erscheinen des Christkindes geht vielmehr auf einen alten Umzug der Frau Holle zurück ... Früher war sie begleitet von einer Pferde- oder Bockgestalt, die heute noch vereinzelt zum Kinderschreck dient und deshalb sinngemäß Hullebouz genannt wurde.«[46]

Ganz deutlich auf Frau Holle weise die Kleidung des Christkindes hin, das früher »im feierlichsten Frauengewand, in der Hochzeitstracht vergangener Zeiten« auftrat. Und sie trug »die Hochzeitskrone der Braut bzw. die Totenkrone, die ein jungfräulich verstorbenes Mädchen auf den Sarg bekam.«[47] Auffallend ist auch, dass das Christkind eine lange Birkenrute bei sich hatte. Zur Mittwinterzeit einen Schlag mit der (Lebens-)Rute zu erhalten, ist ein altes Fruchtbarkeitsritual.

*(l.: Christkind in **Lindenfels-Schlierbach,** Odenwald – re.: Christkind als »Trachtenbraut« in **Allendorf** bei Gladenbach, Kreis Biedenkopf, 1936)*

44 Luise Büchner, 1868, »Die Geschichte von der Frau Holle« – Im Frühjahr lässt Büchner die Holle, Samenkörner ausstreuend, im goldenen Wagen übers Land ziehen, der von zwei schneeweißen Kühen gezogen wird, wie der Wagen der Göttin Nerthus. In ihrem goldenen Saal auf der Höhe lebt sie zusammen mit ihrem »kleinen Volk«, den Engelchen.

45 Luise Büchner, 1868, »Die Geschichte vom Knecht Nikolaus« u. »Die Geschichte vom Christkind und vom Nikolaus«

46 Heinrich Winter, 1937a, S. 319

47 Ebd.

Und auch heute zeigt sich das Christkind im Odenwald: als »Trachtenfrau« – eine der historischen Winterfiguren auf dem **Lindenfelser** Weihnachtsmarkt.

(Bensnickel, Bolischbock und Trachtenfrau auf dem Weihnachtsmarkt in Lindenfels, Kreis Bergstraße, 2018)

1940 schrieb der Heimatforscher Friedrich Mößinger: »Jene Feststellung …, dass in Niederhessen[48] an Weihnachten die Frau Holle segnend ins Haus kommt, die Kinder zu beschenken, ist in jüngster Zeit durch den Atlas für deutsche Volkskunde als noch vorhanden erwiesen worden.«[49] Außerdem begleite sie an zahlreichen Orten wie Würzburg, Schweinfurt, Coburg oder Bad Mergentheim den Nikolaus, wie das Christkind trete sie auf im weißen Kleid und habe einen dichten Schleier vor dem Gesicht.[50] Er meinte: »Die Identität dieses Christkinds mit der Frau Holle, d.h. die vollkommene Erhaltung der alten Gestalt bei neuer Namensgebung,

48 Historische Bezeichnung für ein Gebiet, das ungefähr den Nordosten Hessens meint.
49 Friedrich Mößinger, 1940/1998a, S. 32
50 Ebd.

kann heute als erwiesen gelten.«[51] Und das wird auch in unserer Zeit so gesehen, wie die Beschreibung der Odenwälder Weihnachtstradition auf den Internetseiten des Hessischen Landestrachtenverbandes zeigt: »Das Christkind, zumeist eine weibliche Gestalt, die aus der Gestalt der Frau ›Holle‹, ›Hulle‹ oder ›Hulda‹ aus vorchristlicher Zeit hervorging.«[52]

»Als Kinderbeschererin ist die Holle oder Percht bei den Slowenen, Schwaben, im Würzburger Raum und in der Rhön bekannt geworden, indem sie den braven Kindern in der Weihnachtszeit (nicht unbedingt am 24.12.) Nüsse und ähnliches bringt«, schreibt Andrea Jakob von den Meininger Museen.[53] Manchmal machte die Holle dies als »Hullefraa« gemeinsam mit dem Christkind.[54] Winter nennt Roßbach und Wertheim im Spessart als Orte, in denen an Weihnachten die Hulle oder das Fraache zu den Kindern komme.[55] Auch im Göttinger Land erschien Frau Holle als Trägerin der Weihnachtsbescherung und fuhr außerdem an jedem Neujahrsabend mit einem Wagen voller Geschenke durch die Ortschaften.[56] Eugen Ernst schreibt 2007: »In Nordhessen gab es noch vor 30 bis 50 Jahren in der Neujahrsnacht den Brauch des ›Gestülps‹. Am Silvesterabend wurde vor dem Nachtschlaf eine Schüssel auf den Tisch gestülpt, um ein nächtliches Geschenk der Frau Holle zu erwarten. Sie galt als Segens- und Gabenbringerin.«[57] Besonders im hessischen Meißner-Land und in Südthüringen war die Göttin Holle in der Weihnachtszeit präsent.[58]

Und in manchen Orten ist sie das in Thüringen noch immer. So in Gethles im thüringischen Landkreis Hildburghausen, wo die Holl bei Heischeumzügen am 23. Dezember von den Herrscherkloese (ganz in Stroh eingehüllte Männer) begleitet wird.[59] »Die ›Holl‹ bekommt schließlich einen kleinen Obolus, heute ist das etwas Geld, früher war es Geschlachtetes«.[60]

---

51 Ebd.

52 https://trachtenland-hessen.de/hessen/weihnachtsbraeuche-im-odenwald

53 Andrea Jakob, 2009 / 2010 (o. v.)

54 Siehe Reinhold Albert, 2001, S. 28

55 Heinrich Winter, 1937a, S. 319

56 Siehe Andrea Jakob: »Wer war Frau Holle?«, in: Frau Holle, 2010, S. 116

57 Eugen Ernst, 2007, S. 22f.

58 Siehe Andrea Jakob: »Wer war Frau Holle?«, in: Frau Holle, 2010, S. 115f.

59 Siehe https://herrschekloese-gethles.jimdofree.com/ – Siehe auch Kapitel: »Mittwinter, Lichtfest, Lichtmess, Fastnacht – überall tanzen die Strohbären«, Abschnitt: »Verchristlichung und das mittwinterliche Paar«

60 Andrea Jakob: »Weihnachtliche Umzugsbräuche in Südthüringen«, in: Von Martini bis Lichtmess, 1999, S. 18

Wer noch in den heiligen Nächten verköstigt wird

Auch die Hullefraan, die am 2. Januar in der Hullefraansnacht in Schnett (Ortsteil der Gemeinde Masserberg im thüringischen Landkreis Hilburghausen) durch den Ort tollen,[61] werden verköstigt. Früher waren es Naturalien, die für die Glück verheißenden Hiebe, die die Hullefraan austeilen, gegeben wurden. Heute ist es Geld, das noch in der Nacht in ein Festessen verwandelt wird.

Im Kapitel über Göttinnen schrieb Jacob Grimm in seiner *Deutschen Mythologie:* »Es sind ursprünglich lauter gütige Wesen, deren Erscheinung den Menschen Gedeihen bringt und Überfluss; daher ihnen, wie befreundeten Geistern, wie Göttern zum Opfer, Speise und Trank bei nächtlicher Weile aufgestellt werden. Holda, Berhta, Werra scheinen bestimmte Speise zu lieben und an ihrem Festtag zu gewarten.«[62]

Und auch dieser Teil der rituellen Handlungen am Weihnachtsabend ist auf das Christkind übergegangen, denn ursprünglich hat es bei seinem Gang von Haus zu Haus selbst etwas bekommen, wie der besonders über den Odenwald forschende Volkskundler Friedrich Mößinger berichtet: »Auch die Opfer, die die Holle an Weihnachten oder an Fastnacht erhält ..., finden sich beim Christkind wieder, ist doch der Umzugsbrauch sehr häufig ein richtiger Heischebrauch, bei dem, soweit ältere Berichte ein Urteil erlauben, anscheinend erst in neuerer Zeit ein Bringen von Gaben ... hinzugekommen ist.«[63]

Auch in den Sagenkreis um Frau Holle ist dieses Geschehen, dass der Göttin und ihrem Gefolge Speisen angeboten werden, eingebettet. Karl Paetow hat die Sage »Die ausgeblasenen Lichtlein« in seine Sammlung von Volkssagen und Märchen um Frau Holle aufgenommen, in der eine junge Magd der Versuchung nicht widerstehen kann, in der Dreikönigsnacht den Umzug der Göttin als Seelenführerin zu beobachten, wofür sie als Strafe ein Jahr erblindet, aber auch reifer wird. »Wetteralt und windgebeugt lag ein Bauernhaus in der Einöde hoher Gebirge. Da zog in jeder Dreikönigsnacht, welche sie dieserorts auch Berchtennacht heißen, Frau Berchta vorüber. Und die Heimchen begleiteten sie auf ihrer Fahrt. Nun war es einmal so Sitte und geschah

61 Siehe auch Kapitel: »Mittwinter, Lichtfest, Lichtmess, Fastnacht – überall tanzen die Strohbären«, Abschnitt: »Verchristlichung und das mittwinterliche Paar«

62 Jacob Grimm, 1835, S. 179

63 Friedrich Mößinger, 1940/1998a, S. 34

aus alter Verpflichtung, dass die Bäuerin einen Tisch mit Speise und Trunk an dem Hohlweg aufstellen musste, wo der nächtliche Umzug entlangfuhr. Dann sprach Frau Berchta den Segen über die Gaben und über die Geber, kostete wohl auch davon und blieb den Feldern, dem Vieh und der ganzen Sippe gewogen. Aber es waltete ein strenges Gebot, dass keiner an solchen Abenden aus dem Haus ging, zu spähen oder zu lauschen, damit Frau Berchta nicht in frevelhafter Neugier belästigt würde, wenn sie sich erquicken wollte.«[64]

Was hat es mit diesem Gabentisch, den die Bäuerin im Schnee für Frau Berchta – ein weiterer Name für die Göttin Holle – gedeckt hat, auf sich?

(»Frau Holle als Führerin der Seelchen«)

Die Spiritualität mütterzentrierter matriarchaler Gesellschaften ist im Wiedergeburtsglauben verankert. Heide Göttner-Abendroth, die die Sagen um die Göttin Holle neu nach ihrem vorpatriarchalen Kulturzusammenhang geordnet hat, erläutert: »Die zwölf ›Weihenächte‹ oder ›Mutternächte‹, auch kurz ›die Zwölften‹ genannt, waren die heilige Zeit im Jahr der Göttin. Sie dauerten vom 25. Dezember bis zum 6. Januar. Vor den zwölf Nächten lag der ›Berchtentag‹ oder ›Holletag‹ mit seiner heiligen Nacht am 24. Dezember, auch ›Mettennacht‹ genannt, an dem diese Zeit eröffnet wurde. Diese Nacht wurde später christlich umfunktioniert und als ›Christnacht‹ bezeichnet, in der die Geburt Jesu stattgefunden haben soll. Ursprünglich stand jedoch ein großes Göttinfest am Beginn der Zwölften, bei dem das Mysterium der Wiedergeburt und der Wiederkehr des Lichts gefeiert wurde. In den folgenden zwölf Nächten zog Frau Holle dann als ›Mutter der Seelen‹ mit den Seelen umher, die eine neue Menschenmutter suchten – damit war sie auch die Wiederbringerin des Lebens ... Für die Göttin und die Seelchen wurden Speisen ins Freie gestellt. Bei ihrem geheimnisvollen Umzug mit den Seelchen wollte Frau Holle jedoch unbeobachtet bleiben«.[65]

---

64 Karl Paetow, 1962, S. 11

65 Heide Göttner-Abendroth, 2005b, S. 153f.

Luzienbrot und Getreidebüschel für Luzia

Auch das Julfest der nordeuropäischen Länder, das je nach Gegend als Mittwinter, Wintersonnwend oder Neujahr gefeiert wird (aber auch Weihnachten heißt heute Jul), war ursprünglich »ein Kultfest um die Große Göttin«, schreibt die Schweizer Holleforscherin Sonja Rüttner-Cova.[66]

Das traditionelle »heidnische« Wintersonnenwendfest wurde zu der Zeit gefeiert, in der die Große Göttin das Licht wieder gebar. Vor der Einführung des Gregorianischen Kalenders war das der 13. Dezember – an dem heute das Fest der Lucia gefeiert wird. Auch nach ihrer Christianisierung trägt die Göttin, nun eine christliche Märtyrerin und Heilige,[67] noch immer einen Lichterkranz auf dem Kopf – wie es jedes Jahr in Schweden zu sehen ist.

Im Elsass sah ihr das Christkind manchmal sehr ähnlich, wie eine Zeitungsillustration aus dem Jahr 1873 zeigt, wo es eine Krone aus Kerzen trägt – wie Lucia.

(l.: Die Illustration von 1873 zeigt das Christkind und Hans Trapp, zentrale Figur der elsässischen Weihnacht – re.: Lucia in Vaxholm, Stockholmer Schärengarten/ Schweden, 2017)

66 Sonja Rüttner-Cova, 3/1993, S. 116

67 Die Heilige Lucia von Syrakus soll Ende des 3. Jahrhunderts eine christliche Jungfrau aus Sizilien gewesen sein, die eher den Märtyrerinnentod starb, als heiraten zu müssen. Da Legenden berichten, sie habe sich die Augen herausgeschnitten, hat auch sie eine Verbindung zum Licht und wird häufig mit einem Gefäß dargestellt, in dem ihre Augen liegen. Und auch der Lichterkranz wird erklärt: Sie soll ihn aufs Haupt gesetzt haben, um die Hände fürs Tragen frei zu haben, wenn sie nachts heimlich ihren Glaubensschwestern und -brüdern Lebensmittel in die Verstecke brachte. Lucia gilt als historische Person, doch vielleicht stand für die christliche Heilige die römische Lichtgöttin Lucina Patin.

Doch wie jede Große Göttin hat sie auch eine »dunkle Seite«, die sie mit dem Totenreich, der Anderswelt verbindet – und die sich im Laufe der Christianisierung verselbständigte und zur negativen Figur mutierte, der eine lichte christliche Gestalt entgegengestellt wurde.
In Norwegen wurde die »Lussi« zusammen mit ihrem Gefolge, Nisser und Tusser, als Trollfrau gefürchtet, der in der dunkelsten Nacht, in der sie ihr Unwesen trieb, mit dem Lichterschein der Kerzen begegnet wurde.

(Das Gemälde »Julereia«, 1922, von Nils Bergslien zeigt, wie sich in Norwegen der Trollumzug der Lussi, die wohl gerade ein Kind geraubt hat, vorgestellt wurde. Es tauchen hier auch der Hirsch bzw. das Rentier sowie der Bock, heilige Tiere der Großen Göttin, und das Heubündel als ein Speiseopfer am Hirschgeweih an der Schuppenwand auf.)

Auf dem Gebiet des heutigen Tschechiens kontrollierte Lucia – im weißen Mantel, mit einer Kerze in der Hand, das Gesicht von einer Vogelmaske aus Holz oder Papier verhüllt – bei Umzügen an ihrem Feiertag, so wie auch die Göttin Holle, ob in den Haushalten das Verbot des Webens eingehalten wurde.
In Bayern fürchteten sich die Leute vor der »schiachen Luz«. »Noch bis ins 20. Jahrhundert hinein gab es den Brauch des Luzienumgangs in Sattelbogen bei Cham. Dort zogen am Vorabend des 13. Dezember junge Mädchen in Gruppen durch die Straßen. Mit Kopftuch und Masken betraten sie schweigend die Häuser und wetzten in den Stuben ihre Sicheln. Dann verließen sie das Haus wieder und zurück blieben nicht nur zutiefst verschreckte Kinder.«[68]

---

68 https://www.br.de/radio/bayern2/inhalt/religion/luzia-tag-100.html – Ein 4½-minütiger Filmbeitrag zeigt den Brauch, der noch in den 60er-Jahren in der Oberpfalz ausgeübt wurde, siehe Günther Kapfhammer, Franz Simon: »Mitteleuropa, Oberpfalz – Luzia-Gehen in Sattelbogen«, 1976 (produziert 1970), https://av.tib.eu/media/10454 – In Thüringen gab es auch eine komplett ins Dunkle gewandelte, Sichel wetzende Version der Göttin Holle, die in der Silvesternacht Schrecken verbreitete: die Hullewetz; siehe Andrea Jakob: »Die ›Hullewetz‹«, in: Von Martini bis Lichtmess, 1999, S. 48-50

Luzia die Dunkle, die mittwinterliche mythische Gestalt, war im Volksglauben im Norden, im Osten und Südosten Mitteleuropas stark verankert und wurde nur langsam von ihrer kirchlichen Gegenspielerin verdrängt.[69] Der österreichische Kulturhistoriker Leopold Kretzenbacher erwähnt, dass die hl. Luzia in Böhmen drei Töchter gehabt haben soll, die erste spann, die zweite wickelte auf und die dritte »weifte«.[70] Im Bayerischen Wald scheint Luzia ausschließlich als Dämonin erlebt worden zu sein, während sie in vielen anderen Gegenden zwar auch eine Schreckgestalt war, mit der nicht nur den Kindern gedroht wurde, aber auch als Schenkende auftauchte, etwa als »Lucka« in Böhmen[71] oder »Lutzelfrau« im Burgenland[72] – manchmal im Gefolge von St. Nikolaus, der zunehmend die Rolle des Gaben-Bringens übernahm.[73] In manchen Teilen Tirols beschenkte sie nur die Mädchen und der hl. Nikolaus die Jungen.[74]

(Schwedische Lussekatter, die fürs Luciafest gebacken werden.)

Auch eine Kultspeise ist für sie bekannt: So wie für die Göttin seit jeher Brot und Kuchen gebacken wurden – sei es bei den Eleusischen Mysterien für Demeter und Kore oder sei es im alten Israel für die Himmelskönigin[75] –, wird auch für Luzia gebacken: Luzienbrot. »Fast im gesamten Bereiche der slawisch-deutschen Luzienverehrung des Südostens, von der dalmatinisch-kroatischen Küste und den vorgelagerten Inseln über den ostslowenischen Volksboden bis an den Südrand der deutschen Steiermark wird zum Fest der Heiligen ... ein brauchtümliches Gebäck im Hause herge-

69 Siehe Leopold Kretzenbacher, 1959

70 Siehe ebd., S. 70 – Eine Weife ist eine Garnwinde, weifen meint: Garn haspeln.

71 Siehe ebd., S. 69

72 Leopold Schmidt, 1951, S. 131

73 Auch in Oberitalien und einigen Teilen Kroatiens warteten die Kinder nicht auf den Hl. Nikolaus. In Tirol konnte das von einem Dorf zum anderen verschieden sein; siehe Leopold Kretzenbacher, 1959, S. 38f.

74 Siehe Leopold Kretzenbacher, 1953-54, S. 210

75 Zum Opferkult für die Himmelskönigin, der unterbunden werden sollte, siehe Jeremia 7,18 u. 44,19 – Noch 1771 wurde das Backen der »Flammplätze« den Bäckern im hessischen **Herborn** und **Dillenburg** (heute Lahn-Dill-Kreis) verboten. Sie seien den »Flammschkuchen« gleichzusetzen, »die man im Rheinland ›für die lieben Englein‹, also für ein Brotopfer backte«, meint Karl Löber, 1965, S. 263.

stellt«, schrieb Kretzenbacher 1959.[76] Es wurde von allen am Luzientag gegessen und auch das Vieh erhielt es, »dazu die oft wiederkehrende Bestimmung, dass es auf nüchternem Magen, also in kultischer Besonderheit genossen werden muss.«[77] In Schweden gibt es heute noch beim Luciafest ein besonderes, süßes Hefegebäck mit Safran: die Lussekatter (häufig in Form einer liegenden Acht – ein Symbol der Unendlichkeit).

In Bosnien, Kroatien und Serbien wurde das Luzienbrot früher häufig als Speiseopfer auf das Hausdach gelegt »mit der Absicht, die umherschweifenden Hexen und bösen Geister daran teilhaben zu lassen.«[78] Kretzenbacher analysiert die spirituelle Funktion: »Es ist die Kultspeise der Mittwinterzeit ... sie gilt in allererster Linie den Toten, den Vorfahren derer, die nun als noch Lebende diese Speise im Gedenken und in einer magisch-mythischen Verbundenheit mit jenen als Sippe genießen«.[79] Die ursprüngliche »heidnische« Luzia ist für ihn die im Volk verehrte perchten-artige Mythenfrau mit tief verwurzelten Bezügen auf Totenkult und Sippenmahl.[80]
Die Kirche versuchte, auch diese Kultspeise zu vereinnahmen, hat die Brotweihe der hl. Lucia aber auch verboten.[81]

Kretzenbacher berichtet, dass in Niederbayern noch bis 1913 am 13. Dezember zur heiligen Luzia um eine gute Aussaat gebetet worden sei, und teilt mit: »Noch 1929 wurden ihr im Vilstal Getreidebüschel dargebracht, ein Opfer, das ursprünglich gewiss Luzia der Dunklen, der umgehenden Mittwinterfrau zugehörte und nicht der sizilischen Märtyrerjungfrau«.[82]
So wie jede Große Göttin in ihrem Aspekt als Erdgöttin (in deren Schoß alles entsteht und die alles wachsen lässt – besonders auch das Getreide, mit dem sie alle ernährt) immer wieder mit Kornähren dargestellt wurde und mit Getreidegarben geehrt wurde. Bis hin zu Maria als Ährenkleidmadonna.

---

76 Leopold Kretzenbacher, 1959, S. 41
77 Leopold Kretzenbacher, 1953-54, S. 207
78 Leopold Kretzenbacher, 1959, Kap.: »Mittwinterliches Kultbrot in Luziens Namen«, S. 37
79 Ebd., S. 41; siehe auch Leopold Kretzenbacher, 1953-54, S. 213f.
80 Leopold Kretzenbacher, 1959, S. 44
81 Siehe ebd., S. 27 u. 44f.
82 Ebd., S. 81

Der Brauch, bei der Ernte aus der letzten Garbe eine Kornpuppe zu formen, war weit verbreitet und auch in Deutschland noch im letzten Jahrhundert bekannt. Es hieß, in ihr stecke die Roggenmuhme. Sie war unter vielen Namen bekannt[83] und in einigen Gegenden erhielt die letzte Garbe die Gestalt einer Frau: »Man ... bekleidet sie häufig mit einem vollständigen weiblichen Anzuge oder bindet eine Magd in das letzte Gebund hinein«.[84] In Hessen wurde von der Kornmutter gesprochen. Im *Deutschen Wörterbuch* ist zu lesen: »auf dem Westerwalde sagt man von dem wogen des kornes im winde die kornmutter zieht übers korn«.[85] Und die Quelle, auf die sich bezogen wird, erläutert: »Eine nicht mehr verstandene Erinnerung an die heidnische Göttin Holda«.[86] Im Lüneburgischen wurde das letzte Halmbündel Vergodendeel genannt, »was vielleicht ›Frau Gode ihr Anteil‹ heißt und noch auf ein Kornopfer aus vorchristlicher Zeit zurückgeht.«[87] In Sachsen wurde sie auch Frau Holle genannt.[88] Sie sorgte für die Fruchtbarkeit der Äcker, wurde aber auch als Kinderschreck dämonisiert.[89]

Speisen für die Percht

»In Tirol stellt man am Christabend der Muttergottes und ihrem Kindchen gar eine Schüssel Milch ans Fenster und legt zwei Löffel dazu«, ist in einem Buch über Volksbräuche noch 1964 zu lesen.[90] In Tirol wurde aber auch die Percht, wie Holle im Alpenraum genannt wird, mit Speiseopfern gütig und freundlich gestimmt. Und mancherorts wird auch heute noch ein Schälchen Milch mit eingebrocktem Brot für Frau Perchta, die »im südostdeutschen und im slowenischen Volksglauben das Amt insbesondere der Führerin des Kinderseelenzuges

83 Auch als Tiergestalten und männliche Figuren.

84 Wilhelm Mannhardt, 1868, S. 22; siehe auch Hedi Lehmann, 1964, S. 89

85 Jacob u. Wilhelm Grimm, 1873, Bd. 5, Sp. 1829

86 Joseph Kehrein, 1862, S. 241

87 Hedi Lehmann, 1964, S. 94

88 Siehe Georg von Gynz-Rekowski, 2/1985, S. 201

89 Siehe Wilhelm Mannhardt, 1868, S. 21-25. Siehe z. B. auch Jacob Loewenberg: »Die Roggenmuhme«, 1904. Auch die Benennung »Mutterkorn« für einen giftigen Getreidepilz, der besonders häufig Roggen befällt und epidemisch auftretende Krankheiten verursachte, kann vielleicht auf die dämonisierte Figur der Rogggenmuhme zurückgeführt werden. Der Chemiker Albert Hofmann stellte 1938 während seiner Forschungsarbeiten zum Mutterkorn erstmals LSD her und brachte später die Eleusinischen Mysterien zu Ehren der griechischen Korngöttin Demeter und ihrer Tochter Kore (Initiations- und Weiheriten) mit der Verwendung von psychoaktiven Mutterkornalkaloiden in Verbindung.

90 Hedi Lehmann, 1964, S. 150

(perhtina) innehatte«,[91] in den Rauhnächten, meist in der 12. Nacht,[92] rausgestellt. Dieses Speiseopfer in der Nacht vor Dreikönig, auch als Perchtennacht bekannt, wird »Perchtmilch«, »Sampermilli« oder »Drei-Königs-Milch« genannt. Über den Vorabend des Dreikönigsfestes schrieb der österreichische Kulturhistoriker Ludwig von Hörmann Anfang des 20. Jahrhunderts: »Gegessen wird an diesem Abend viel ... Hiebei herrscht nun die überkommene Gepflogenheit, dass man von jeder Speise für die Perchtl etwas übrig lässt und aufs Hausdach stellt. Gewöhnlich sind es schmalzige Nocken, die man ihr vorsetzt, oft auch Milch, Speck, Schinken, Fleisch und Eier. Nachts kommt sie dann und isst davon. In den Gegenden von Lienz wirft man Käse für sie in den Bach, ein Brauch, dessen bereits in Urkunden des dreizehnten und vierzehnten Jahrhunderts Erwähnung geschieht. Auch ins Feuer wird an diesem Abend von jeder Speise ein Löffel voll geworfen. Die obersteierischen Dirnen aber lassen der Perchtl von der sogenannten ›Perchtenmilch‹ etwas übrig.«[93]

Im 15. Jahrhundert verurteilte der *Codex latinicus Tegernsee* »die Sünde und den Aberglauben, in den zwölf Nächten für Frau Percht und ihr Gefolge die Häuser zu zieren und Speisen aufzustellen, damit sie und die ihr folgenden Toten zum Mahl zu laden«.[94] Doch Untersuchungen zu Speiseopfern an die Elemente zeigten, dass bis in die 1950er-Jahre in Oberösterreich regelmäßig Mehl, Brot und vieles mehr in der Weihnachtszeit und besonders in der Mettennacht dargebracht wurden. Wobei vor allem die Speiseopfer für den Wind einer weiblichen Gestalt galten – der »Windsbraut«: »Sie ist ein ›altes, hässliches Weib‹ ... Um Pattigham, wo sie als Kinderschreck gilt, wird sie in perchtenhafter Zwiespältigkeit als ›Braut‹ beschrieben, die ›bald eine schöne, bald eine hässliche Frau ist‹.«[95] Auch die Vorstellung, dass die Seelen der Abgeschiedenen im Wind leben, war noch anzutreffen.[96]

Meist wird diese Percht, die auch Stampa oder Perchtrababa genannt wurde, nur noch als gespenstisches Wesen geschildert, als grausliches altes Weib mit zotteligem Haar und zerlumpten Kleidern. Auch sie hat in ihrem Geleit meist eine Schar kleiner Kinder.[97] Doch sie

---

91 Leopold Kretzenbacher, 1959, S. 46

92 »Die Nacht vor Dreikönig gilt als die gefährlichste der Raunächte«, erklärt der Begleittext zur Ausstellung »12 Nächte in Europa. Die raue Mitte des Winters«, 11.11.2005-02.02.2006 im Volkskundemuseum Graz (o. v.)

93 Ludwig von Hörmann, 1909; http://www.sagen.at/doku/volksleben/dreikoenig.html

94 Georg von Gynz-Rekowski, 2/1985, S. 61

95 Ernst Burgstaller, 1957, S. 180f.

96 Ebd., S. 197

97 Ludwig von Hörmann, 1909; http://www.sagen.at/doku/volksleben/dreikoenig.html

ist bereits zu einem negativen Zerrbild der alten Göttin geworden: »Da sie auch gern kleine Kinder raubt, so legt man letztere am Dreikönigstage nicht in die Wiege, sondern darunter, damit ihnen die gespenstige Räuberin nichts anhaben kann.«[98]
Aus der Führerin der Seelchen, die eine neue Mutter suchen, ist eine Kinderräuberin geworden.

Doch dass noch heute in manchen Ländern (Polen, Litauen)[99] ein zusätzliches Gedeck im Gedenken an die Verstorbenen der Familie am Heiligabend auf dem Esstisch steht,[100] kann an das Speiseopfer für die Göttin und den Zug der Kinderseelchen in dieser Nacht, in der das Licht wiedergeboren wird, erinnern. Denn in der Vorstellungswelt unserer frühen AhnInnen wurden alle Verstorbenen vom Schoß des Göttlich-Weiblichen aufgenommen, gewandelt und wieder hervorgebracht für neues Leben.

---

98 Ebd.

99 In Estland werden Essensreste und das benutzte Geschirr über Nacht auf dem Tisch stehen gelassen. »Der Tradition zufolge kommen nämlich in der Weihnachtsnacht die Seelen toter Verwandter ins Haus, um Reste des Mahls zu essen.« (http://www.estlandinfo.de/allgemein/weihnachten/)

100 In anderen Ländern, wie auf den Faröer-Inseln oder in Finnland, ist es auch heute noch Brauch, am 24. Dezember die Gräber zu besuchen.

Literaturverzeichnis

Abeln, Reinhard: Die heilige Barbara. Leben – Legenden – Bedeutung, Kevelaer 2011

Albert, Reinhold: »Volkskundliches zum Weihnachtsfest, aufgezeichnet vor 100 Jahren«, in: Das Grabfeld. Heimatblätter für Kultur, Geschichte und Brauchtum im Grabfeld, Nr. 9, Bad Königshofen, Oktober 2001

Albrecht, Nicole: Römerzeitliche Brunnen und Brunnenfunde im rechtsrheinischen Obergermanien und in Rätien, Mannheim 2014

Alfs, Josef: »Ein gallo-römischer Tempel bei Bretten (Baden)«, in: Germania. Anzeiger der Römisch-Germanischen Kommission des Deutschen Archäologischen Instituts, 1940, Bd. 24, Nr. 2, S. 128-140 (https://journals.ub.uni-heidelberg.de/index.php/germania/article/view/41376/35016)

Aliti, Angelika: Die wilde Frau. Rückkehr zu den Quellen weiblicher Macht und Energie, München 1994

Alo, Chaza; Franke, Julitta; Pitzen, Marianne: DEA SYRIA. Die Große Göttin des Alten Orients. Szenarien aus Geschichte und zeitgenössischer Kunst, Katalog zur gleichnamigen Ausstellung im FrauenMuseum Bonn vom 29. Juni bis 27. Oktober 1996, Bonn 1996

Anderson, William: Der Grüne Mann. Ein Archetyp der Erdverbundenheit, Düsseldorf 1993

Andree, Richard: Votive und Weihegaben des katholischen Volks in Süddeutschland, Braunschweig 1904

Andree-Eysn, Marie: Volkskundliches aus dem bayrisch-österreichischen Alpengebiet, Braunschweig 1910 (mit dem Titel: »Kultstätten der heiligen drei Jungfrauen« gekürzt wieder abgedruckt in Sigrid Früh (Hg.in): Der Kult der Drei Heiligen Frauen. Märchen, Sagen und Brauch, Bern 1998, S. 13-32)

Anthony, David W.: The Horse, the Wheel, and Language: How Bronze-Age Riders from the Eurasian Steppes Shaped the Modern World, Princeton 2007

Arbeitskreis für Dorfchronik: Heimatbuch, hg. anlässlich der 1200-Jahrfeier der Gemeinde Erda, Gemeindeverwaltung Hohenahr, Hohenahr 1971

Arens, Fritz: in: Nassauische Annalen, Bd. 77 (1966)

Arens, Christoph: »Warum der Hahn auf die Kirchturmspitze gelangte«, in: katholisch.de, 19.5.2019 (https://www.katholisch.de/artikel/21717-warum-der-hahn-auf-die-kirchturmspitze-gelangte)

Assion, Peter: »Katharina von Alexandrien«, in: Lexikon der christlichen Ikonographie (LCI), Bd. 7 (1974)

Ausführliches Heiligen-Lexicon: Darinn Das gottseelige Leben und der Tugend-Wandel, das standhaffte Leyden und Sterben, und die grossen Wunderwerke alles Heiligen Gottes, so von der H. Kirche verehrtet werden und in den vollständigsten Collectionibus von ACTIS SANCTORUM enthalten sind zum Heyl, Trost Exempel und Lehre aller frommen Christen, die um ihrer Seelen Nutzen bekümmert sind, in Alphabetischer Ordnung beschrieben werden; nebst beygefügtem Heiligen-Kalender. Zu täglicher Andacht und Betrachtung des Lebens der Heiligen nützlich eingerichtet, Köln u. Frankfurt 1719

Baader, Bernhard: Volkssagen aus dem Lande Baden und den angrenzenden Gegenden, Karlsruhe 1851

Badischer Architecten- und Ingenieur-Verein, Oberrheinischer Bezirk, Freiburg im Breisgau (Hg.): Freiburg im Breisgau. Die Stadt und ihre Bauten, Freiburg i. Br. 1898

Bächthold-Stäubli, Hanns (Hg.): Handwörterbuch des Deutschen Aberglaubens, 10 Bde., Berlin, Leipzig 1927-1942

Baeumerth, Karl: »Das ›Laubmännchen‹. Ein Pfingstbrauch im Usinger Land«, in: Jahrbuch Hochtaunuskreis, 1994, 2. Jg., S. 10-19

Bakdach, Jalal: »Historischer Überblick«, in: DEA SYRIA. Die Große Göttin des Alten Orients. Szenarien aus Geschichte und zeitgenössischer Kunst, hg. von Chaza Alo, Julitta Franke, Marianne Pitzen, Bonn 1996

Barth, Medard: »Der Kult der heiligen drei Straßburger Jungfrauen Einbeth, Worbeth und Vilbeth«, in: Archiv für elsässische Kirchengeschichte 11, 1936, S. 57–106

Basford, Kathleen: The Green Man, Ipswich 1978

Bauchhenß, Gerhard (Hg.): Matronen und verwandte Gottheiten. Ergebnisse eines Kolloquiums veranstaltet von der Göttinger Akademiekommission für die Altertumskunde Mittel- und Nordeuropas, Köln 1987

Bauer, Gerd: Geheimnisvolles Hessen. Fakten, Sagen und Magie. Ein Handbuch des Denk- und Merkwürdigen, Marburg 2/1993

Bauer, Johannes B.: »Lepusculus Domini. Zum altchristlichen Hasensymbol«, in: Zeitschrift für Katholische Theologie, 79, 1959

Bauer, Johannes B.: Artikel »Hase«, in: Reallexikon für Antike und Christentum, Bd. 13, Stuttgart 1986

Bayerischer Jugendring K.d.ö.R (BJR) und Recherche- und Informationsstelle Antisemitismus Bayern (RIAS Bayern) (Hg.): Das Judasfeuer – Ein antisemitischer Osterbrauch in Bayern, München 2020

Bechstein, Ludwig: Deutsches Sagenbuch, Leipzig 1853 (Meersburg u. Leipzig 1930)

Becker-Huberti, Manfed: Lexikon der Bräuche und Feste, Freiburg im Breisgau 4/2007

Bellinger, Gerhard J.: Knaurs Lexikon der Mythologie, München 1999

Beran, KaraMA: »Die Göttin-Triade. Bethenbrunn. Ein Kraftort am Bodensee / Die Drei Bethen«, in: Godeweg, hg. von Daniela Parr, Stuttgart 2018, S. 64-70

Bermel, Johann Peter: »Die Muttergottheiten und ihr umgewandelter Kult in christlicher Zeit«, in: Heimatbuch des Kreises St. Wendel, 9/1961/1962, S. 83-86

Bessler, Gabriele: Von Nixen und Wasserfrauen, Köln 1995

Beyer, Hugo u. Franz Pabst: Dreifaltigkeitskirche Fischbach-Main-Taunus. Kunstführer Nr.689, München u. Zürich 1959

Bickel, Helmut: »Louis Jacobi und die Restaurierung der Burg Kronberg 1893-1901«, in: Aus dem Stadtarchiv. Vorträge zur Bad Homburger Geschichte 2010/2011, S. 7-44

Bickelhaupt, Hans-Edgar: »Sellemols – Benznickel und Pelznickel. Im Winter gingen oft vorchristliche Gestalten um, bis man sich auf den Heiligen Nikolaus berief«, in: Mühltalpost, Ausgabe 341, Weihnacht 2015/Januar 2016, S. 1 (http://www.heimatgeschichte-muehltal.de/wp-content/uploads/2017/09/Pelznickel-Benznickel-2016-01.pdf, http://www.muehltalpost.de/pdfs/2016/01_2016_MuehltalPost.pdf)

Bieker, Sonja: »Zum Verständnis unseres Ostereis. Spruch – Motiv – Symbol«, 2009, in: http://www.osterseiten.de/brauchtum/ostereier/sonja-bieker/home.html

Bielefeld, D.: »Ikonographie und Bedeutung des ›Trauben naschenden Hasen‹«, in: Akten des Symposiums »125 Jahre Sarkophag-Corpus«, hg. von G. Koch, Marburg 1998

Bielefeld, Erwin: Von Griechischer Malerei, Halle 1949

Bierekoven, Josef: »Matronenverehrung, ein uralter Kult«, in: Heimatkalender des Kreises Euskirchen 1967 (http://www.wingarden.de/woeng/heimatkalender/1962/67matronen.html)

Biller, Frank: »Kultische Zentren und die Matronenverehrung in der südlichen Germania inferior«, in: Internetportal Rheinische Geschichte (http://rheinische-geschichte.lvr.de/Epochen-und-Themen/Themen/kultische-zentren-und-die-matronenverehrung-in-der-suedlichen-germania-inferior/DE-2086/lido/57d11da75eb178.97404476)

Biller, Thomas: Kaiserpfalz Gelnhausen, Staatliche Schlösser und Gärten Hessen, Broschüre 7, Regensburg 2/2015

Bindewald, Theodor: Oberhessisches Sagenbuch, Atzbach 1980 (Erstausgabe: Frankfurt am Main 1873)

Birkhan, Helmut: Kelten, Wien 1997

Bittmann, Yvonne: Standort und Funktion von Christophorusfiguren im Mittelalter, Magisterarbeit an der Ruprecht-Karls-Universität Heidelberg, Philosophisch-Historische Fakultät, Kunsthistorisches Institut, 2003 (http://archiv.ub.uni-heidelberg.de/volltextserver/4350/1/Bittmann.pdf)

Blankenburg, Wera von: Heilige und dämonische Tiere. Die Symbolsprache der deutschen Ornamentik im frühen Mittelalter, Köln 2/1975 (Erstveröffentlichung: 1943)

Blau, Josef: »Böhmerwälder Hirtenleben«, in: Zeitschrift für österreichische Volkskunde, XVII, 1911

Bodner, Reinhard: »Kümmernisforschung. Zum historisierenden und aktualisierenden Interesse an einer ›erfundenen‹ Heiligen«, in: Augsburger Volkskundliche Nachrichten, 10. Jg., Heft 2, Nr. 20, Dezember 2004, S. 40-61

Boissier, Alfred: Le culte de Diane en Suisse et l'origine du Fraumünster à Zürich, Genf 1916

Boll, Katharina: »Die Legende von der Frau am Kreuz. Theologische Überlegungen zur oberdeutschen Texttradition«, in: Kunst und saelde. Festschrift für Trude Ehlert, hg. von Katharina Boll u. Kathrin Wenig, Würzburg 2011, S. 161-177

Bolte, Johannes: »Der Schwank von den drei lispelnden Schwestern«, in: Zeitschrift des Vereins für Volkskunde, 3, 1893

Botheroyd, Sylvia und Paul F.: Lexikon der keltischen Mythologie, München 1992

Bott, Irmgard (Hg.in): Ostereier-Malerei aus Mardorf und Erfurtshausen, Königstein i.T. 1979

Brehm, Helene: »Der Bär oder Todstein bei Abterode«, in: Heimat-Schollen, 5. Jg., 1925, Heft 5

Brentano, Clemens: Die Gründung Prags, Pesth 1814

Brüder Grimm: Deutsche Sagen, Berlin 1816, Bd. 1

Buchberger, Gerda & Rapp, Eva-Maria: Von Sonnenbraut, Mutterwurz und Weiberkraut. Begegnungen mit Heilpflanzen, Rüsselsheim 2013

Büch, Ernst: »Über den Kult der drei Jungfrauen von Meransen und seine Beziehungen zu Worms«, in: Der Schlern 45, 1971, S. 209-216

Büchner, Luise: Weihnachtsmärchen, Altenmünster 2012 (Erstausgabe: 1868)

Burgstaller, Ernst: »Elementeopfer in Oberösterreich«, in: Jahrbuch des Oberösterreichischen Musealvereines. 102. Bd., 1957, S. 164-211

Bursch, Horst: »Die ehemalige Pfarr- und Wallfahrtskirche auf dem Swister Berg und die dort verehrten Heiligen: Fides, Spes und Caritas sowie Brigida und Gereon«, in: Heimatblatt Nr. 27, hg. vom Geschichts- und Heimatverein der Gemeinde Weilerswist e.V. (http://chris30100.bplaced.net/Turm/Literatur/Heimatblatt%2027.pdf)

Busch, Moritz: Deutscher Volksglaube, Leipzig 1877

Busch, Wilhelm: Ut ôler Welt, hg. von Otto Nöldeke, München 1910

Caminada, Christian: Die verzauberten Täler: Die urgeschichtlichen Kulte und Bräuche im alten Rätien, Olten 1961 (TB Chur 2006)

Chamrad, Evelyn: Der Mythos vom Verstehen. Ein Gang durch die Kunstgeschichte unter dem Aspekt des Verstehens und Nichtverstehens in der Bildinterpretation, Diss., Düsseldorf 2001

Como, Franz Alois: Die alte und neue Kirche in Dietersheim, Dietersheim 1949

Cursiefen, Gisela: Volto Santo oder Kümmernis. Ein rätselhaftes Wandgemälde in der Düsseldorfer Basilika St. Lambertus, Bristol/Berlin 2008

Curtze, Ludwig: Volksüberlieferungen aus dem Fürstenthum Waldeck. Märchen, Sagen, Volksreime, Räthsel, Sprichwörter, Aberglauben, Sitten und Gebräuche, nebst einem Idiotikon, Arolsen 1860

Dechant, Andrea: »Bärgöttin und Vogelgöttin sind wirklich die Bärgöttin«, in: https://artedeablog.wordpress.com/2016/02/15/baergoettin-und-vogelgoettin-sind-wirklich-die-baergoettin/, 15.2.2016

Dehio, Georg: Handbuch der Deutschen Kunstdenkmäler. Nordrhein-Westfalen I. Rheinland, München/Berlin 2005

Dehio, Georg: Handbuch der Deutschen Kunstdenkmäler. Rheinland-Pfalz/Saarland, München 2/1984

Derungs, Kurt: Die Seele der Alpen. Magische Rituale mit der Kraft von Sonne, Stein und Wasser, München 2015

Derungs, Kurt (Hg.): Kelten Kulte Göttinnen. Spuren einer verborgenen Kultur, Grenchen b. Solothurn 2013

Derungs, Kurt & Sigrid Früh: Der Kult der Drei Heiligen Frauen. Mythen, Märchen und Orte der Heilkraft, Grenchen bei Solothurn/Schweiz 2008

Derungs, Kurt: Der Kult der heiligen Verena. Auf den Spuren magischer Orte und Heilkräfte, Baden und München 2007

Derungs, Kurt: Geheimnisvolles Zürich. Sakrale Stätten am Zürichsee, Grenchen 2004

Derungs, Kurt (Hg.): Die ursprünglichen Märchen der Brüder Grimm. Die wahren Geschichten neu entdeckt, Bern 1999

Devereux, Georges: Baubo. Die mythische Vulva, Frankfurt am Main 1981

Dierker, Friedrich: Das rheinische Mailehen nach seinem Wesen, seiner Verbreitung und seiner Stellung in der Gemeinschaft. Wuppertal-Elberfeld 1939

Dörrer, Anton: »St. Kümmernis in Tirol«, in: Osttiroler Heimatblätter, Heimatkundliche Beilage des Osttiroler Boten, 29. Jg., Nr. 12, 28.12.1961

Döry, Ludwig Baron: »Die barocke Ausstattung der Dreifaltigkeitskirche in Kelkheim-Fischbach«, in: Rad und Sparren. Zeitschrift des Historischen Vereins Rhein-Main-Taunus e.V., 7. Jg., Heft. 2 (11), Dezember 1981, S. 15-37

Drinkuth, Rudolf: »Die drei Frauen in Deutschland als Gestalten der Sage, des Märchens und des christlichen Kultes«, in: Hessische Blätter für Volkskunde, 32.1933, S. 109-154

Drinkuth, Rudolf: Die drei Frauen in Deutschland als Gestalten der Sage, des Märchens und des christlichen Kultes«, in: Hessische Blätter für Volkskunde, 33.1934, S. 1-77

Driesch, Angela von den: »Die Rolle der Tiere im Grabkult der Kulturgruppen Hinkelstein und Großgartach«, in: Der Tod in der Steinzeit, Katalog zur Ausstellung im Hessischen Landesmuseum Darmstadt, 23.11.1991 – 5.1.1992, hg. vom Hessischen Landesmuseum Damstadt, Darmstadt 1992

Ebert-Schifferer, Sybille: »Der eilige Lebens-Lauf und seine Schutzgöttin. Überlegungen zur Berliner ›Hekate‹«, in: Das Modell in der bildenden Kunst des Mittelalters und der Neuzeit, hg. von Peter C. Bol, Petersberg 2006, S. 121-138

Ehrlich, Bettina: »Höllengeschrei und Haselnussruten. ›Hullefraan‹ in Schnett wünschen gesundes Neues«, in: MDR THÜRINGEN, Thüringen Journal, 2.1.2018,| 19:00 Uhr (https://www.mdr.de/thueringen/sued-thueringen/hildburghausen/hullefraan-schnett-hildburghausen-100.html)

Eibl-Eibesfeldt, Irenäus u. Christa Sütterlin: Im Banne der Angst. Zur Natur- und Kulturgeschichte menschlicher Abwehrsymbolik, München 1992

Eisenhut, Richard: Stadtkirche Murrhardt, hg. von der Evang. Kirchengemeinde Murrhardt, Murrhardt 1978

Eliade, Mircea: Schamanismus und archaische Ekstasetechnik, Frankfurt am Main 1975

Endres, Joseph Anton: Das St. Jakobsportal in Regensburg, Kempten 1903

Ennulatin, Gertrud: »Der Wald im Märchen«, in: Märchenspiegel, Zeitschrift für internationale Märchenforschung und Märchenkunde, April 1995 (http://www.ennulat-gertrud.de/Wald.htm)

Erich, Oswald A. u. Richard Beitl (Hg.): Wörterbuch der Deutschen Volkskunde, Stuttgart 3/1974

Ernst, Eugen: Weihnachten im Wandel der Zeiten. Ein Hausbuch für die Zeit vom 1. Advent bis zum Dreikönigstag, Stuttgart 2007

Ettig, Wolfgang: »Das Christkind und der Weihnachtsesel – Ein längst vergessener Weihnachtsbrauch im Usinger Land«, in: Treisberger Blatt, Nr. 111, Dezember 2015

Fach, Ilina: »Die Elisabethkirche«, in: Marburg, eine illustrierte Stadtgeschichte, Marburg 1985

Failing, Jutta: Frosch und Kröte als Symbolgestalten in der kirchlichen Kunst, Gießen 2003

Falk, Alois Franz: Heiliges Mainz oder die Heiligen und Heiligthümer in Stadt und Bisthum Mainz, Mainz 1877

Fath, Barbara: »Geweih! – Geweiht? Deponierungen von Hirschgeweihen und Hirschdarstellungen in Brunnen und Schächten der vorrömischen Eisenzeit Mitteleuropas«, in: Archäologische Informationen 34/1, 2011, S. 39-48 (file:///C:/Users/Bettina/AppData/Local/Temp/10155-Artikeltext-13547-1-10-20130415.pdf)

Faustmann, Karl: Heßloch und seine Kirche, Worms 1910

Feldtkeller, Hans: Die Kunstdenkmäler des Landes Hessen, Wiesbaden 1965

Fester, Richard: »Frauenherrschaften in aller Welt«, in: Richard Fester, Marie E.P. König, Doris F. Jonas, A. David Jonas: Weib und Macht. Fünf Millionen Jahre Urgeschichte der Frau, Frankfurt am Main 1989

Fleischer, Robert: Artemis von Ephesos und verwandte Kultstatuen aus Anatolien und Syrien, Leiden 1973

Föhr, Ernst: Kirche und Pfarrei St. Johann Baptist zu Freiburg i.Br., Erolzheim 1958

Fraenger, Wilhelm: Hieronymus Bosch – das Tausendjährige Reich. Grundzüge einer Auslegung, Coburg 1947

Francia, Luisa: Begleittext zur Ausstellung im Katalog: OYA. KALA. DAO. Die Macht des Weiblichen in Stammeskulturen, hg. vom Frauenmuseum Wiesbaden/Frauenwerkstatt Wiesbaden, Wiesbaden 1995

Francia, Luisa: Drachenzeit, München 1987

Franke, Julitta: »Von der großen Göttin der Frühzeit zur DEA SYRIA«, in: DEA SYRIA. Die Große Göttin des Alten Orients. Szenarien aus Geschichte und zeitgenössischer Kunst, hg. von Chaza Alo, Julitta Franke, Marianne Pitzen, Bonn 1996

Frankenau, Georg Franck von: De ovis paschalibus – von Oster-Eyern, Heidelberg 1682

Franz, Leonie: »Im Anfang war das Tier. Zur Funktion des Hirsches in mittelalterlichen Gründungslegenden«, in: Tiere und Fabelwesen im Mittelalter, hg. von Sabine Obermaier, Berlin 2009

Freitag, Barbara: Sheela-na-gigs. Unravelling an Enigma, London 2004

Freytag, Wiebke: »Geistliches Leben und christliche Bildung. Hrotsvit und andere Autorinnen des frühen Mittelalters«, in: Deutsche Literatur von Frauen, Bd. 1: Vom Mittelalter bis zum Ende des 18. Jahrhunderts, hg. von Gisela Brinker-Gabler, München 1988, S. 65-76

Friedrichs, Gustav: »Die drei mythischen Hasen und ihre Verwandten an Kirchen und anderen Gebäuden in Märchen und Sagen«, in: Mannus. Zeitschrift für Vorgeschichte, Bd. 18, Leipzig 1929, S. 339-348

Friesen, Ilse: Frau am Kreuz. Die heilige Kümmernis in Tirol. Ausstellungskatalog Museum Stift Sams, 15. Juni – 27. Sept., Telfs 1998

Fritsch-Staar, Susanne: »Ontcommer/Kümmernis in mittelniederländischen Gebetshandschriften aus dem Umkreis der Devotio moderna«, in: Niederdeutsches Wort. Beiträge zur niederdeutschen Philologie, 38 (1998), S. 117-139

Fritz-Scheuplein, Monika: »In Unterfranken kommt nicht nur der Nikolaus«, in: Unterfränkisches Dialektinstitut, Würzburger Sendbrief vom Dialektforschen, Nr. 23, Dezember 2010 (https://www.spr.germanistik.uni-wuerzburg.de/udi/pdf/sendbrief/sendbrief23.pdf)

Frobenius, Leo Hg.: Die Atlantische Götterlehre, Jena 1926

Früh, Sigrid (Hg.): Der Kult der Drei Heiligen Frauen. Märchen, Sagen und Brauch, Bern 1998

Fuchs-Haberl, Renate: »Die Wurzeln von Frau Percht. Wie unsere heimische Göttintradition Eingang in das Salzburger Brauchtum gefunden hat und darin fortlebt«, in: Mutterlandbriefe, Ausgabe 4, S. 18-22, Winter 2015

Gehrisch, Birgit: »Lepusculus Domini, Erotic Hare, Meister Lampe«. Zur Rolle des Hasen in der Kulturgeschichte, Diss. Gießen, Wettenberg 2005

Geppert, Silke: Mode unter dem Kreuz. Kleiderkommunikation im christlichen Kult, Salzburg 2013

Geschichtswerkstatt Büdingen (Hg.in): Das Bohnenweibchen und andere Sagen aus dem Büdinger Land, Büdingen 2013

Gimbutas, Marija: Göttinnen und Götter im Alten Europa. Mythen und Kultbilder 6500-3500 v.Chr., Uhlstädt-Kirchhasel 2010

Gimbutas, Marija: Die Zivilisation der Göttin. Die Welt des Alten Europa, Frankfurt am Main 1996

Gimbutas, Marija: Die Sprache der Göttin, Frankfurt am Main 1995

Gimbutas, Marija: Die Balten. Geschichte eines Volkes im Ostseeraum, München, Berlin 1983

Ginzburg, Carlo: Hexensabbat. Entzifferung einer nächtlichen Geschichte, Berlin 1990

Glockzin-Bever, Sigrid: »ENT-KÜMMERUNG. Ein liturgischer Zugang«, in: Am Kreuz – Eine Frau. Anfänge – Abhängigkeiten – Aktualisierungen, hg. von Sigrid Glockzin-Bever u. Martin Kraatz, Münster 2003

Göttner-Abendroth, Heide: Geschichte matriarchaler Gesellschaften und Entstehung des Patriarchats, Bd. 3: Westasien und Europa, Stuttgart 2019

Göttner-Abendroth, Heide: »Die mythische Gestalt der Frau Holle in kulturgeschichtlicher Deutung«, Vortrag vom 12.10.2017 bei einer Veranstaltung des Geo-Naturparks Frau-Holle-Land und des Arbeitskreises zur Mythologie der Göttin Holle in Meißner-Germerode, http://www.goettin-holle.de/Vortraege-Frau-Holle.html#Vortrag

Göttner-Abendroth, Heide: Berggöttinnen der Alpen. Matriarchale Landschaftsmythologie in vier Alpenländern, Bozen 2016

Göttner-Abendroth, Heide: Matriarchale Landschaftsmythologie. Von der Ostsee bis Süddeutschland, Stuttgart 2014

Göttner-Abendroth, Heide: Fee Morgane – Der Heilige Gral. Die großen Göttinnenmythen des keltischen Raumes neu erzählt, Königstein/Ts. 2005a

Göttner-Abendroth, Heide: Frau Holle – Das Feenvolk der Dolomiten. Die großen Göttinnenmythen Mitteleuropas und der Alpen neu erzählt, Königstein/Ts. 2005b

Göttner-Abendroth, Heide: Inanna – Gilgamesch – Isis – Rhea. Die großen Göttinnenmythen Sumers, Ägyptens und Griechenlands neu erzählt, Königstein/Ts. 2004

Göttner-Abendroth, Heide: »Raum der Göttin. Prinzipien matriarchaler Baukunst und Landschaftsgestaltung«, in: Hagia Chora, 1213/2002

Göttner-Abendroth, Heide: »Architektur im Matriarchat«, in: Für Brigida. Göttin der Inspiration. Neun patriarchatskritische Essays und Thesen zum Matriarchat, Frankfurt am Main 1998

Göttner-Abendroth, Heide: Die Göttin und ihr Heros, München 6/1984

Gogolin, Stephanie Ursula: »Das bislang nicht definierte *Matrifokal*«, in: https://marthastochter.wordpress.com/2017/08/09/das-matrifokal-eine-theorie/, 9. August 2017

Goldmann, Karlheinz: Weihnachten in Franken, Nürnberg 1970

Goldys, Olimpia: »Ein mysteriöser Spielmann. Zu den kulturgeschichtlichen Aspekten der ›Spielmanns-Ikonographie‹ in den Volto-Santo-/Kümmernis-Darstellungen vom 13. bis 20. Jahrhundert«, in: Music in Art, Bd. 33, Nr. 1/2, Spring-Fall 2008, S. 149-167 (o.v.)

Golowin, Sergius: Göttin Katze. Das magische Tier an unserer Seite, München 1989

Gould Davis, Elizabeth: Am Anfang war die Frau. Die neue Zivilisationsgeschichte aus weiblicher Sicht, Frankfurt am Main, Berlin 1987 (amerikanische Erstausgabe mit dem Titel »The First Sex«: 1971)

Graber, Georg: Sagen aus Kärnten, Graz 1941

Graber, Georg: »Deutsche Einflüsse im Brauchtum, Sitte und Sage der Kärntner Slowenen«, in: Wiener Zeitschrift für Volkskunde, 36. Jg., Wien 1931, S. 1-16

Graber, Georg: »Alte Gebräuche bei der Flachsernte in Kärnten und ihr religionsgeschichtlicher Hintergrund«, in: Zeitschrift für österreichische Volkskunde, XVII, 1911

Graepler, Catharina: Die Rückkehr der »Tugenden« nach Marburg. Die Barockstatuen des Deutschen Ordens und ihre graphischen Vorbilder, Limburg 2013

Griffen, Toby D.: »Deciphering the Vinča Script«, in: http://www.fanad.net/, 1. August 2007 (Die Arbeit ist eine Folge von Artikeln im *Journal of Indo-European Studies* und im *LACUS-Forum*)

Grigson, Geoffrey: Aphrodite. Göttin der Liebe, Bergisch Gladbach 1978

Grimm, Jacob u. Wilhelm: Deutsches Wörterbuch, 16 Bde., Leipzig 1854-1961 (DWB)

Grimm, Jacob: Deutsche Mythologie, 1. Bd., Göttingen 2/1844

Grimm, Jacob: Deutsche Mythologie, Göttingen 1835

Gümüs, Buruk: Türkische Aleviten – Vom Osmanischen Reich bis zur heutigen Türkei, Konstanz 2001

Guthe, H. (Hg.): Kurzes Bibelwörterbuch, Tübingen u. Leipzig 1903

Gynz-Rekowski, Georg von: Der Festkreis des Jahres, Berlin 2/1985

Gynz-Rekowski, Georg von: »Hasenhieroglyphe und Hasengöttin in Ägypten«, in: Klio, 50, 1968

Haarmann, Harald: Weltgeschichte der Zahlen, München 2008

Haarmann, Harald: Universalgeschichte der Schrift, Frankfurt am Main 1990

Häger, Adolf: »Der Meißner und seine Frau Holle«, in: Hessenland. Zeitschrift für die Kulturpflege des Bezirksverbandes Hessen, 51.1940/41, S. 31-37

Haindl, Erika: »Die Hofheimer Ambet. Die Ahnin der Hofheimer Fastnachtsprinzipalin: Eine Göttin aus der Steinzeit«, in: Zwischen Main und Taunus. Jahrbuch des Main-Taunus-Kreises 2003, Hofheim 2002

Haller, Max: Das Judentum, in: Die Schriften des AT II/3 (Prophetismus und Gesetzgebung des Alten Testaments im Zusammenhange der Geschichte Israels), Göttingen 1914

Hanika, Karin u. Johanna Werckmeister: »›... wie ein Geschöpf, geboren und begabt für dieses Element‹ Ophelia und Undine – Zum Frauenbild im späten 19. Jahrhundert«, in: Weiblichkeit und Tod in der Literatur, hg. von Renate Berger u. Inge Stephan, Köln 1987, S. 141-154

Harmening, Dieter: Wörterbuch des Aberglaubens, Stuttgart 2005

Hartmanshenn, Julius: »Das Grävenwiesbacher Klappermaul«, in: Deutsche Dorfzeitung, Nr. 52, 1910

Hattemer, Jakob: »Die Wilgefortis- oder Kümmernisplastik. Zur Geschichte und Deutung eines alten Bildwerkes«, in: Haus Mauritius 1971, hg. vom Katholischen Kirchenchor Cäcilia, Stadecken-Elsheim 1971, S. 34-42

Hecht, Dirk: »Ein vergessenes Matronenrelief aus einem römischen Keller in Schriesheim, Rhein-Neckar-Kreis«, in Schriesheimer Jahrbuch 2008, Schriesheim 2008 (https://www.academia.edu/5795810/Ein_vergessenes_Matronenrelief_aus_einem_r%C3%B6mischen_Keller_in_Schriesheim_Rhein-Neckar-Kreis)

Heimatverein Grävenwiesbach e.V. (Hg.): So war es einst. Grävenwiesbach im Wandel der Zeiten, 2002

Heinz, Sabine: Symbole der Kelten, Darmstadt 3/2001

Heising, Alexander: »Deponierung mit Hirschgeweih in einem römischen Gebäude bei Kelsterbach, Kreis Groß-Gerau – Fallbeispiel einer Clausura zur Zeit des Limesfalls?«, in: Rituelle Deponierungen in Heiligtümern der hellenistisch-römischen Welt, hg. von Alfred Schäfer und Marion Witteyer, Mainz 2013, S. 299-316 (https://www.academia.edu/7169282/Deponierung_mit_Hirschgeweih_in_einem_r%C3%B6mischen_Geb%C3%A4ude_bei_Kelsterbach_Kreis_Gro%C3%9F-Gerau_Fallbeispiel_einer_clausura_zur_Zeit_des_Limesfalls)

Heising, Alexander: Hirschkult in Kelsterbach. Das römische Gebäude »Auf der Steinmauer« und die Interpretation möglicher Kultpraktiken in der Provinz Germania superior, hg. vom Volksbildungswerk Kelsterbach e. V., Kelsterbach 2008

Henninger, Hans: Die Hofheimer AMBETT. Geschichten, Geschichte und Fastnacht, hg. vom Verein Hofheimer Fastnachtszug e. V., Hofheim/Taunus 1988

Herrmann, Fritz-Rudolf: Der Kapellenberg bei Hofheim am Taunus, Main-Taunuskreis. Führungsblatt zu den vorgeschichtlichen Grabhügeln, dem römischen Wachtturm und dem frühmittelalterlichen Ringwall (Reihe: Archäologische Denkmäler in Hessen, Nr. 30), hg. von der Abteilung für Vor- und Frühgeschichte im Landesamt für Denkmalpflege Hessen, Wiesbaden 1983

Herrmann, Paul: Deutsche Mythologie in gemeinverständlicher Darstellung, Leipzig 2/1906

Hessenland. Hessisches Heimatsblatt. Zeitschrift für hessische Geschichte, Volks- und Heimatkunde, Literatur und Kunst, 27.1913, Heft 1 (https://orka.bibliothek.uni-kassel.de/viewer/fulltext/1289911336242_0027/400/)

Hessische Vereinigung für Tanz- und Trachtenpflege (Hg.in): Was uns der Odenwald erzählt, Bd. 1, Reprint, Darmstadt 1996

Heßler, Carl (Hg.): Hessische Landes- und Volkskunde, Band 2: Hessische Volkskunde, Marburg 1904

Hicks, Clive: »Der Grüne Mann. Archetyp für das Göttliche in der Natur«, in: Hagia Chora 3738/2012 (http://www.geomantie.net/article/read/6093.html)

Hintz, Ernst Ralf: »Der Wilde Mann – ein Mythos vom Andersartigen«, in: Ulrich Müller, Werner Wunderlich (Hg.): Dämonen, Monster, Fabelwesen, St. Gallen 1999, S. 617-626

Hirsch, Siegrid u. Wolf Ruzicka: Heilige Quellen. Salzburg, Vorarlberg, Tirol & Südtirol, Linz 2016

Hislop, Alexander: Von Babylon nach Rom. Der Ursprung der römisch-katholischen Religion, Bielefeld 1997 (Engl. Originaltitel: The Two Babylons, 1858)

Hölzinger, Hiltrud A. M. u. Christina Uslular-Thiele: Jugendstil in Bad Nauheim, hg. v. d. Stadt Bad Nauheim, Königstein i. Ts. 2005

Höreth, Friedrich: »Der springende Hirsch«, in: Was uns der Odenwald erzählt, Bd. 1, hg. von der Hessischen Vereinigung für Tanz- und Trachtenpflege, Reprint, Darmstadt 1996, S. 8-10

Hörmann, Ludwig von: Tiroler Volksleben, Stuttgart 1909

Hörsch, Waltraud: »Adelwil«, in: Historisches Lexikon der Schweiz vom 28.02.2001 (https://hls-dhs-dss.ch/de/articles/015317/2001-02-28/)

Hollerbusch Odenwälder Erzähl- und Spielgemeinschaft in Kooperation mit dem Frauenmuseum Bonn (Redaktion: Ilse u. Wolfgang Krüger): MATRONIS. Auf den Spuren der alten Göttinnen. Installationen, Bilder und Skulpturen, Broschüre zur Ausstellung 2003

Horn, Helmut: »Abnoba. Eine Zusammenfassung alter und neuer Forschungserkenntnisse«, in: http://www.geschichte-schiltach.de/files/2016-03-12_Helmut_Horn_Abnoba_2016.pdf

Horn, Isabella: »Diskussionsbemerkungen zu Ikonographie und Namen der Matronen«, in: Matronen und verwandte Gottheiten. Ergebnisse eines Kolloquiums veranstaltet von der Göttinger Akademiekommission für die Altertumskunde Mittel- und Nordeuropas, hg. von Gerhard Bauchhenß, Köln 1987

Hull, Eleanor: »Die gälische Cailleach«, in: Kelten Kulte Göttinnen, hg. von Kurt Derungs, Grenchen b. Solothurn 2013

Hutzl-Ronge, Barbara: Magisches Zürich. Wanderungen zu Orten der Kraft. Stadt und Kanton, Baden u. München 2/2006

Hutzl-Ronge, Barbara: Quellgöttinnen, Flußheilige, Meerfrauen. Mythen, Sagen und Sternzeichen zum Wasser, München 2002

Hutzl-Ronge, Barbara: Feuergöttinnen, Sonnenheilige, Lichtfrauen. Mythen, Sagen und Sternzeichen zum Feuer, München 2000

Jacob, Christian: Die Schnetter Hullefraansnacht – Dimensionen eines Brauches, Magisterarbeit an der Georg-August-Universität in Göttingen 2010 (als Kindle-eBook erhältlich)

Jakob, Andrea: Frau Holle. Mythos, Märchen und Brauch in Thüringen. Katalog zur Ausstellung in den Meininger Museen 11.11.2009 bis 5.2.2010, Meiningen 2010

Jakob, Andrea: »Fachbeiträge zur Sonderausstellung ›Frau Holle – Mythos, Märchen und Brauch in Thüringen‹, 2009 / 2010«, in: http://www.meiningermuseen.de/pages/startseite/programm/sonderausstellungen/rueckblick-ausstellungen/200910-frau-holle---mythos-maerchen-und-brauch-in-thueringen/fachbeitraege-zur-ausstellung.php

Jakob, Andrea: »Die ›Hullewetz‹«, in: Von Martini bis Lichtmess. Brauch und Aberglaube in der Weihnachtszeit in Südthüringen und Franken, hg. von den Meininger Museen, Meiningen 1999b

Jakob, Andrea: »Weihnachtliche Umzugsbräuche in Südthüringen«, in: Von Martini bis Lichtmess. Brauch und Aberglaube in der Weihnachtszeit in Südthüringen und Franken, hg. von den Meininger Museen, Meiningen 1999a

Jankofsky, Jürgen: »Lichtmeßfiguren, Teil 9 – Bär und Milchkanne«, in: Spergauer Lichtmeßkurier, 2013, Jg. 13, Nr. 1

Jekutsch, Ulrike: »Heiligenkult – Roman – Theaterstück. Zur Übertragung des Kults der hl. Kümmernis in die neue polnische Literatur«, in: Rocznik Komparatystyczny – Komparatistisches Jahrbuch 5 (2014), S. 127-151

Jöckle, Clemenz: Kiedrich im Rheingau (Schnell, Kunstführer Nr. 1465), Regensburg 10/1999

Jöckle, Clemenz: St. Peter und Paul, St. Hippolyt Dettingen am Main (Schnell Kunstführer Nr. 2199), Regensburg 1995

Johnson, Buffie: Die Große Mutter in ihren Tieren. Göttinnen alter Kulturen, Olten 1990

Jost, Renate: Das göttliche Mädchen. Jesus als das Weiblich-Göttliche in Vergangenheit und Gegenwart (Reihe: Internationale Forschungen in Feministischer Theologie und Religion. Befreiende Perspektiven, hg. von Renate Jost, Elisabeth Schüssler Fiorenza, Susannah Heschel, Bd. 9), Berlin 2019

Jost, Renate: »Hure/Hurerei (AT)«, in: WiBiLex (Das wissenschaftliche Bibellexikon im Internet) 2007

Jucker, Hans: Das Bildnis im Blätterkelch, Olten 1961

Kailo, Kaarina: »Wir Frauen und die Bären-Göttin«, Vortrag beim Internationalen Goddess-Kongress 2010 auf dem Hambacher Schloss, https://avrecord.de/AVRecord/katalog/kongresse.php?shorty=IHK10

Kailo, Kaarina (Hg.in): Women and Bears. The Gifts of Nature, Culture and Gender Revisited, Scarboro 2008

Kaiser, Helga: »Gott weiblich. Eine verborgene Seite des biblischen Gottes«, in: welt und umwelt der bibel, 2/2008, S. 2-7

Kalbaum, Ulrike: Romanische Türstürze und Tympana in Südwestdeutschland: Studien zu ihrer Form, Funktion und Ikonographie, Münster 2011

Kapfhammer, Günther u. Franz Simon: »Mitteleuropa, Oberpfalz – Luzia-Gehen in Sattelbogen«, 1976 (produziert 1970), https://av.tib.eu/media/10454 (4½-minütiger Filmbeitrag)

Kauschat, Emma: Geschichten und Sagen um den Glauberg, Büdingen 2011

Kehrein, Joseph: Volkssprache und Volkssitte im Herzogthum Nassau. Ein Beitrag zu deren Kenntniß, Weilburg 1862

Kemp, Wolfgang: Artikel »Hase«, in: Lexikon der christlichen Ikonographie, hg. von Engelbert Kirschbaum, Bd. 2, Rom, Freiburg, Basel u. Wien 1970, Sp. 221-225

Kern, Susanne: St. Peter und Paul Eltville. DKV-Kunstführer Nr. 664, München 2013

Kersten, Jacqueline: »Die Altorientalische Inanna/Ištar als Vorbild der Aphrodite«, in: Aphrodite. Herrin des Krieges – Göttin der Liebe, hg. von Martina Seifert, Mainz 2009

Kiesow, Gottfried: Romanik in Hessen, Stuttgart 2/1998

Kindl, Ulrike: »Mater Materia. Bilder weiblicher Schöpfungskraft in den alpinen Sagen und Märchen«, in: Gott, weiblich, hg. von Astrid Schönweger, Frauenmuseum Meran, Arunda 78, Schlanders 2010a

Kindl, Ulrike: »Sirena bifida: Denken in Bildern«, in: alpenrosen. Jahresschrift für Frauenkultur, Bozen 2010b

Kindl, Ulrike: Sirena bifida. Bilderwelten als Denkräume, Innsbruck 2008

King, David A.: »The Cult of St. Wilgefortis in Flanders, Holland, England and France«, in: Am Kreuz – eine Frau. Anfänge – Abhängigkeiten – Aktualisierungen, hg. von Sigrid Glockzin-Bever u. Martin Kraatz, Münster 2003

Kirfel, Willibald: Die dreiköpfige Gottheit. Archäologisch-ethnologischer Streifzug durch die Ikonographie der Religionen, Bonn 1948

Kirnbauer, Herbert: Das entschlüsselte Geheimnis. Der Kultwagen von Strettweg, Linz 2006

Klein, Walter: Die Johanneskirche in Schwäbisch Gmünd, Frankfurt am Main 1928

Klöppel, Peter: Das Tympanon des Hauptportals der Basilica minor St. Valentinus in Kiedrich im Rheingau. »... durch ir oren enfienc si den vil süezen ...«, hg. vom Kirchenbau-Verein Kiedrich e.V., Lindenberg i. Allgäu 2/2017

König, Alexandra: »Die heilige Wilgefortis im Dom zu Mainz«, in: Der verschwundene Dom. Wahrnehmung und Wandel der Mainzer Kathedrale im Lauf der Jahrhunderte. Katalog zur Ausstellung vom 15. April bis 16. Oktober 2011, Mainz 2011

König, Helga: Die Tracht der Vogtei Dorla vor dem Hainich. Geschichte, Bestand und Funktion in der Zeit der DDR, Diss. Uni Bamberg, 1999 (online: file:///C:/Users/Bettina/AppData/Local/Temp/fisba10_1.pdf)

König, Marie E.P.: »Die Frau im Kult der Eiszeit«, in: Richard Vester, Marie E.P. König, Doris F. Jona u. A. David Jonas (Hg.Innen): Weib und Macht. Fünf Millionen Jahre Urgeschichte der Frau, Frankfurt am Main 1989

Kohl, J.: »Die Verehrung der heiligen Kümmernis in unserer Gegend«, in: Katholischer Kirchenkalender für die Pfarreien Bingen und Bingen-Büdesheim 20 (1936) (Historisches Jahrbuch 1936), S. 4-10

Korte, Anne-Marie: »MADONNA AM KREUZ. Eine feministisch-theologische Perspektive«, in: FAMA, 1 (2010), S. 12f.

Kraatz, Martin: »Die heilige Kümmernis und ihre Erforschung zwischen Legende und Wirklichkeit«, in: Am Kreuz – Eine Frau. Anfänge – Abhängigkeiten – Aktualisierungen, hg. von Sigrid Glockzin-Bever u. Martin Kraatz, Münster 2003

Krainz, Johann: »Sitten, Bräuche und Meinungen des deutschen Volkes in Steiermark«, in: Zeitschrift für österreichische Volkskunde, II. Jg., 1896

Kratzmann, Horst: Hessen in der Antike. Die Geschichte der Kelten und der Chatten, Groß-Gerau 2006

Krau, Heinrich: »Das Pfingstbrauchtum in Rittershausen«, in: Heimatjahrbuch für das Land an der Dill, Bd. 31, Dillenburg 1988, S. 132-134

Kraus, Jörg: Metamorphosen des Chaos. Hexen, Masken und verkehrte Welten, Würzburg 1998

Krause, Tilman: »So queer ist die christliche Kunst«, in: Die Welt, 5.9.2019 (https://www.welt.de/kultur/kunst/article199724662/Skulpturen-im-Bode-Museum-So-queer-ist-die-christliche-Kunst.html)

Kremer, Hans: Die Pfarrkirche St. Peter und Paul in Eltville. Kunst, Geschichte und Bedeutung, Eltville 1994

Kremer, Werner: Kiedrich im Rheingau. Begleiter zum individuellen Rundgang in der Basilica minor St. Valentinus und Dionysius, hg. vom Kirchenbau-Verein Kiedrich e.V., o.O, 2017

Kremp, Dieter: Von der Heil-und Zauberkraft der Bäume im Frühling – Birke und Weide, Leipzig 2012

Kretzenbacher, Leopold: »Steirische Dreifaltigkeitsbilder als ›Dreigesicht‹ und ihre Verwandten«, in: Zeitschrift des Historischen Vereines für Steiermark, Jg. 83 (1992), 407-422

Kretzenbacher, Leopold: Santa Lucia und die Lutzelfrau. Volksglaube und Hochreligion im Spanungsfeld Mittel- und Südosteuropas (Südosteuropäische Arbeiten, Bd. 53), München 1959

Kretzenbacher, Leopold: »Das slowenische Luzienbrot (»Lucijšč ak«). Zur Kulturgeschichte der mittwinterlichen Kultspeisen im Ostalpenraum und auf dem Nordwestbalkan«, in: Slovenski etnograf, Bd. 6/7, 1953-54, S. 197-222 (http://www.dlib.si/stream/URN:NBN:SI:doc-5WTJIOOT/816a14c9-e5c8-4a48-a68c-1ec3812ff390/PDF)

Krön, Peter (Hg.): Die Kelten in Mitteleuropa. Kultur, Kunst, Wirtschaft, Katalog zur Landesausstellung vom 1. Mai bis 30. Sept. 1980 im Keltenmuseum Hallein, Österreich, Salzburg 2/1980

Krollmann, Karl: Frau Holle und das Meißnerland. Einem Mythos auf der Spur, Heiligenstadt 2/2012

Krollmann, Karl: »Sagen als Quellen der Regionalgeschichte«, in: Zeitschrift des Vereins für hessische Geschichte, Bd. 105 (2000), S. 201-210

Krüger, Emil: »Diana Arduinna«, in: Korrespondenzblatt der Römisch-Germanischen Kommission des Deutschen Archäologischen Institutes, 1. 1917, S. 4-12

Krüger, Ima: »Matronis. Auf den Spuren der alten Göttin«, in: http://www.godeweg.de/07_3_matronensteine/Forschungsbericht_Ima_Krueger.html

Kruse, Britta-Juliane: »Die bärtige Heilige. Wilgefortis als Identifikationsfigur für Eheverweigerinnen und Helferin der Ehefrauen«, in: Böse Frauen – Gute Frauen. Darstellungskonventionen in Texten und Bildern des Mittelalters und der Frühen Neuzeit, hg. von Ulrike Gaebel u. Erika Kartschoke, Trier 2001

Künneth, Johann Theodor: » Vom Oster- oder Wallbrunnen«, in: Wöchentliche Historische Nachrichten, XXXII. Stück, Bayreuth, 5. August 1767

Küper, Wolfgang: »Die Pfarrkirche Sankt Pankratius in Schwalbach am Taunus – Geschichte und Geschichten«, in: Zwischen Main und Taunus, Jahrbuch des Main-Taunus-Kreises 2020, hg. vom Kreisausschuss des Main-Taunus-Kreises, Hofheim am Taunus 2019, S. 107-116

Kufner, Lore: Getaufte Götter. Heilige zwischen Mythos und Legende, München 1992

Kuhn, Adalbert: Sagen und Gebräuche aus Westfalen und einigen anderen besonders der angrenzenden Gegenden Norddeutschlands, Leipzig 1859, Nachdruck Hildesheim u. New York 1979

Kunze, Konrad: »Wilgefortis (Oncommer, Kümmernis)«, in: Die deutsche Literatur des Mittelalters. Verfasserlexikon, Bd. 10, Berlin/New York 2/1998

Kunze, Sophia: Pathologische Blicke. Bilder bärtiger Frauen zwischen Kunst-und Medizingeschichte, Diss., Hamburg 2019

Kur- und Verkehrsverein Herschbach (Hg.): Sagen & Geschichten von Herschbach, Herschbach 1982

Kuret, Niko: »Georgijagen in Petschnitzen, Kärnten« (Begleitveröffentlichung zum Film, Wien 1977), in: Wiss. Film Nr. 20, 1978

Kutter, Erni: Heilige Weibsbilder. Gelehrt eigenwillig streitbar, Bozen 2014

Kutter, Erni: »Eine Frau am Kreuz: Kummernus – Oncommer – Wilgefortis. Die Verehrungsgeschichte einer europäischen Heiligen von den Niederlanden bis Südtirol«, in: Gott weiblich, hg. von Astrid Schönweger, Arunda 78, Schlanders 2010

Kutter, Erni: »Heilige Jungfrauen, Salige und Wilde Fräulein«, in: Mythologische Landschaft Deutschland, hg. von Heide Göttner-Abendroth u. Kurt Derungs, Bern 1999

Kutter, Erni: Der Kult der drei Jungfrauen. Eine Kraftquelle weiblicher Spiritualität neu entdeckt, München 1997

Läwisch, Reinhard: »100 Jahre Osterbrunnen in der Fränkischen Schweiz. Berichte in der Lokalpresse zwischen dem 21. Februar und Ostern 2013«, in: http://www.loewisch.com/reini/heimatkunde/Osterbrunnen_fraenkische_schweiz.pdf

Lady Raglan: »The ›Green Man‹ in Church Architecture«, in: Folklore, Bd. 50, Nr. 1 (1939), S. 45-57

Landesamt für Denkmalpflege und Archäologie Sachsen-Anhalt/Landesmuseum für Vorgeschichte: »Ausgrabung der Kreisgrabenanlage von Pömmelte-Zackmünde«, https://www.lda-lsa.de/nc/de/forschung/kooperationen/ausgrabung_der_kreisgrabenanlage_von_poemmelte_zackmuende/?sword_list%5B0%5D=p%C3%B6mmelte

Lange, Britta: »Pfingsten – was ist das?«, in: Pfarrbrief der Pfarrei St. Agatha – Dorsten – zu Pfingsten 2016

Lange, Sophie: Wo Göttinnen das Land beschützen. Matronen und ihre Kultplätze zwischen Eifel und Rhein, Bad Münstereifel 2/1995

Lange, Sophie: »Maibrauchtum in der Eifel«, in: Eifel Jahrbuch 1993, S. 49-55, http://www.sophie-lange.de/heimatkunde/maibrauchtum-in-der-eifel/index.php

Lehmann, Hedi: Volksbrauch im Jahreslauf, München 1964

Lehner, Hans: »Der Tempelbezirk der Matronae Vacalinehae bei Pesch«, in: Bonner Jahrbücher, Heft 125, 1919, S. 74-162

Leichtfried, Jazintha: Der Hase in der antiken Kunst, Diss., Graz 1979 (Abbildungs- u. Textband)

Lemberg, Margaret: Die Flügelaltäre von Ludwig Juppe und Johann von der Leyten in der Elisabethkirche zu Marburg (Reihe: Veröffentlichungen der Historischen Kommission für Hessen, Bd. 76), Marburg 2011

Lenz, Karl: »Ostereiermalen und das Ei im alten hessischen Brauch. Mit Abbildungen von Heinrich Winter«, in: Volk und Scholle, 1937, Heft 3, S. 90f.

Lienert, Otto Hellmut: Die heilige Kümmernis, Einsiedeln 1949

Linnenbrügger, Barbara (Hg.in): Wo wilde Weiber wohnen. Geschichten von und über Frauen rund um den Odenwald aus der Frauengeschichtswerkstatt Odenwald, Rüsselsheim 2010

Lipfert, Klementine: Symbol-Fibel. Eine Hilfe zum Betrachten und Deuten mittelalterlicher Bildwerke, Kassel 1964

Liungman, Waldemar: Der Kampf zwischen Sommer und Winter, Helsinki 1941

Löber, Karl: Das Bildwerk der Haigerer Stadtkirche (Haigerer Hefte. Beiträge zur Geschichte und zum Leben der Stadt Haiger und ihres Raumes, Heft IV), Haiger 1973

Löber, Karl: Beharrung und Bewegung im Volksleben des Dillkreises, Marburg 1965

Loewenberg, Jacob: »Die Roggenmuhme«, in: Balladenbuch, 1 .Bd.: Neuere Dichter, hg. von Otto Ernst, Dr. J. Loewenberg, Dr. Ernst Schultze und Börries Freiherr v. Münchhausen, Hamburg 1904

Luthmer, Ferdinand: Die Bau- und Kunstdenkmäler des Regierungsbezirks Wiesbaden, Bd. VI: Nachlese und Ergänzungen zu den Bänden I-V und Orts- und Namens-Register, hg. vom Bezirksverband des Regierungsbezirks Wiesbaden, Frankfurt am Main 1921

Luthmer, Ferdinand: Die Bau- und Kunstdenkmäler des östlichen Taunus, Frankfurt 1905

Lyncker, Karl: Deutsche Sagen und Sitten in hessischen Gauen, Kassel 1854

Madeisky, Uschi: »Der Taunus – Die Höhe. Schwesterliche Gipfel und heilende Gewässer«, in: Daniela Parr: Godeweg. Auf den Spuren von Freya bis Percht, Stuttgart 2018, S. 152-157

Maier, Christl M.: »Weisheit (Personifikation)«, in: WiBiLex (Das wissenschaftliches Bibellexikon im Internet), 2007 (https://www.bibelwissenschaft.de/stichwort/34659/)

Mailahn, Klaus: Die Göttin des Christentums: Maria Magdalena. Das Geheimnis der Gefährtin Jesu, BoD 2013

Mailahn, Klaus: Göttin, Fuchs und Ostern, Berlin 2007

Mannhardt, Wilhelm: Mythologische Forschungen. Aus dem Nachlasse, hg. von Hermann Patzig, Straßburg 1884

Mannhardt, Wilhelm: Wald- und Feldkulte, Bd. 2: Antike Wald- und Feldkulte aus nordeuropäischer Überlieferung erläutert, Berlin 1877

Mannhardt, Wilhelm: Wald- und Feldbräuche, Bd. 1: Der Baumkultus der Germanen und ihrer Nachbarstämme, Berlin 1875

Mannhardt, Wilhelm: Die Korndämonen. Beitrag zur germanischen Sittenkunde, Berlin 1868 (Neuausgabe 2000)

Maringer, Johannes: »Das Ei in Symbolik und Mythe des vor- und frühgeschichtlichen Europa«, in: Zeitschrift für Religions- und Geistesgeschichte, Bd. 33. Nr. 4, 1981, S. 357-361

Maringer, Johannes: »Der Hase in Kunst und Mythe der vor- und frühgeschichtlichen Menschen«, in: Zeitschrift für Religions- und Geistesgeschichte, Jg. 30, 1978, S. 219-228 (https://brill.com/view/journals/zrgg/30/3/article-p219_2.xml)

Marion: »Bären«, in: Schlangengesang, Juli 2015, S. 30-33

Marmon, Edith: Drache und Schlange. Die heiligen Tiere der Göttin, Rüsselsheim 2012

Martin, Arno u. Andrea Jakob: »Die Nacht der Hullefrauen. Der wilde Lauf ins Neue Jahr«, in: Von Martini bis Lichtmess. Brauch und Aberglaube in der Weihnachtszeit in Südthüringen und Franken, hg. von den Meininger Museen, Meiningen 1999

Matzanke, Kornelia: »Bedeutung der Tiere: Der Hase, Symbol in Mythologie und Religion«, 4.7.2013, in: http://suite101.de/article/bedeutung-der-tiere-der-hase-symbol-in-mythologie-und-religion-a107802#.V6MQl6Jh7IU

McKay, J.G.: »Hirschkult in Schottland«, in: Derungs, 2013, S. 133-145 (der englische Original-Aufsatz erschien 1932)

Méchin, Colette: Sankt Nikolaus. Feste und Brauchtum in Vergangenheit und Gegenwart, Saarbrücken 1982

Meder, Willi: in: http://www.donauquelle.de/brigachquelle.pdf

Meer, Annine van der: Maria Magdalena ontsluierd. Verborgen bronnen herstellen haar geschonden beeld, Den Haag 2021

Meer, Annine van der: Die Sprache unsrer Ursprungs-Mutter MA. Die Entwicklung des Frauenbildes in 40 000 Jahren globaler »Venus«-Kunst, Rüsselsheim 2020

Meer, Annine van der: De drie dames uit Duitsland. De Matronen en Nehalennia, Moedergodinnen uit de vaderlandse geschiedenis, Den Haag 2015

Meier-Seethaler, Carola: Ursprünge und Befreiungen. Eine dissidente Kulturtheorie, überarbeitete Neuauflage, Stuttgart 2011

Meier-Seethaler, Carola: Das Gute und das Böse. Mythologische Hintergründe des Fundamentalismus in Ost und West, Stuttgart 2004

Meier-Seethaler, Carola: Von der göttlichen Löwin zum Wahrzeichen männlicher Macht. Ursprung und Wandel großer Symbole, Zürich 1993

Mellaart, James: Çatal Hüyük. Stadt aus der Steinzeit, Bergisch Gladbach 1967

Mense, Josef: »Über den Umgang mit christlicher Kunst des Mittelalters«, in: alte und neue Kunst, Bd. 48, 2014, S. 38-49

Menzel, Wolfgang: Geschichte der Deutschen Dichtung von der ältesten bis auf die neueste Zeit, Leipzig 1875

Menzel, Wolfgang: Christliche Symbolik, Teil 1, Regensburg 1854

Metz, Peter: »Die Schluss-Steine der Allerheiligenkapelle«, in: Die Allerheiligenkapelle von Kloster Arnsburg. Ergebnisse der Ausgrabungen 1979/80, in: Mitteilungen des Oberhessischen Geschichtsvereins Gießen, 67 (1982), S. 139-142

Metzger, Wolfgang: Die romanischen Reliefbilder an der Plieninger Martinskirche. Gestalt und Botschaft, Stuttgart 1968

Metzger, Wolfgang: »Neuentdeckung einer romanischen Plastik an der Martinskirche zu Stuttgart-Plieningen«, in: Nachrichtenblatt der Denkmalpflege in Baden-Württemberg, Bd. 10 Nr. 2 (1967), S. 36f.

Meyer, Andreas: »Der Luccheser Volto Santo im Lichte neuer Quellenfunde«, in: Am Kreuz – eine Frau. Anfänge – Abhängigkeiten – Aktualisierungen, hg. von Sigrid Glockzin-Bever u. Martin Kraatz, Münster 2003

Meyers Konversations-Lexikon, Leipzig u. Wien 4/1888-1890

Michel, Kai: »Gott Mutter«, in: DIE ZEIT, 20.03.2008

Mies, Judith & Kurt Derungs: Magische Eifel. Reisen zu mythischen Orten, Grenchen bei Solothurn 2012

Mößinger, Friedrich: »Wildweibchen, Holle und Christkind«, in: Hessische Bräuche um Weihnachten, Ostern und Pfingsten. Ergebnisse aus den Feldforschungen von Friedrich Mößinger und Heinrich Winter, hg. von der Hessischen Vereinigung für Tanz- und Trachtenpflege, Reichelsheim 1998a, S. 32 (Erstveröffentlichung in: Hessische Blätter für Volkskunde, Bd. XXXVIII, S. 73-100, Gießen 1940)

Mößinger, Friedrich: »Pfingstgestalten«, in: Hessische Bräuche um Weihnachten, Ostern und Pfingsten. Ergebnisse der Feldforschungen von Friedrich Mößinger und Heinrich Winter, zusammengestellt von Klaus Ripper und Gerd Schwinn, hg. von der Hessischen Vereinigung für Tanz- und Trachtenpflege, Reichelsheim (Odenwald) 1998b, S. 123-175 (zuerst erschienen in: Hessische Blätter für Volkskunde, Bd. XXXVII, Gießen 1939, S. 5-61)

Mößinger, Friedrich: »Laubmann, Maimann, Pfingstmann«, in: Hessische Bräuche um Weihnachten, Ostern und Pfingsten. Ergebnisse der Feldforschungen von Friedrich Mößinger und Heinrich Winter, zusammengestellt von Klaus Ripper und Gerd Schwinn, hg. von der Hessischen Vereinigung für Tanz- und Trachtenpflege, Reichelsheim (Odenwald) 1998c, S. 182-191 (zuerst erschienen in: Volk und Scholle, Heft 5, 1937, S. 131-136)

Mößinger, Friedrich: »Weihnachtsesel im Usinger Land«, in: Volk und Scholle, 1937a, Heft 12, S. 317-319

Mößinger, Friedrich: »Sommertag«, in: Volk und Scholle, 15. Jg., 1937b, März, Heft 3, S. 67-73

Monaghan, Patricia: Lexikon der Göttinnen, Bern, München, Wien 1999

Montanus (d.i. Vincenz Jacob von Zuccalmaglio): Die deutschen Volksfeste, Volksbräuche und deutscher Volksglaube in Sagen, Märlein und Volksliedern, Bd. 1: Die deutschen Volksbräuche, Volksglaube und Mythologische Naturgeschichte, Iserlohn/Elberfeld 1854

Müller, Aegidius: »Das Kloster Frauweiler bei Bedburg«, in: Annalen des historischen Vereins für den Niederrhein insbesondere die alte Erzdiöcese Köln, Heft 30, Köln 1876, S. 61-74

Müller, Otto: Die Einhard-Abtei Seligenstadt am Main, Königstein im Taunus 1973

Mulack, Christa: Maria Magdalena. Apostelin der Apostel, Schalksmühle 2/2010

Mulack, Christa: Maria – die geheime Göttin im Christentum, überarb. Neuausgabe, Schalksmühle 2005

Mulack, Christa: Im Anfang war die Weisheit. Feministische Kritik des männlichen Gottesbildes, Stuttgart, 1988 (überarb. Neuausg. Schalksmühle, 2004)

Mulack, Christa: Jesus – der Gesalbte der Frauen. Weiblichkeit als Grundlage christlicher Ethik, Stuttgart 1987

Murray, Margaret: »Female Fertility Figures«, in: Journal of the Royal Anthropological Institute, 1934

Muschka, Wilhelm: Agnes von Waiblingen – Stammmutter der Staufer und Babenberger-Herzöge. Eine mittelalterliche Biografie, Marburg 2012

Nierhoff, Joachim: Sagenhafter Westerwald. Geschichten zwischen Sieg, Lahn, Dill und Rhein, Erfurt 2016

Nightlinger, Elizabeth: »The Female Imitatio Christi and Medieval Popular Religion. The Case of St. Wilgefortis«; in: Representations of the Feminine in the Middle Ages, hg. von Bonnie Wheeler, Cambridge 1993

Nielsson, Martin P.: Geschichte der griechischen Religion, Bd. 1, München 3/1967 (schwedisches Original: Stockholm 1921)

Nilsson, Martin P.: Griechische Feste von religiöser Bedeutung mit Ausschluss der Attischen, Stuttgart u. Leipzig 2/1995 (1. Auflage 1906)

Obermüller, Barbara: Die weibliche Seite der Ur- und Frühgeschichte. Mit besonderem Blick auf Hessen, Rüsselsheim 2014

Okladnikow, Aleksej Pawlowitsch: Der Mensch kam aus Sibirien. Russische Archäologen auf den Spuren fernöstlicher Frühkulturen, Wien/München/Zürich 1974

Okladnikow, Aleksej Pawlowitsch: Der Hirsch mit dem goldenen Geweih. Vorgeschichtliche Felsbilder Sibiriens, Wiesbaden 1972

Ott, Georg: Legenden von den Heiligen Gottes, Regensburg 1861

Paetow, Karl: Frau Holle, Hannover 1962

Panzer, Friedrich: Bayerische Sagen und Bräuche. Beitrag zur deutschen Mythologie, Bd. 1, München 1848

Peschek, Christian August: Beyträge zur natürlichen ökonomischen und politischen Geschichte der Ober- und Niederlausitz und der damit angrenzenden Gebiete, Zittau 1791

Petrikovits, Harald von: »Matronen und verwandte Gottheiten. Zusammenfassende Bemerkungen«, in: Matronen und verwandte Gottheiten. Ergebnisse eines Kolloquiums veranstaltet von der Göttinger Akademiekommission für die Altertumskunde Mittel- und Nordeuropas, hg. von Gerhard Bauchhenß, Köln 1987, S. 241-254

Peus, Busso: »Das Wilgefortis- oder Kümmernisbild von Wörth am Main«, in: Aschaffenburger Jahrbuch für Geschichte, Landeskunde und Kunst des Untermaingebietes, Bd. 3, 1956

Pfister, Hermann von: Sagen und Aberglaube aus Hessen und Nassau, Marburg 1885 (Nachdruck: Norderstedt 2017)

Pippart, Wilhelm: Der Brombeermann – alte Sachen, Sagen und Sänge aus dem mittleren Werratal, Eschwege 1928 (3. revidierter Aufl. in Faksimile, hg. vom Magistrat der Stadt, Wanfried 1979)

Pittner, Ulrike & Ursa Krattiger: AVE DEA. 13 Göttinnen der griechisch-römischen Mythologie neu begegnen, Rüsselsheim 2015

Pogačnik, Marko: Die Landschaft der Göttin. Heilungsprojekte in bedrohten Regionen Europas, München 1997

Rätsch, Christian: »›Hexenkraut‹. Die Pflanzen der Frau Holle und der Percht«, in: Frau Holle. Mythos, Märchen und Brauch in Thüringen. Katalog zur Ausstellung in den Meininger Museen 11.11.2009 bis 5.2.2010, hg. von Andrea Jakob, Meiningen 2010, S. 246-280

Raglan: »The ›Green Man‹ in Church Architecture«, in: Folklore, Bd. 50, Nr. 1 (1939), S. 45-57

Ramm, Walter: »Der Matronenkult in Thum«, in: Die Siedlungsgeschichte von früher bis heute im Bereich der Gemeinde Kreuzau – wie sie gewesen sein könnte – von Walter Ramm (Bürgermeister 1999 - 2014, verstorben 2017), Anlage 03d: Der Ort Thum (https://www.kreuzau.de/wohnen-leben/siedlungsgeschichte/Anhang_03d.pdf)

Raubert, Bernd: »Die Hospitalskapelle, ein stadt- und kunstgeschichtliches Kleinod«, in: 650 Jahre Heiliggeisthospital in Treysa. 30. März 1367 bis 2017, hg. vom Stadtgeschichtlichen Arbeitskreis e. V., Schwalmstadt 2017

Reißig, Dagmar: »1861-2011 – 150 Jahre ... Einladung zum Schmerbacher Brunnenfest am Pfingstwochenende – 11. bis 13. Juni 2011. Brunnen- und Pfingstfest in Schmerbach«, in: Hörselberg-Bote. Zeitschrift im Heimatverlag Hörselberg mit Thüringer Monatsblätter, Nr. 36, 2011, S. 15-17

Resch-Rauter, Inge: Unser keltisches Erbe. Flurnamen, Sagen, Märchen und Brauchtum als Brücke in die Vergangenheit, Wien, 1992

Reuther, Renate: Enthüllungen über Holle, Percht und Christkind. Eine kleine Kulturgeschichte des Weihnachtsfestes, Leipzig 2017

Riedel, Ingrid: Frau Holle. Goldmarie und Pechmarie. Weisheit in Märchen, Zürich 1995

Rockenbach, Klaus: »Das Mailehen in der Eifel«, in: Heimatkalender Landkreis Schleiden, 1954

Roscher, Siegfried: Spuren aus Kelsterbachs Vergangenheit. Von der Altsteinzeit bis ins Mittelalter (Heimatkundliche Beiträge zu Geschichte von Kelsterbach, Bd. 14), Horb am Neckar 1990

Rosendahl, Wilfried und Doris Döppes: »Mensch und Bär in der letzten Eiszeit. Dem altsteinzeitlichen ›Höhlenbärenkult‹ auf der Spur«, in: Egon Wamers (Hg.): Bärenkult und Schamanenzauber. Rituale früher Jäger, Katalog zur gleichlautenden Ausstellung des Archäologischen Museums Frankfurt vom 5. Dezember 2015 bis 28. März 2016, Regensburg 2015, S. 19-31

Rosenfeld, Hellmut: »Sagentradition, Kulttradition und Völkerschichtung. Betrachtungen zu Gräbersagen und Dreifrauenkult«, in: Jahrbuch der bayerischen Volkskunde, Regensburg 1957

Rüttner-Cova, Sonja: Frau Holle, die gestürzte Göttin. Märchen Mythen Matriarchat, Basel 3/1993

Rumbler, Siegfried: »Spitznamen von Gemeinden im Main-Taunus-Kreis«, in: Rad und Sparren. Zeitschrift des Historischen Vereins Rhein-Main-Taunus e. V., 6. Jg., Juli 1980, Heft 1 (9), S. 30-34

Rumpf, Marianne: Perchten. Populäre Glaubensgestalten zwischen Mythos und Katechese, Würzburg 1991

Sanyal, Mithu M.: Vulva. Die Enthüllung des unsichtbaren Geschlechts, Berlin 2/2009

Sauer, Horst: »Wie heidnisch ist Ostern? Die Wissenschaft durchleuchtet eine fragwürdige Göttin«, in: Die Zeit, 27. März 1959

Schäfer, Georg: Kunstdenkmäler im Großherzogtum Hessen. Inventarisierung und beschreibende Darstellung der Werke der Architektur, Plastik, Malerei und des Kunstgewerbes bis zum Schluss des XVIII. Jahrhunderts. A: Provinz Starkenburg Kreis Offenbach, Darmstadt 1885

Schäfer-Bossert, Stefanie: »Böse (?) Provokationen jenseits der Geschlechtergrenzen. Die Post-Gender-Manifeste von Donna Haraway und Béatriz Preciado«, in: Hat das Böse ein Geschlecht? Theologische und religionswissenschaftliche Verhältnisbestimmungen, hg. von Helga Kuhlmann u. Stefanie Schäfer-Bossert, Stuttgart 2006

Schäfer-Bossert, Stefanie: »Die weibliche Gestalt der Schönheit Gottes. Allegorische Gestalten und spirituelles gendercrossing«, in: Wie im Himmel so auf Erden. Festschrift 75 Jahre Konvent Evangelischer Theologinnen in Deutschland, hg. von Christel Hildebrand, Tübingen 2000, S. 94-117

Schaeffer, Erhard: »Die Marienkirche – Gotteshaus mit bewegter Geschichte«, in: Geschichtswerkstatt »Bettenhausen früher und heute«, 2010 (https://www.erinnerungen-im-netz.de/erinnerungen/erin-artikel/die-marienkirche-gotteshaus-mit-bewegter-geschichte/)

Schagrün, Helmut: Bettenhausen 1906-2006. 100 Jahre Kasseler Stadtteil. Von der ersten urkundlichen Erwähnung bis zur Eingemeindung des Dorfes Bettenhausen in die Stadt Kassel 1906, Kassel 2006 (http://www.urlen.de/index_htm_files/Schagruen.pdf)

Scheele, Heinrich: »Vom Sommerbrauchtum des Lauenburger Landes«, in: Lauenburgische Heimat (Alte Folge). Zeitschrift des Heimatbundes Herzogtum Lauenburg e. V., 1938/1 (http://www.homrz.de/texte/pdf_neu/1938/lh_1938_h1_02_neu.pdf)

Schenk, Amelié: »Mutterbaum im Mutterland«, in: MutterlandBriefe, Sommer 2021, S. 55-57

Schill, Peter: Ikonographie und Kult der Hl. Katharina von Alexandrien im Mittelalter. Studien zu den szenischen Darstellungen aus der Katharinenlegende, Diss., München 2005, Kap.: »Historizität und Legende« (https://edoc.ub.uni-muenchen.de/4091/1/Schill_Peter.pdf)

Schillinger, Claudia: Fränkische Osterbrunnen, Bamberg 4/2005

Schlapeit-Beck, Dagmar: »Frauenarbeit und Stand der Technologie als Thema der Malerei. Das Motiv der spinnenden Frau«, in: kritische berichte, 2/87, S. 20-31 (https://journals.ub.uni-heidelberg.de/index.php/kb/article/view/10089/3942)

Schleiden-Hecking, Sabine: »Über eine sehr spezielle Heilige: Sankt Kümmernis, die Fürsprecherin am Kreuz«, in: Katholische Hörfunkarbeit, 8.9.2019 (https://www.katholische-hörfunkarbeit.de/?id=2736)

Schlitzer, Paul: Lebendiges Erbe. Sagen aus Rhön und Vogelsberg, Fulda 3. Auflage o.J.

Schmid, Helga: Der Trauben naschende Hase auf Textilien spätantik-frühislamischer Zeit, Diplomarbeit, Uni Wien 2008 (http://othes.univie.ac.at/2407/1/2008-11-04_0307722.pdf)

Schmidt, Heinrich und Margarethe: Die vergessene Bildersprache christlicher Kunst. Ein Führer zum Verständnis der Tier-, Engel- und Mariensymbolik, München 5/1995

Schmidt, Leopold: »Berchtengestalten im Burgenland«, in: Burgenländische Heimatblätter, XIII, 1951

Schmincke, Julius: »Der Holle-Mythos am Weißner« (Meißner), in: Zeitschrift für hessische Geschichte und Landeskunde, 4, 1847, S. 103-109

Schneider, Alfred: Sagenhafter Vogelsberg. Geschichten, Sagen und Geschichte aus dem Vogelsberg – Teil I (erhältlich beim Informationszentrum Vogelsberg, Schotten)

Schneider-Scholz, Inge: »Grabsteine, Grabplatten, Gedenksteine, Epitaphe und ein Baumgrab in Treysa«, in: Neue Forschungen zur Stadtgeschichte, hg. vom Stadtgeschichtlichen Arbeitskreis e.V., Bd. 2, Schwalmstadt 2019

Schneider-Scholz, Inge: »Rundgang in der historischen Ruine St. Martin, genannt Totenkirche«, in: 750 Jahre ehemalige Stadtpfarrkirche St. Martin (Totenkirche). 27. November 1265-2015, hg. vom Stadtgeschichtlichen Arbeitskreis e. V. und der Evangelischen Kirchengemeinde Franz von Roques, Schwalmstadt 2015

Schnürer, Gustav u. Joseph Maria Ritz: Sankt Kümmernis und Volto Santo. Studien und Bilder, (Forschungen zur Volkskunde 13/15), Düsseldorf 1934

Schnürer, Gustav: »Das Kümmernis-Problem in Bayern«, in: Bayerischer Heimatschutz, 23 (1927), S. 43-45

Schnürer, Gustav: »Das Volto santo-Bild in der Burgkapelle zu Kronberg i. Taunus«, in: Zeitschrift für christliche Kunst, 1913, Nr. 3, S. 77-88

Schöll, Hans Christoph: »Die Drei Ewigen«, Jena 1936 (wieder abgedruckt in: Der Kult der drei heiligen Frauen. Märchen, Sagen und Brauch, hg. von Sigrid Früh, Bern 1998)

Schoenborn, Ulrich: Dem Glauben auf der Spur. Hermeneutische Streifzüge zwischen Rio de la Plata und Nemunas, Münster 2003

Schorn, Franz: Der Swister Turm, Weilerswist 2/1980

Schreiber, Georg: »Geleitwort«, in: Gustav Schnürer und Joseph M. Ritz: Sankt Kümmernis und Volto Santo. Studien und Bilder, Düsseldorf 1934

Schroeder, Michael: Marienkirche Ortenberg. Kunst und Geschichte der Marienkirche zu Ortenberg, hg. von der Evangelischen Kirchengemeinde Ortenberg, 2013

Schroer, Silvia: Die Weisheit hat ihr Haus gebaut. Studien zur Gestalt der Sophia in den biblischen Schriften, Mainz 1996

Schröter, Susanne: »Rituelle Aneignung weiblicher Macht im Männerbund - Neuguinea«, in: OYA. KALA. DAO. Die Macht des Weiblichen in Stammeskulturen, Ausstellungskatalog, hg. vom Frauenmuseum Wiesbaden/Frauenwerkstatt Wiesbaden, Wiesbaden 1995, S. 121-129

Schütz, Ernst: »Über Kirchturmkreuz im Main-Taunus-Kreis nach Zeichnungen von Richard Zorn«, in: Rad und Sparren. Zeitschrift des Historischen Vereins Rhein-Main-Taunus e.V., 6. Jg., Juli 1980, Heft 1 (9), S. 19-25

Schwarzmaier, Hans-Martin: Lucca und das Reich bis zum Ende des 11. Jahrhunderts: Studien zur Sozialstruktur einer Herzogstadt in der Toskana, Tübingen 1972

Schweizer-Vüllers, Regine: »Die Heilige am Kreuz. Einer Interpretation aus der Sicht der analytischen Psychologie«, in: Am Kreuz - eine Frau. Anfänge - Abhängigkeiten - Aktualisierungen, hg. von Sigrid Glockzin-Bever u. Martin Kraatz, Münster 2003

Schweizer-Vüllers, Regine: Die Heilige am Kreuz. Studien zum weiblichen Gottesbild im späten Mittelalter und in der Barockzeit, Bern u.a. 1997, 2/1999

Seebach, Helmut: Odenwälder Brauchtum. Mit Fotografien aus dem Nachlaß von Heinrich Winter, Weinheim 2002

Seger, Otto (Hg.): Sagen aus Liechtenstein, Nendeln/Liechtenstein, 1966/1980

Simon, Erika: Die Götter der Römer, München 1990

Simon, Erika: »Griechische Muttergottheiten«, in: Matronen und verwandte Gottheiten. Ergebnisse eines Kolloquiums veranstaltet von der Göttinger Akademiekommission für die Altertumskunde Mittel- und Nordeuropas, hg. von Gerhard Bauchhenß, Köln 1987, S. 157-171

Simon, Erika: Die Götter der Griechen, München 1985

Simrock, Karl: Handbuch der Deutschen Mythologie mit Einschluß der nordischen, Bonn 2/1864

Sir Galahad: Mütter und Amazonen. Liebe und Macht im Frauenreich, Frankfurt am Main, Berlin 1996 (Bertha Eckstein-Diener, Erstausgabe 1932)

Söllner, Max: Wanderungen zu ur- und frühgeschichtlichen Stätten Oberhessens, Gießen 1980

Sjöö, Monica & Mor, Barbara: Wiederkehr der Göttin. Die Religion der großen kosmischen Mutter und ihre Vertreibung durch den Vatergott, Braunschweig 1985

Soldan, Wilhelm Gottlieb: Geschichte der Hexenprozesse, 2 Bd., Stuttgart u. Tübingen 1843

Sorge, Elga: Religion und Frau. Weibliche Spiritualität im Christentum, Stuttgart 1987

Spamer, Adolf: »Sitte und Brauch«, in: Peßlers Handbuch der deutschen Volkskunde, Potsdam 1934

Spieß, Karl: »Zwei neu aufgedeckte Volto-santo-Kümmernis-Fresken im Rahmen der Kümmernisfrage«, in: Österreichische Zeitschrift für Volkskunde, Neue Serie, Bd. 5 (Gesamtserie Bd. 54), 1951, S. 9-25 u. 124-142

Spiess, Karl von: »Trinitätsdarstellungen mit dem Dreigesichte«, in: Werke der Volkskunst. Mit besonderer Berücksichtigung Österreichs, hg. von M. Haberlandt, Wien 1914, S. 28-51

Stadlers Vollständiges Heiligen-Lexikon, Bd. 3, Augsburg 1869

Stamer, Barbara u. Vera Zingsem: Schlangenfrau und Chaosdrache in Märchen, Mythos und Kunst. Schlangen- und Drachensymbolik im Kulturvergleich, Stuttgart, Zürich 2001

Stapenhorst, Lucie: Die Drächin und der Held. Vom Kampf gegen die weibliche Ur-Macht in Mythen, Märchen und tiefenpsychologie, Norden/Ostfriesland 1993

Starbird, Margaret: Die Frau mit dem Alabasterkrug. Das Geheimnis der Maria Magdalena, Berlin 2005

Staubach, Heinrich: »Brauchtum um Fasnacht in Herbstein«, in: Volk und Scholle, Heft 2, 1937, S. 53-55

Stenger, Hans-Joachim: »Das Wilgefortis-Kreuz«, in: HeimatJahrbuch 2000. Landkreis Mainz-Bingen, 44 (2000), S. 174-176

Stephan, Inge: »Das Haar der Frau. Motiv des Begehrens, Verschlingens und der Rettung«, in: Körperteile. Eine kulturelle Anatomie, hg. von Claudia Benthien u. Christoph Wulf, Reinbek bei Hamburg 2001

Stephan, Inge: »Weiblichkeit, Wasser und Tod. Undinen, Melusinen und Wasserfrauen bei Eichendorff und Fouqué«, in: Weiblichkeit und Tod in der Literatur, hg. von Renate Berger und Inge Stephan, Köln u. Wien 1987

Sternal, Bernd: Sagen, Mythen und Legenden aus dem Harz, Bd. 2, Norderstedt 2/2016

Stiftung für das sorbische Volk (Hg.in): »Ostern bei den Sorben«, 4/2012, https://www.domowina.de/mediathek/informationen-zu-den-sorbenwenden/ (Brauchtumspflege)

Stock, Adolf: »Von Diven und Märtyrerinnen mit Bart. Conchita Wurst und ihre Vorgängerinnen«, in: Deutschlandfunk, 17.7.2016 (https://www.deutschlandfunkkultur.de/conchita-wurst-und-ihre-vorgaengerinnen-von-diven-und.1278.de.html?dram:article_id=360378)

Stolzenberger, Irmtraud: »Die Hörsteiner Wilgefortiskapelle. Ein Erbe unserer Vorfahren«, in: Benediktusbote, Pfarrbrief der Pfarreiengemeinschaft Sankt Benedikt am Hahnenkamm Alzenau-Hörstein-Wasserlos, Sommer 2012, S. 10f.

Strecker, Michael: Auf den Spuren der Wilden Frau von Dauernheim, Groß-Gerau 2008

Ströbel-Dettmer, Ute: »Ein wenig über Herkunft und Geschichte«, in: Vom Winde verdreht. Wetterfahnen in Farbbildern von Udo Haafke und Texten von Ute Ströbel-Dettmer, Freiburg im Breisgau 1987

Ströter-Bender, Jutta: Heilige. Begleiter in göttliche Welten, Stuttgart 1990

Sturm-Berger, Michael: Kultspuren aus der Zeit der Völkerwanderung im südlichen Taunus? – Beobachtungen und Überlegungen zum Heidenkeller bei Hofheim-Lorsbach (Main-Taunus-Kreis) und zu dessen Umgebung, Erfurt 2015 (https://s616bf78e7b4987d4.jimcontent.com)

Sütterlin, Christa: »Die Sirene als Bildmotiv zwischen Funktion und Dekoration. Mythenforschung als Bild- und Ideengeschichte«, in: Relikte. Matreier Gespräche zur Kulturethologie, hg. von M. Liedtke, Graz 2000, S. 229-255 (https://www.zobodat.at/pdf/Matreier-Gespraeche_2000_0233-0259.pdf)

Textor, Martin R.: »So feiern wir Pfingsten im Kindergarten!«, in: Kinderzeit, 2000, Heft 2, S. 18f. (http://www.kindergartenpaedagogik.de/50.html)

Thomann, Günther: »Weibliche Heilige und Schicksalsgöttinnen. Zum vorchristlichen Ursprung des Drei-Jungfrauen-Kultes, insbesondere der drei ›Bethen‹«, in: Volkskultur und Heimat. Festschrift für Josef Dünninger zum 80. Geburtstag, hg. von Dieter Harmening u. Erich Wimmer, Würzburg 1986 (wieder abgedruckt in Sigrid Früh (Hg.in): Der Kult der Drei Heiligen Frauen. Märchen, Sagen und Brauch, Bern 1998, S. 171-188)

Tietmeyer, Elisabeth: »Conchita Wurst auf der Mondsichel«, in: MuseumsJournal 3/2015 (https://www.museumsportal-berlin.de/de/magazin/blickfange/conchita-wurst-auf-der-mondsichel/)

Timm, Erika: Frau Holle, Frau Percht und verwandte Gestalten. 160 Jahre nach Jacob Grimm aus germanistischer Sicht betrachtet, Stuttgart 2003

Tokarczuk, Olga: Taghaus, Nachthaus, Stuttgart, München 2001

Troescher, Georg: »Dreikopfgottheit (und Dreigesicht)«, in: Reallexikon zur Deutschen Kunstgeschichte, Bd. IV, 1955, 501–512

Vierzig, Siegfried: Mythen der Steinzeit. Das religiöse Weltbild der frühen Menschen, Oldenburg 2009

Venier, Magdalena: »Die Drei Bethen«, in: Wissenschaftliches Jahrbuch der Tiroler Landesmuseen, Innsbruck/Wien/Bozen, 10/2017, S. 184-198

Volland, Gerlinde: »Zwischen Weiblichkeit und Männlichkeit. Behaarte Frauen in der europäischen Kunst vom Mittelalter bis zum Barock«, in: Sie und Er. Frauenmacht und Männerherrschaft im Kulturvergleich, Bd. 2, hg. von Gisela Völger, Köln 1997

Voss, Jutta: Das Schwarzmond-Tabu. Die kulturelle Bedeutung des weiblichen Zyklus, Stuttgart 1988

Vries, Jan de: Altgermanische Religionsgeschichte, Bd. 2, Berlin 1957

Walker, Barbara G.: Die Weise Alte, München 3/2001

Walker, Barbara G.: Das geheime Wissen der Frauen. Ein Lexikon, München 5/1999

Walker, Barbara G.: Die geheimen Symbole der Frauen, München 1997

Walser-Biffiger, Ursula: Wild und weise. Weibsbilder aus dem Land der Berge, Aarau/Schweiz 1998

Walter, Angelo: Tizian, Leipzig 1990

Wamers, Egon (Hg.): Bärenkult und Schamanenzauber. Rituale früher Jäger, Regensburg 2015a

Wamers, Egon: »›Steh nun auf, mein lieber Bär, deine Gäste zu empfangen!‹ Zum Bärenkult zirkumpolarer Jägervölker«, in: Egon Wamers Hg.: Bärenkult und Schamanenzauber. Rituale früher Jäger, Regensburg 2015b, S. 45-52

Wamers, Egon: »Bärenjagd in Norwegen vor 6000 Jahren«, in: Egon Wamers (Hg.): Bärenkult und Schamanenzauber. Rituale früher Jäger, Regensburg 2015c, S. 62-65

Wamers, Egon: »Von Bären und Männern. Berserker, Bärenkämpfer und Bärenführer im frühen Mittelalter«, in: Zeitschrift für Archäologie des Mittelalters, Jahrgang 37, 2009, S. 1-46

Waßner, Gerd: »Kulturhistorischer Wanderweg Steinbach. Die Einhardsbasilika, ein römischer Weihestein, der Seckel-Löbs-Birnbaum – Zeugnisse aus der älteren und jüngeren Geschichte«, in: Odenwald regional, Juli 2006

Weber-Kellermann, Ingeborg u. Walter Stolle: Volksleben in Hessen 1970, Göttingen 1971

Weber-Kellermann, Ingeborg: »Herrscheklas und Herrschedame. Zwei Brauchgestalten der Weihnachtszeit aus dem Thüringer Wald und ihre Geschichte«, in: Deutsches Jahrbuch für Volkskunde, 6.1960, S. 91-104

Weber-Kellermann, Ingeborg: »Laubkönig und Schößmeier«, in: Deutsches Jahrbuch für Volkskunde, IV (1958), S. 366-385

Wehrhan, Karl: Sagen aus Hessen und Nassau, Leipzig 1922 (Reprint Paderborn 2012)

Wehrhan, Karl: »Hase oder Fuchs als Eierspender«, in: Zeitschrift des Vereins für rheinische und westfälische Volkskunde, Bd. 7, 3. Heft, 1910

Weiler, Gerda: Ich brauche die Göttin. Zur Kulturgeschichte eines Symbols, Königstein/Taunus 1997

Weiler, Gerda: Der aufrechte Gang der Menschenfrau. Eine feministische Anthropologie, Bd. 2, Frankfurt am Main, 1994

Weiler, Gerda: Der enteignete Mythos. Eine feministische Revision der Archetypenlehre C.G. Jungs und Erich Neumanns, Frankfurt am Main 1991

Weiler, Gerda: Ich verwerfe im Lande die Kriege. Das verborgene Matriarchat im Alten Testament, München 2/1986

Weinert, Thomas: »Die Hl. Kümmernis«, in: Miteinander. Pfarrbrief der Kath. Pfarrgemeinde St. Antonius Eremita Rauenthal, Nr. 148, 4.10. - 28.11.2014

Weinhold, Karl: Die Verehrung der Quellen in Deutschland, Berlin 1898; wieder abgedruckt in Heide Göttner-Abendroth u. Kurt Derungs (Hg.In): Mythologische Landschaft Deutschland, Grenchen/Schweiz 1999, S. 14-36

Weinhold, Karl: Weihnacht-Spiele und Lieder auß Süddeutschland und Schlesien, Graz 1853

Weinstein, Ali: Meerjungfrauen, Film-Portrait, Kanada 2018

Weitnauer, Alfred: Keltisches Erbe in Schwaben und Bauern, Kempten 2/1965

Wels, Claudia: Die Pfarrkirche zu Kiedrich und die spätgotischen Dorfkirchen im Rheingau. Sakralarchitektur auf dem Lande mit städtischem Charakter, Diss. Marburg 2003 (https://archiv.ub.uni-marburg.de/diss/z2007/0152/pdf/dcw.pdf)

Wendt, Christoph: Die geheimen Kostbarkeiten der Eifelkirchen. 27 Entdeckungsfahrten, Aachen 2013

Wey, Hans-Willi: Mailehen – Erlebnis des »Überlebten«. Ein Brauch als Medium, Diss., Göttingen 2002 (https://ediss.uni-goettingen.de/bitstream/handle/11858/00-1735-0000-0006-ABBD-3/wey.pdf?sequence=1)

Wiebel, Richard: Das Schottentor. Kulturhistorische Auslegung des Portalbildwerkes der St. Jacobuskirche in Regensburg, Augsburg 1927

Wieland, Gisela: »Die Wilgefortis Kapelle in Hörstein«, in: Unser Kahlgrund. Heimatjahrbuch für den Landkreis Alzenau, Bd. 43 (1998), S. 147-150

Wiesigel, Anne und Jochen: Feste und Bräuche in Thüringen. Von der Hullefraansnacht zu den Antoniusfeuern, Erfurt 1994

Winter, Heinrich: »Mittwinterliche Frauengestalten unserer Landschaft«, in: Volk und Scholle, 1937a, Heft 12, S. 319-322

Winter, Heinrich: »Aus dem Brauchtum der Mittwinterzeit. Bock- und Eselgestalten im mittwinterlichen Brauchtum«, in: Volk und Scholle, 1937b, Heft 1, S. 23-25

Winter, Heinrich: »Frühjahrsbrauchtum der Osterzeit in der Landschaft Rheinhessen – Nassau – Hessen«, in: Hessische Bräuche um Weihnachten, Ostern und Pfingsten. Ergebnisse der Feldforschungen von Friedrich Mößinger und Heinrich Winter, zusammengestellt von Klaus Ripper und Gerd Schwinn, hg. von der Hessischen Vereinigung für Tanz- und Trachtenpflege, Reichelsheim (Odenwald) 1998, S. 63-121 (zuerst erschienen in: Volk und Scholle, 1937c)

Winter, Urs: Frau und Göttin. Exegetische und ikonographische Studien zum weiblichen Gottesbild im Alten Israel und in dessen Umwelt, Diss. Fribourg/Schweiz, Göttingen 1983

Wintergerst, Elisabeth: »Spinnstubenzeit«, in: meinbezirk.at, 2. Oktober 2014 (https://www.meinbezirk.at/reutte/c-lokales/spinnstubenzeit_a1102930)

Wirth, Alfred: Anhaltische Volkskunde, Dessau 1932

Wöller, Hildegunde: Vom Vater verwundet. Töchter in der Bibel, Stuttgart 3/1992

Wörner, Ulrike: Frau am Kreuz – eine neu entdeckte Kultfigur, Buch zur Ausstellung, hg. vom Kulturreferat Landkreis Passau, Salzweg 3. verbesserte Aufl. 2016

Wolf, Doris: Das wunderbare Vermächtnis der Steinzeit und was daraus geworden ist ..., Norderstedt 2017

Wolf, Johann: Kritische Abhandlung über den Hülfensberg im Harzdepartement im Königreich Westphalen, Göttingen 1808

Wolf, Johann Wilhelm: Beiträge zur deutschen Mythologie, Göttingen 1857

Wolf, Johann Wilhelm: Hessische Sagen, Leipzig 1853

Wonnenberg, Naomi Felice: »Hakensprünge durch die Kunstgeschichte: Das Drei-Hasen-Symbol«, in: David. Jüdische Kulturzeitschrift, 2008a (http://david.juden.at/2008/76/12_wonnenberg.htm)

Wonnenberg, Naomi Felice: »Wie kommt der Hase in die Synagoge? Von China über Paderborn bis Chodorow: Auf den Spuren eines Symbols«, in: Jüdische Allgemeine vom 20.03.2008; (http://www.juedische-allgemeine.de/article/view/id/3077), 2008b

Zänker, Jürgen: Cruzifixae. Frauen am Kreuz, Berlin 1998

Zaun, Johannes: Beiträge zur Geschichte des Landcapitels Rheingau und seiner vierundzwanzig Pfarreien, Wiesbaden 1879

Zender, Matthias: »Die Verehrung von drei heiligen Frauen im christlichen Mitteleuropa und ihre Vorbereitungen in alten Vorstellungen«, in: Matronen und verwandte Gottheiten. Ergebnisse eines Kolloquiums veranstaltet von der Göttinger Akademiekommission für die Altertumskunde Mittel- und Nordeuropas, hg. von Gerhard Bauchhenß, Köln 1987, S. 213-228

Zender, Matthias: Gestalt und Wandel. Aufsätze zur rheinisch-westfälischen Volkskunde und Kulturraumforschung, hg. von H.L. Cox u. G. Wiegelmann, Bonn 1977

Zender, Matthias: »Die Matronen und ihre Nachfolgerinnen im Rheinlande«, in: Rheinische Vierteljahrsblätter 10, 1940, S. 159-168 (wieder abgedruckt in: Matthias Zender: Gestalt und Wandel. Aufsätze zur rheinisch-westfälischen Volkskunde und Kulturraumforschung, hg. von H.L. Cox u. G. Wiegelmann, Bonn 1977)

Zingsem, Vera: Göttinnen großer Kulturen, Köln 2010

Zinn, H.: Altheilige Orte und Spuren altheidnischer Verehrung der Göttin Holle oder Hulle im oberen Vogelsberge. Ein Beitrag zur Siedlungsgeschichte unserer Heimat, Pfungstadt 1926

Zöller, Achim u. Pfarrer Dieter Ludwig: Basilika St. Marcellinus und Petrus. Seligenstadt, Schnell Kunstführer Nr. 1544, Regensburg 4. überarb. u. erw. Aufl. 2001

Zweidler-Maegli, Anne-Käthi: »Mythen und Mysterien in den heiligen Hügeln von Basel«, in: Kurt Derungs: Geheimnisvolles Basel. Heiligtümer und Kultstätten im Dreiland, Bern 1999, S. 9-42

Die Abkürzung »o. v.« meint: online vorhanden – die so gekennzeichneten Artikel, meist in Tageszeitungen erschienen, können im Internet nachgelesen werden. Häufig sind sie mit Bildern versehen.

Abbildungsnachweis

Cover

Vorderseite, l.: Konsolenfigur in der Pfarrkirche St. Valentin in Kiedrich, Rheingau-Taunus-Kreis, Foto: Wikimedia Commons, gemeinfrei, Ausschnitt (siehe auch S. 261)

Vorderseite, M.: Säulenkapitell aus den Arkaden der Kaiserpfalz in Gelnhausen, Main-Kinzig-Kreis, Foto: Bettina Bremer, Ausschnitt (siehe auch S. 113)

Vorderseite, re.: Statue der Trendula von Rolf Steiner an der Trendelburger Diemelbrucke, Kreis Kassel, Foto: Bettina Bremer, Ausschnitt (siehe auch S. 241)

Rückseite, l.: Hl. Katharina im linken Seitenaltar des Rheingauer Domes in Geisenheim, Rheingau-Taunus-Kreis, Foto: Wikimedia Commons, CC BY-SA 3.0, RomkeHoekstra, Ausschnitt (siehe auch S. 213)

Rückseite, M.: Göttin Diana in ihrem Hirschwagen, Mosaikmedaillon im Foyer des Wiesbadener Kurhauses, Foto: Wikimedia Commons, gemeinfrei, Ausschnitt (siehe auch S. 348)

Rückseite, re.: Wirtshausschild des Hotels und Restaurants »Drei Hasen« in Michelstadt, Odenwaldkreis, Foto: Bettina Bremer, Ausschnitt (siehe auch S. 82)

Mittwinter, Lichtfest, Lichtmess, Fastnacht – überall tanzen die Strohbären

S. 15, l.: Foto: Hans-Hubertus Braune/ OSTHESSEN|NEWS

S. 15, re.: Foto: Caroline Müller

S. 18, l.: Foto aus: Helmut Seebach: Odenwälder Brauchtum. Mit Fotografien aus dem Nachlaß von Heinrich Winter, Weinheim 2002, S. 78

S. 18, M.: Foto aus: Friedrich Mößinger: »Sommertag«, in: Volk und Scholle, 15. Jg., 1937b, März, Heft 3, S. 67-73, S. 68, Foto oben

S. 18, re.: Foto: © Edmund Grams

S. 21, l.: Foto: von Gamsjaga – Eigenes Werk, gemeinfrei, https://commons.wikimedia.org/w/index.php?curid=8906900

S. 21, re.: Foto: von Uwe Horter – Stefan Diersch ([Benutzer: Granadn]), CC BY-SA 3.0, https://commons.wikimedia.org/w/index.php?curid=22805801

S. 22, l. und re.: Fotos: © Kai Meuschke, www.mekai.de

S. 23, l. und re.: Fotos aus: Helmut Seebach: Odenwälder Brauchtum. Mit Fotografien aus dem Nachlaß von Heinrich Winter, Weinheim 2002, S. 39 u. 47

S. 24: Foto aus: Heinrich Winter: »Mittwinterliche Frauengestalten unserer Landschaft«, in: Volk und Scholle, Heft 12, 1937, S. 319-322, S. 320

S. 30: Foto: Wikimedia Commons, CC BY 3.0, Sandstein

S. 32, l.: Foto aus: Marija Gimbutas: Die Sprache der Göttin, S. 117, Abb. 184

S. 32, re.: Foto: Wikimedia Commons, CC BY-SA 3.0, Zde, https://commons.wikimedia.org/w/index.php?curid=31301463

S. 34: Foto: Wikimedia Commons, CC BY-SA 3.0, Wolfgang Sauber

S. 35: Fotos: Bettina Bremer

S. 36: Foto: Wikimedia Commons, CC BY-SA 4.0, Heinz K. S.

S. 38: Foto: Bettina Bremer

S. 39, o.: Fotos: Bettina Bremer

S. 39, u.: Fotoquelle: Patrick Dehnhardt

S. 40: Fotos: Bettina Bremer

S. 42: Foto: unbekannt

Osterbrunnen – Heiliges Wasser, das mythische Ei und die Göttin

S. 43: Fotos: Bettina Bremer

S. 44: Fotos: Bettina Bremer

S. 47: Foto: Bettina Bremer

S. 49, l.: Foto: Wikimedia Commons, CC BY-SA 3.0, MSeses, Ausschnitt

S. 49, re.: Foto: Wikimedia Commons, CC BY-SA 3.0, Mazbln

S. 51, l.: Foto: Bettina Bremer

S. 51, re.: Foto: privat

S. 53: Abb. aus: Adolf Seibig: »Unsere Naturdenkmale«, in: Gelnhäuser Heimat-Jahrbuch 1980. Jahreskalender für Familie und Heim in Stadt und Land zwischen Vogelsberg und Spessart, Gelnhausen 1979, S. 59

S. 56: Foto aus: Karl Lenz: »Ostereiermalen und das Ei im alten hessischen Brauch. Mit Abbildungen von Heinrich Winter«, in: Volk und Scholle, 1937, Heft 3, S. 90

S. 58: Foto: Wikimedia Commons, CC BY-SA 4.0, Corradox

Was der Osterhase mit Aphrodite, der Jungfrau Maria und dem Teufel zu tun hat

S. 59: Fotos: Wikimedia Commons, gemeinfrei

S. 61: Fotos: Wikimedia Commons, gemeinfrei

S. 63: Abb.: © Frobenius-Institut, Frankfurt, Register-Nr.: FBA-A1 09-35 u. FBA-D3 01629, Ausschnitte

S. 64, l. und M.: Foto: Wikimedia Commons, CC BY 3.0; Marcus Cyron, ganz u. Ausschnitt

S. 64, re.: Foto: Wikimedia Commons, CC BY-SA 3.0; Ochmann-HH, Ausschnitt

S. 66: Abb. aus: Urs Winter: Frau und Göttin. Exegetische und ikonographische Studien zum weiblichen Gottesbild im Alten Israel und in dessen Umwelt, Diss. Fribourg/Schweiz, Göttingen 1983, Abb. 232, 289, 292 u. 293

S. 67: Foto: Wikimedia Commons, CC BY-SA 3.0, Sailko, ganz u. Ausschnitt

S. 68: Abb. aus: Erwin Bielefeld: Von griechischer Malerei, Halle 1949, Tafel 18

S. 70: Fotos: Wikimedia Commons, gemeinfrei, Ausschnitt u. ganz

S. 71, l.: Foto: Wikimedia Commons, gemeinfrei

S. 71, re.: Abb. aus: Karl Paetow: Frau Holle. Märchen und Sagen, Kassel 1952, Titelbild

S. 72, l.: Foto: http://www.donauquelle.de/brigachquelle.pdf

S. 72, re.: Foto aus: Emil Krüger: »Diana Arduinna«, in: Korrespondenzblatt der Römisch-Germanischen Kommission des Deutschen Archäologischen Institutes, 1. 1917, S. 4-12, S. 4, Abb. 1

S. 75, l.: Foto: Wikimedia Commons, CC BY-SA 3.0, Warburg, Ausschnitt

S. 75, re.: Foto: Wikimedia Commons, CC BY-SA 3.0; Joachim Köhler

S. 77: Foto: Wikimedia Commons, gemeinfrei

S. 78, o.: Fotos: Wikimedia Commons, gemeinfrei

S. 78, u.: Foto: Wikimedia Commons, CC BY-SA 3.0, Gerold Rosenberg, ganz u. Ausschnitt

S. 79, o.: gemeinfrei

S. 79, u.l.: Foto: Wikimedia Commons, CC BY 3.0, Benutzer: Zefram

S. 79, u.M.: Foto: Wikimedia Commons, CC-BY-SA 4.0, Ti'Michel

S. 79, u.re.: Foto: © M.Terrier, https://trois-lievres.skyrock.com/1203380360-Munster-Allemagne.html

S. 80: Abb. aus: Basilius Valentinus: Chymische Schriften, Hamburg, 5/1740, S. 144, ganz u. Ausschnitt

S. 81: Foto: Von ביקורת – Eigenes Werk, CC BY-SA 4.0, https://commons.wikimedia.org/w/index.php?curid=52712270, Ausschnitt

S. 82, o.l. und o.M.: Fotos: Bettina Bremer

S. 82, o.re.: Foto: http://jagd-tracht-antik.at/schuetzenscheiben/schuetzenscheibe-3-hasen-3-ohren.html

S. 82, u.l.: Foto: www.klosterhaina.de / Chris Chapman

S. 82, u.re.: Foto: Bettina Bremer

S. 83: Fotos: Petra Levin

S. 84: Foto: Landesmuseum Württemberg, Stuttgart, CC BY-SA 4.0, https://bawue.museum-digital.de/singleimage.php?imagenr=759

S. 86, l.: Foto: Wikimedia Commons, gemeinfrei

S. 86, re.: Foto: Wikimedia Commons, CC BY-SA 3.0, Hofi0006

S. 87: Fotos: Wikimedia Commons, CC BY-SA 2.0, Trish Steel

S. 90, o.: Fotos: Bettina Bremer

S. 90, u.l.: Foto: privat

S. 90, u.re.: Foto: Wikimedia Commons, gemeinfrei, Helge Klaus Rieder, Ausschnitt mit für dieses Buch eingefügter Markierung

S. 94: Fotos: http://www.onlinekunst.de/ostern/hase/schongauer.html

Maikönigin und Grüner Mann

S. 98: Fotos: Wikimedia Commons, CC BY-SA 4.0, Ethan Doyle White, ganz u. Ausschnitt

S. 101: Foto: Wikimedia Commons, CC BY-SA 3.0; Henno-mittel

S. 102: Foto: Wikimedia Commons, CC BY-SA 3.0, Stefan Schäfer, Ausschnitt

S. 104: Fotos: Petra Levin

S. 105, o.l. und o.M.: Fotos: Bettina Bremer

S. 105, o.re.: Foto: Wikimedia Commons, CC BY-SA 3.0, Philipp Trümper

S. 105, M.: Fotos: Bettina Bremer

S. 105, u.l.: Foto: Wikimedia Commons, CC BY-SA 3.0, Ausschnitt

S. 105, u.M.l.: Foto: Bettina Bremer

S. 105, u.M.re. und u.re.: Fotos: Von Tilman2007 – Eigene Werke, CC BY-SA 4.0, Wikimedia Commons, Ausschnitte

S. 106, o.l. und o.M.l.: Fotos : Bettina Bremer

S. 106, o.M.re.: : Von Tilman2007 – Eigenes Werk, CC BY-SA 4.0, Wikimedia Commons, Ausschnitt

S. 106, o.re.: Foto: Wikimedia Commons, CC BY-SA 4.0, Cosal, Ausschnitt

S. 106, u.l. und u.M.l.: Von RomkeHoekstra - Eigene Werke, CC BY-SA 4.0

S. 106, u.M.re.: Foto: Wikimedia Commons, CC BY-SA 4.0, Wassermaus

S. 106, u., re.: Foto: Bettina Bremer

S. 107, o.l. und o.M.l.: Fotos Bettina Bremer

S. 107, o.M.re. und o.re.: Fotos © Bildarchiv Foto Marburg / Thomas Scheidt; Christian Stein

S. 107, u.l. und u.M.: Foto: Bettina Bremer, ganz u. Ausschnitt

S. 107, u.re.: Foto: © Bildarchiv Foto Marburg, Deutsche Digitale Bibliothek, freier Zugang, https://www.deutsche-digitale-bibliothek.de/item/MGJWOOMGPC3KYOO6IYIT4YBYWTIL6SGY

S. 108, o.l. und o.M.l.: Fotos: Von Tilman2007 – Eigene Werke, CC BY-SA 4.0, https://commons.wikimedia.org/w/index.php?curid=66520474, Ausschnitte

S. 108, o.M.re.: Wikimedia Commons, gemeinfrei, Bodo Kubrak, Ausschnitt

S. 108, o.re.: Wikimedia Commons, CC BY-SA 3.0, Gerold Rosenberg, Ausschnitt

S. 108, u.l.: Foto: Petra Levin

S. 108, u.re.: Foto: Wikimedia Commons, CC BY-SA 3.0; Cherubino

S. 109, o.l.: Fotos: Bettina Bremer

S. 109, o.M.: Foto: Wikimedia Commons, CC BY-SA 4.0, Frank C. Müller, Ausschnitt

S. 109, o.M.re.: Foto: Von Tilman2007, eigenes Werk, CC BY-SA 4.0, https://commons.wikimedia.org/w/index.php?curid=56102661, Ausschnitt

S. 109, o.re.: Foto: Petra Levin, Ausschnitt

S. 109, u.l.: Foto: Wikimedia Commons, CC BY-SA 4.0, Marion Halft, Ausschnitt

S. 109, u.re.: Foto: Wikimedia Commons, CC BY-SA 4.0, Cosal, Ausschnitt

S. 110, l.: Foto: Wikimedia Commons, CC BY-SA 3.0, Père Igor

S. 110, M.: Foto: Wikimedia Commons, CC BY-SA 3.0, Chavakia84, Ausschnitt

S. 110, re.: Foto: © 2019 TuK Bassler - CC BY SA 4.0, https://www.visit-a-church.info/index.php?id=42&L=0, Ausschnitt

S. 111, l.: Foto: Wikimedia Commons, CC BY-SA 3.0, Heinrich Stürzl, Ausschnitt

S. 111, M. und re.: Fotos: Bettina Bremer

S. 112: Fotos: Bettina Bremer

S. 113, l.: Foto: Wikimedia Commons, CC BY-SA 3.0, Reinhard Kirchner, Ausschnitt

S. 113, M. und re.: Foto: Bettina Bremer, ganz u. Ausschnitt

S. 118: Fotos: Bettina Bremer

S. 119: Fotos: Bettina Bremer

S. 120: Foto: Wikimedia Commons, CC BY-SA 4.0, Hydro, Ausschnitte

S. 121, l. und M.l.: Foto: Wikimedia Commons, gemeinfrei, ganz u. Ausschnitt

S. 121, M.re.: Foto: Wikimedia Commons, CC BY-SA 4.0, Wolfgang Sauber

S. 121, re.: Foto: Wikimedia Commons, CC BY-SA 3.0, Geisler Martin, Ausschnitt

S. 122, l.: Foto: Wikimedia Commons, gemeinfrei

S. 122, M.: Foto: Bettina Bremer

S. 122, re.: Foto: Ausschnitt, Wikimedia Commons, CC BY-SA 3.0, GFreihalter, Ausschnitt

S. 129, l.: Foto: Wikimedia Commons, CC BY-SA 4.0, Andreas Schwarzkopf, Ausschnitt

S. 129, re.: Foto: Wikimedia Commons, CC BY-SA 3.0, Kassandro, Ausschnitt

S. 130: Fotos: Wikimedia Commons, gemeinfrei, Christoph Braun, ganz u. Ausschnitt

S. 134: Fotos: Bettina Bremer

S. 136: Foto: Bettina Bremer

S. 137: Foto: © Matthias Bremser, Ausschnitt

S. 139: Foto: Bettina Bremer

S. 141, l.: Foto: Wikimedia Commons, CC BY-SA 4.0; Markus65

S. 141, re.: Foto: Deutsches Trachten-Archiv, Andree Metz

S. 144, l.: Foto: © GenWiki-Bodo Stratmann

S. 144, re.: Foto: LWL/Irmgard Simon

S. 145, Foto aus: Pfarrbrief der Pfarrei St. Agatha – Dorsten – zu Pfingsten 2016, S. 15; http://www.agatha-dorsten.de/images/Pfarrbrief_Mitteilungen/Pfarrbrief%20Pfingsten%202016.pdf

Die drei heiligen Frauen – und die Eine

S. 147, l.: Foto aus: Hartmut Polenz: »Ein frühlatènezeitlicher Goldfingerring aus Trebur«, in: Forschungen zur Vorgeschichte und Römerzeit im Rheinland, hg. von Hendrik Kelzenberg, Hans-Eckart Joachim, Stefan Weber, Petra Kiessling, Mainz 2007, S. 67, Abb. 1

S. 147, M. und re.: Foto: Bettina Bremer, ganz u. Ausschnitt

S. 148, l.: Foto: Wikimedia Commons, CC BY-SA 3.0, Berig

S. 148, M. und re.: Fotos: Wikimedia Commons, gemeinfrei

S. 149: Fotos aus: Lynn Meskell und Carolyn Nakamura: »Çatalhöyük Figurines«, in: ÇATALHÖYÜK 2005 ARCHIVE REPORT, Figur Nr. 83, https://web.stanford.edu/group/figurines/cgi-bin/omeka/files/original/f9bcd1d615efc93fcd1fe897640ebbc1.pdf, S. 168

S. 150: Foto aus: Gerhard Bauchhenß u. Günter Neumann: Matronen und verwandte Gottheiten. Ergebnisse eines Kolloquiums veranstaltet von der Göttinger Akademiekommission für die Altertumskunde Mittel- und Nordeuropas, Köln 1987, Tafel 26

S. 151, l.: Foto: Wikimedia Commons, CC-BY-SA 4.0; Dorieo

S. 151, M.: Foto: Wikimedia Commons, gemeinfrei

S. 151, re.: Foto: Wikimedia Commons, CC BY-SA 2.0, Carole Raddato, Ausschnitt

S. 152: Fotos: Wikimedia Commons, gemeinfrei

S. 153: Foto: Wikimedia Commons, CC BY-SA 4.0, Wikiwal, Ausschnitte

S. 156, l.: Foto: Wikimedia Commons, gemeinfrei

S. 156, M.l.: Foto: © MatriaVal e.V.

S. 156, M.re.: Foto: Wikimedia Commons, CC BY-SA 4.0, Kleon3, Ausschnitt

S. 156, re.: Foto: Wikimedia Commons, CC BY-SA 3.0, Mediatus

S. 157: Foto aus: Philipp Filzinger, Dieter Planck, Bernhard Cämmerer: Römer in Baden-Württemberg, Stuttgart 1986, Tafel 64c

S. 158: Fotos: Bettina Bremer

S. 159: Foto: Bettina Bremer

S. 160: Fotos: Bettina Bremer

S. 161: Foto: Wikimedia Commons, CC BY-SA 3.0, Helge Klaus Rieger

S. 162, l.: Foto: Wikimedia Commons, CC BY-SA 4.0, Zieglhar, Ausschnitt

S. 162, M.: Foto: Joachim Schäfer, Ökumenisches Heiligenlexikon, CC BY-NC-SA 4.0

S. 162, re.: Foto: Von Zieglhar – Eigenes Werk, CC BY-SA 3.0, https://commons.wikimedia.org/w/index.php?curid=35490066

S. 184, l.: Foto: http://kirche-pollenfeld-wachenzell.de/kirchen/st.%20martin.html

S. 184, M.: Foto: http://kirche-pollenfeld-wachenzell.de/kirchen/st.%20johannes.html

S. 184, re.: Foto: http://www.boari.de/woerterbuch/dreiadeligefraeulein.htm

S. 186: Foto: Wikimedia Commons, CC BY-SA 3.0 AT, Much1979

S. 187: Foto: Wikimedia Commons, CC BY-SA 3.0, Wolfgang Rieger

S. 188: Fotos: Bettina Bremer

S. 190: Fotos: privat

S. 193, l.: Foto: Bettina Bremer

S. 193, re.: Foto aus: »Ex-Ambett-Chronik« der Karneval Gesellschaft 1900 e.V. Hofheim/Ts., https://kg1900.de/ex-ambett-chronik/

S. 199: Foto von K. Haiding, in: Marianne Rumpf: Perchten. Populäre Glaubensgestalten zwischen Mythos und Katechese, Würzburg 1991, S. 220, Abb. 4

S. 200, l.: Foto aus: H. Bender: »Das Christkindchen im Perftal«, in: Hessenland, Jg. 47, 1936, S. 208

S. 200, re.: Foto von Manfred Koch, Meiningen, in: Andrea Jacob, Meininger Museen (Hg.): Von Martini bis Lichtmess. Brauch und Aberglaube in der Weihnachtszeit in Südthüringen und Franken, Meiningen 1999, S. 29, Abb. 15

S. 201: Foto:© Ralph Hammann – Wikimedia Commons, CC BY-SA 4.0

S. 204: Fotos: Wikimedia Commens, gemeinfrei

S. 209, l.: Foto: Wikimedia Commons, CC BY-SA 3.0, Dontworry

S. 209, re.: Foto: Wikimedia Commons, CC BY-SA 4.0, Niki.L

S. 210, o.: Fotos: Wikimedia Commons, CC BY-SA 3.0, GFreihalter

S. 210, u.: Foto: Wikimedia Commons, CC BY-SA 3.0, Cherubino

S. 211: Fotos: Bettina Bremer

S. 213, o.: Fotos: Bettina Bremer

S. 213, u.: Foto: Wikimedia Commons, CC BY-SA 3.0, RomkeHoekstra, Ausschnitt

S. 214, o.: Foto: Wikimedia Commons, CC BY-SA 3.0, RomkeHoekstra, Ausschnitt

S. 214, u.: Foto: Von RomkeHoekstra - Eigenes Werk, CC BY-SA 4.0, https://commons.wikimedia.org/w/index.php?curid=58364429, Ausschnitt

S. 215, o.: Foto: © Bildarchiv Foto Marburg / Christian Stein

S. 215, u.: Foto: Bettina Bremer

S. 218, l. und M.: Foto: Wikimedia Commons,, gemeinfrei, ganz u. Ausschnitt

S. 218, re.: Foto: Wikimedia Commons, CC-BY-4.0, https://wellcomecollection.org/works/b25jjjez

S. 219, l.: Foto: Copyright 2017, KNA GmbH, www.kna.de, All Rights Reserved

S. 219, re.: Foto: Wikimedia Commons, CC BY-SA 4.0, Altera levatur

S. 222: Foto: Wikimedia Commons, CC BY-SA 3.0, GFreihalter

S. 223: Fotos: Wikimedia Commons, CC BY-SA 4.0, Hydro

S. 224, l.: Foto: Wikimedia Commons, CC BY-SA 3.0, Frank Leissler, Ausschnitt

S. 224, re.: Foto: Wikimedia Commons, CC BY-SA 4.0, Clemenzfranz

S. 226, l.: Foto: Wikimedia Commons, gemeinfrei

S. 226, M. und re.: Foto: CC BY-SA-4.0, Städel Museum, Frankfurt am Main, Digitale Sammlung

S. 228, o.l.: Foto: Wikimedia Commons, CC BY-SA 3.0, (vermutlich: Mylius), Ausschnitt

S. 228, o.re.: Foto: © Alexander Hoernigk (via Wikimedia Commons), CC BY 3.0, https://commons.wikimedia.org/wiki/File:Steinau_Katharinenkirche_2016-04-10-11-46-23.jpg

S. 228, u.: Fotos: Bettina Bremer

S. 229, l.: Foto: Wikimedia Commons, gemeinfrei

S. 229, re.: Foto: Bettina Bremer

S. 230, l.: Foto: Wikimedia Commons, gemeinfrei

S. 230, M.l.: Foto: Zde, eigenes Werk, CC BY-SA 3.0, https://commons.wikimedia.org/w/index.php?curid=32707509

S. 230, M.re. und re.o. sowie re.u.: bpk / Skulpturensammlung und Museum für Byzantinische Kunst, SMB / Antje Voigt

S. 231: Fotos: Wikimedia Commons, gemeinfrei, G.dallorto, Ausschnitte

S. 232, l.: Foto aus: Rote Liste der gefährdeten Kulturgüter Syriens, S. 4, https://icom.museum/wp-content/uploads/2018/05/140612_ERL_SYRIE_ICOM_ALL3.pdf, Ausschnitt

S. 232, M.l.: Foto: Metropolitan Museum, USA, https://www.metmuseum.org/art/collection/search/324483, CC0 1.0, gemeinfrei

S. 232, M.re.: Foto aus: Willibald Kirfel: Die dreiköpfige Gottheit, Bonn 1948, Tafel 40, Abb. 113

S. 232, re.: Foto: Wikimedia Commons, gemeinfrei

S. 233, o.l.: Foto: http://chapiteaux.free.fr/TROIS-TRIFFRONS_fichiers/TXT_TROIS-TRIFRONS.htm

S. 233, o.re.: Foto aus: Alfred, Weitnauer: Keltisches Erbe in Schwaben und Baiern, Kempten 2/1965, Abb. 31

S. 233, u.l.: Foto aus: Willibald Kirfel: Die dreiköpfige Gottheit. Archäologisch-ethnologischer Streifzug durch die Ikonographie der Religionen, Bonn 1948, Tafel 20, Abb. 58

S. 233, u.re.: Abb.: Leo Frobenius (Hg.): Die Atlantische Götterlehre, Jena 1926, Kap. 7: »Hohe Götter«, Ausschnitt

S. 234, l. und M.: Fotos: Wikimedia Commons, gemeinfrei, Ausschnitte

S. 234, re.: Foto aus: Wolfgang Metternich: Teufel, Geister und Dämonen. Das Unheimliche in der Kunst des Mittelalters, Darmstadt 2011, S. 42, Abb. 35, Ausschnitt

S. 235, l.: Foto: Wikimedia Commons, gemeinfrei

S. 235, re.: Foto: Wikimedia Commons, CC BY-SA 3.0, Rowanwindwhistler, Ausschnitt

S. 236, o.l.: Foto: Wikimedia Commons, CC BY-SA 4.0, PosoniumAster, Ausschnitt

S. 236, o.M.: Foto: Wikimedia Commons, CC-BY-SA 4.0, Lukáč Peter

S. 236, o.re.: Foto: Bettina Bremer

S. 236, u.l.: Foto: Wikimedia Commons, CC BY-SA 3.0, Bramfab

S. 236, u.re.: Foto: Wikimedia Commons,, gemeinfrei, Ausschnitt

S. 240, l. und re.: Fotos: Wikimedia Commons,, gemeinfrei

S. 240, M.: Foto: Wikimedia Commons, CC BY-SA 4.0, Bytfisch

S. 241, l.: Foto: Bettina Bremer

S. 241, re.: Foto: Wikimedia Commons, CC BY-SA 3.0, Baummapper

Die Göttin als Sirene

S. 245, l.: Foto: Wikimedia Commons, CC BY-SA 3.0, Rowanwindwhistler, Ausschnitt

S. 245, M.: Foto: gemeinfrei

S. 245, re.: Foto: Wikimedia Commons, gemeinfrei, Ausschnitt

S. 246, o.l.: Abb. aus: Konrad von Megenberg: Buch der Natur, Augsburg 1481 (nicht paginiert), Ausschnitt

S. 246, o.M.: Foto: Wikimedia Commons, CC BY 3.0, Tanya Dedyukhina

S. 246, o.re.: Foto: Wikimedia Commons, CC BY-SA 3.0, Mummelgrummel

S. 246, u.l.: Foto: © Ralph Hammann - Wikimedia Commons, CC BY-SA 4.0, Ausschnitt

S. 246, u.M.: Foto: Wikimedia Commons, gemeinfrei

S. 246, u.re.: Foto: Wikimedia Commons, CC BY-SA 3.0, Agatstone, Ausschnitt

S. 250: Foto: Wikimedia Commons, CC BY-SA 3.0, sailko

S. 251, o.: Foto: Wikimedia Commons, CC BY-SA 3.0, PedroPVZ, Ausschnitte

S. 251, u.: Fotos: Wikimedia Commons, CC BY 2.0, Jacqui Ross

S. 252, l.: Foto: © Bildarchiv Foto Marburg / Max Hirmer

S. 252, re.: Abb.: Leo Frobenius (Hg.): Die Atlantische Götterlehre, Jena 1926, Kap. 7: »Hohe Götter«, Ausschnitt

S. 253, l.: Abb. aus: Irenäus Eibl-Eibesfeldt u. Christa Sütterlin: Im Banne der Angst. Zur Natur- und Kulturgeschichte menschlicher Abwehrsymbolik, München 1992, S. 215

S. 253, M.: Foto: Museum für Kunst und Gewerbe Hamburg (Public Domain), https://sammlungonline.mkg-hamburg.de/de/object/Baubo/1989.584/dc00126937

S. 253, re.: Foto: Wikimedia Commons, gemeinfrei

S. 254, l.: Foto: Wikimedia Commons, CC BY-SA 1.0, Einsamer Schütze

S. 254, re.: Foto: Wikimedia Commons, gemeinfrei

S. 255, l.: Foto: Wikimedia Commons, CC BY-SA 2.5, Michael Greenhalgh, Quelle: http://rubens.anu.edu.au/raid2/newimages/htdocs/bycountry/france/vix_krater/

S. 255, re.: Foto: Wikimedia Commons, gemeinfrei

S. 256, l.: Foto aus: Irenäus Eibl-Eibesfeldt u. Christa Sütterlin: Im Banne der Angst. Zur Natur- und Kulturgeschichte menschlicher Abwehrsymbolik, München 1992, S. 184

S. 256, M.: Foto: By Michael Sider – originally uploaded on en.wikipedia by User:Fennel at 07:41, 18. July 2005. Filename was Sheelanagigfethardwall.jpg., CC BY 2.0, https://commons.wikimedia.org/w/index.php?curid=336430, Ausschnitt

S. 256, re.: Foto: Wikimedia Commons, CC BY-SA 4.0, Celuici

S. 257, l.: Foto: Wikimedia Commons gemeinfrei, G.dallorto

S. 257, M.: Foto: Wikimedia Commons gemeinfrei, Illustration von Charles Eisen in dem Buch von Jean de la Fontaine: Tales and Novels in Verse, Bd. 2, London 1896, S. 130

S. 257, re.: Foto: http://www.vaginamuseum.at/KUNSTundKULTUR/gotik-saintradegonde

S. 258, o.l.: Foto: Von Colegiata_de_Cervatos_-_Ventana_abside02.jpg: ecelan (talk)derivative work: ecelan (talk) - Colegiata_de_Cervatos_-_Ventana_abside02.jpg, CC BY 2.5, https://commons.wikimedia.org/w/index.php?curid=7900062

S. 258, o.M.: Foto: Wikimedia Commons, CC BY 3.0, Jean-Pol GRADMONT

S. 258, o.re.: Foto: Wikimedia Commons, CC BY-SA 3.0, Rowanwindwhistler, Ausschnitt

S. 258, u.: Foto: Wikimedia Commons gemeinfrei

S. 259: Fotos: Wikimedia Commons, CC BY 3.0, Sailko

S. 260, l.: Foto von Albert Herre, in: Wolfgang Metzger: Die romanischen Reliefbilder an der Plieninger Martinskirche. Gestalt und Botschaft, Stuttgart o.J. (1968), Tafel XVI

S. 260, M.l. und M.re. sowie re.: Fotos: Wikimedia Commons, CC BY-SA 3.0, GFreihalter, Ausschnitte

S. 261, l.: Wikimedia Commons, CC BY 3.0, Andreas Praefcke

S. 261, M.l.: Foto: Wikimedia Commons, gemeinfrei

S. 261, M.re. und re.: Fotos: Bettina Bremer

S. 262: Fotos: Bettina Bremer

S. 263, l.: Foto: Wikimedia Commons, CC BY-SA 4.0, fotografiert von Temenos 12, Ausschnitt

S. 263, M.: Foto: © Bildarchiv Foto Marburg / Albert Hirmer; Irmgard Ernstmeier-Hirmer

S. 263, re.: Foto: Wikimedia Commons, CC BY-SA 4.0, Holger Uwe Schmitt, Ausschnitt

S. 264, o.l.: Foto: Wikimedia Commons, CC BY-SA 4.0, Jacquesverlaeken, Ausschnitt

S. 264, o.M.l.: Foto: Wikimedia Commons, CC BY-SA 2.0, marsupium photography

S. 264, o.M.re.: Foto: Bettina Bremer

S. 264, o.re.: Foto: Wikimedia Commons, CC BY-SA 3.0, GFDL (self made)

S. 264, u.l.: Foto: Wikimedia Commons, CC BY-SA 3.0, Frank Vincentz, GFDL, Ausschnitt

S. 264, u.M.l.: Foto: Wikimedia Commons, CC BY-SA 4.0, Falk2, Ausschnitt

S. 264, u.M.re.: Foto: Wikimedia Commons, CC BY 3.0, Andreas Praefcke

S. 264, u.re.: Foto: Wikimedia Commons, gemeinfrei

S. 265: Fotos: Wikimedia Commons, gemeinfrei

S. 266, o.l.: Foto: Wikimedia Commons, CC BY-SA 3.0 DE, Lacura

S. 266, o.M. und re.: Fotos: © Bildarchiv Foto Marburg / Norbert Latocha

S. 266, u.l.: Foto: Wikimedia Commons, CC BY-SA 3.0, Jorge Royan

S. 266, u.M.l. und u.M. sowie u.M.re.: Fotos: Wikimedia Commons, gemeinfrei

S. 266, u.re.: Foto von Annine van der Meer, in: Annine van der Meer: Die Sprache unsrer Ursprungs-Mutter MA. Die Entwicklung des Frauenbildes in 40 000 Jahren globaler »Venus«-Kunst, Rüsselsheim 2019, Teil 1, Kap.: 6.6.4: »Die ›Dea-nutrix‹-Haltung«, S. 185, Abb. I.6.51, Ausschnitt

S. 267: Fotos: Bettina Bremer

S. 268, l.: Foto: Wikimedia Commons, gemeinfrei

S. 268, M.: Foto: https://www.mein-altaegypten.de/Website/D-Religion-Goetterwelt-Goetter-Isis.html, Anja Semling, Museum Hildesheim

S. 268, re.: Foto: Wikimedia Commons, gemeinfrei

S. 269, o.l.: Foto: Wikimedia Commons, CC BY 3.0, Andreas Praefcke, Ausschnitt

S. 269, o.re.: Foto: Bettina Bremer

S. 269, u.: Foto: Bettina Bremer

S. 271, o.: Fotos: Wikimedia Commons, CC BY-SA 3.0, Mattana

S. 271, u.l. und u.M.l.: Foto: wikimedia Commons, gemeinfrei, ganz u. Ausschnitt

S. 271, u.M.re. und u.re.: Foto: Wikimedia Commons, CC BY-SA 3.0, Much1979, ganz u. Ausschnitt

S. 272, o.l.: Foto: Wikimedia Commons, CC BY-SA 3.0, ManfredK

S. 272, o.M.l.: Foto: Wikimedia Commons, CC BY-SA 3.0, Rufus46, Ausschnitt

S. 272, o.M.re. und o.re.: Foto: Wikimedia Commons, CC BY-SA 3.0, Wolfgang Moroder, ganz u. Ausschnitt

S. 272, u.: Fotos: Wikimedia Commons, CC BY-SA 3.0, Wolfgang Moroder, Ausschnitte

S. 273, o.l.: Foto: Wikimedia Commons, CC BY-SA 4.0, Johann Jaritz

S. 273, o.M.l.: Foto: Wikimedia Commons, gemeinfrei, Semolo75, Ausschnitt

S. 273, o.M.re. und o.re.: Foto: Wikimedia Commons, CC BY-SA 4.0, Mongolo1984, ganz u. Ausschnitt

S. 273, u.: Fotos: Wikimedia Commons, CC BY-SA 3.0, Wolfgang Moroder, Ausschnitte

S. 274, o.l. und o.M.l.: Foto: Wikimedia Commons, CC BY-SA 4.0, HaSt, ganz u. Ausschnitt

S. 274, o.M.re. und o.re.: Foto: Wikimedia Commons, gemeinfrei, Raul de Chissota, ganz u. Ausschnitt

S. 274, u.l.: Foto: Wikimedia Commons, gemeinfrei

S. 274, u.M.l.: Foto: Wikimedia Commons, CC BY-SA 4.0, Niki.L

S. 274, u.M.re. und u.re.: Foto: Wikimedia Commons, CC BY-SA 4.0, Johann Jaritz, ganz u. Ausschnitt

S. 275, l. und M.l.: Foto: Wikimedia Commons, Johann Jaritz / CC BY-SA 4.0

S. 275, M.re. und re.: Foto: Wikimedia Commons, CC BY-SA 4.0, Niki.L

S. 276, o.l. und o.re.: Fotos: Wikimedia Commons, CC BY-SA 3.0, Doremo, ganz u. Ausschnitt

S. 276, o.M.: Foto: Wikimedia Commons, CC BY-SA 2.5 SI, Miran Hladnik

S. 276, u.l. und u.M.l.: Foto: Wikimedia Commons, gemeinfrei, Adrian Michael, ganz u. Ausschnitt

S. 276, u.M.re. und u.re.: Foto: Wikimedia Commons, CC BY-SA 3.0, Xenos, ganz u. Ausschnitt

S. 277, l. und M.l.: Foto: Wikimedia Commons, CC BY-SA 4.0, GFreihalter, ganz u. Ausschnitt

S. 277, M.re. und re.: Foto: Von Holger Uwe Schmitt – Eigenes Werk, CC BY-SA 4.0, https://commons.wikimedia.org/w/index.php?curid=47410130, ganz u. Ausschnitt

S. 278, l.: Foto: Von Edelmauswaldgeist – Eigenes Werk, CC0, https://commons.wikimedia.org/w/index.php?curid=66971177

S. 278, M. und re.: Foto: Wikimedia Commons, CC BY-SA 3.0, peter schmelzle, ganz u. Ausschnitt

S. 279, l.: Abb. aus: Ferdinand Luthmer: Die Bau- und Kunstdenkmäler des Regierungsbezirks Wiesbaden, Bd. VI: Nachlese und Ergänzungen zu den Bänden I-V und Orts- und Namens-Register, hg. vom Bezirksverband des Regierungsbezirks Wiesbaden, Frankfurt am Main 1921, S. 6

S. 279, M. und re.: Fotos: Petra Levin

S. 280: Fotos: Bettina Bremer

S. 281: Foto: Petra Levin

S. 282: Fotos: Petra Levin

S. 283, l. und M.: Wikimedia Commons, CC BY-SA 3.0, GFreihalter, ganz u. Ausschnitt

S. 283, re.: Wikimedia Commons, gemeinfrei, Edelmauswaldgeist

Die Heilige Kümmernis und das Göttlich-Weibliche

S. 285: Foto: Petra Levin

S. 286: Fotos: Bettina Bremer

S. 287: Fotos: Petra Levin (re.: Aufnahme eines alten Fotos aus dem Pfarrarchiv der Pfarrei Peter und Paul in Eltville, Rheingau-Taunus-Kreis, ohne Angaben)

S. 288: Foto: Wikimedia Commons, gemeinfrei

S. 289, l.: Foto: Wikimedia Commons, CC BY 2.0, Turol Jones, un artista de cojones

S. 289, M.: Foto: Wikimedia Commons, gemeinfrei, Ausschnitt

S. 289, re.: Foto: © Marie-Lan Nguyen / Wikimedia Commons / CC-BY 4.0

S. 290, l.: Abb.: Wikimedia Commons, gemeinfrei

S. 290, M.l.: Foto: Nick Butcher, Eastern Daily Press, 10. Nov. 2017, Ausschnitt, https://www.edp24.co.uk/news/weird-norfolk-st-uncumber-at-st-mary-s-church-worstead-1-5273782

S. 290, M.re.: Foto: Wikimedia Commons, CC BY-SA 3.0, Matěj Bat'ha

S. 290, re.: Foto: Wikimedia Commons, CC BY-SA 3.0, Piotrus, Ausschnitt

S. 291, l. und M.l.: Fotos: Wikimedia Commons, gemeinfrei

S. 291, M.re.: Abb. aus Gustav Schnürer, Joseph M. Ritz: Sankt Kümmernis und Volto Santo. (Forschungen zur Volkskunde 13/15), Düsseldorf 1934, S. XXXII, Abb. 75

S. 291, re.: Foto: Wikimedia Commons, CC BY-SA 3.0, Gugganij

S. 292: Foto: Pfarrei St. Joseph, Tutzing, Kreis Starnberg, Bayern

S. 293, l.: Foto: Wikimedia Commons, CC BY-SA 4.0, Juan A Morales C

S. 293, M.: Foto: Wikimedia Commons, CC BY-SA 4.0, Ssaucedoc, Ausschnitt

S. 293, re.: Foto: Wikimedia Commons, CC BY-SA 3.0, Rovercagey

S. 297, l.: Foto: Bettina Bremer

S. 297, re.: Foto: Wikimedia Commons, gemeinfrei

S. 298, l.: Foto: Bettina Bremer

S. 298, re.: Foto: Joachim Schäfer – Ökumenisches Heiligen-Lexikon, Artikel: Warbede, gemeinfrei

S. 300: Foto: Bettina Bremer

S. 301: Fotos: Bettina Bremer

S. 302, l.: Foto: Wikimedia Commons, CC BY-SA 3.0, Joanbanjo

S. 302, re.: Foto: Joachim Schäfer – Ökumenisches Heiligenlexikon, Artikel: Wilgefortis, gemeinfrei

S. 303, l.: Foto: Joachim Schäfer – Ökumenisches Heiligenlexikon, Artikel: Wilgefortis, gemeinfrei

S. 303, re.: Foto: Wikimedia Commons, CC BY-SA 3.0, SLMW, Ausschnitt

S. 305, l.: Abb. aus: Gustav Schnürer, Joseph M. Ritz: Sankt Kümmernis und Volto Santo. (Forschungen zur Volkskunde 13/15), Düsseldorf 1934, S. IX, Abb. 18

S. 305, re.: Abb.: Joachim Schäfer – Ökumenisches Heiligenlexikon, Artikel: Wilgefortis, gemeinfrei

S. 306, l.: Foto: Wikimedia Commens, gemeinfrei, Ausschnitt

S. 306, M.: Foto: Wikimedia Commons, CC BY-SA 2.0 DE, derkanzler

S. 306, re.: Foto aus: Aschaffenburger Jahrbuch, Aschaffenburg 1956, Bd. 3, Abb. 84

S. 308, l.: Foto: Bettina Bremer

S. 308, re.: Foto: Wikimedia Commens, CC BY-SA 4.0, Arnoldius

S. 309, l.: Foto: Wikimedia Commons, gemeinfrei

S. 309, M.: Foto aus: Gustav Schnürer, Joseph M. Ritz: Sankt Kümmernis und Volto Santo, (Forschungen zur Volkskunde 13/15), Düsseldorf 1934, S. XXXIX, Abb. 91

S. 309, re.: Foto aus: Gustav Schnürer, Joseph M. Ritz: Sankt Kümmernis und Volto Santo, (Forschungen zur Volkskunde 13/15), Düsseldorf 1934, S. XXVII, Abb. 62

S. 310, l. und M.: Fotos: Bettina Bremer

S. 310, re.: Abb.: Wikimedia Commons, gemeinfrei

S. 312, l.: Foto aus: Gustav Schnürer, Joseph M. Ritz: Sankt Kümmernis und Volto Santo. (Forschungen zur Volkskunde 13/15), Düsseldorf 1934, S. XXXIX, Abb. 89

S. 312, re.: Foto aus: Gustav Schnürer, Joseph M. Ritz: Sankt Kümmernis und Volto Santo. (Forschungen zur Volkskunde 13/15), Düsseldorf 1934, S. XXXIX, Abb. 88

S. 313, l.: Foto aus: Gustav Schnürer, Joseph M. Ritz: Sankt Kümmernis und Volto Santo. (Forschungen zur Volkskunde 13/15), Düsseldorf 1934, S. XXXVIII, Abb. 87

S. 313, re.: Foto aus: Gustav Schnürer, Joseph M. Ritz: Sankt Kümmernis und Volto Santo. (Forschungen zur Volkskunde 13/15), Düsseldorf 1934, S. XXXIX, Abb. 90

S. 314: Fotos: Bettina Bremer

S. 315: Foto aus: Aschaffenburger Jahrbuch für Geschichte, Landeskunde und Kunst des Untermaingebietes, Bd. 3, Aschaffenburg 1956, Abb. 86

S. 317, l.: Postkarte, um 1928 (Verlag Franz Harz, Höchst a.M.)

S. 317, M. und re.: Fotos: Bettina Bremer

S. 319: Fotos: Wikimedia Commons, gemeinfrei

S. 321: Foto: Von GodeNehler - Eigenes Werk, CC BY-SA 4.0, https://commons.wikimedia.org/w/index.php?curid=64464291

Die Göttin und ihr heiliger Hirsch – Zur Symbolgeschichte

S. 323: Fotos: Wikimedia Commons, gemeinfrei

S. 324, l.: Foto: Wikimedia Commons, José-Manuel Benito Álvarez, CC BY-SA 2.5

S. 324, M.: Foto: http://www.steinzeitwissen.de/mesolithikum/masken

S. 324, re.: Abb.: Wikimedia Commons, gemeinfrei

S. 325: Foto: Wikimedia Commons, CC BY 3.0, Klaus-Peter Simon

S. 326, o.l.: Abb. aus: Marija Gimbutas: Die Sprache der Göttin, Frankfurt am Main 1995, S. 114, Abb. 181

S. 326, o.re.: Foto: Wikimedia Commons, gemeinfrei

S.326, u.: Abb.: https://aratta.wordpress.com/2013/01/

S. 327, l. und M.: Fotos: Wikimedia Commons, CC BY-SA 3.0, Klaus-Peter Simon

S. 327, re.: Foto: Wikimedia Commons, CC BY 2.0, Ausschnitt

S. 328: Abb.: Wikimedia Commons, gemeinfrei

S. 329, o.: Foto: Wikimedia Commons, Lizenz: Freie Kunst, Aloxe, Ausschnitt

S. 329, u.: Foto aus: Aleksej Pawlowitsch Okladnikow: Der Hirsch mit dem goldenen Geweih. Vorgeschichtliche Felsbilder Sibiriens, Wiesbaden 1972, Abb. 22

S. 330: Abb. gemeinfrei

S. 331, l.: Foto: Bettina Bremer

S. 331, re.: Foto: Wikimedia Commons, gemeinfrei, Ausschnitt

S. 333, l.: Foto: Wikimedia Commons, CC BY 2.5, Sailko, Ausschnitt

S. 333, re.: Foto: http://www.hagia.de/matriarchat/matriarchale-mythologie-und-symbolik.html

S. 335: Fotos: Bettina Bremer

S. 336: Fotos: Wikimedia Commons, gemeinfrei

S. 337, l.: Foto: Wikimedia Commons, CC BY-SA 4.0, Westerdam

S. 337, re.: Foto: https://dannwoellertthefoodetymologist.wordpress.com/2019/08/06/st-ida-patroness-of-goetta-country-and-her-feast-day-food/

S. 339: Foto: Bettina Bremer

S. 340: Foto: Wikimedia Commons, CC BY-SA 3.0, Roland zh

S. 342: Foto: Wikimedia Commons, CC BY-SA 3.0, Roland zh

S. 344: Foto: Bettina Bremer

S. 346: Fotos: Bettina Bremer

S. 347, l.: Foto: Wikimedia Commons, gemeinfrei

S. 347, M. und re.: Fotos: Bettina Bremer

S. 348: Foto: Wikimedia Commons, gemeinfrei

S. 353: Foto: © Bildarchiv Foto Marburg / Rolf W. Nehrdich

S. 355: Foto: Wikimedia Commons, gemeinfrei, ganz u. Ausschnitt

S. 356: Foto: Wikimedia Commons, gemeinfrei

S. 358: Fotos: Bettina Bremer

Das Christkind, sein Esel und deren AhnInnen

S. 361: Fotos: Heimat- und Geschichtsverein Leeheim e.V. , Ausschnitte

S. 362: Foto: Heimat- und Geschichtsverein Leeheim e.V.

S. 363: Fotos: Wikimedia Commons, gemeinfrei

S. 365: Fotos: © Rolf Oeser

S. 366, l. und M.l. sowie M.re.: Fotos aus: Heinrich Winter: »Aus dem Brauchtum der Mittwinterzeit. Bock- und Eselgestalten im mittwinterlichen Brauchtum«, in: Volk und Scholle, 1937, Heft 1, S. 23

S. 366, re.: Foto aus: Friedrich Mößinger: »Weihnachtsesel im Usinger Land«, in: Volk und Scholle, 1937, Heft 12, S. 318

S. 367, l.: Foto: Wikimedia Commons, CC BY-SA 2.0 FR, Rama

S. 367, M.l. und M.re. sowie re.: Fotos: Wikimedia Commons, gemeinfrei, ganz u. Ausschnitt

S. 371: Fotos aus: Heinrich Winter: »Mittwinterliche Frauengestalten unserer Landschaft«, in: Volk und Scholle, 1937, Heft 12, S. 320

S. 372: Foto: Peter Steckel, Lindenfels

S. 375: Abb. aus: Karl Paetow: Frau Holle, Hannover 1962, S. 115, Zeichnung von Hans Happ

S. 376, l.: Abb.: Wikimedia Commons, gemeinfrei, Illustration in: Harper‘s New Monthly Magazine, Bd. 46, Heft 272, Januar 1873, S. 249

S. 376, re.: Foto: Von Bengt Nyman from Vaxholm, Sweden - Lucia 2017 D81_4616, CC BY 2.0, https://commons.wikimedia.org/w/index.php?curid=64947696

S. 377: Abb. Wikimedia Commons, gemeinfrei

S. 378: Foto: Wikimedia Commons, CC BY 2.0, Tomhe

Zur Autorin

Bettina Bremer wurde 1962 in Hessen geboren und studierte Politikwissenschaft und Germanistik, wo ihr Interesse der Feministischen Literaturwissenschaft galt (Herausgabe eines Frauenromans aus dem 18. Jahrhundert zusammen mit Angelika Schneider). Für den Christel Göttert Verlag lektoriert sie seit dem Jahr 2000.

Dank

Ich danke allen, die mich durch ihre Stadt führten, ihre Kirchen zeigten und ihre Archive öffneten. Und ich danke allen, die mich auf Motive hinwiesen, mir Bilder zur Verfügung stellten und Abdruckgenehmigungen erteilten. Schön war, dass mich Petra Levin auf einigen meiner Touren durch Hessen und darüber hinaus mit ihrem Fotoapparat begleitete, dafür und für die schönen Bilder danke ich ihr. Wichtig für diese Arbeit waren zahlreiche Bücher, vor allem von Marija Gimbutas, Heide Göttner-Abendroth, Carola Meier-Seethaler, Gerda Weiler und Erni Kutter – ihnen danke ich für viele Anregungen. Und ich danke allen, die an der Fertigstellung des Buches beteiligt waren. Vor allem danke ich Frau Holle, ohne die es wohl nicht entstanden wäre.

Weitere Titel im Christel Göttert Verlag

Ursa Krattiger & Ulrike Pittner
AVE DEA. ***13 Göttinnen der griechisch-römischen Mythologie neu begegnen***
Mit didaktischen Materialien
ISBN: 978-3-939623-58-8, 356 S., 21 x 21 cm, zahlr. Farbabb.

Ob Gaia, Aphrodite, Hekate, Medusa – AVE DEA eröffnet eine neue Sichtweise auf scheinbar Bekanntes. Es lässt antike Göttinnen zu Wort kommen, legt ihre Wurzeln frei bis in eine Kulturepoche, die älter ist als das Patriarchat, und spinnt Fäden bis in unsere Gegenwart. So wird enthüllt, wie Mythen Geschlechterrollen und Gesellschaftsbilder prägen. Eine Fundgrube für Lehrende und Lernende.

Barbara Obermüller
Die weibliche Seite der Ur- und Frühgeschichte
Mit besonderem Blick auf Hessen
ISBN: 978-3-939623-46-5, 402 S., 21 x 21 cm, zahlr. Farbabb.

Die Autorin betrachtet Ergebnisse der traditionellen Wissenschaft mit dem Wissen der Matriarchatsforschung und eröffnet so den Blick für ein neues Geschichtsverständnis. In Mitteleuropa und auch speziell in Hessen geht sie Spuren weiblichen Wirkens im Alltag und in der kulturellen Entwicklung nach und stößt dabei immer wieder auf die Verehrung einer großen universellen Göttin.

Edith Marmon
Drache und Schlange – die heiligen Tiere der Göttin
Eine Wieder-Aneignung ursprünglicher weiblicher Symbole
ISBN: 978-3-939623-41-0, 140 S., zahlr. Abb.

Chaos-Drache und Schlange symbolisierten die Ur-Mutter im Ur-Ozean, die aus dem Chaos alle Wesen schuf. Doch mit der Entstehung des Patriarchats wurden aus den heiligen Tieren der Göttin Symbole des Bösen. Die Psychotherapeutin macht Frauen mit ihren ältesten Symboltieren erneut vertraut und zeigt, wie deren Integration in unser Leben verschüttete Kraftquellen für die Bewältigung des Alltags öffnet.

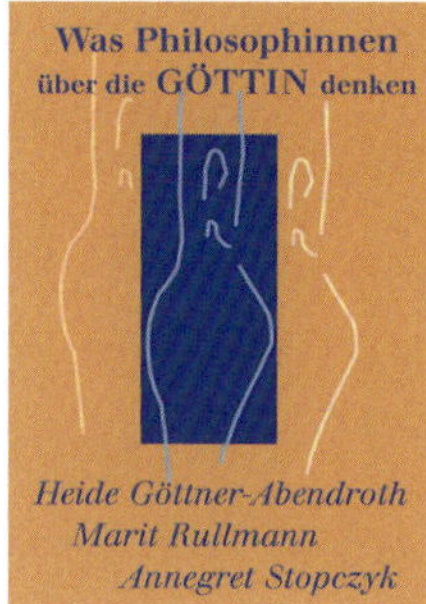

Heide Göttner-Abendroth, Marit Rullmann, Annegret Stopczyk
Was Philosophinnen über die Göttin denken
ISBN: 978-3-939623-00-7, 144 S.

Heide Göttner-Abendroth erläutert die umfassende Bedeutung der Göttin in matriarchalen Gesellschaften. Marit Rullmann erinnert daran, wie die Matriarchatsforscherin Gerda Weiler Göttinnen als vergessene Symbole für Frauenkraft lebendig machte. Annegret Stopczyk beschreibt ihr Verhältnis zu Sophia, der weiblichen Weisheit, als eigenleibliche Spürerfahrung. Gemeinsam diskutieren sie die Frage: Brauchen wir die Göttin?

Annine van der Meer
Die Sprache unsrer Ursprungs-Mutter MA
Die Entwicklung des Frauenbildes in 40 000 Jahren globaler »Venus«-Kunst
ISBN: 978-3-939623-60-1, 664 S., 24 x 28 cm,
ca. 1300 Farbabb. u. s/w-Skizzen.

Weltweit wurden urzeitliche weibliche Symbole von erstaunlicher Einheitlichkeit gefunden. Dies zeigt die grundlegende Bedeutung des Göttlich-Weiblichen seit den Anfängen der Menschheit und spiegelt die zentrale Stellung der Frauen und Ahninnen. Die Historikerin und Theologin folgt der Linie der weiblichen Ikonografie und erklärt Entwicklungslinien bis in unsere Gegenwart. Eine reichhaltige Quelle für alle, die wissen wollen, was die einzelnen Objekte und Darstellungsformen über das Verhältnis von Frauen und Männern, Individuum und Gesellschaft, Schöpfung und Tod aussagen.

Uschi Madeisky (Hg.in)
Die Ordnung der Mutter – Wege aus dem Patriarchat
Dokumentation des Internationalen MutterGipfels 2008
ISBN: 978-3-939623-25-0, 282 S., zahlr. farb. Abb.

Was bedeutet die Tatsache, dass alles Leben von einer Mutter geboren wird? Was zeichnet eine Gesellschaft aus, in deren Wertesystem Mütterlichkeit – d.h. Fürsorglichkeit für alles Lebendige – an erster Stelle steht? VertreterInnen heutiger matriarchaler Gesellschaften und namhafte Referentinnen aus aller Welt berichten von ihren Erkenntnissen und Erfahrungen.

Birgitta M. Schulte: **Der weibliche Faden.** Geschichte weitergereicht
ISBN: 978-3-922499-23-7

Irene Fleiss: **Als alle Menschen Schwestern waren.**
Bd. 1: Leben in matriarchalen Gesellschaften, ISBN: 978-3-922499-84-8
Bd. 2: Weiblichkeit in matriarchalen Gesellschaften – gestern und heute
ISBN: 978-3-922499-88-6

Dagmar Margotsdotter: **Am Herdfeuer.** Aufzeichnungen einer Reise zu den matriarchalen Mosuo, ISBN 978-3-939623-59-5

Dagmar Margotsdotter-Fricke: **Die gute Mär.** Mutterkunde in Märchen
ISBN: 978-3-939623-04-5

Erika Wisselinck: **Anna im Goldenen Tor.** Gegenlegende über die Mutter der Maria
ISBN: 978-3-939623-03-8

Christa Mulack: **Klara Hitler.** Muttersein im Patriarchat, ISBN: 978-3-922499-80-0

Claudia Holst (Hg.in.): **MütterBilder,** ISBN: 978-3-939623-67-0

Barbara Linnenbrügger (Hg.in): **Wo wilde Weiber wohnen.** Geschichten von und über Frauen rund um den Odenwald. Aus der Frauengeschichtswerkstatt Odenwald
ISBN: 978-3-939623-26-7

Gabriele Fischer: **Im Ballsaal der Gaia.** Tanzend eine Heimat im Körper finden
ISBN: 978-3-922499-77-0

Marit Rullmann (Hg.in): **Sophias Weisheiten,** ISBN: 978-3-922499-74-9

Mechthild M. Jansen, Ingeborg Nordmann, Antje Schrupp (Hg.innen):
Weibliche Spiritualität und politische Praxis, ISBN: 978-3-922499-67-1

Antje Schrupp: **Zukunft der Frauenbewegung,** ISBN 978-3-922499-75-6

Luce Irigaray: **Der Atem von Frauen.** Luce Irigaray präsentiert weibliche Credos
ISBN: 978-3-922499-30-5

Luisa Muraro: **Die symbolische Ordnung der Mutter,** ISBN: 978-3-9922499-79-4

Luisa Muraro: **Vom Glück, eine Frau zu sein,** ISBN: 978-3-939623-74-8

Dorothee Markert: **Wachsen am Mehr anderer Frauen.** Vorträge über Begehren, Dankbarkeit und Politik, ISBN: 978-3-939623-13-7

Eveline Ratzel: **The BiG SiN – Die Lust zum Sündigen.** Mary Daly und ihr Werk ISBN: 978-3-939623-32-8

Senta Trömel-Plötz: **Mileva Einstein-Marić und andere geniale Frauen – Wortstücke** ISBN: 978-3-939623-73-1

Sibylle Duda, Luise F. Pusch (Hg.innen): **Von Christiane Goethe bis Audrey Hepburn.** 21 Porträts von Brigitte Warkus, ISBN: 978-3-922499-29-9

Birgitta M. Schulte: **Ich möchte die Welt hinreißen ...** Ilse Langner 1899 – 1987 ISBN: 978-3-922499-35-0

Marianne Flassbeck: **Gauklerin der Literatur.** Elizabeth von Arnim und der weibliche Humor, ISBN: 978-3-922499-61-9

Annette Reese: **verschenkt.** Ein Kurzroman, ISBN: 978-3-939623-79-7

Mári Saeed: **Mein Kabul – mein Deutschland.** Máris mutiger Weg zwischen den Kulturen ISBN: 978-3-939623-02-1

Doris Wind: **Eine unfassbare Sehnsucht.** Autobiografische Erzählung ISBN: 978-3-939623-78-6

Gerda Buchberger u. Eva-Maria Rapp: **Von Sonnenbraut, Mutterwurz und Weiberkraut.** Begegnungen mit Heilpflanzen, ISBN: 978-3-939623-42-7

Rina Nissim: **Naturheilkunde in der Gynäkologie.** Handbuch für Frauen, Neuausgabe ISBN: 978-3-939623-81-6